2022

CB141957

SOLDADO DA POLÍCIA MILITAR DE PERNAMBUCO

EDITORA
AlfaCon
Concursos Públicos

Proteção de direitos
Todos os direitos autorais desta obra são reservados e protegidos pela Lei nº 9.610/98. É proibida a reprodução de qualquer parte deste material didático, sem autorização prévia expressa por escrito do autor e da editora, por quaisquer meios empregados, sejam eletrônicos, mecânicos, videográficos, fonográficos, reprográficos, microfílmicos, fotográficos, gráficos ou quaisquer outros que possam vir a ser criados. Essas proibições também se aplicam à editoração da obra, bem como às suas características gráficas.

Diretor Geral: Evandro Guedes
Diretor de TI: Jadson Siqueira
Diretor Editorial: Javert Falco
Gerente Editorial: Mariana Passos
Editor Responsável: Mateus Ruhmke Vazzoller
Revisão de Texto: Paula Craveiro
Coordenação de Editoração: Alexandre Rossa
Diagramação: Emilly Lazarotto

Conhecimentos de Portuguesa
Pablo Jamilk
Conhecimentos de Matemática
Daniel Lustosa

Conhecimentos de Direitos e Garantias Fundamentais
Daniel Sena

Conhecimentos de História
Thiago Pereira
Conhecimentos de Geografia
Ítalo Trigueiro e Oliveira (OLI) Soares

Dados Internacionais de Catalogação na Publicação (CIP)
Jéssica de Oliveira Molinari CRB-8/9852

S668

Soldado da polícia militar do estado de Pernambuco : PMPE / Equipe de professores Alfacon. – 3. ed. - Cascavel, PR : AlfaCon, 2022.
224 p.

Bibliografia
ISBN 978-65-5918-409-5

1. Serviço público - Concursos – Brasil 2. Polícia militar – Pernambuco 3. Língua portuguesa 4. Matemática 6. Direito

22-2972 **CDD 351.81076**

Índices para catálogo sistemático:
1. Serviço público - Brasil - Concursos

Dúvidas?
Acesse: www.alfaconcursos.com.br/atendimento
Núcleo Editorial:
Rua: Paraná, nº 3193, Centro - Cascavel/PR
CEP: 85.810-010
Núcleo Comercial/Centro de Distribuição:
Rua: Dias Leme, nº 489, Mooca - São Paulo/SP
CEP: 03118-040
SAC: (45) 3037-8888

Data de fechamento 1ª impressão: 17/06/2022

EDITORA AlfaCon Concursos Públicos
www.alfaconcursos.com.br/apostilas

Atualizações e erratas
Esta obra é vendida como se apresenta. Atualizações - definidas a critério exclusivo da Editora AlfaCon, mediante análise pedagógica – e erratas serão disponibilizadas no site www.alfaconcursos.com.br/codigo, por meio do código disponível no final do material didático Ressaltamos que há a preocupação de oferecer ao leitor uma obra com a melhor qualidade possível, sem a incidência de erros técnicos e/ou de conteúdo. Caso ocorra alguma incorreção, solicitamos que o leitor, atenciosamente, colabore com sugestões, por meio do setor de atendimento do AlfaCon Concursos Públicos.

APRESENTAÇÃO

A chance de fazer parte do Serviço Público chegou, e a oportunidade está no concurso para **Soldado da Polícia Militar do Estado de Pernambuco.** Neste universo dos concursos públicos, estar bem-preparado faz toda a diferença e para ingressar nesta carreira, é fundamental que esteja preparado com os conteúdos que o AlfaCon julga mais importante cobrados na prova:

Aqui, você encontrará os conteúdos básicos de

> Conhecimentos de Portuguesa

> Conhecimentos de Matemática

> Conhecimentos de Direitos e Garantias Fundamentais

> Conhecimentos de História

> Conhecimentos de Geografia

O AlfaCon preparou todo o material com explicações, reunindo os principais conteúdos relacionados a prova, dando ênfase aos tópicos mais cobrados. ESTEJA ATENTO AO CONTEÚDO ONLINE POR MEIO DO CÓDIGO DE RESGATE, para que você tenha acesso a todo conteúdo do solicitado pelo edital.

Desfrute de seu material o máximo possível, estamos juntos nessa conquista!

Bons estudos e rumo à sua aprovação!

EDITORA
AlfaCon
Concursos Públicos

COMO ESTUDAR PARA UM CONCURSO PÚBLICO!

AlfaCon
Concursos Públicos

Para se preparar para um concurso público, não basta somente estudar o conteúdo. É preciso adotar metodologias e ferramentas, como plano de estudo, que ajudem o concurseiro em sua organização.

As informações disponibilizadas são resultado de anos de experiência nesta área e apontam que estudar de forma direcionada traz ótimos resultados ao aluno.

CURSO ON-LINE GRATUITO

- Como montar caderno
- Como estudar
- Como e quando fazer simulados
- O que fazer antes, durante e depois de uma prova!

Ou pelo link: alfaconcursos.com.br/cursos/material-didatico-como-estudar

ORGANIZAÇÃO

Organização é o primeiro passo para quem deseja se preparar para um concurso público.

Conhecer o conteúdo programático é fundamental para um estudo eficiente, pois os concursos seguem uma tendência e as matérias são previsíveis. Usar o edital anterior - que apresenta pouca variação de um para outro - como base é uma boa opção.

Quem estuda a partir desse núcleo comum precisa somente ajustar os estudos quando os editais são publicados.

PLANO DE ESTUDO

Depois de verificar as disciplinas apresentadas no edital, as regras determinadas para o concurso e as características da banca examinadora, é hora de construir uma tabela com seus horários de estudo, na qual todas as matérias e atividades desenvolvidas na fase preparatória estejam dispostas.

PASSO A PASSO

VEJA AS ETAPAS FUNDAMENTAIS PARA ORGANIZAR SEUS ESTUDOS

PASSO 1	PASSO 2	PASSO 3	PASSO 4	PASSO 5
Selecionar as disciplinas que serão estudadas.	Organizar sua rotina diária: marcar pontualmente tudo o que é feito durante 24 horas, inclusive o tempo que é destinado para dormir, por exemplo.	Organizar a tabela semanal: dividir o horário para que você estude 2 matérias por dia e também destine um tempo para a resolução de exercícios e/ou revisão de conteúdos.	Seguir rigorosamente o que está na tabela, ou seja, destinar o mesmo tempo de estudo para cada matéria. Por exemplo: 2h/dia para cada disciplina.	Reservar um dia por semana para fazer exercícios, redação e também simulados.

Esta tabela é uma sugestão de como você pode organizar seu plano de estudo. Para cada dia, você deve reservar um tempo para duas disciplinas e também para a resolução de exercícios e/ou revisão de conteúdos. Fique atento ao fato de que o horário precisa ser determinado por você, ou seja, a duração e o momento do dia em que será feito o estudo é você quem escolhe.

AlfaCon Concursos Públicos

TABELA SEMANAL

SEMANA	SEGUNDA	TERÇA	QUARTA	QUINTA	SEXTA	SÁBADO	DOMINGO
1							
2							
3							
4							

SUMÁRIO

CONHECIMENTOS DE LÍNGUA PORTUGUESA....................15

1. Níveis de Análise da Língua....................16
2. Morfologia Classes de Palavras....................16
   - 2.1 Substantivos....................16
   - 2.2 Artigo....................16
   - 2.3 Pronome....................17
   - 2.4 Pronomes de tratamento....................17
   - 2.5 Adjetivo....................20
   - 2.6 Advérbio....................23
   - 2.7 Conjunção....................24
   - 2.8 Interjeição....................25
   - 2.9 Numeral....................25
   - 2.10 Preposição....................26
3. Pronomes....................28
   - 3.1 Pessoais....................28
   - 3.2 De Tratamento....................29
   - 3.3 Demonstrativos....................30
   - 3.4 Relativos....................31
   - 3.5 Indefinidos....................31
   - 3.6 Interrogativos....................31
   - 3.7 Possessivos....................31
4. Substantivo....................32
   - 4.1 Número dos substantivos....................32
5. Verbo....................33
   - 5.1 Estrutura e conjugação dos verbos....................33
   - 5.2 Flexão verbal....................34
   - 5.3 Formas nominais do verbo....................34
   - 5.4 Tempos verbais....................34
   - 5.5 Tempos compostos da voz ativa....................34
   - 5.6 Vozes verbais....................35
   - 5.7 Tipos de voz passiva....................35
   - 5.8 Verbos com a conjugação irregular....................35
6. Sintaxe Básica da Oração e do Período....................40
   - 6.1 Período simples (oração)....................40
   - 6.2 Período composto....................42

Sumário

7. Concordância Verbal e Nominal 44
    7.1 Concordância verbal 44
    7.2 Concordância nominal 45
8. Acentuação Gráfica 46
    8.1 Regras gerais 46
9. Colocação Pronominal 47
    9.1 Regras de próclise 47
    9.2 Regras de mesóclise 47
    9.3 Regras de ênclise 47
    9.4 Casos facultativos 47
10. Regência Verbal e Nominal 48
    10.1 Regência verbal 48
    10.2 Regência nominal 49
11. Crase 51
    11.1 Crase proibitiva 51
    11.2 Crase obrigatória 51
    11.3 Crase facultativa 51
12. Pontuação 52
    12.1 Principais sinais e usos 52
13. Tipologia Textual 54
    13.1 Narração 54
    13.2 Dissertação 55
    13.3 Descrição 55
14. Compreensão e Interpretação de Textos 56
15. Paráfrase um Recurso Precioso 59
16. Ortografia 60
17. Acordo Ortográfico da Língua Portuguesa 65
    17.1 Trema 65
    17.2 Regras de acentuação 65
    17.3 Hífen com compostos 66
    17.4 Uso do hífen com palavras formadas por prefixos 66
    17.5 Síntese das principais regras do hífen 68
    17.6 Quadro resumo do emprego do hífen com prefixos 68

18. Interpretação de Textos 70
18.1 Ideias preliminares sobre o assunto 70
18.2 Semântica ou pragmática? 70
18.3 Questão de interpretação? 70
18.4 Tipos de texto - o texto e suas partes 70
18.5 O texto dissertativo 70
19. Demais Tipologias Textuais 72
19.1 O texto narrativo 72
19.2 O texto descritivo 72
19.3 Conotação x denotação 72
19.4 Figuras de linguagem 72
19.5 Funções da linguagem 73
20. Interpretação de Texto Poético 75
20.1 Tradução de sentido 75
20.2 Organização de texto (texto embaralhado) 76
20.3 Significação das palavras 76
20.4 Inferência 76
21. Estrutura e Formação de Palavras 80
21.1 Estrutura das palavras 80
21.2 Radicais gregos e latinos 80
21.3 Origem das palavras de língua portuguesa 81
21.4 Processos de formação de palavras 81
22. Figuras de Linguagem 83
22.1 Conotação x denotação 83
22.2 Vícios de linguagem 84

CONHECIMENTOS DE MATEMÁTICA 85

1. Funções, Função Afim e Função Quadrática 86
1.1 Definições, domínio, contradomínio e imagem 86
1.2 Plano cartesiano 86
1.3 Funções injetoras, sobrejetoras e bijetoras 86
1.4 Funções crescentes, decrescentes e constantes 87
1.5 Funções inversas e compostas 87
1.6 Função afim 87
2. Função Exponencial e Função Logarítmica 90
2.1 Equação e função exponencial 90
2.2 Equação e função logarítmica 90

Sumário

3. Sequências Numéricas 92
    - 3.1 Conceitos 92
    - 3.2 Lei de formação de uma sequência 92
    - 3.3 Progressão aritmética (PA.) 92
    - 3.4 Progressão geométrica (P.G.) 93
4. Porcentagem e Juros 95
    - 4.1 Porcentagem 95
    - 4.2 Lucro e prejuízo 95
    - 4.3 Juros simples 95
    - 4.4 Juros compostos 95
    - 4.5 Capitalização 95
5. Porcentagem e Juros 96
    - 5.1 Porcentagem 96
    - 5.2 Lucro e prejuízo 96
    - 5.3 Juros simples 96
    - 5.4 Juros compostos 96
    - 5.5 Capitalização 96
6. Análise Combinatória 97
    - 6.1 Definição 97
    - 6.2 Fatorial 97
    - 6.3 Princípio fundamental da contagem (PFC) 97
    - 6.4 Arranjo e combinação 98
    - 6.5 Permutação 98
7. Probabilidade 100
    - 7.1 Definições 100
    - 7.2 Fórmula da probabilidade 100
    - 7.3 Eventos complementares 100
    - 7.4 Casos especiais de probabilidade 101

CONHECIMENTOS DE DIREITOS E GARANTIAS FUNDAMENTAIS 102

1. Direitos Fundamentais 103
    - 1.1 Conceito 103
    - 1.2 Amplitude horizontal e vertical 103
    - 1.3 Classificação 103
    - 1.4 Características 103
    - 1.5 Dimensões dos Direitos Fundamentais 104
    - 1.6 Titulares dos Direitos Fundamentais 104

1.7 Cláusulas Pétreas e os Direitos Fundamentais....105
1.8 Eficácia dos Direitos Fundamentais....105
1.9 Força normativa dos tratados internacionais....106
1.10 Tribunal penal internacional - TPI....106
1.11 Direitos x garantias....107

2. Direitos e Deveres Individuais e Coletivos....108
2.1 Direito à Vida....108
2.2 Direito à Igualdade....108
2.3 Direito à Liberdade....110

3. Direitos e Deveres Individuais e Coletivos....113
3.1 Direito à Propriedade....113
3.2 Direito à Segurança....114
3.3 Remédios constitucionais....122

4. Direitos Sociais e Nacionalidade....125
4.1 Direitos Sociais....125
4.2 Direitos de Nacionalidade....127

5. Direitos Políticos e Partidos Políticos....131
5.1 Direitos Políticos....131
5.2 Partidos Políticos....134

HISTÓRIA DE PERNAMBUCO....135

1. Ocupação Pré-Colonial do Atual Estado de Pernambuco....136
1.1 Ocupação pré-histórica de Pernambuco....136
1.2 Características socioculturais das populações indígenas que habitavam o território do atual estado de Pernambuco....136

2. A Guerra dos Bárbaros....138
2.1 Guerra do Recôncavo (1651-1679)....138
2.2 Guerra do Açu (1687-1693)....139

3. A Lavoura Açucareira....140
3.1 A mão de obra escrava....140

4. As Instituições Eclesiásticas....142

5. A Sociedade Colonial....144

6. Crise da Lavoura Canavieira....144

7. Conflitos em Pernambuco no Período Colonial....147
7.1 Insurreição Pernambucana (1645-1654)....147
7.2 A Guerra dos Mascates (1710-1711)....151

8. Pernambuco no Contexto da Independência do Brasil 152
8.1 A Revolução Pernambucana 152
8.2 Confederação do Equador 154
8.3 A Revolução Praieira de 1848 155
9. O Tráfico Transatlântico de Escravos para terras Pernambucanas 156
10. Cotidiano e Formas de Resistência Escrava em Pernambuco 158
11. A Participação dos Políticos Pernambucanos no Processo de Abolição da Escravatura 160
12. Pernambuco sob a Interventoria de Agamenon Magalhães 162
12.1 Voto de Cabresto e Política dos Governadores 162
12.2 Pernambuco sob a Interventoria de Agamenon Magalhães 162
13. Movimentos Sociais e Repressão Durante a Ditadura Civil-Militar (1964-1985) em Pernambuco .164
14. Herança Afrodescendente em Pernambuco 168
14.1 Capoeira 168
14.2 Passo do Frevo 168
14.3 Forró 169
14.4 Bumba Meu Boi 169
14.5 Maracatu 169
14.6 Catimbó 169
15. Processo Político em Pernambuco 170
15.1 Roberto Magalhães (1983-1986) 170
15.2 Gustavo Krause 170
15.3 Miguel Arrais (1987-1990) 171
15.4 Carlos Wilson Campos (1990-1991) 172
15.5 Joaquim Francisco Cavalcanti (1991-1995) 172
15.6 Miguel Arrais (1995-1999) 173
15.7 Jarbas Vasconcelos (1999-2006) 174
15.8 José Mendonça Filho (2006-2007) 174
15.9 Eduardo Campos (2007-2014) 175
15.10 João Lyra (2014-2015) 175
15.11 Paulo Câmara (2015-2018) 175
GEOGRAFIA DE PERNAMBUCO 176
1. Construção Espaço-Temporal do Território Pernambucano 177
1.1 Localização de Pernambuco no Nordeste 177
1.2 Formação territorial de Pernambuco 177
1.3 Ataque e tomada de Olinda e do Recife pelos Holandeses 180

2. As Regiões de Pernambuco 182
2.1 Mesorregiões Pernambucanas 182
2.2 Mata 182
2.3 Agreste Pernambucano 183
2.4 Sertão Pernambucano 185
3. Quadro Natural do Estado de Pernambuco 187
3.1 O Clima de Pernambuco caracterização Geográfica 187
3.2 Tipos climáticos de Pernambuco 187
3.3 Veranicos em Pernambuco 188
3.4 Hidrografia 188
3.5 Bacia do São Francisco 188
3.6 Polêmica rota da transposição 189
3.7 Quadro natural – geologia e relevo 190
3.8 Relevo de Pernambuco 192
3.9 Quadro natural – vegetação 193
3.10 Formações florestais 193
4. Indicadores Sociais e População em Pernambuco 196
4.1 Crescimento populacional 196
4.2 Estrutura da população 196
4.3 Taxa de Fecundidade em Pernambuco 197
4.4 Gênero 197
4.5 Composição étnica 197
4.6 Indicadores sociais básicos 198
5. A Economia de Pernambuco 200
5.1 O mercado importador e exportador 200
5.2 O início do século xx e os "Barões" do açúcar 200
5.3 A Sudene e a industrialização 201
5.4 Complexo portuário de Suape 202
5.5 Fruticultura no Sertão 203
5.6 Porto digital 203
5.7 Polo farmacêutico – Hemobrás 204
6. A Urbanização em Pernambuco 206
6.1 Região Metropolitana do Recife no cenário nacional 206
6.2 Região metropolitana do Recife 207

Sumário

7. O Espaço Rural de Pernambuco ... 211
   - 7.1 Modernização e conflitos ... 211
   - 7.2 Estatuto da terra e classificação dos imóveis rurais ... 212
   - 7.3 Módulo rural hectares ... 212
   - 7.4 Tipos de unidades de produção ... 212
   - 7.5 Modernização da agropecuária Pernambucana ... 213
   - 7.6 Fruticultura no Sertão Pernambucano ... 214
   - 7.7 A Constituição de 1988 e a Reforma Agrária ... 214
   - 7.8 Conflitos no campo e os movimentos sociais rurais ... 215
   - 7.9 Conflitos agrários no Brasil ... 215

8. Movimentos Culturais de Pernambuco ... 216
   - 8.1 Movimento de cultura popular (MCP) ... 216
   - 8.2 Musicalidade, folguedos e danças ... 217
   - 8.3 Folguedos ... 217

9. A Questão Ambiental de Pernambuco ... 221
   - 9.1 Problemas ambientais costeiros ... 221
   - 9.2 Balneabilidade das praias de Pernambuco ... 222
   - 9.3 Desmatamento na Caatinga Pernambucana ... 222
   - 9.4 Desertificação ... 222
   - 9.5 Poluição dos recursos hídricos fluviais ... 223
   - 9.6 Enchentes urbanas ... 224
   - 9.7 Políticas de combate aos problemas ambientais em Pernambuco ... 224

CONHECIMENTOS DE LÍNGUA PORTUGUESA

1. NÍVEIS DE ANÁLISE DA LÍNGUA

Vamos começar o nosso estudo fazendo uma distinção entre quatro níveis de análise da Língua Portuguesa, afinal, você não pode confundir-se na hora de estudar. Fique ligado nessa diferença:

→ **Nível Fonético / Fonológico:** estuda a produção e articulação dos sons da língua.

→ **Nível Morfológico:** estuda a estrutura e a classificação das palavras.

→ **Nível Sintático:** estuda a função das palavras dentro de uma sentença.

→ **Nível Semântico:** estuda as relações de sentido construídas entre as palavras.

Na Semântica, estudaremos, entre outras coisas, a diferença entre linguagem de sentido denotativo (ou literal, do dicionário) e linguagem de sentido conotativo (ou figurado).

Ex: Rosa é uma flor.

01. Morfologia:

Rosa: substantivo;

Uma: artigo;

É: verbo ser;

Flor: substantivo

02. Sintaxe:

Rosa: sujeito;

É uma flor: predicado;

Uma flor: predicativo do sujeito.

03. Semântica:

Rosa pode ser entendida como uma pessoa ou como uma planta, depende do sentido.

Vamos, a partir de agora, estudar as classes de palavras.

2. MORFOLOGIA CLASSES DE PALAVRAS

Antes de mergulhar nas conceituações, vamos fazer uma lista para facilitar o nosso estudo: classe e exemplo.

Artigo: o, a, os, as, um, uma, uns, umas.

Adjetivo: Legal, interessante, capaz, brasileiro, francês.

Advérbio: Muito, pouco, bem, mal, ontem, certamente

Conjunção: Que, caso, embora.

Interjeição: Ai! Ui! Ufa! Eita.

Numeral: Sétimo, vigésimo, terço.

Preposição: A, ante, até, após, com, contra, de, desde, em, entre.

Pronome: Cujo, o qual, quem, eu, lhe.

Substantivo: Mesa, bicho, concursando, Pablo, José.

Verbo: Estudar, passar, ganhar, gastar.

2.1 Substantivos

Os substantivos são palavras que nomeiam seres reais ou imaginários, objetos, lugares ou estados de espírito.

Eles podem ser:

→ Comuns: quando designam seres da mesma espécie.

gato, mulher, árvore

→ Próprios: quando se referem a um ser em particular.

Bahia, Clarice Lispector, Japão

→ Concretos: que designam seres reais no mundo ou na mente.

menino, bolo, jacaré, duende

→ Abstratos: que designam sentimentos, qualidades, estados ou ações dos seres.

saudade, tristeza, dor, sono (sensações)

beleza, destreza (qualidades)

vida, morte (estados)

estudo, trabalho, luta (ações)

→ Simples: que são formados por um único radical.

garrafa, porta, camiseta, neve

→ Compostos: que são formados por mais de um radical.

passatempo, guarda-chuva

→ Primitivos: que não derivam de outra palavra da língua portuguesa.

pulso, dente

→ Derivados: que derivam de outra palavra.

pulseira, dentista

→ Coletivos: que nomeiam seres da mesma espécie.

alcateia, arquipélago, biblioteca

Há a possibilidade de que palavras de outras classes gramaticais tenham função de substantivo em uma frase, oração ou período, e quando isso ocorre são chamadas Palavras Substantivadas. Para isso, o artigo precede a palavra.

Ainda não sei o porquê do livro não ter sido devolvido.

2.2 Artigo

O artigo é a palavra variável que tem por função individualizar algo, ou seja, possui como função primordial indicar um elemento, por meio de definição ou indefinição da palavra que, pela anteposição do artigo, passa a ser substantivada. Os artigos se subdividem em:

Artigos definidos: **o, a, os, as** - porque definem o substantivo a que se referem.

Hoje à tarde, falaremos sobre **a** aula da semana passada.

Na última aula, falamos **do** conteúdo programático.

Artigos indefinidos: **um, uma, uns, umas** - porque indefinem o substantivo a que se referem.

Assim que eu passar no concurso, eu irei comprar **um** carro.

Pela manhã, papai, apareceu **um** homem da loja aqui.

É importante ressaltar que os artigos podem ser contraídos com algumas preposições essenciais, como demonstraremos na tabela a seguir:

Preposições	Artigo							
	Definido				Indefinido			
	o	a	os	as	um	uma	uns	umas
A	ao	à	aos	às	-	-	-	-
De	do	da	dos	das	dum	duma	duns	dumas
Em	no	na	nos	nas	num	numa	nuns	numas
Per	pelo	pela	pelos	pelas	-	-	-	-
Por	polo	pola	polos	polas	-	-	-	-

O artigo é utilizado para substantivar um termo. Ou seja, quer transformar algo em um substantivo? Coloque um artigo em sua frente.

"Cantar alivia a alma." (Verbo)

"O cantar alivia a alma." (Substantivo)

Emprego do artigo com a palavra "todo":

Quando inserimos artigos ao lado do termo "todo", em geral, o sentido da expressão passa a designar totalidade. Como no exemplo abaixo:

Pobreza é um problema que acomete todo país.

(todos os países)

Pobreza é um problema que acomete todo o país.

(o país em sua totalidade).

2.3 Pronome

Os pronomes são palavras que determinam ou substituem substantivos, indicando a pessoa do discurso – que é quem participa ou é objeto do ato comunicativo .

Os pronomes podem ser pessoais, possessivos, demonstrativos, indefinidos, relativos ou interrogativos.

Pronomes substantivos e adjetivos

É chamado pronome substantivo quando um pronome substitui um substantivo.

É chamado pronome adjetivo quando determina o substantivo com o qual se encontra.

Pronomes pessoais

Pronomes pessoais representam as pessoas do discurso, substituindo o substantivo.

Existem três pessoas do discurso – ou gramaticais:

- 1ª pessoa: eu, nós
- 2ª pessoa: tu, vós
- 3ª pessoa: ele, ela, eles, elas

Os pronomes pessoais podem ser:

→ Retos: têm função, em regra, como sujeito da oração.

→ Oblíquos: têm função de objeto ou complemento.

2.4 Pronomes de Tratamento

Estes são os pronomes utilizados para nos referirmos às pessoas. Eles podem ser cerimoniosos ou familiares, dependendo da pessoa com a qual falamos; considera-se a idade, o cargo e o título, dentre outros, para escolher o tratamento adequado.

É importante ressaltar que as abreviaturas devem, de modo geral, ser evitadas.

Exemplos de pronomes de tratamento:

Você: tratamento informal

Senhor, senhora: tratamento de respeito

Vossa Excelência: altas autoridades

Vossa Reverendíssima: para sacerdotes

Vossa Alteza: para príncipes, princesas e duques

Pronomes possessivos

São os pronomes que atribuem posse de algo às pessoas do discurso.

Eles podem estar em:

- 1ª pessoa do singular: meu, minha, meus, minhas
- 2ª pessoa do singular: teu, tua, teus, tuas
- 3ª pessoa do singular: seu, sua, seus, suas
- 1ª pessoa do plural: nosso, nossa, nossos, nossas
- 2ª pessoa do plural: vosso, vossa, vossos, vossas
- 3ª pessoa do plural: seu, sua, seus, suas

Pronomes demonstrativos

São os que indicam lugar, posição ou identidade dos seres, relativamente às pessoas do discurso.

São eles:

este(s), esta(s), esse(s), essa(s), aquele(s), aquela(s), aqueloutro(s), aqueloutra(s), mesmo(s), mesma(s), próprio(s), própria(s), tal, tais, semelhante(s).

Pronomes relativos

São palavras que representam substantivos já citados, com os quais estão relacionadas.

Eles podem ser:

→ Variáveis:

- Masculino: o qual, os quais, cujo, cujos, quanto, quantos.
- Femininos: a qual, as quais, cuja, cujas, quanta, quantas.

→ Invariáveis: quem, que, onde.

Os pronomes relativos podem unir duas orações como em:

Da árvore caíram maçãs, que foram recolhidas.

Pronomes indefinidos

São os pronomes que se referem, de forma imprecisa e vaga, à 3ª pessoa do discurso.

Eles podem ser:

→ Pronomes indefinidos substantivos

Têm função de substantivo: alguém, algo, nada, tudo, ninguém.

→ Pronomes indefinidos adjetivos

Têm função de adjetivo: cada, certo(s), certa (s).

→ Que variam entre pronomes adjetivos e substantivos

Variam de acordo com o contexto: algum, alguma, bastante, demais, mais, qual etc.

Locuções pronominais indefinidas

Cada qual, cada um, seja qual for, tal qual, um ou outro etc.

Pronomes interrogativos

São os pronomes utilizados em frases interrogativas e, assim como os pronomes indefinidos, não imprecisos para com a 3ª pessoa do plural.

Exemplos:

Quem foi?

Quantos professores vieram hoje?

Lutar contra quê?

Verbo

O verbo é uma palavra que exprime um estado, uma ação, um fato ou um fenômeno.

Ele possui diferentes formas, por suas flexões, para indicar a pessoa do discurso, o número, o tempo, o modo e a voz.

Pessoa e número

O verbo pode variar indicando a pessoa e o número:

> 1ª pessoa: eu ando (singular) / nós andamos

> 2ª pessoa: tu anda (singular) / vós andais

> 3ª pessoa: ele anda (singular) / eles andam

Tempos verbais

Os tempos têm a função de situar uma ação ou um acontecimento e podem ser:

→ Presente: Agora eu escrevo.

→ Pretérito (passado):

> Imperfeito: Depois de ler, ele fechava o livro.

> Perfeito: Ele fechou o livro.

> Mais-que-perfeito: Quando vi, ele já fechara o livro.

→ Futuro:

> Do presente: Indiara ganhará o presente.

> Do pretérito: Indiara ganharia o presente.

Modos verbais

Existem três modos de um fato se realizar:

→ Indicativo: Exprime um fato certo e positivo.

→ Imperativo: Exprime uma ordem, proibição, pedido, conselho.

→ Subjuntivo: Enuncia um fato hipotético, possível.

Formas nominais

As formas nominais enunciam, de forma imprecisa, vaga e impessoal, um fato.

São elas:

→ Infinitivo: prender, vender.

→ Gerúndio: prendendo, vendendo.

→ Particípio: prendido, vendido.

Além disso, o infinitivo pode ser pessoal ou impessoal, sendo:

→ Pessoal: quando tem sujeito.

→ Impessoal: quando não tem sujeito.

Também pode ser flexionado ou não flexionado

→ Flexionado: comeres tu, comermos nós, comerdes vós, comerem eles.

→ Não flexionado: comer eu, comer ele.

Verbos auxiliares

São os que se unem a uma forma nominal de outro verbo para formar voz passiva, tempos compostos e locuções verbais.

Principais verbos auxiliares: ter, haver, ser, estar.

Voz

Quanto à voz, os verbos podem ser classificados em:

→ Ativos

→ Passivos

→ Reflexivos

Conjugações

Podem-se agrupar os verbos em três conjugações, de acordo com a terminação do infinitivo.

> 1ª conjugação: terminados em -ar: cantar

> 2ª conjugação: terminados em -er: bater

> 3ª conjugação: terminados em -ir: fingir

As conjugações são caracterizadas pelas vogais temáticas A, E e I.

Elementos estruturais do verbo

É necessário identificar o radical, o elemento básico, e a terminação, que varia indicando tempo e modo, e pessoa e número.

Exemplo: dançar | danç- (radical) -ar (terminação)

Na terminação é encontrada ao menos um dos seguintes elementos:

→ Vogal temática: que caracteriza a conjugação.

→ Desinência modo-temporal: indica o modo e o tempo do verbo.

→ Desinência número pessoal: indica se seria a 1ª, 2ª ou 3ª pessoa e se seria do plural ou do singular.

Tempos primitivos e derivados

Os tempos podem ser divididos em primitivos e derivados, que podem ser:

→ Presente do infinitivo:

Exemplo: reclamar

> Pretérito imperfeito do indicativo: reclamava, reclamavas.
> Futuro do presente: reclamarei, reclamarás.
> Futuro do pretérito: reclamaria, reclamarias.
> Infinitivo pessoal: reclamar, reclamares.
> Gerúndio: reclamando.
> Particípio: reclamado.

→ Presente do indicativo:

Exemplo: guardo, guardas, guardais

> Presente do subjuntivo - guardo: guarda, guardas, guarda, guardamos, guardais, guardam
> Imperativo afirmativo - guardas: guarda, guardais

→ Pretérito perfeito do indicativo:

Exemplo: guardaram

> Pretérito mais que perfeito do indicativo: guardara, guardaras
> Pretérito imperfeito do subjuntivo: guardasse, guardasses
> Futuro do subjuntivo: guardares

Modo imperativo

O imperativo se dá de duas formas:

→ Imperativo afirmativo:

> 2ª pessoa do singular e a 2ª pessoa do plural: derivam das pessoas equivalentes do presente do indicativo e suprime-se o s final.
> demais pessoas: continuam como no presente do subjuntivo, sem alteração.

→ Imperativo negativo: as pessoas são iguais às equivalentes do presente do subjuntivo.

Tempos compostos

→ Da voz ativa: é formado pelo particípio do verbo principal, precedido pelos verbos auxiliares ter ou haver.

→ Da voz passiva: é formado quando o verbo principal, no particípio, é precedido pelos auxiliares ter (ou haver) e ser, de forma conjunta.

→ Locuções verbais: são formadas por um verbo principal, no gerúndio ou infinitivo, precedido por um verbo auxiliar.

Verbos regulares, irregulares e defectivos

A conjugação dos verbos pode ser dividida em:

→ Regular: são os que seguem um modelo comum de conjugação, mantendo o radical invariável

→ Irregular: são os que são alterados no radical e/ou nas terminações.

→ Defectiva: são os que não são usados em certos modos por não terem a conjugação completa.

Emprego do verbo haver

O verbo haver é utilizado, principalmente, para expressar ter ou existir, mas pode indicar, também, estar presente, decorrer, fazer, recuperar, julgar, acontecer, comportar-se, entender-se e o ato de ter existência. Além disso, ele possui diversas particularidades na conjugação.

O verbo haver é um verbo irregular, que passa por alterações tanto no seu radical, quanto nas suas terminações, quando conjugado.

→ Presente do indicativo:

> (eu) hei
> (tu) hás
> (ele) há
> (nós) havemos
> (vós) haveis
> (eles) hão

No pretérito perfeito do indicativo, no pretérito mais-que-perfeito do indicativo, no pretérito imperfeito do subjuntivo e no futuro do subjuntivo, o radical hav- se transformará em houv-.

→ Pretérito perfeito do indicativo

> (eu) houve
> (tu) houveste
> (ele) houve
> (nós) houvemos
> (vós) houvestes
> (eles) houveram

→ Futuro do subjuntivo

> (quando eu) houver
> (quando tu) houveres
> (quando ele) houver
> (quando nós) houvermos
> (quando vós) houverdes
> (quando eles) houverem

Nos demais tempos verbais, o radical hav- passa a ser haj-, no presente do subjuntivo e no imperativo.

→ Presente do subjuntivo

> (que eu) haja
> (que tu) hajas
> (que ele) haja
> (que nós) hajamos
> (que vós) hajais
> (que eles) hajam

Quando o verbo haver é utilizado para indicar tempo ou com o sentido de existir, ele será impessoal e sem sujeito, sendo conjugado apenas na 3ª pessoa do singular.

> Presente do indicativo: há
> Pretérito perfeito do indicativo: houve
> Pretérito imperfeito do indicativo: havia
> Pretérito mais-que-perfeito do indicativo: houvera
> Futuro do presente do indicativo: haverá
> Futuro do pretérito do indicativo: haveria
> Presente do subjuntivo: que haja
> Pretérito imperfeito do subjuntivo: se houvesse
> Futuro do subjuntivo: quando houver

Esse verbo pode ser, também, verbo auxiliar na formação de tempos compostos. Para tal, ele substitui o verbo ter, apresentando ainda o mesmo sentido, e pode ser conjugado em todas as pessoas verbais.

→ Pretérito mais-que-perfeito composto do indicativo

> (Eu) havia + particípio do verbo principal
> (Tu) havias + particípio do verbo principal
> (Ele) havia + particípio do verbo principal
> (Nós) havíamos + particípio do verbo principal
> (Vós) havíeis + particípio do verbo principal
> (Eles) haviam + particípio do verbo principal

→ Haver ou a ver

Para referir-se a algo que possui relação para com alguma coisa, a expressão correta é a ver.

2.5 Adjetivo

É a palavra variável que expressa uma qualidade, característica ou origem de algum substantivo ao qual se relaciona.

Meu terno é azul, elegante e italiano.

Analisando, entendemos assim:

Azul: característica.

Elegante: qualidade.

Italiano: origem.

Estrutura e a classificação dos adjetivos. Com relação à sua formação, eles podem ser:

Explicativos: quando a característica é comum ao substantivo referido.

Fogo **quente**, Homem **mortal**. (Todo fogo é quente, todo homem é mortal)

Restritivos: quando a característica não é comum ao substantivo, ou seja, nem todo substantivo é assim caracterizado.

Terno **azul**, Casa **grande**. (Nem todo terno é azul, nem toda casa é grande)

Simples: quando possui apenas uma raiz.

amarelo, brasileiro, competente, sagaz, loquaz, inteligente, grande, forte etc.

Composto: quando possui mais de uma raiz.

amarelo-canário, luso-brasileiro, verde-escuro, vermelho-sangue etc.

Primitivo: quando pode dar origem a outra palavra, não tendo sofrido derivação alguma.

bom, legal, grande, rápido, belo etc.

Derivado: quando resultado de um processo de derivação, ou seja, oriundo de outra palavra.

bondoso (de bom), grandioso (de grande), maléfico (de mal), esplendoroso (de esplendor) etc.

Os adjetivos que designam origem de algum termo são denominados adjetivos pátrios ou gentílicos.

Uma lista de adjetivos pátrios de estado:

Adjetivos Pátrios	
Acre	Acriano
Alagoas	Alagoano
Amapá	Amapaense
Aracaju	Aracajuano ou Aracajuense
Amazonas	Amazonense ou Baré
Belém(PA)	Belenense
Belo Horizonte	Belo-horizontino
Boa Vista	Boa-vistense
Brasília	Brasiliense
Cabo Frio	Cabo-friense
Campinas	Campineiro ou Campinense
Curitiba	Curitibano
Espírito Santo	Espírito-santense ou Capixaba
Fernando de Noronha	Noronhense
Florianópolis	Florianopolitano
Fortaleza	Fortalezense
Goiânia	Goianiense
João Pessoa	Pessoense
Macapá	Macapaense
Maceió	Maceioense
Manaus	Manauense
Maranhão	Maranhense
Marajó	Marajoara
Natal	Natalense ou Papa-jerimum
Porto Alegre	Porto Alegrense
Ribeirão Preto	Ribeiropretense
Rio de Janeiro(Estado)	Fluminense
Rio de Janeiro(Cidade)	Carioca
Rio Branco	Rio-branquense
Rio grande do Norte	Rio-grandense-do-norte, Norte-riograndense ou Potiguar

Rio grande do Sul	Rio-grandense-do-sul, Sul-rio-grandense ou Gaúcho
Rondônia	Rondoniano
Roraima	Roraimense
Salvador	Salvadorense ou Soteropolitano
Santa Catarina	Catarinense. ou Barriga-verde
Santarém	Santarense
São Paulo (Estado)	Paulista
São Paulo (Cidade)	Paulistano
Sergipe	Sergipano
Teresina	Teresinense
Tocantins	Tocantinense

Países	
Croácia	Croata
Costa rica	Costarriquense
Curdistão	Curdo
Estados Unidos	Estadunidense, norte-americano ou ianque
El Salvador	Salvadorenho
Guatemala	Guatemalteco
Índia	Indiano ou hindu (os que professam o hinduísmo)
Israel	Israelense ou israelita
Irã	Iraniano
Moçambique	Moçambicano
Mongólia	Mongol ou mongólico
Panamá	Panamenho
Porto Rico	Porto-riquenho
Somália	Somali

Adjetivos pátrios compostos

Na formação de adjetivos pátrios compostos, o primeiro elemento aparece na forma reduzida e, normalmente, erudita.

Observe alguns exemplos:

Adjetivos Pátrios Compostos	
África	Afro-/Cultura afro-americana
Alemanha	Germano- ou teuto-/Competições teutoinglesas
América	Américo-/Companhia américo-africana
Ásia	Ásio-/Encontros ásio-europeus
Áustria	Austro-/Peças austro-búlgaras
Bélgica	Belgo-/Acampamentos belgo-franceses
China	Sino-/Acordos sino-japoneses
Espanha	Hispano-/Mercado hispano-português
Europa	Euro-/Negociações euro-americanas
França	Franco- ou galo-/Reuniões franco-italianas
Grécia	Greco-/Filmes greco-romanos
Índia	Indo-/Guerras indo-paquistanesas
Inglaterra	Anglo-/Letras anglo-portuguesas
Itália	Ítalo-/Sociedade ítalo-portuguesa
Japão	Nipo-/Associações nipo-brasileiras
Portugal	Luso-/Acordos luso-brasileiros

Locução adjetiva

Expressão que tem valor adjetival, mas que é formada por mais de uma palavra. Geralmente, concorrem para sua formação uma preposição e um substantivo. Veja alguns exemplos.

Locução Adjetiva	Adjetivo
de águia	Aquilino
de aluno	Discente
de anjo	Angelical
de ano	Anual
de aranha	Aracnídeo
de asno	Asinino
de baço	Esplênico
de bispo	Episcopal
de bode	Hircino
de boi	Bovino
de bronze	Brônzeo ou êneo
de cabelo	Capilar
de cabra	Caprino
de campo	Campestre ou rural
de cão	Canino
de carneiro	Arietino
de cavalo	Cavalar, equino, equídeo ou hípico
de chumbo	Plúmbeo
de chuva	Pluvial
de cinza	Cinéreo
de coelho	Cunicular
de cobre	Cúprico
de couro	Coriáceo
de criança	Pueril
de dedo	Digital
de diamante	Diamantino ou adamantino
de elefante	Elefantino
de enxofre	Sulfúrico
de estômago	Estomacal ou gástrico
de falcão	Falconídeos
de fera	Ferino
de ferro	Férreo
de fígado	Figadal ou hepático

de fogo	Ígneo
de gafanhoto	Acrídeo
de garganta	Gutural
de gelo	Glacial
de gesso	Gípseo
de guerra	Bélico
de homem	Viril ou humano
de ilha	Insular
de intestino	Celíaco ou entérico
de inverno	Hibernal ou invernal
de lago	Lacustre
de laringe	Laríngeo
de leão	Leonino
de lebre	Leporino
de lobo	Lupino
de lua	Lunar ou selênico
de macaco	Simiesco, símio ou macacal
de madeira	Lígneo
de marfim	Ebúrneo ou ebóreo
de Mestre	Magistral
de monge	Monacal
de neve	Níveo ou nival
de nuca	Occipital
de orelha	Auricular
de ouro	Áureo
de ovelha	Ovino
de paixão	Passional
de pâncreas	Pancreático
de pato	Anserino
de peixe	Písceo ou ictíaco
de pombo	Columbino
de porco	Suíno ou porcino
de prata	Argênteo ou argírico
de quadris	Ciático
de raposa	Vulpino
de rio	Fluvial
de serpente	Viperino
de sonho	Onírico
de terra	Telúrico, terrestre ou terreno
de trigo	Tritício
de urso	Ursino
de vaca	Vacum
de velho	Senil
de vento	Eólico
de verão	Estival
de vidro	Vítreo ou hialino
de virilha	Inguinal
de visão	Óptico ou ótico

Flexão do adjetivo

O adjetivo pode ser flexionado em gênero, número e grau.

Flexão de gênero (Masculino / Feminino)

Com relação ao gênero, os adjetivos podem ser classificados de duas formas:

Biformes: quando possuem uma forma para cada gênero.

Homem **belo** / mulher **bela**

Contexto **complicado** / questão **complicada**

Uniformes: quando possuem apenas uma forma, como se fossem elementos neutros.

Homem **fiel** / mulher **fiel**

Contexto **interessante** / questão **interessante**

Flexão de número (Singular / Plural)

Os adjetivos simples seguem a mesma regra de flexão que os substantivos simples, portanto essas regras serão descriminadas no quadro de número dos substantivos. Serão, por regra, flexionados os adjetivos compostos que, em sua formação, possuírem dois adjetivos. A flexão ocorrerá apenas no segundo elemento da composição.

Guerra greco-**romana** - Guerras greco-**romanas**

Conflito **socioeconômico** - Análises **socioeconômicas**

Por outro lado, se houver um substantivo como elemento da composição, o adjetivo fica invariável.

Blusa **amarelo-canário** - Blusas **amarelo-canário**

Mesa **verde-musgo** - Mesas **verde-musgo**

O caso em questão também pode ocorrer quando um substantivo passa a ser, por derivação imprópria, um adjetivo, ou seja, também serão invariáveis os "substantivos adjetivados".

Terno cinza -Ternos cinza

Vestido rosa -Vestidos rosa

E também:

surdo mudo - surdos mudos

pele vermelha - peles vermelhas

Azul- marinho e azul-celeste são invariáveis.

Flexão de grau (Comparativo e Superlativo)

Há duas maneiras de se estabelecer o grau do adjetivo: por meio do grau comparativo e por meio do grau superlativo.

Vejamos como isso ocorre.

Grau comparativo: estabelece um tipo de comparação de características, sendo estabelecido de três maneiras:

Inferioridade: O açúcar é **menos** doce (do) **que** os teus olhos.

Igualdade: O meu primo é **tão** estudioso **quanto** o meu irmão.

Superioridade: Gramática **é mais legal** (do) **que** Matemática.

Grau superlativo: reforça determinada qualidade em relação a um referente. Pode-se estabelecer o grau superlativo de duas maneiras:

Relativo: em relação a um grupo.

De superioridade: José é o **mais** inteligente dos alunos.

De inferioridade: O presidente foi o **menos** prestigiado da festa.

Absoluto: sem relações, apenas reforçando as características

Analítico (com auxílio de algum termo)

Pedro é muito magro.

Pedro é magro, magro, magro.

Sintético (com o acréscimo de – íssimo ou –érrimo)

Pedro é macérrimo.

Somos todos estudiosíssimos.

Veja, agora, uma tabela de superlativos sintéticos.

Superlativos	
Grau normal	Superlativos
Ágil	Agilíssimo
Agradável	Agradabilíssimo
Agudo	Acutíssimo ou Agudíssimo
Alto	Altíssimo, Sumo ou Supremo
Amargo	Amaríssimo ou Marguíssimo
Amável	Amabilíssimo
Amigo	Amicíssimo
Antigo	Antiquíssimo
Atroz	Atrocíssimo
Baixo	Baixíssimo ou Ínfimo
Bom	Ótimo ou Boníssimo
Capaz	Capacíssimo
Célebre	Celebérrimo
Cheio	Cheíssimo
Comum	Comuníssimo
Cristão	Cristianíssimo
Cruel	Crudelíssimo
Doce	Dolcíssimo ou Docíssimo
Difícil	Dificílimo
Eficaz	Eficacíssimo
Fácil	Facílimo
Feliz	Felicíssimo
Feroz	Ferocíssimo
Fiel	Fidelíssimo
Frágil	Fragílimo
Frio	Frigidíssimo ou Friíssimo
Geral	Generalíssimo
Grande	Grandíssimo ou Máximo
Horrível	Horribilíssimo
Honorífico	Honorificentíssimo
Humilde	Humílimo ou Humildíssimo
Inimigo	Inimicíssimo
Inconstitucional	Inconstitucionalíssimo
Jovem	Juveníssimo
Livre	Libérrimo e Livríssimo
Louvável	Laudabilíssimo
Magnífico	Magnificentíssimo
Magro	Macérrimo ou Magríssimo
Mau	Péssimo ou malíssimo
Miserável	Miserabilíssimo
Mísero	Misérrimo
Miúdo	Minutíssimo
Notável	Notabilíssimo
Pequeno	Mínimo ou Pequeníssimo
Pessoal	Personalíssimo
Pobre	Paupérrimo ou Pobríssimo
Precário	Precaríssimo ou Precariíssimo
Próspero	Prospérrimo
Provável	Probabilíssimo
Sábio	Sapientíssimo
Sério	Seríssimo
Simpático	Simpaticíssimo
Simples	Simplíssimo ou Simplicíssimo
Tenaz	Tenacíssimo
Terrível	Terribilíssimo
Vão	Vaníssimo
Voraz	Voracíssimo
Vulgar	Vulgaríssimo
Vulnerável	Vulnerabilíssimo

Atente à mudança de sentido provocada pela alteração de posição do adjetivo.

Homem **grande** (alto, corpulento)

Grande homem (célebre)

Mas isso nem sempre ocorre. Se você analisar a construção "giz azul" e "azul giz", perceberá que não há diferença semântica.

2.6 Advérbio

É a palavra invariável que se relaciona ao verbo, ao adjetivo ou a outro advérbio para atribuir-lhes uma circunstância.

Os alunos saíram **apressadamente**.

O caso era muito **interessante**.

Resolvemos **muito bem** o problema.

É importante decorar essa lista de advérbios para que você consiga reconhecê-los na sentença.

→ Classificação do Advérbio:

Afirmação: sim, certamente, efetivamente etc.

Negação: não, nunca, jamais.

Intensidade: muito, pouco, assaz, bastante, mais, menos, tão, tanto, quão etc.

Lugar: aqui, ali, aí, aquém, acima, abaixo, atrás, dentro, junto, defronte, perto, longe, algures, alhures, nenhures etc.

Tempo: agora, já, depois, anteontem, ontem, hoje, jamais, sempre, outrora, breve etc.

Modo: assim, adrede, bem, mal, depressa, devagar, melhor, pior e a maior parte das palavras formadas de um adjetivo, mais a terminação "mente" (leve + mente = levemente; calma + mente = calmamente).

Inclusão: também, inclusive.

Designação: eis.

Interrogação: onde, como, quando, por que.

Também existem as chamadas locuções adverbiais que vêm quase sempre introduzidas por uma preposição: à farta (= fartamente), às pressas (= apressadamente), à toa, às cegas, às escuras, às tontas, às vezes, de quando em quando, de vez em quando etc.

Existem casos em que utilizamos um adjetivo como forma de advérbio. É o que chamamos de adjetivo adverbializado.

Aquele orador fala **belamente**.
advérbio de modo

Aquele orador fala **bonito**.
adjetivo adverbializado que tenta designar modo

2.7 Conjunção

É a palavra invariável que conecta elementos em algum encadeamento frasal. A relação em questão pode ser de natureza lógico-semântica (relação de sentido) ou apenas indicar uma conexão exigida pela sintaxe da frase.

Coordenativas

São as conjunções que conectam elementos que não possuem dependência sintática, ou seja, as sentenças que são conectadas por meio desses elementos já estão com suas estruturas sintáticas (sujeito / predicado / complemento) completas.

Aditivas: e, nem (= e não), também, que, não só... mas também, não só... como, tanto ... como, assim... como etc.

José não foi à aula **nem** fez os exercícios.

Devemos estudar **e** apreender os conteúdos.

Adversativas: mas, porém, contudo, todavia, no entanto, entretanto, senão, não obstante, aliás, ainda assim.

Os países assinaram o acordo, **mas** não o cumpriram.

A menina cantou bem, **contudo** não agradou ao público.

Alternativas: ou... ou, já ... já, seja... seja, quer... quer, ora... ora, agora... agora.

Ora diz sim, **ora** diz não.

Ou está feliz, **ou** está no ludibriando.

Conclusivas: logo, pois (depois do verbo), então, portanto, assim, enfim, por fim, por conseguinte, conseguintemente, consequentemente, donde, por onde, por isso.

O **concursando** estudou muito, **logo**, deverá conseguir seu cargo.

É professor, **por conseguinte** deve saber explicar o conteúdo.

Explicativas: Isto é, por exemplo, a saber, ou seja, verbi gratia, pois (antes do verbo), pois bem, ora, na verdade, depois, além disso, com efeito, que, porque, ademais, outrossim, porquanto etc.

Deve ter chovido, **pois** o chão está molhado.

O homem é um animal racional, **porque** é capaz de raciocinar.

Não converse agora, **que** eu estou explicando.

Subordinativas

São as conjunções que denotam uma relação de subordinação entre orações, ou seja, a conjunção subordinativa evidencia que uma oração possui dependência sintática em relação a outra. O que se pretende dizer com isso é que uma das orações envolvidas nesse conjunto desempenha uma função sintática para com sua oração principal.

Integrantes

Que, se

Sei **que** o dia do pagamento é hoje.

Vejamos **se** você consegue estudar sem interrupções.

Adverbiais

Causais: indicam a causa de algo.

Já que, porque, que, pois que, uma vez que, sendo que, como, visto que, visto como, como etc.

Não teve medo do perigo, **já que** estava protegido.

Passou no concurso, **porque** estudou muito.

Comparativas: estabelecem relação de comparação:

Como, tal como, mais...(do)que, menos...(do)que, tão como, assim como, tanto quanto etc.

Tal como procederes, receberás o castigo.

Alberto é aplicado **como** quem quer passar.

Concessivas (concessão): estabelecem relação de quebra de expectativa com respeito à sentença à qual se relacionam.

Embora, ainda que, dado que, posto que, conquanto, em que, quando mesmo, mesmo que, por menos que, por pouco que, apesar de (que).

Embora tivesse estudado pouco, conseguiu passar.

Conquanto estudasse, não conseguiu aprender.

Condicionais: estabelecem relação de condição.

Se, salvo se, caso, exceto se, contanto que, com tal que, caso, a não ser que, a menos que, sem que etc.

Se tudo der certo, estaremos em Portugal amanhã.

Caso você tenha dúvidas, pergunte a seu professor.

Consecutivas: estabelecem relação de consequência.

Tanto que, de modo que, de sorte que, tão...que, sem que etc.

O aluno estudou **tanto que** morreu.

Timeto Amon era **tão** feio **que** não se olhava no espelho.

Conformativas: estabelecem relação de conformidade.

Conforme, consoante, segundo, da mesma maneira que, assim como, como que etc.

Faça a prova **conforme** teu pai disse.

Todos agem **consoante** se vê na televisão.

Finais: estabelecem relação de finalidade.

Para que, a fim de que, que, porque.

Estudou muito **para que** pudesse ter uma vida confortável.

Trabalhei **a fim de que** o resultado seja satisfatório.

Proporcionais: estabelecem relação de proporção.

À proporção que, à media que, quanto mais... tanto mais, quanto menos... tanto menos, ao passo que etc.

À medida que o momento de realizar a prova chegava, a ansiedade de todos aumentava.

Quanto mais você estudar, **tanto mais** terá a chance de ser bem sucedido.

Temporais: estabelecem relação de tempo.

Quando, enquanto, apenas, mal, desde que, logo que, até que, antes que, depois que, assim que, sempre que, senão quando, ao tempo que, apenas que, antes que, depois que, sempre que etc.

Quando todos disserem para você parar, continue.

Depois que terminar toda a lição, poderá descansar um pouco.

Mal chegou, já quis sair.

2.8 Interjeição

É o termo que exprime, de modo enérgico, um estado súbito de alma. Sem muita importância para a análise a que nos propomos, vale apenas lembrar que elas possuem uma classificação semântica[1]:

Dor: ai! ui!

Alegria: ah! eh! oh!

Desejo: oxalá[2]! tomara!

Admiração: puxa! cáspite! safa! quê!

Animação: eia! sus! coragem!

Aplauso: bravo! apoiado!

Aversão: ih! chi! irra! apre!

Apelo: ó, olá! psit! pitsiu! alô! socorro!

Silêncio: psit! psiu! caluda!

Interrogação, espanto: hem!

Há, também, locuções interjeitivas: **Minha nossa! Meu Deus!**

A despeito da classificação acima, o que determina o sentido da interjeição é o seu uso.

2.9 Numeral

É a palavra que indica uma quantidade, multiplicação, fração ou um lugar numa série. Os numerais podem ser divididos em:

Cardinais: quando indicam um número básico: um, dois, três, cem mil...

Ordinais: quando indicam um lugar numa série: primeiro, segundo, terceiro, centésimo, milésimo...

Multiplicativos: quando indicam uma quantidade multiplicativa: dobro, triplo, quádruplo...

Fracionários: quando indicam parte de um inteiro: meio, metade, dois terços...

Algarismo		Cardinais	Ordinais
Romanos	Arábicos		
I	1	um	primeiro
II	2	dois	segundo
III	3	três	terceiro
IV	4	quatro	quarto
V	5	cinco	quinto
VI	6	seis	sexto
VII	7	sete	sétimo
VIII	8	oito	oitavo
IX	9	nove	nono
X	10	dez	décimo
XI	11	onze	undécimo ou décimo primeiro
XII	12	doze	duodécimo ou décimo segundo
XIII	13	treze	décimo terceiro
XIV	14	quatorze ou catorze	décimo quarto
XV	15	quinze	décimo quinto
XVI	16	dezesseis	décimo sexto
XVII	17	dezessete	décimo sétimo
XVIII	18	dezoito	décimo oitavo
XIX	19	dezenove	décimo nono
XX	20	vinte	vigésimo
XXI	21	vinte e um	vigésimo primeiro
XXX	30	trinta	trigésimo
XXXL	40	quarenta	quadragésimo
L	50	cinquenta	quinquagésimo

1 Segundo Napoleão Mendes de Almeida.
2 Curiosamente, esses elementos podem ser concebidos, em algumas situações, como advérbios de dúvida.

LX	60	sessenta	sexagésimo
LXX	70	setenta	septuagésimo ou setuagésimo
LXXX	80	oitenta	octogésimo
XC	90	noventa	nonagésimo
C	100	cem	centésimo
CC	200	duzentos	ducentésimo
CCC	300	trezentos	trecentésimo
CD	400	quatrocentos	quadringentésimo
D	500	quinhentos	quingentésimo
DC	600	seiscentos	seiscentésimo ou sexcentésimo
DCC	700	setecentos	septingentésimo
DCCC	800	oitocentos	octingentésimo
CM	900	novecentos	nongentésimo ou noningentésimo
M	1.000	mil	milésimo
X'	10.000	dez mil	dez milésimos
C'	100.000	cem mil	cem milésimos
M'	1.000.000	um milhão	milionésimo
M"	1.000.000.000	um bilhão	bilionésimo

Lista de numerais multiplicativos e fracionários:

Algarismos	Multiplicativos	Fracionários
2	duplo, dobro, dúplice	meio ou metade
3	triplo, tríplice	terço
4	quádruplo	quarto
5	quíntuplo	quinto
6	sêxtuplo	sexto
7	sétuplo	sétimo
8	óctuplo	oitavo
9	nônuplo	nono
10	décuplo	décimo
11	undécuplo	onze avos
12	duodécuplo	doze avos
100	cêntuplo	centésimo

Para realizar a leitura dos cardinais:

É necessário colocar a conjunção "e" entre as centenas e dezenas, assim como entre as dezenas e a unidade. Ex.: 3.068.724 = três milhões sessenta e oito mil setecentos e vinte e quatro. Quanto à leitura do numeral ordinal, há duas possibilidades: Quando é inferior a 2.000, lê-se inteiramente segundo a forma ordinal. 1766º = milésimo septingentésimo sexagésimo sexto. Acima de 2.000, lê-se o primeiro algarismo como cardinal e os demais como ordinais. Hodiernamente, entretanto, tem-se observado a tendência a ler os números redondos segundo a forma ordinal.

2.536º = dois milésimos quingentésimo trigésimo sexto.

8 000º = oitavo milésimo.

Para realizar a leitura do fracionário:

O numerador de um numeral fracionário é sempre lido como cardinal. Quanto ao denominador, há dois casos:

Primeiro: se for inferior ou igual a 10, ou ainda for um número redondo, será lido como ordinal 2/6 = dois sextos; 9/10 = nove décimos; centésimos (se houver).

São exceções: 1/2 = meio; 1/3 = um terço.

Segundo: se for superior a 10 e não constituir número redondo, é lido como cardinal, seguido da palavra "avos".

1/12 = um doze avos; 4/25 = quatro vinte e cinco avos.

Ao se fazer indicação de reis, papas, séculos, partes de uma obra, usam-se os numerais ordinais até décimo. A partir daí, devem-se empregar os cardinais. Século V (século quinto), século XX (vinte), João Paulo II (segundo), Bento XVI (dezesseis).

2.10 Preposição

É a palavra invariável que serve de ligação entre dois termos de uma oração ou, às vezes, entre duas orações. Costuma-se denominar "regente" o termo que exige a preposição e "regido" aquele que recebe a preposição:

Ele comprou um livro **de** poesia.

Ele tinha medo **de** ficar solitário.

Como se vê, a preposição "de", no primeiro caso, liga termos de uma mesma oração; no segundo, liga orações.

Preposições essenciais

São aquelas que têm como função primordial a conexão das palavras: a, ante, até, após, com contra, de, desde, em,entre, para, per, perante, por, sem, sob, sobre, trás. Veja o emprego de algumas preposições:

Os manifestantes lutaram **contra** a polícia.

O aluno chegou **ao** salão rapidamente.

Aguardo sua decisão **desde** ontem.

Entre mim e ti, não há qualquer problema.

Preposições acidentais

São palavras que pertencem a outras classes, empregadas, porém, eventualmente como preposições: conforme, consoante, durante, exceto, fora, agora, mediante, menos, salvante, salvo, segundo, tirante.

O emprego das preposições acidentais é mais comum do que parece:

Todos saíram da sala, **exceto** eu.

Tirante as mulheres, o grupo que estava na sala parou de falar.

Escreveu o livro **conforme** o original.

Locuções prepositivas

Além das preposições simples, existem também as chamadas locuções prepositivas, que terminam sempre por uma preposição simples: abaixo de, acerca de, acima de, a despeito de, adiante de, a fim de, além de, antes de, ao lado de, a par de, apesar de, a respeito de, atrás de, através de, de acordo com, debaixo de, de cima de, defronte de, dentro de, depois de, diante de, embaixo de, em cima de, em frente de(a), em lugar de, em redor de, em torno de, em vez de, graças a, junto a (de), para baixo de, para cima de, para com, perto de, por baixo de, por causa de, por cima de, por detrás de, por diante de, por entre, por trás de.

CONECTIVOS

Os conectivos têm a função de ligar palavras ou orações e eles podem ser coordenativos (ligam orações coordenadas) ou subordinativos (ligam orações subordinadas).

Coordenativos

→ Conjunções coordenativas:

Iniciam orações coordenadas:

Aditivas: e

Adversativas: mas

Alternativas: ou

Conclusivas: logo

Explicativas: pois

Subordinativos

→ Pronomes relativos:

Iniciam orações adjetivas:

que

quem

cujo/cuja

o qual/a qual

→ Conjunções subordinativas:

Iniciam orações adverbiais:

Causais: porque

Comparativas: como

Concessivas: embora

Condicionais: se

Conformativas: conforme

Consecutivas: (tão) que

Finais: para que

Proporcionais: à medida que

Temporais: quando

Iniciam orações substantivas:

Integrantes: que, se

Formas variantes

Algumas palavras possuem mais de uma forma, ou seja, junto à forma padrão existem outras formas variantes.

Em algumas situações, é irrelevante a variação utilizada, mas em outros deve-se escolher a variação mais generalizada.

Exemplos:

Assobiar, assoviar

Coisa, cousa

Louro, loiro

Lacrimejar, lagrimejar

Infarto, enfarte

Diabete, diabetes

Transpassar, traspassar, trespassar

3. PRONOMES

Em uma definição breve, podemos dizer que pronome é o termo que substitui um substantivo, desempenhando, na sentença em que aparece, uma função coesiva. Podemos dividir os pronomes em sete categorias, são elas: pessoais, tratamento, demonstrativos, relativos, indefinidos, interrogativos, possessivos.

Antes de partir para o estudo pormenorizado dos pronomes, vamos fazer uma classificação funcional deles quando empregados em uma sentença:

Pronomes substantivos: são aqueles que ocupam o lugar do substantivo na sentença.

Alguém apareceu na sala ontem.

Nós faremos todo o trabalho.

Pronomes adjetivos: são aqueles que acompanham um substantivo na sentença.

Meus alunos são os mais preparados.

Pessoa **alguma** fará tal serviço por **esse** valor.

3.1 Pessoais

Referem-se às pessoas do discurso:

Quem fala (1ª pessoa);

Com quem se fala (2ª pessoa);

De quem se fala (3ª pessoa).

Classificação dos Pronomes Pessoais (caso **Reto** x caso **Oblíquo**)

Pessoa Gramatical	Retos	Oblíquos	
		Átonos	Tônicos
1ª Singular	eu	me	mim, comigo
2ª Singular	tu	te	ti, contigo
3ª Singular	ele, ela	o, a, lhe, se	si, consigo
1ª Plural	nós	nos	nós, conosco
2ª Plural	vós	vos	vós, convosco
3ª Plural	eles, elas	os, as, lhes, se	si, consigo
Função	Sujeito	Complemento/Adjunto	

Emprego de alguns pronomes (**Certo** X **Errado**)

Eu e tu x mim e ti

1ª regra: depois de preposição essencial, usa-se pronome oblíquo.

Entre mim e ti, não há acordo.

Sobre Manoel e ti, nada se pode falar.

Devo **a** ti esta conquista.

O presente é **para** mim.

Não saia **sem** mim.

Comprei um livro **para** ti.

Observe a preposição essencial destacada nas sentenças.

2ª regra: se o pronome utilizado na sentença for sujeito de um verbo, deve-se empregar os do caso RETO.

Não saia sem **eu** deixar.

Comprei um livro para **tu** leres.

O presente é para **eu** desfrutar.

Observe que o pronome desempenha a função de sujeito do verbo destacado.

Ou seja: "mim" não faz nada!

Não vá se confundir com as sentenças em que a ordem frasal está alterada. Deve-se, nesses casos, tentar pôr a sentença na ordem direta.

Para mim, fazer exercícios é muito bom. → Fazer exercícios é muito bom para mim.

Não é tarefa para mim realizar esta revisão. → Realizar esta revisão não é tarefa para mim.

Com causativos e sensitivos:

Regra com verbos causativos (mandar, fazer, deixar) ou sensitivos (ver, ouvir, sentir).

Quando os pronomes oblíquos átonos são empregados com verbos causativos ou sensitivos, pode haver a possibilidade de desempenharem a função de sujeito de uma forma verbal próxima. Ex.:

Fiz **Juliana** chorar. (sentença original)

Fi-**la** chorar. (sentença reescrita com a substituição do termo Juliana pelo pronome oblíquo)

Em ambas as situações, a "Juliana é a chorona". Isso quer dizer que o termo feminino que está na sentença é sujeito do verbo chorar. Pensando dessa maneira, entenderemos a primeira função da forma pronominal "la" que aparece na sentença reescrita.

Outro fator a ser considerado é que o verbo "fazer" necessita de um complemento, portanto, é um verbo transitivo. Bem, ocorre que o complemento do verbo "fazer" não pode ter outro referente senão "Juliana". Então, entendemos que, na reescrita da frase, a forma pronominal "la" funciona como complemento do verbo "fazer" e sujeito do verbo "chorar".

Si e consigo

Estes pronomes somente podem ser empregados se se referirem ao sujeito da oração, pois possuem função reflexiva:

Alberto só pensa em si.
("Si" refere-se a "Alberto": sujeito do verbo "pensar")

O aluno levou as apostilas consigo.
("consigo" refere-se ao termo "aluno")

Estão erradas, portanto, frases como estas:

Creio muito em si, meu amigo.

Quero falar consigo.

Corrigindo:

Creio muito em **você**, meu amigo.

Quero falar **contigo**.

Conosco e convosco

Se vierem seguidos de uma expressão complementar, geralmente a palavra "todos", desdobram-se em "com nós" e "com vós":

Este trabalho é com nós mesmos.

Ele(s), ela(s) x o(s), a(s)

É muito comum ouvirmos frases como: "Vi ***ela*** na esquina", "Não queremos ***eles*** aqui". Então, é errado falar ou escrever assim, pois o pronome em questão está sendo utilizado fora de seu emprego original, ou seja, como um complemento (ao passo que deveria ser apenas sujeito). O certo é: "Vi-***a*** na esquina", "Não ***os*** queremos aqui".

"O" e "a"

São complementos diretos, ou seja, são utilizados juntamente aos verbos transitivos diretos, ou nos bitransitivos, como no exemplo a seguir:

Comprei **um carro** para minha namorada = Comprei-**o** para ela. (Ocorreu a substituição do Objeto Direto)

É importante lembrar que há uma especificidade em relação à colocação dos pronomes "o" e "a" depois de algumas palavras:

> Se a palavra terminar em R, S ou Z: tais letras devem ser suprimidas e o pronome há de ser empregado como **lo**, **la**, **los**, **las**.

Fazer as tarefas = fazê-**las**

Querer o dinheiro = querê-**lo**.

> Se a palavra terminar com **ão**, **õe** ou **m**: tais letras devem ser mantidas e o pronome há de ser empregado como **no**, **na**, **nos**, **nas**.

Compraram a casa = compraram-**na**

Compõe a canção = compõe-**na**.

Lhe

É um complemento indireto, equivalente a "a ele" ou "a ela": ou seja, é empregado juntamente a um verbo transitivo indireto ou a um verbo bitransitivo, como no exemplo:

Comprei um carro **para minha namorada** = comprei-**lhe** um carro. (Ocorreu a substituição do objeto indireto)

Muitas bancas gostam de trocar as formas "o" e "a" por "lhe", o que não pode ser feito sem que a sentença seja totalmente reelaborada.

3.2 De Tratamento

São pronomes de tratamento você, senhor, senhora, senhorita, fulano, sicrano, beltrano e as expressões que integram o quadro seguinte:

Pronome	Abreviatura Singular	Abreviatura Plural
Vossa Excelência(s)	V.Ex.ª	V.Ex.as
Usa-se para:		
Presidente (sem abreviatura), ministro, embaixador, governador, secretário de Estado, prefeito, senador, deputado federal e estadual, juiz, general, almirante, brigadeiro e presidente de câmara de vereadores;		

Pronome	Abreviatura Singular	Abreviatura Plural
Vossa(s) Magnificência(s)	V.Mag.ª	V.Mag.as
Usa-se para:		
Reitor de universidade para o qual também se pode usar V. Ex.ª;		
Pronome	**Abreviatura Singular**	**Abreviatura Plural**
Vossa(s) Senhoria(s)	V.Sª	V.S.as
Usa-se para:		
Qualquer autoridade ou pessoa civil não citada acima;		
Pronome	**Abreviatura Singular**	**Abreviatura Plural**
Vossa(s) Santidade(s)	V.S	VV.SS.
Usa-se para:		
Papa;		
Pronome	**Abreviatura Singular**	**Abreviatura Plural**
Vossa(s) Eminência(s)	V.Em.ª	V.Em.as
Usa-se para:		
Cardeal;		
Pronome	**Abreviatura Singular**	**Abreviatura Plural**
Vossa(s) Excelência(s) Reverendíssima(s)	V.Exª.Rev.ma	V.Ex.as.Rev.mas
Usa-se para:		
Arcebispo e bispo;		
Pronome	**Abreviatura Singular**	**Abreviatura Plural**
Vossa(s) Reverendíssima(s)	V.Rev.ma	V.Rev.mas
Usa-se para:		
Autoridade religiosa inferior às acima citadas;		
Pronome	**Abreviatura Singular**	**Abreviatura Plural**
Vossa(s) Reverência(s)	V.Rev.ª	V.Rev.mas
Usa-se para:		
Religioso sem graduação;		
Pronome	**Abreviatura Singular**	**Abreviatura Plural**
vossa(s) majestade(s)	v.m.	vv.mm.
Usa-se para:		
Rei e imperador;		
Pronome	**Abreviatura Singular**	**Abreviatura Plural**
Vossa(s) Alteza(s)	V.A.	VV.AA.
Usa-se para:		
Príncipe, arquiduque e duque.		

Todas essas expressões se apresentam também com SUA para cujas abreviaturas basta substituir o "V" por "S".

Emprego dos pronomes de tratamento

Vossa Excelência etc. x **Sua Excelência** etc.

Os pronomes de tratamento iniciados com "Vossa(s)" empregam-se em uma relação direta, ou seja, indicam o nosso interlocutor, pessoa com quem falamos:

Soube que V. Ex.ª, Senhor Ministro, falou que não estava interessado no assunto da reunião.

Empregaremos o pronome com a forma "Sua" quando a relação não é direta, ou seja, quando falamos SOBRE a pessoa:

A notícia divulgada é de que Sua Excelência, o Presidente da República, foi flagrado em uma boate.

Utilização da 3ª pessoa

Os pronomes de tratamento são de 3ª pessoa; portanto, todos os elementos relacionados a eles devem ser empregados também na 3ª pessoa, para que se mantenha a uniformidade:

É preciso que V. Ex.ª **diga** qual será o **seu** procedimento no caso em questão, a fim de que seus assessores possam agir a tempo.

Uniformidade de Tratamento

No momento da escrita ou da fala, não é possível ficar fazendo "dança das pessoas" com os pronomes. Isso quer dizer que se deve manter a uniformidade de tratamento. Para tanto, se for utilizada 3ª pessoa no início de uma sentença, ela deve permanecer ao longo de todo o texto. Preste atenção para ver como ficou estranha a construção abaixo:

Quando **você** chegar, eu **te** darei o presente.

"Você" é de 3ª pessoa e "te" é de 2ª pessoa. Não há motivo para cometer tal engano. Tome cuidado, portanto. Podemos corrigir a sentença:

Quando tu chegares, eu te darei o presente.

Quando você chegar, eu lhe darei o presente.

3.3 Demonstrativos

São os que localizam ou identificam o substantivo ou uma expressão no espaço, no tempo ou no texto.

1ª Pessoa	
Masculino	Este(s)
Feminino	Esta(s)
Neutro	Isto
No Espaço	Com o falante
No tempo	Presente
No Texto	O que se pretende dizer ou o imediatamente retomado
2ª Pessoa	
Masculino	Esse(s)
Feminino	Essa(s)
Neutro	Isso
No Espaço	Pouco afastado
No tempo	Passado ou futuro próximos
No Texto	O que se disse anteriormente
3ª Pessoa	
Masculino	Aquele(s)
Feminino	Aquela(s)
Neutro	Aquilo
No Espaço	Muito afastado
No tempo	Passado ou futuro distantes
No Texto	O que se disse há muito ou o que se pretende dizer

Quando o pronome retoma algo já mencionado no texto, dizemos que ele possui função **Anafórica**. Quando aponta para algo que será dito, dizemos que possui função **Catafórica**. Essa nomenclatura começou a ser cobrada em algumas questões de concurso público, portanto, é importante ter esses conceitos na ponta da língua.

Exemplos de emprego dos demonstrativos:

Veja este livro que eu trouxe, é muito bom.

Você deve estudar mais! Isso é o que eu queria dizer.

Vê aquele mendigo lá na rua? Terrível futuro o aguarda.

Há outros pronomes demonstrativos:

O, **a**, **os**, **as**, quando antecedem o relativo Que e podem ser permutados por: Aquele (s), Aquela (s), Aquilo:

Não entendi o que disseste. (Não entendi aquilo que disseste.)

Esta rua não é a que te indiquei. (Esta rua não é aquela que te indiquei.)

Tal: quando puder ser permutado por qualquer demonstrativo: Não acredito que você disse **tal** coisa. (aquela coisa)

Semelhante: quando puder ser permutado por qualquer demonstrativo: Jamais me prestarei a **semelhante** canalhice. (esta canalhice)

Mesmo: quando modificar os pronomes eu, tu, nós e vós: Eu **mesmo** investiguei o caso.

De modo análogo, classificamos o termo "**próprio**". (eu próprio, ela própria)

Mesmo pode ainda funcionar como pronome neutro em frases como: "é o mesmo", "vem a ser o mesmo".

Vejamos mais alguns exemplos:

José e **João** são alunos do ensino médio. Este gosta de matemática, **aquele** gosta de português.

Veja que a verdadeira relação estabelecida pelos pronomes demonstrativos focaliza, por meio do "este" o elemento mais próximo, por meio do "aquele" o elemento mais afastado.

Esta sala precisa de bons professores. / Gostaria de que esse órgão pudesse resolver meu problema.

Este(s), **esta(s)**, **isto** indicam o local de onde escrevemos. **Esse(s)**, **essa(s)**, **isso** indicam o local em que se encontra o nosso interlocutor.

3.4 Relativos

São termos que relacionam palavras em um encadeamento. Os relativos da Língua Portuguesa são:

Que: Quando puder ser permutado por "o qual" ou um de seus termos derivados. Utiliza-se o pronome "que" para referências a pessoas ou coisas.

O Qual: Empregado para referência a coisas ou pessoas.

Quem: É equivalente, segundo o mestre Napoleão Mendes de Almeida, a dois pronomes – aquele e que.

Quanto: Será relativo quando seu antecedente for o termo "tudo".

Onde: É utilizado para estabelecer referência a lugares, sendo permutável por "em que" ou "no qual" e seus derivados.

Cujo: Possui um sentido possessivo. Não permite permuta por outro relativo. Também é preciso lembrar que o pronome cujo não admite artigo, pois já é variável (cujo / cuja, jamais cujo o, cuja a).

O peão a **que** me refiro é Jonas.

A casa n**a qual** houve o tiroteio foi interditada.

O homem para **quem** se enviou a correspondência é Alberto.

Não gastes tudo **quanto** tens.

O estado para **onde** vou é Minas Gerais.

Cara, o pedreiro em **cujo** serviço podemos confiar é Marcelino.

A preposição que está relacionada ao pronome é, em grande parte dos casos, oriunda do verbo que aparece posteriormente na sentença. As bancas costumam cobrar isso!

3.5 Indefinidos

São os que determinam o substantivo de modo vago, de maneira imprecisa.

Variáveis				Invariáveis
Masculino		Feminino		
Singular	Plural	Singular	Plural	
Algum	Alguns	Alguma	Algumas	Alguém
Certo	Certos	Certa	Certas	Algo
Muito	Muitos	Muita	Muitas	Nada
Nenhum	Nenhuns	Nenhuma	Nenhumas	Ninguém
Outro	Outros	Outra	Outras	Outrem
Qualquer	Quaisquer	Qualquer	Quaisquer	Cada
Quando	Quantos	Quanta	Quantas	
Tanto	Tantos	Tanta	Tantas	
Todo	Todos	Toda	Todas	Tudo
Vário	Vários	Vária	Várias	
Pouco	Poucos	Pouca	Poucas	

Fique bem atento para as alterações de sentido relacionadas às mudanças de posição dos pronomes indefinidos.

Alguma pessoa passou por aqui ontem.

Pessoa alguma passou por aqui ontem.

Alguma pessoa = ao menos uma pessoa.

Pessoa alguma = ninguém.

3.6 Interrogativos

Chamam-se interrogativos os pronomes **que**, **quem**, **qual** e **quanto**, empregados para formular uma pergunta direta ou indireta:

Que conteúdo estão estudando?

Diga-me **que** conteúdo estão estudando.

Quem vai passar no concurso?

Gostaria de saber **quem** vai passar no concurso.

Qual dos livros preferes?

Não sei **qua**l dos livros preferes.

Quantos de coragem você tem?

Pergunte **quanto** de coragem você tem.

3.7 Possessivos

Com eles relacionamos a coisa possuída à pessoa gramatical possuidora. No quadro abaixo, estão relacionados aos pronomes pessoais.

Pessoais	Possessivos
eu	meu, minha, meus, minhas
tu	teu, tua, teus, tuas
ele, você, v.ex.ª. etc.	seu, sua, seus, suas
nós	nosso, nossa, nossos, nossas
vós	vosso, vossa, vossos, vossas
eles	seu, sua, seus, suas

Emprego

→ **Ambiguidade**: "Seu", "sua", "seus" e "suas" são os reis da ambiguidade (duplicidade de sentido)

O policial prendeu o maconheiro em **sua** casa.

(casa de quem?)

Meu pai levou meu tio para casa em seu carro.

(no carro de quem?)

Corrigindo:

O policial prendeu o maconheiro na casa deste.

Meu pai, em seu carro, levou meu tio para casa.

→ Emprego especial - Não se usam os possessivos em relação às partes do corpo ou às faculdades do espírito. Devemos, pois, dizer:

Machuquei a mão. (E não "a minha mão")

Ele bateu a cabeça. (E não "a sua cabeça")

Perdeste a razão? (E não "a tua razão")

4. SUBSTANTIVO

É a palavra variável que designa qualidades, sentimentos, sensações, ações etc.

Quanto a sua classificação, o substantivo pode ser:

Primitivo (sem afixos): pedra.

Derivado (com afixos): pedreiro/ empedrado.

Simples (1 núcleo): guarda.

Composto (mais de 1 núcleo): guarda-roupas.

Comum (designa ser genérico): copo, colher.

Próprio (designa ser específico): Maria, Portugal.

Concreto (existência própria): cadeira, lápis.

Abstrato (existência dependente): glória, amizade.

Os substantivos concretos

Designam seres de existência própria, como: padre, político, carro e árvore. Os substantivos abstratos nomeiam qualidades ou conceitos de existência dependente, como: beleza, fricção, tristeza e amor.

Os substantivos próprios

São sempre concretos e devem ser grafados com iniciais maiúsculas. Porém, alguns substantivos próprios podem vir a se tornar comuns, pelo processo de derivação imprópria que, geralmente, ocorre pela anteposição de um artigo e a grafia do substantivo com letra minúscula. (um judas = traidor / um panamá = chapéu). As flexões dos substantivos podem se dar em gênero, número e grau.

Gênero dos substantivos

Quanto à distinção entre masculino e feminino, os substantivos podem ser:

Biformes: quando apresentam uma forma para o masculino e outra para o feminino - gato, gata, homem, mulher.

Uniformes: quando apresentam uma única forma para ambos os gêneros. Nesse caso, eles estão divididos em:

Epicenos: usados para animais de ambos os sexos (macho e fêmea) - besouro, jacaré, albatroz;

Comum de dois gêneros: aqueles que designam pessoas. Nesse caso, a distinção é feita por um elemento ladeador (artigo, pronome) - terrícola, estudante, dentista, motorista;

Sobrecomuns: apresentam um só gênero gramatical para designar seres de ambos os sexos - indivíduo, vítima, algoz.

Em algumas situações, a mudança de gênero altera também o sentido do substantivo:

O cabeça (líder) / A cabeça (parte do corpo).

4.1 Número dos Substantivos

Tentemos resumir as principais regras de formação do plural nos substantivos.

Terminação	Variação	Exemplo
vogal ou ditongo	acréscimo do 's'	barco - barcos
m	ns	pudim - pudins
ão (primeiro caso)	ões	ladrão - ladrões
ão (segundo caso)	ães	pão - pães
ão (terceiro caso)	s	cidadão - cidadãos
r	es	mulher - Mulheres
z	es	cartaz - cartazes
n	es	abdômen - Abdômenes
s (oxítonos)	es	inglês - ingleses
al, el, ol, ul	is	tribunal - tribunais
il (oxítonos)	s	barril - barris
il (paroxítonos)	eis	fóssil - fósseis
zinho, zito	s	anelzinho - aneizinhos

Alguns substantivos são grafados apenas no plural: alvíssaras, anais, antolhos, arredores, belas-artes, calendas, cãs, condolências, esponsais, exéquias, fastos, férias, fezes, núpcias, óculos, pêsames.

Grau do substantivo:

Aumentativo / Diminutivo[1]

Analítico: quando se associam os adjetivos ao substantivo: carro grande, pé pequeno;

Sintético: quando se adiciona ao substantivo sufixos indicadores de grau, carrão, pezinho.

Sufixos:

Aumentativos: -ázio, -orra, -ola, -az, -ão, -eirão, -alhão, -arão, -arrão, -zarrão;

Diminutivos: -ito, -ulo-, -culo, -ote, -ola, -im, -elho, -inho, -zinho (o sufixo -zinho é obrigatório quando o substantivo terminar em vogal tônica ou ditongo: cafezinho, paizinho);

O aumentativo pode exprimir tamanho (casarão), desprezo (sabichão, ministraço, poetastro) ou intimidade (amigão); enquanto o diminutivo pode indicar carinho (filhinho) ou ter valor pejorativo (livreco, casebre), além das noções de tamanho (bolinha).

1 Quando não flexionamos o substantivo em algum grau, dizemos que ele está no grau normal.

5. VERBO

É a palavra com que se expressa uma ação (cantar, vender), um estado (ser, estar), mudança de estado (tornar-se) ou fenômeno da natureza (chover).

Quanto à noção que expressam, os verbos podem ser classificados da seguinte maneira:

Verbos Relacionais: exprimem estado ou mudança de estado. São os chamados verbos de ligação.

Verbo de ligação
ser
estar
continuar
andar
parecer
permanecer
ficar
tornar-se

Verbos Nocionais: exprimem ação ou fenômeno da natureza. São os chamados verbos significativos.

Os Verbos Nocionais podem ser classificados da seguinte maneira:

VI (Verbo Intransitivo): diz-se daquele que não necessita de um complemento para que se compreenda a ação verbal. Exemplos: morrer, cantar, sorrir, nascer, viver.

VT (Verbo Transitivo): diz-se daquele que necessita de um complemento para expressar o afetado pela ação verbal. Divide-se em três tipos:

Diretos: não possuem preposição para ligar o complemento verbal ao verbo. São exemplos os verbos querer, comprar, ler, falar etc.

Indiretos: possuem preposição para ligar o complemento verbal ao verbo. São exemplos os verbos gostar, necessitar, precisar, acreditar etc.

Diretos e Indiretos, ou Bitransitivos: possuem dois complementos, um não-preposicionado, outro com preposição. São exemplos os verbos pagar, perdoar, implicar etc.

Preste atenção na dica que segue:

João **morreu**.

(quem morre, morre. Não é preciso um complemento para entender o verbo).

Eu **quero** um aumento.

(quem quer, quer alguma coisa. É preciso um complemento para entender o sentido do verbo).

Eu **preciso** de um emprego.

(quem precisa, precisa "de" alguma coisa. Deve haver uma preposição para ligar o complemento ao seu verbo).

Mário **pagou** a conta ao padeiro.

(quem paga, paga algo a alguém. Há um complemento com preposição e um complemento sem preposição).

5.1 Estrutura e Conjugação dos Verbos

Os verbos possuem:

Raiz: o que lhes guarda o sentido (**cant**ar, **corr**er, **sorr**ir).

Vogal temática: o que lhes garante a família conjugacional. (**A**R, **E**R, **I**R).

Desinências: o que ajuda a conjugar ou nominalizar o verbo. (canta**ndo**, cantá**vamos**).

Os verbos apresentam três conjugações, quer dizer, três famílias conjugacionais. Em função da vogal temática, podem-se criar três paradigmas[2] verbais. De acordo com a relação dos verbos com esses paradigmas, obtém-se a seguinte classificação:

Regulares: seguem o paradigma verbal de sua conjugação sem alterar suas raízes (amar, vender, partir).

Irregulares: não seguem o paradigma verbal da conjugação a que pertencem. As irregularidades podem aparecer na raiz ou nas desinências (ouvir - ouço/ouve, estar - estou/estão).

Anômalos: apresentam profundas irregularidades. São classificados como anômalos em todas as gramáticas os verbos ser e ir.

Defectivos: não são conjugados em determinadas pessoas, tempo ou modo, portanto, apresentam algum tipo de "defeito" (falir - no presente do indicativo só apresenta a 1ª e a 2ª pessoa do plural). Os defectivos distribuem-se em grupos:

- » impessoais;
- » unipessoais (vozes ou ruídos de animais, só conjugados nas 3ªs pessoas);
- » antieufônicos (a sonoridade permite confusão com outros verbos) - demolir; falir, abolir etc.

Abundantes: apresentam mais de uma forma para uma mesma conjugação.

Existe abundância conjugacional e participial. A primeira ocorre na conjugação de algumas formas verbais, como, por exemplo, o verbo "haver", que admite "nós havemos/hemos", "vós haveis/heis". A segunda ocorre com as formas nominais de particípio. A seguir segue uma lista dos principais abundantes na forma participial.

Verbos	Particípio regular - empregado com os auxiliares TER e HAVER	Particípio irregular - empregado com os auxiliares SER, ESTAR e FICAR
aceitar	aceitado	aceito
acender	acendido	aceso
benzer	benzido	bento
eleger	eegido	eleito
entregar	entregado	entregue
enxugar	enxugado	enxuto
expressar	expressado	expresso

2 Paradigma é o modo como se dá a conjugação.

expulsar	expulsado	expulso
extinguir	extinguido	extinto
matar	matado	morto
prender	prendido	preso
romper	rompido	roto
salvar	salvado	salvo
soltar	soltado	solto
suspender	suspendido	suspenso
tingir	tingido	tinto

5.2 Flexão Verbal

Relativamente à flexão verbal, anotamos:

Número: singular ou plural;

Pessoa gramatical: 1ª, 2ª ou 3ª;

Tempo: referência ao momento em que se fala (pretérito, presente ou futuro). O modo imperativo só tem um tempo, o presente;

Voz: ativa, passiva, reflexiva e recíproca (que trabalharemos mais tarde);

Modo: indicativo (certeza de um fato ou estado), subjuntivo (possibilidade ou desejo de realização de um fato ou incerteza do estado) e imperativo (expressa ordem, advertência ou pedido).

5.3 Formas Nominais do Verbo

As três formas nominais do verbo (infinitivo, gerúndio e particípio) não possuem função exclusivamente verbal.

Infinitivo: assemelha-se ao substantivo, indica algo atemporal - o nome do verbo, sua desinência característica é a letra R: ama**r**, realça**r**, ungi**r** etc.

Gerúndio: equipara-se ao adjetivo ou advérbio pelas circunstâncias que exprime de ação em processo. Sua desinência característica é **-NDO**: ama**ndo**, realça**ndo**, ungi**ndo** etc.

Particípio: tem valor e forma de adjetivo - pode também indicar ação concluída, sua desinência característica é **-ADO** ou **-IDO** para as formas regulares: am**ado**, realç**ado**, ung**ido** etc.

5.4 Tempos Verbais

Dentro do **Modo Indicativo**, anotamos os seguintes tempos:

Presente do indicativo: indica um fato real situado no momento ou época em que se fala;

Eu amo, eu vendo, eu parto.

Pretérito perfeito do indicativo: indica um fato real cuja ação foi iniciada e concluída no passado;

Eu amei, eu vendi, eu parti.

Pretérito imperfeito do indicativo: indica um fato real cuja ação foi iniciada no passado, mas não foi concluída ou era uma ação costumeira no passado;

Eu amava, eu vendia, eu partia.

Pretérito mais-que-perfeito do indicativo: indica um fato real cuja ação é anterior a outra ação já passada;

Eu amara, eu vendera, eu partira.

Futuro do presente do indicativo: indica um fato real situado em momento ou época vindoura;

Eu amarei, eu venderei, eu partirei.

Futuro do pretérito do indicativo: indica um fato possível, hipotético, situado num momento futuro, mas ligado a um momento passado.

Eu amaria, eu venderia, eu partiria.

Dentro do **Modo Subjuntivo**, anotamos os seguintes tempos:

Presente do subjuntivo: indica um fato provável, duvidoso ou hipotético, situado no momento ou época em que se fala. Para facilitar a conjugação, utilize a conjunção "que";

Que eu ame, que eu venda, que eu parta.

Pretérito imperfeito do subjuntivo: indica um fato provável, duvidoso ou hipotético, cuja ação foi iniciada, mas não concluída no passado. Para facilitar a conjugação, utilize a conjunção "se";

Se eu amasse, se eu vendesse, se eu partisse.

Futuro do subjuntivo: indica um fato provável, duvidoso, hipotético, situado num momento ou época futura. Para facilitar a conjugação, utilize a conjunção "quando".

Quando eu amar, quando eu vender, quando eu partir.

5.5 Tempos Compostos da Voz Ativa

Constituem-se pelos verbos auxiliares **ter** ou **haver** + particípio do verbo que se quer conjugar, dito principal.

No **modo Indicativo**, os tempos compostos são formados da seguinte maneira:

Pretérito perfeito: presente do indicativo do auxiliar + particípio do verbo principal (Tenho amado);

Pretérito mais-que-perfeito: pretérito imperfeito do indicativo do auxiliar + particípio do verbo principal (Tinha amado);

Futuro do presente: futuro do presente do indicativo do auxiliar + particípio do verbo principal (Terei amado);

Futuro do pretérito: futuro do pretérito indicativo do auxiliar + particípio do verbo principal (Teria amado).

No **modo Subjuntivo** a formação se dá da seguinte maneira:

Pretérito perfeito: presente do subjuntivo do auxiliar + particípio do VP (Tenha amado);

Pretérito mais-que-perfeito: imperfeito do subjuntivo do auxiliar + particípio do VP (Tivesse amado);

Futuro composto: futuro do subjuntivo do auxiliar + particípio do VP (Tiver amado).

Quanto às **formas nominais**, elas são formadas da seguinte maneira:

Infinitivo composto: infinitivo pessoal ou impessoal do auxiliar + particípio do verbo principal (Ter vendido / Teres vendido);

Gerúndio composto: gerúndio do auxiliar + particípio do verbo principal (Tendo partido).

5.6 Vozes Verbais

Cuidado com esse conteúdo, costuma ser muito cobrado em provas de concursos públicos.

Quanto às vozes, os verbos apresentam voz:

Ativa: sujeito é agente da ação verbal;

(**O corretor** vende casas)

Passiva: sujeito é paciente da ação verbal;

(Casas são vendidas **pelo corretor**)

Reflexiva: o sujeito é agente e paciente da ação verbal.

(A garota feriu-**se** ao cair da escada)

Recíproca: há uma ação mútua descrita na sentença.

(Os amigos entreolh**aram-se**)

A voz passiva: sua característica é possuir um sujeito paciente, ou seja, que é afetado pela ação do verbo.

5.7 Tipos de Voz Passiva

Analítica: verbo auxiliar + particípio do verbo principal. Isso significa que há uma locução verbal de voz passiva.

Casas **são vendidas** pelo corretor

Veja mais alguns exemplos:

Ele fez o trabalho - O trabalho **foi feito** por ele (mantido o pretérito perfeito do indicativo)

O vento ia levando as folhas - As folhas iam **sendo levadas** pelo vento (mantido o gerúndio do verbo principal em um dos auxiliares).

Vereadores entregarão um prêmio ao gari - Um prêmio **será entregue** ao gari por vereadores (veja como a flexão do futuro se mantém na locução).

Sintética: verbo apassivado pelo termo "se" (partícula apassivadora) + sujeito paciente.

Roubou-se **o dinheiro do povo**.

Fez-se **o trabalho** com pressa.

É comum observar, em provas de concurso público, questões que mostram uma voz passiva sintética como aquela que é proveniente de uma ativa com sujeito indeterminado.

Alguns verbos da língua portuguesa apresentam **problemas de conjugação**. A seguir, **temos uma lista**, seguida de comentários sobre essas dificuldades de conjugação.

Compraram um carro novo (ativa);

Comprou-se um carro novo (passiva sintética).

5.8 Verbos com a Conjugação Irregular

Abolir: Defectivo - não possui a 1ª pessoa do singular do presente do indicativo, por isso não possui presente do subjuntivo e o imperativo negativo. (= banir, carpir, colorir, delinquir, demolir, descomedir-se, emergir, exaurir, fremir, fulgir, haurir, retorquir, urgir).

Acudir: Alternância vocálica o/u - presente do indicativo - acudo, acodes... e pretérito perfeito do indicativo - com u (= bulir, consumir, cuspir, engolir, fugir).

Adequar: Defectivo - só possui a 1ª e a 2ª pessoa do plural no presente do indicativo.

Aderir: Alternância vocálica e/i - presente do indicativo - adiro, adere... (= advertir, cerzir, despir, diferir, digerir, divergir, ferir, sugerir).

Agir:

Acomodação gráfica g/j - presente do indicativo - ajo, ages... (= afligir, coagir, erigir, espargir, refulgir, restringir, transigir, urgir).

Agredir:

Alternância vocálica e/i - presente do indicativo - agrido, agrides, agride, agredimos, agredis, agridem (= prevenir, progredir, regredir, transgredir).

Aguar:

Regular - presente do indicativo - águo, águas..., - pretérito perfeito do indicativo - aguei, aguaste, aguou, aguamos, aguastes, aguaram (= desaguar, enxaguar, minguar).

Prazer:

Irregular - presente do indicativo - aprazo, aprazes, apraz... / pretérito perfeito do indicativo - aprouve, aprouveste, aprouve, aprouvemos, aprouvestes, aprouveram.

Arguir:

Irregular com alternância vocálica o/u - presente do indicativo - arguo (ú), arguis, argui, arguimos, arguis, arguem - pretérito perfeito - argui, arguiste...

Atrair:

Irregular - presente do indicativo - atraio, atrais... / pretérito perfeito - atraí, atraíste... (= abstrair, cair, distrair, sair, subtrair).

Atribuir:

Irregular - presente do indicativo - atribuo, atribuis, atribui, atribuímos, atribuís, atribuem - pretérito perfeito - atribuí, atribuíste, atribuiu... (= afluir, concluir, destituir, excluir, instruir, possuir, usufruir).

Averiguar:

Alternância vocálica o/u - presente do indicativo - averiguo (ú), averiguas (ú), averigua (ú), averiguamos, averiguais, averiguam (ú) - pretérito perfeito - averiguei, averiguaste... - presente do subjuntivo - averigue, averigues, averigue... (= apaziguar).

Cear:

Irregular - presente do indicativo - ceio, ceias, ceia, ceamos, ceais, ceiam - pretérito perfeito indicativo - ceei, ceaste, ceou, ceamos, ceastes, cearam (= verbos terminados em -ear: falsear, passear... - alguns apresentam pronúncia aberta: estreio, estreia...).

Coar:

Irregular - presente do indicativo - coo, côas, côa, coamos, coais, coam - pretérito perfeito - coei, coaste, coou... (= abençoar, magoar, perdoar).

Comerciar:

Regular - presente do indicativo - comercio, comercias... - pretérito perfeito - comerciei... (= verbos em -iar , exceto os seguintes verbos: mediar, ansiar, remediar, incendiar, odiar).

Compelir:

Alternância vocálica e/i - presente do indicativo - compilo, compeles... - pretérito perfeito indicativo - compeli, compeliste...

Compilar:

Regular - presente do indicativo - compilo, compilas, compila... - pretérito perfeito indicativo - compilei, compilaste...

Construir:

Irregular e abundante - presente do indicativo - construo, constróis (ou construís), constrói (ou construí), construímos, construís, constroem (ou construem) - pretérito perfeito indicativo - construí, construíste...

Crer:

Irregular - presente do indicativo - creio, crês, crê, cremos, credes, creem - pretérito perfeito indicativo - cri, creste, creu, cremos, crestes, creram - imperfeito indicativo - cria, crias, cria, críamos, críeis, criam.

Falir:

Defectivo - presente do indicativo - falimos, falis - pretérito perfeito indicativo - fali, faliste... (= aguerrir, combalir, foragir-se, remir, renhir)

Frigir:

Acomodação gráfica g/j e alternância vocálica e/i - presente do indicativo - frijo, freges, frege, frigimos, frigis, fregem - pretérito perfeito indicativo - frigi, frigiste...

Ir:

Irregular - presente do indicativo - vou, vais, vai, vamos, ides, vão - pretérito perfeito indicativo - fui, foste... - presente subjuntivo - vá, vás, vá, vamos, vades, vão.

Jazer:

Irregular - presente do indicativo - jazo, jazes... - pretérito perfeito indicativo - jazi, jazeste, jazeu...

Mobiliar:

Irregular - presente do indicativo - mobílio, mobílias, mobília, mobiliamos, mobiliais, mobíliam - pretérito perfeito indicativo - mobiliei, mobiliaste...

Obstar:

Regular - presente do indicativo - obsto, obstas... - pretérito perfeito indicativo - obstei, obstaste...

Pedir:

Irregular - presente do indicativo - peço, pedes, pede, pedimos, pedis, pedem - pretérito perfeito indicativo - pedi, pediste... (= despedir, expedir, medir).

Polir:

Alternância vocálica e/i - presente do indicativo - pulo, pules, pule, polimos, polis, pulem - pretérito perfeito indicativo - poli, poliste...

Precaver-se:

Defectivo e pronominal - presente do indicativo - precavemo-nos, precaveis-vos - pretérito perfeito indicativo - precavi-me, precaveste-te...

Prover:

Irregular - presente do indicativo - provejo, provês, provê, provemos, provedes, provêem - pretérito perfeito indicativo - provi, proveste, proveu...

Reaver:

Defectivo - presente do indicativo - reavemos, reaveis - pretérito perfeito indicativo - reouve, reouveste, reouve... (verbo derivado do haver, mas só é conjugado nas formas verbais com a letra v).

Remir:

Defectivo - presente do indicativo - remimos, remis - pretérito perfeito indicativo - remi, remiste...

Requerer:

Irregular - presente do indicativo - requeiro, requeres... - pretérito perfeito indicativo - requeri, requereste, requereu... (derivado do querer, diferindo dele na 1ª pessoa do singular do presente do indicativo e no pretérito perfeito do indicativo e derivados, sendo regular)

Rir:

Irregular - presente do indicativo - rio, rir, ri, rimos, rides, riem - pretérito perfeito indicativo - ri, riste... (= sorrir)

Saudar:

Alternância vocálica - presente do indicativo - saúdo, saúdas... - pretérito perfeito indicativo - saudei, saudaste...

Suar:

Regular - presente do indicativo - suo, suas, sua... - pretérito perfeito indicativo - suei, suaste, sou... (= atuar, continuar, habituar, individuar, recuar, situar)

Valer:

Irregular - presente do indicativo - valho, vales, vale... - pretérito perfeito indicativo - vali, valeste, valeu...

Também merecem atenção os seguintes verbos irregulares:

→ **Pronominais:** Apiedar-se, dignar-se, persignar-se, precaver-se

Caber

Presente do indicativo: caibo, cabes, cabe, cabemos, cabeis, cabem;

Presente do subjuntivo: caiba, caibas, caiba, caibamos, caibais, caibam;

Pretérito perfeito do indicativo: coube, coubeste, coube, coubemos, coubestes, couberam;

Pretérito mais-que-perfeito do indicativo: coubera, couberas, coubera, coubéramos, coubéreis, couberam;

Pretérito imperfeito do subjuntivo: coubesse, coubesses, coubesse, coubéssemos, coubésseis, coubessem;

Futuro do subjuntivo: couber, couberes, couber, coubermos, couberdes, couberem.

Dar

Presente do indicativo: dou, dás, dá, damos, dais, dão;

Presente do subjuntivo: dê, dês, dê, demos, deis, deem;

Pretérito perfeito do indicativo: dei, deste, deu, demos, destes, deram;

Pretérito mais-que-perfeito do indicativo: dera, deras, dera, déramos, déreis, deram;

Pretérito imperfeito do subjuntivo: desse, desses, desse, déssemos, désseis, dessem;

Futuro do subjuntivo: der, deres, der, dermos, derdes, derem.

Dizer

Presente do indicativo: digo, dizes, diz, dizemos, dizeis, dizem;

Presente do subjuntivo: diga, digas, diga, digamos, digais, digam;

Pretérito perfeito do indicativo: disse, disseste, disse, dissemos, dissestes, disseram;

Pretérito mais-que-perfeito do indicativo: dissera, disseras, dissera, disséramos, disséreis, disseram;

Futuro do presente: direi, dirás, dirá etc.;

Futuro do pretérito: diria, dirias, diria etc.;

Pretérito imperfeito do subjuntivo: dissesse, dissesses, dissesse, disséssemos, dissésseis, dissessem;

Futuro do subjuntivo: disser, disseres, disser, dissermos, disserdes, disserem;

Estar

Presente do indicativo: estou, estás, está, estamos, estais, estão;

Presente do subjuntivo: esteja, estejas, esteja, estejamos, estejais, estejam;

Pretérito perfeito do indicativo: estive, estiveste, esteve, estivemos, estivestes, estiveram;

Pretérito mais-que-perfeito do indicativo: estivera, estiveras, estivera, estivéramos, estivéreis, estiveram;

Pretérito imperfeito do subjuntivo: estivesse, estivesses, estivesse, estivéssemos, estivésseis, estivessem;

Futuro do subjuntivo: estiver, estiveres, estiver, estivermos, estiverdes, estiverem;

Fazer

Presente do indicativo: faço, fazes, faz, fazemos, fazeis, fazem;

Presente do subjuntivo: faça, faças, faça, façamos, façais, façam;

Pretérito perfeito do indicativo: fiz, fizeste, fez, fizemos, fizestes, fizeram;

Pretérito mais-que-perfeito do indicativo: fizera, fizeras, fizera, fizéramos, fizéreis, fizeram;

Pretérito imperfeito do subjuntivo: fizesse, fizesses, fizesse, fizéssemos, fizésseis, fizessem;

Futuro do subjuntivo: fizer, fizeres, fizer, fizermos, fizerdes, fizerem.

Seguem esse modelo desfazer, liquefazer e satisfazer.

Os particípios desses verbos e seus derivados são irregulares: Feito, desfeito, liquefeito, satisfeito, etc.

Haver

Presente do indicativo: hei, hás, há, havemos, haveis, hão;

Presente do subjuntivo: haja, hajas, haja, hajamos, hajais, hajam;

Pretérito perfeito do indicativo: houve, houveste, houve, houvemos, houvestes, houveram;

Pretérito mais-que-perfeito do indicativo: houvera, houveras, houvera, houvéramos, houvéreis, houveram;

Pretérito imperfeito do subjuntivo: houvesse, houvesses, houvesse, houvéssemos, houvésseis, houvessem;

Futuro do subjuntivo: houver, houveres, houver, houvermos, houverdes, houverem.

Ir

Presente do indicativo: vou, vais, vai, vamos, ides, vão;

Presente do subjuntivo: vá, vás, vá, vamos, vades, vão;

Pretérito imperfeito do indicativo: Ia, ias, ia, íamos, íeis, iam;

Pretérito perfeito do indicativo: fui, foste, foi, fomos, fostes, foram;

Pretérito mais-que-perfeito do indicativo: fora, foras, fora, fôramos, fôreis, foram;

Pretérito imperfeito do subjuntivo: fosse, fosses, fosse, fôssemos, fôsseis, fossem;

Futuro do subjuntivo: for, fores, for, formos, fordes, forem.

Poder

Presente do indicativo: posso, podes, pode, podemos, podeis, podem;

Presente do subjuntivo: possa, possas, possa, possamos, possais, possam;

Pretérito perfeito do indicativo: pude, pudeste, pôde, pudemos, pudestes, puderam;

Pretérito mais-que-perfeito do indicativo: pudera, puderas, pudera, pudéramos, pudéreis, puderam;

Pretérito imperfeito do subjuntivo: pudesse, pudesses, pudesse, pudéssemos, pudésseis, pudessem;

Futuro do subjuntivo: puder, puderes, puder, pudermos, puderdes, puderem.

Pôr

Presente do indicativo: ponho, pões, põe, pomos, pondes, põem;

Presente do subjuntivo: ponha, ponhas, ponha, ponhamos, ponhais, ponham;

Pretérito imperfeito do indicativo: punha, punhas, punha, púnhamos, púnheis, punham;

Pretérito perfeito do indicativo: pus, puseste, pôs, pusemos, pusestes, puseram;

Pretérito mais-que-perfeito do indicativo: pusera, puseras, pusera, puséramos, puséreis, puseram;

Pretérito imperfeito do subjuntivo: pusesse, pusesses, pusesse, puséssemos, pusésseis, pusessem;

Futuro do subjuntivo: puser, puseres, puser, pusermos, puserdes, puserem.

Todos os derivados do verbo pôr seguem exatamente esse modelo: Antepor, compor, contrapor, decompor, depor, descompor, dispor, expor, impor, indispor, interpor, opor, pospor, predispor, pressupor, propor, recompor, repor, sobrepor, supor, transpor são alguns deles.

Querer

Presente do indicativo: quero, queres, quer, queremos, quereis, querem;

Presente do subjuntivo: queira, queiras, queira, queiramos, queirais, queiram;

Pretérito perfeito do indicativo: quis, quiseste, quis, quisemos, quisestes, quiseram;

Pretérito mais-que-perfeito do indicativo: quisera, quiseras, quisera, quiséramos, quiséreis, quiseram;

Pretérito imperfeito do subjuntivo: quisesse, quisesses, quisesse, quiséssemos, quisésseis, quisessem;

Futuro do subjuntivo: Quiser, quiseres, quiser, quisermos, quiserdes, quiserem;

Saber

Presente do indicativo: sei, sabes, sabe, sabemos, sabeis, sabem;

Presente do subjuntivo: saiba, saibas, saiba, saibamos, saibais, saibam;

Pretérito perfeito do indicativo: soube, soubeste, soube, soubemos, soubestes, souberam;

Pretérito mais-que-perfeito do indicativo: Soubera, souberas, soubera, soubéramos, soubéreis, souberam;

Pretérito imperfeito do subjuntivo: Soubesse, soubesses, soubesse, soubéssemos, soubésseis, soubessem;

Futuro do subjuntivo: souber, souberes, souber, soubermos, souberdes, souberem.

Ser

Presente do indicativo: Sou, és, é, somos, sois, são;

Presente do subjuntivo: Seja, sejas, seja, sejamos, sejais, sejam;

Pretérito imperfeito do indicativo: Era, eras, era, éramos, éreis, eram;

Pretérito perfeito do indicativo: Fui, foste, foi, fomos, fostes, foram;

Pretérito mais-que-perfeito do indicativo: Fora, foras, fora, fôramos, fôreis, foram;

Pretérito imperfeito do subjuntivo: Fosse, fosses, fosse, fôssemos, fôsseis, fossem;

Futuro do subjuntivo: For, fores, for, formos, fordes, forem.

As segundas pessoas do imperativo afirmativo são: Sê (tu) e sede (vós).

Ter

Presente do indicativo: Tenho, tens, tem, temos, tendes, têm;

Presente do subjuntivo: Tenha, tenhas, tenha, tenhamos, tenhais, tenham;

Pretérito imperfeito do indicativo: Tinha, tinhas, tinha, tínhamos, tínheis, tinham;

Pretérito perfeito do indicativo: Tive, tiveste, teve, tivemos, tivestes, tiveram;

Pretérito mais-que-perfeito do indicativo: Tivera, tiveras, tivera, tivéramos, tivéreis, tiveram;

Pretérito imperfeito do subjuntivo: Tivesse, tivesses, tivesse, tivéssemos, tivésseis, tivessem;

Futuro do subjuntivo: Tiver, tiveres, tiver, tivermos, tiverdes, tiverem.

Seguem esse modelo os verbos: Ater, conter, deter, entreter, manter, reter.

Trazer

Presente do indicativo: Trago, trazes, traz, trazemos, trazeis, trazem;

Presente do subjuntivo: Traga, tragas, traga, tragamos, tragais, tragam;

Pretérito perfeito do indicativo: Trouxe, trouxeste, trouxe, trouxemos, trouxestes, trouxeram;

Pretérito mais-que-perfeito do indicativo: Trouxera, trouxeras, trouxera, trouxéramos, trouxéreis, trouxeram;

Futuro do presente: Trarei, trarás, trará, etc.;

Futuro do pretérito: Traria, trarias, traria, etc.;

Pretérito imperfeito do subjuntivo: Trouxesse, trouxesses, trouxesse, trouxéssemos, trouxésseis, trouxessem;

Futuro do subjuntivo: Trouxer, trouxeres, trouxer, trouxermos, trouxerdes, trouxerem.

Ver

Presente do indicativo: Vejo, vês, vê, vemos, vedes, veem;

Presente do subjuntivo: Veja, vejas, veja, vejamos, vejais, vejam;

Pretérito perfeito do indicativo: Vi, viste, viu, vimos, vistes, viram;

Pretérito mais-que-perfeito do indicativo: Vira, viras, vira, víramos, víreis, viram;

Pretérito imperfeito do subjuntivo: Visse, visses, visse, víssemos, vísseis, vissem;

Futuro do subjuntivo: Vir, vires, vir, virmos, virdes, virem.

Seguem esse modelo os derivados antever, entrever, prever, rever. Prover segue o modelo acima apenas no presente do indicativo e seus tempos derivados; nos demais tempos, comporta-se como um verbo regular da segunda conjugação.

Vir

Presente do indicativo: Venho, vens, vem, vimos, vindes, vêm;

Presente do subjuntivo: Venha, venhas, venha, venhamos, venhais, venham;

Pretérito imperfeito do indicativo: Vinha, vinhas, vinha, vínhamos, vínheis, vinham;

Pretérito perfeito do indicativo: Vim, vieste, veio, viemos, viestes, vieram;

Pretérito mais-que-perfeito do indicativo: Viera, vieras, viera, viéramos, viéreis, vieram;

Pretérito imperfeito do subjuntivo: Viesse, viesses, viesse, viéssemos, viésseis, viessem;

Futuro do subjuntivo: Vier, vieres, vier, viermos, vierdes, vierem;

Particípio e gerúndio: Vindo.

Emprego do infinitivo

Apesar de não haver regras bem definidas, podemos anotar as seguintes ocorrências:

→ Usa-se o impessoal:

Sem referência a nenhum sujeito: É proibido **estacionar** na calçada;

Nas locuções verbais: Devemos **pensar** sobre a sua situação;

Se o infinitivo exercer a função de complemento de adjetivos: É uma questão fácil de **resolver**;

Se o infinitivo possuir valor de imperativo – O comandante gritou: "**marchar**!"

→ Usa-se o pessoal:

Quando o sujeito do infinitivo é diferente do sujeito da oração principal: Eu não te culpo por seres um imbecil;

Quando, por meio de flexão, se quer realçar ou identificar a pessoa do sujeito: Não foi bom agires dessa forma;

6. SINTAXE BÁSICA DA ORAÇÃO E DO PERÍODO

Sintaxe é a parte da Gramática que estuda a função das palavras ou das expressões em uma oração ou em um período.

Definições importantes:

Frase, oração e período (conceitos essenciais)

Frase: qualquer sentença dotada de sentido.

Ex.: Eu adoro estudar Português!

Ex.: Fogo! Socorro!

Oração: frase organizada em torno de uma forma verbal.

Os alunos farão a prova amanhã!

Período: conjunto de orações;

> Período simples: 1 oração.

Estudarei Português.

> Período composto: mais de 1 oração.

Estudarei Português e farei a prova.

6.1 Período simples (oração)

A oração é dividida em termos. Assim, o estudo fica organizado e impossibilita a confusão. São os termos da oração:

Essenciais;

Integrantes;

Acessórios.

Termos essenciais da oração

Sujeito e Predicado: são chamados de essenciais, porque são os elementos que dão vida à oração. Quer dizer, sem um deles (o predicado, ao menos) não se pode formar oração.

O **Brasil** caminha para uma profunda transformação social.
(sujeito) (predicado)

Sujeito

Sujeito é o termo sintático sobre o qual se declara ou se constata algo. Deve-se observar que há uma profunda relação entre o verbo que comporá o predicado e o sujeito da oração. Usualmente, o sujeito é formado por um substantivo ou por uma expressão substantivada.

Classificação do Sujeito:

Simples;

Composto;

Oculto, elíptico ou desinencial;

Indeterminado;

Inexistente;

Oracional.

Sujeito simples: aquele que possui apenas um núcleo.

O país deverá enfrentar difíceis rivais na competição.

A perda de fôlego de algumas das grandes economias também já foi notada por outras gigantes do setor.

> **Sujeito composto:** é aquele que possui mais de um núcleo.

Rigoberto e Jacinto são amigos inseparáveis.

Eu, meus **amigos** e todo o **resto** dos alunos faremos a prova.

Sujeito oculto, elíptico ou desinencial: aquele que não se encontra expresso na oração, porém é facilmente subentendido pelo verbo apresentado.

Acord**amos** cedo naquele dia. (Quem acordou? Nós)

Ab**ri** o blusão, tirei o 38, e perguntei com tanta raiva que uma gota de meu cuspe bateu na cara dele.(R. Fonseca)

Vanderlei caminhou pela manhã. À tarde pass**eou** pelo lago municipal, onde encont**rou** a Anaconda da cidade.

Perceba que o sujeito não está grafado na sentença, mas é facilmente recuperável por meio da terminação do verbo.

Sujeito indeterminado: ocorre quando o verbo não se refere a um núcleo determinado. São situações de indeterminação do sujeito:

Terceira pessoa do plural sem um referente:

Nunca lhe **deram** nada.

Fizeram comentários maldosos a seu respeito.

Com verbos transitivos indiretos, intransitivo e relacionais (de ligação) acompanhados da partícula "se" que, no caso, será classificada como índice de indeterminação de sujeito.

Vive-se muito bem.

Precisa-se de força e coragem na vida de estudante.

Nem sempre **se está** feliz na riqueza.

Sujeito inexistente ou oração sem sujeito: ocorre em algumas situações específicas.

Com verbos impessoais (principalmente os que denotam fenômeno da natureza).

Em setembro **chove** muito.

Nevava em Palotina.

Com o verbo haver, desde que empregado nos sentidos de existir, acontecer ou ocorrer.

Há poemas perfeitos, não **há** poetas perfeitos.

Deveria haver soluções para tais problemas.

Com os verbos ir, haver e fazer, desde que empregado fazendo alusão a tempo transcorrido.

Faz um ano que não viajo. (verbo "fazer" no sentido de "tempo transcorrido")

Há muito tempo que você não aparece. (verbo "haver" no sentido de "tempo")

Vai para dois meses que não recebo salário. (verbo "ir" no sentido de "tempo")

Com os verbos ser ou estar indicando tempo.

Era noite fechada.

É tarde, eles não vêm!

Com os verbos bastar e chegar indicando cessamento.

Basta de tanta corrupção no Senado!

Chega de ficar calado quando a situação aperta!

Com o verbo ser indicando data ou horas.

São dez horas no relógio da torre.

Amanhã **serão** dez de dezembro.

Sujeito oracional: ocorre nas análises do período composto, quando se verifica que o sujeito de um verbo é uma oração.

É preciso **que você estude Língua Portuguesa**.

Predicado

É o termo que designa aquilo que se declara acerca do sujeito. É mais simples e mais prudente para o aluno buscar identificar o predicado antes do sujeito, pois, se assim o fizer, terá mais concretude na identificação do sujeito.

Classificação do predicado:

> Nominal;
> Verbal;
> Verbo-nominal.

Predicado Nominal: o predicado nominal é formado por um verbo relacional (de ligação) + predicativo.

Lembre os principais verbos de ligação: ser, estar, permanecer, continuar, ficar, parecer, andar e torna-se.

A economia da Ásia parecia derrotada após a crise.

O deputado, de repente, virou patriota.

Português é legal.

Predicado Verbal: o predicado verbal tem como núcleo um verbo nocional.

Empresários **investirão R$ 250 milhões em novo berço para Porto de Paranaguá**.

Predicado Verbo-nominal: ocorre quando há um verbo significativo (nocional) + um predicativo do sujeito.

O trem chegou atrasado. ("atrasado" é uma qualidade do sujeito que aparece após o verbo, portanto, é um predicativo do sujeito).

Pedro Paladino já nasceu rico.

Acompanhei a indignação de meus alunos preocupado.

Predicativo

O predicativo é um termo componente do predicado. Qualifica sujeito ou objeto.

Josefina era **maldosa**, **ruim**, **sem valor**. (pred. do sujeito)

Leila deixou o garoto **louco**. (pred. do objeto)

O diretor nomeou João **chefe da repartição**. (pred. do objeto)

Termos integrantes da oração

Objeto Direto (complemento verbal);

Objeto Indireto (complemento verbal);

Complemento Nominal;

Agente da Passiva.

Objeto Direto: é o complemento de um verbo transitivo direto.

Os bons cidadãos cumprem **as leis**. (quem cumpre, cumpre algo)

Em resumo: ele queria **uma mulher**. (quem quer, quer algo)

Objeto Indireto: é o complemento de um verbo transitivo indireto.

Os bons cidadãos obedecem **às leis**. (quem obedece, obedece a algo)

Necessitamos **de manuais mais práticos** nos dias de hoje. (quem necessita, necessita de algo)

Complemento Nominal: é o complemento, sempre preposicionado, de adjetivos, advérbios e substantivos que, em determinadas circunstâncias, pedem complemento, assim como os verbos transitivos indiretos.

O filme era impróprio para crianças.

Finalizou-se a construção do prédio.

Agiu favoravelmente ao réu.

Agente da Passiva: É o complemento que, na voz passiva, designa o ser praticante da ação sofrida ou recebida pelo sujeito.

Ex. de voz ativa: O zagueiro executou a jogada.

Ex. de voz passiva: A jogada foi executada **pelo zagueiro**. (Agente da passiva)

Conversas foram interceptadas pela **Polícia Federal**. (Agente da passiva)

Termos acessórios da oração

Adjunto Adnominal;

Adjunto Adverbial ;

Aposto;

Vocativo.

Adjunto Adnominal: a função do adjunto adnominal é desempenhada por qualquer palavra ou expressão que, junto de um substantivo ou de uma expressão substantivada, modifica o seu sentido. Vejamos algumas palavras que desempenham tal função.

Artigos: as alunas serão aprovadas.

Pronomes adjetivos: aquela aluna será aprovada.

Numerais adjetivos: duas alunas serão aprovadas.

Adjetivos: aluno **estudioso** é aprovado.

Locuções adjetivas: aluno **de gramática** passa no concurso.

Adjunto Adverbial: o Adjunto Adverbial é o termo acessório (que não é exigido por elemento algum da sentença) que exprime circunstância ao verbo e, às vezes, ao adjetivo ou mesmo ao advérbio.

Advérbios: os povos antigos trabalhavam mais.

Locuções Adverbiais: Li vários livros **durante as férias**.

Alguns tipos de adjuntos adverbiais: Tempo: **Ontem**, choveu muito.

Lugar: Gostaria de que me encontrasse **na esquina da padaria**.

Modo: Alfredo executou a aria **fantasticamente**.

Meio: Fui para a escola **a pé**.

Causa: **Por amor**, cometem-se loucuras.

Instrumento: Quebrou a **vidraça com uma pedra**.

Condição: **Se estudar muito**, será aprovado.

Companhia: Faremos sucesso **com essa banda.**

Aposto: o aposto é o termo sintático que, possuindo equivalência semântica, esclarece seu referente. Tipos de Aposto:

Explicativo: Alencar, **escritor romântico**, possui uma obra vastíssima.

Resumitivo ou recapitulativo: Estudo, esporte, cinema, **tudo** o chateava.

Enumerativo: Preciso de duas coisas: **saúde e dinheiro**.

Especificativo: A notícia foi publicada na revista **Veja**.

Distributivo: Havia grupos interessados: **o da direita e o da esquerda**.

Oracional: Desejo só uma coisa: **que vocês passem no concurso**.

Vocativo: O Vocativo é uma interpelação, é um chamamento. Normalmente, indica com quem se fala.

Ó mar, por que não me levas contigo?

Vem, **minha amiga**, abraçar um vitorioso.

6.2 Período Composto

Nesse tópico, você deverá realizar a análise de mais de uma oração, portanto, atenção! Há dois processos de composição de período em Língua Portuguesa. São eles: coordenação e subordinação.

Coordenação: ocorre quando são unidas orações independentes sintaticamente. Ou seja, são autônomas do ponto de vista estrutural. Vamos a um exemplo.

Altamiro pratica esportes e estuda muito.

Subordinação: ocorre quando são unidas orações que possuem dependência sintática. Ou seja, não estão completas em sua estrutura. O processo de subordinação ocorre de três maneiras:

Substantiva: quando a oração desempenhar a função de um substantivo na sentença (**sujeito, predicativo, objeto direto, objeto indireto, complemento nominal ou aposto**).

Adjetiva: quando a oração desempenhar a função de adjunto adnominal na sentença.

Adverbial: quando a oração desempenhar a função de adjunto adverbial na sentença.

Eu quero **que vocês passem no concurso**. (oração subordinada substantiva objetiva direta – a função de objeto direto está sendo desempenhada pela oração)

O Brasil, **que é um belíssimo país**, possui vegetação exuberante. (oração subordinada adjetiva explicativa)

Quando José entrou na sala, Manoel saiu. (oração subordinada adverbial temporal)

Processo de coordenação

Há dois tipos de orações coordenadas: **assindéticas** e **sindéticas**.

Assindéticas:

O nome vem da palavra grega *sýndetos*, que significa conjunção, união. Ou seja, oração que não possui conjunção quando está colocada ao lado de outra.

Valdevino **correu (OCA)**, **correu (OCA)**, **correu (OCA)** o dia todo.

Perceba que não há conjunções para ligar os verbos, ou seja, as orações estão colocadas uma ao lado da outra sem síndeto, portanto, são **Orações Coordenadas Assindéticas**.

Sindéticas:

Contrariamente às assindéticas, as sindéticas possuem conjunção para exprimir uma relação lógico-semântica. Cada oração recebe o nome da conjunção que a introduz. Por isso é necessário decorar as conjunções.

Aditivas: São introduzidas pelas conjunções e, nem, mas também, também, como (após "não só"), como ou quanto (após "tanto"), mais etc., dando a ideia de adição à oração anterior.

A seleção brasileira venceu a Dinamarca/ **e empatou com a Inglaterra**. (Oração Coordenada Assindética / **Oração Coordenada Sindética Aditiva**)

Adversativas: São introduzidas pelas conjunções mas, porém, todavia, contudo, entretanto, no entanto, não obstante, senão, apesar disso, embora etc., indicando uma relação de oposição à sentença anterior.

O time batalhou muito, / **mas não venceu o adversário.** (Oração Coordenada Assindética / **Oração Coordenada Sindética Adversativa**)

Alternativas: São introduzidas pelas conjunções ou... ou, ora... ora, já... já, quer... quer, seja... seja, nem... nem etc., indicando uma relação de alternância entre as sentenças.

Ora estuda, / ora trabalha,: (Oração Coordenada Sindética Alternativa / Oração Coordenada Sindética Alternativa)

Conclusivas: São introduzidas pelas conjunções pois (posposto ao verbo), logo, portanto, então, por conseguinte, por consequência, assim, desse modo, destarte, com isso, por isto, consequentemente, de modo que, indicando uma relação de conclusão do período anterior.

Comprei a carne e o carvão, / **portanto podemos fazer o churrasco**. (Oração Coordenada Assindética / **Oração Coordenada Sindética Conclusiva**)

Estou muito doente, / **não posso, pois, ir à aula**. (Oração Coordenada Assindética/ **Oração Coordenada Sindética Conclusiva**)

Explicativas: São introduzidas pelas conjunções que, porque, porquanto, por, portanto, como, pois (anteposta ao verbo), ou seja, isto é, indicando uma relação de explicação para com a sentença anterior.

Não converse, / **pois estou estudando**. (OCA / **Oração Coordenada Sindética Explicativa**)

Processo de subordinação

Orações Subordinadas Substantivas: dividem-se em 6 tipos, introduzidas, geralmente, pelas conjunções "**que**" e "**se**".

Subjetiva (O.S.S.S.): Exerce função de sujeito do verbo da oração principal.

É interessante / **que todos joguem na loteria**. (Oração Principal / **Oração subordinada substantiva subjetiva**)

Objetiva Direta (O.S.S.O.D.): Exerce função de objeto direto.

Eu quero / **que você entenda a matéria**. - Quem quer, quer algo ou alguma coisa - (Oração Principal / **Oração subordinada substantiva Objetiva Direta**)

Objetiva Indireta (O.S.S.O.I.): Exerce função de objeto indireto.

Os alunos necessitam / **de que as explicações fiquem claras**. - Quem necessita, necessita de algo - (Oração Principal / **Oração subordinada substantiva Objetiva Indireta**)

Predicativa (O.S.S.P.): Exerce função de predicativo.

O bom é / **que você faça exercícios todos os dias**. (Oração Principal / **Oração subordinada substantiva Predicativa**)

Completiva Nominal (O.S.S.C.N.): Exerce função de complemento nominal de um nome da oração principal.

Jonas tem vontade / **de que alguém o mande calar a boca**. (Oração Principal / **Oração subordinada substantiva Completiva Nominal**)

Apositivas (O.S.S.A.): Possuem a função de aposto da sentença principal, geralmente são introduzidas por dois-pontos (:).

Eu quero apenas isto: / **que você passe no concurso**. (Oração Principal / **Oração subordinada substantiva Apositiva**)

Orações Subordinadas Adjetivas: dividem-se em dois tipos. Quando desenvolvidas, são introduzidas por um pronome relativo.

O nome Oração Subordinada Adjetiva se deve ao fato de ela desempenhar a mesma função de um adjetivo na oração, ou seja, a função de adjunto adnominal. Na Gramática de Portugal, são chamadas de Orações Relativas pelo fato de serem introduzidas por pronome relativo.

Restritivas: Restringem a informação da oração principal. Não possuem vírgulas.

O homem / **que mora ao lado** / é mal-humorado. (Oração Principal / **Oração subordinada Adjetiva Restritiva** / Oração Principal)

Para entender basta perguntar: qualquer homem é mal-humorado? Não. Só o que mora ao lado.

Explicativas: Explicam ou dão algum esclarecimento sobre a oração principal.

João, / **que é o ex-integrante da comissão**, / chegou para auxiliar os novos contratados. (Oração Principal / **Oração Subordinada Adjetiva Explicativa** /Oração Principal)

Orações Subordinadas Adverbiais: dividem-se em nove tipos. Recebem o nome da conjunção que as introduz. Nesse caso, teremos uma principal (que não está negritada) e uma subordinada adverbial (que está em negrito).

Essas orações desempenham a função de Adjunto Adverbial da oração principal.

Causais: Exprimem a causa do fato que ocorreu na oração principal. Introduzidas, principalmente, pelas conjunções porque, visto que, já que, uma vez que, como que, como.

Ex.: Já que precisamos de dinheiro, vamos trabalhar.

Comparativas: Representam o segundo termo de uma comparação. Introduzidas, na maior parte dos casos, pelas conjunções que, do que, como, assim como, (tanto) quanto.

Ex.: Tiburcina fala **como uma gralha** (fala - o verbo está elíptico).

Concessivas: Indica uma concessão entre as orações. Introduzidas, principalmente, pelas conjunções embora, a menos que, ainda que, posto que, conquanto, mesmo que, se bem que, por mais que, apesar de que. Fique de olho na relação da conjunção com o verbo.

Ex.: Embora não tivesse tempo disponível, consegui estudar.

Condicionais: Expressa ideia de condição. Introduzidas, principalmente, pelas conjunções se, salvo se, desde que, exceto, caso, desde, contanto que, sem que, a menos que.

Ex.: Se ele não se defender, acabará como "boi-de-piranha" no caso.

Conformativas: Exprimem acordo, concordância entre fatos ou ideias. Introduzidas, principalmente, pelas conjunções como, consoante, segundo, conforme, de acordo com etc.

Ex.: Realize as atividades **conforme eu expliquei**.

Consecutivas: Indicam a consequência ou o efeito daquilo que se diz na oração principal. Introduzidas, principalmente, pelas conjunções que (precedida de tal, tão, tanto, tamanho), de sorte que, de modo que.

Ex.: Estudei tanto, **que saiu sangue dos olhos**.

Finais: Exprimem finalidade da ação primeira. Introduzidas, em grande parte dos casos, pelas conjunções para que, a fim de que, que e porque.

Ex.: Estudei muito **para que pudesse fazer a prova**.

Proporcionais: Expressa uma relação de proporção entre as orações. Introduzidas, principalmente, pelas conjunções (locuções conjuntivas) à medida que, quanto mais....mais, à proporção que, ao passo que, quanto mais.

Ex.: José piorava, **à medida que abandonava seu tratamento**.

Temporais: Indicam circunstância de tempo. Introduzidas, principalmente, pelas conjunções quando, antes que, assim que, logo que, até que, depois que, mal, apenas, enquanto etc.

Ex.: Logo que iniciamos o trabalho os alunos ficaram mais tranquilos.

Você viu que não é difícil. Na verdade, só é preciso estudar muito e decorar o sentido das conjunções.

7. CONCORDÂNCIA VERBAL E NOMINAL

Trata-se do processo de flexão dos termos a fim de se relacionarem harmoniosamente na frase. Quando se pensa sobre a relação do verbo com os demais termos da oração, o estudo focaliza a concordância verbal. Quando a análise se volta para a relação entre pronomes, substantivos, adjetivos e demais termos do grupo nominal, diz-se que o foco é concordância nominal.

Fique de olho aberto para a relação do sujeito com o verbo. Uma boa noção de Sintaxe é importantíssima para entender esse segmento do conteúdo.

7.1 Concordância Verbal

Regra geral

O verbo concorda com o sujeito em número e pessoa.

O **primeiro-ministro** russo **acusou** seus inimigos.

Dois **parlamentares rebateram** a acusação.

Contaram-se **mentiras** no telejornal.

Vós sois os responsáveis por vosso destino.

Regras para sujeito composto[1]

Anteposto (colocado antes do verbo): o verbo vai para o plural:

Eu e meus irmãos vamos à praia.

Posposto (colocado após o verbo): o verbo concorda com o mais próximo ou vai para o plural:

Morreu (morreram), no acidente, **o prefeito e o vereador**.

Formado por pessoas (gramaticais) diferentes: plural da predominante.

Eu, você e os alunos **estudaremos** para o concurso. (a primeira pessoa é a predominante, por isso, o verbo fica na primeira pessoa do plural)

Com núcleos em correlação: concorda com o mais próximo ou fica no plural:

O professor assim como o monitor auxilia(m) os estudantes.

Ligado por NEM: verbo concordará:

No singular: se houver exclusão.

Nem Josias nem Josué **percebeu** o perigo iminente.

No singular: quando se pretende individualizar a ação, aludindo a um termo em específico.

Nem os esportes nem a leitura **o entretém**.

No plural: quando não houver exclusão, ou seja, quando a intenção for aludir ao sujeito em sua totalidade.

Nem a minha rainha nem o meu mentor **serão** tão convincentes a ponto de me fazerem mudar de ideia.

Ligado por COM: verbo concorda com o antecedente do COM ou vai para o plural:

O vocalista com os demais integrantes da banda **realizaram (realizou)** o show.

1 As gramáticas registram um sem-número de regras de concordância. Selecionamos as mais relevantes para o universo do concurso público.

Ligado por OU: verbo no singular (se houver exclusão) ou no plural (se não houver exclusão):

Ou Pedro Amorim ou Jurandir Leitão **será** eleito vereador da cidade.

O aviso ou o ofício **deveriam** ser expedidos antes da data prevista.

Se o sujeito for construído com os termos:

Um e outro, nem um nem outro: verbo no singular ou plural, dependendo do sentido pretendido.

Um e outro **passou (passaram)** no concurso.

Um ou outro: verbo no singular.

Um ou outro fez a lição.

Expressões partitivas seguidas de nome plural: verbo no singular ou plural.

A maior parte das pessoas **fez (fizeram)** o exercício recomendado.

Coletivo geral: verbo no singular.

O cardume **nadou** rio acima.

Expressões que indicam quantidade aproximada seguida de numeral: Verbo concorda com o substantivo.

Aproximadamente 20 % dos eleitores compareceram às urnas.

Aproximadamente 20% do eleitorado **compareceu** às urnas.

Pronomes (indefinidos ou interrogativos) seguidos dos pronomes "nós" e/ou "vós": verbo no singular ou plural.

Ex.: Quem de nós **fará (faremos)** a diferença?

Palavra QUE (pronome relativo): verbo concorda com o antecedente do pronome "que".

Ex.: Fui eu que **fiz** a diferença.

Palavra QUEM: verbo na 3ª pessoa do singular.

Ex.: Fui eu *quem* **fez** a diferença.

Pela repetida utilização errônea, algumas gramáticas já toleram a concordância do verbo com a pessoa gramatical distinta da terceira, no caso de se utilizar um pronome pessoal como antecedente do "quem".

Um dos que: verbo no singular ou plural.

Ele foi *um dos que* **fez** (**fizeram**) a diferença.

Palavras sinônimas: verbo concorda com o mais próximo ou fica no plural.

Ex.: *A ruindade, a maldade, a vileza* **habita** (**habitam**) a alma do ser humano.

Quando os verbos estiverem acompanhados da palavra "SE": fique atento à função da palavra "SE".

SE - na função de pronome apassivador: verbo concorda com o sujeito paciente.

Vendem-se casas e sobrados em Alta Vista.

Presenteou-se o aluno aplicado com uma gramática.

SE - na função de índice de indeterminação do sujeito: verbo fica sempre na 3ª pessoa do singular.

Precisa-se de empregados com capacidade de aprender.

Vive-se muito bem na riqueza.

A dica é ficar de olho na transitividade do verbo. Se o verbo for VTI, VI ou VL, o termo "SE" será índice de indeterminação do sujeito.

Casos de concordância com o verbo "ser":

Quando indicar tempo ou distância: Concorda com o predicativo.

Amanhã **serão** 7 de fevereiro.

São 890 quilômetros daqui até Florianópolis.

Quando houver sujeito que indica quantidade e predicativo que indica suficiência ou excesso: Concorda com o predicativo.

Vinte milhões **era** muito por aquela casa.

Sessenta centavos **é** pouco por aquele lápis.

O verbo dar, no sentido de bater ou soar, acompanhado do termo hora(s): concorda com o sujeito.

Deram cinco horas no relógio do juiz.

Deu cinco horas o relógio juiz.

Verbo "parecer" – Concordância estranha.

Verbo "parecer" somado a infinitivo: Flexiona-se um dos dois.

Os alunos **pareciam** estudar novos conteúdos.

Os alunos **parecia estudarem** novos conteúdos.

Quando houver sujeito construído com nome no plural: com artigo no singular ou sem artigo: o verbo fica no singular.

Memórias Póstumas de Brás Cubas **continua** sendo lido por jovens estudantes.

Minas Gerais **é** um lindo lugar.

Com artigo plural: o verbo fica no plural.

Os Estados Unidos **aceitaram** os termos do acordo assinado.

7.2 Concordância Nominal

A concordância nominal está relacionada aos termos do grupo nominal. Ou seja, entram na dança o substantivo, o pronome, o artigo, o numeral e o adjetivo. Vamos à regra geral para a concordância.

Regra geral

O artigo, o numeral, o adjetivo e o pronome adjetivo devem concordar com o substantivo a que se referem em gênero e número.

Meu belíssimo e **antigo** carro **amarelo** quebrou, ontem, em **uma** rua **estreita.**

Os termos destacados acima, mantém uma relação harmoniosa com o núcleo de cada expressão. Relação tal que se estabelece em questões de gênero e de número.

A despeito de a regra geral dar conta de grande parte dos casos de concordância, devemos considerar a existência de casos particulares, que merecem atenção.

Casos que devem ser estudados

Dependendo da intencionalidade de quem escreve, pode-se realizar a concordância atrativa, primando por concordar com apenas um termo de uma sequência ou com toda a sequência. Vejamos:

Vi um carro e uma **moto** *vermelha*. (concordância apenas com o termo "moto")

Vi um carro e uma **moto** *vermelhos*. (concordância com ambos os elementos)

Bastante ou bastantes?

Se "bastante" é pronome adjetivo, será variável; se for advérbio (modificando o verbo), será invariável, ou seja, não vai para o plural.

Há *bastantes* **motivos** para sua ausência. (adjetivo)

Os alunos **falam** *bastante*. (advérbio)

Troque a palavra "bastante" por "muito". Se "muito" for para o plural, "bastante" também irá.

Anexo, incluso, apenso, obrigado, mesmo, próprio: são adjetivos que devem concordar com o substantivo a que se referem.

O *relatório* segue **anexo** ao documento.

Os *documentos* irão **apensos** ao relatório.

A expressão "em anexo" é invariável (não vai para plural nem para o feminino).

As planilhas irão **em anexo.**

É bom, é necessário, é proibido, é permitido: variam somente se o sujeito vier antecedido de um artigo ou outro termo determinante.

Maçã **é bom** para a voz. / A maçã **é boa** para a voz.

É necessário **aparecer** na sala. / É necessária **sua aparição** na sala.

Menos / alerta. São sempre invariáveis, contanto que respeitem sua classe de origem - advérbio: se forem derivadas para substantivo, elas poderão variar.

Encontramos **menos** alunos na escola. / Encontramos **menos** alunas na escola.

O policial ficou **alerta**. / Os policiais ficaram **alerta**.

Só / sós. Variam apenas quando forem adjetivos: quando forem advérbios, serão invariáveis.

Pedro apareceu **só** (sozinho) na sala. / Os meninos apareceram **sós** (sozinhos) na sala. (adjetivo)

Estamos **só** (somente) esperando sua decisão. (advérbio)

A expressão "a sós" é invariável.

A menina ficou **a sós** com seus pensamentos.

Troque "só" por "sozinho" (vai para o plural) ou "somente" (fica no singular).

8. ACENTUAÇÃO GRÁFICA

Antes de começar o estudo, é importante que você entenda quais são os padrões de tonicidade da Língua Portuguesa e quais são os encontros vocálicos presentes na Língua. Assim, fica mais fácil entender quais são as regras e como elas surgem.

Padrões de Tonicidade

Palavras oxítonas: última sílaba tônica (*so**fá**, ca**fé**, ji**ló***)

Palavras paroxítonas: penúltima sílaba tônica (fer**ru**gem, a**du**bo, sa**ú**de)

Palavras proparoxítonas: antepenúltima sílaba tônica (**â**nimo, **ví**tima, **á**timo)

Encontros Vocálicos

Hiato (encontro vocálico que se separa):

> Pi - **a** - no; sa - **ú** - de.

Ditongo (encontro vocálico que permanece unido na sílaba):

> cha - p**éu**; to - n**éis**.

Tritongo (encontro vocálico que permanece unido na sílaba):

> sa - g**uão**; U - ru - g**uai**.

8.1 Regras Gerais

Quanto às Proparoxítonas

Acentuam-se todas as palavras:

Vítima, **â**nimo, Hiper**bólico**

Quanto às Paroxítonas

Não se acentuam as terminadas em A, E, O (seguidas ou não de S) M e ENS.

Cas**te**lo, gra**na**da, pa**ne**la, pe**pi**no, **pa**jem, i**ma**gens etc.

Acentuam-se as terminadas em R, N, L, X, I ou IS, US, UM, UNS, PS, Ã ou ÃS e DITONGOS.

Susten**tá**vel, **tó**rax, **hí**fen, **tá**xi, **ál**bum, **bí**ceps, prin**cí**pio etc.

Fique de olho em alguns casos particulares, como as palavras terminadas em OM / ON / ONS

Iândom; **pró**ton, **nêu**trons etc.

Nova Ortografia – olho aberto! Deixam de se acentuarem as paroxítonas com OO e EE

"Voo, enjoo, perdoo, magoo."

"Leem, veem, deem, creem."

Quanto às Oxítonas

São acentuadas as terminadas em:

A ou **AS**: So**fá**, Pa**rá**;

E ou **ES**: Ra**pé**, Ca**fé**;

O ou **OS**: Av**ô**, Ci**pó**;

EM ou **ENS**: Tam**bém**, Para**béns**.

Acentuação de Monossílabos

Acentuam-se os monossílabos tônicos terminados em **A**, **E** e **O**, seguidos ou não de **S**.

Pá, pó, pé, já, lá, fé, só.

Acentuação dos Hiatos

Acentuam-se os hiatos quando forem formados pelas letras **I** ou **U**, sozinhas ou seguidas de **S**:

Sa**ú**va, Ba**ú**, Bala**ús**tre, Pa**ís**.

Exceções:

Seguidas de **NH**: **Tainha**

Paroxítonas antecedidas de ditongo: Fe**i**ura

Com o **i** duplicado: Xi**i**ta

Ditongos Abertos

Serão acentuados os ditongos abertos **ÉU**, **ÉI** e **ÓI**, com ou sem **S**, quando forem oxítonos ou monossílabos.

Chap**éu**, R**éu**, Ton**éis**, Her**ói**, Past**éis**, Hot**éis**, Lenç**óis**.

Novo Acordo Ortográfico – fique de olho! Caiu o acento do ditongo aberto em posição de paroxítona.

"Ideia, Onomatopeia, Jiboia, Paranoia, Heroico etc."

Formas Verbais com Hífen

Para saber se há acento em uma forma verbal com hífen, deve-se analisar o padrão de tonicidade de cada bloco da palavra:

Aju**dá**-lo (oxítona terminada em "a" / monossílabo átono)

Con**tar**-lhe (oxítona terminada em "r" / monossílabo átono)

Convi**dá**-la-íamos. (oxítona terminada em "a" / proparoxítona)

Verbos "*ter*" e "*vir*"

Quando escritos na 3ª pessoa do singular, não serão acentuados:

Ele tem / ele vem.

Quando escritos na **3ª pessoa do plural**, receberão o **acento circunflexo**:

Eles **têm** / **vêm**

Nos verbos derivados das formas acima:

Acento agudo para singular - Contém / convém.

Acento circunflexo para o plural - Contêm / convêm.

Acentos Diferenciais

Alguns permanecem:

pôde / pode (pretérito perfeito / presente simples);

pôr / por (verbo / preposição);

fôrma[1] / forma (substantivo / verbo ou ainda substantivo).

Caiu o acento diferencial de:

para - pára (preposição / verbo);

pelo - pêlo (preposição + artigo / substantivo);

polo - pólo (preposição + artigo / substantivo);

pera - pêra (preposição + artigo / substantivo).

1 Nesse caso, é facultativo o acento.

9. COLOCAÇÃO PRONOMINAL

Esta parte do conteúdo é relativa ao estudo da posição dos pronomes oblíquos átonos em relação ao verbo. Antes de iniciar o estudo, trate de memorizar os pronomes em questão, do contrário, você não progredirá.

Pronomes Oblíquos Átonos
me
te
o, a, lhe, se
nos
vos
os, as, lhes, se

Quatro casos de colocação:

Próclise (anteposto ao verbo)

Nunca **o** vi.

Mesóclise (medial em relação ao verbo)

Dir-te-ei algo.

Ênclise (posposto ao verbo)

Passa-**me** a resposta.

Apossínclise (intercalação de uma ou mais palavras entre o pronome e o verbo)

Talvez tu **me** já não creias.

9.1 Regras de Próclise

Palavras ou expressões negativas:

Não **me** deixe aqui neste lugar!

Ninguém **lhe** disse que seria fácil.

Pronomes relativos:

O material de que **me** falaste é muito bom.

Eis o conteúdo que **me** causa nojo.

Pronomes indefinidos:

Alguém **me** disse que você vai ser transferido.

Tudo **me** parece estranho.

Conjunções subordinativas:

Confiei neles, assim que **os** conheci.

Disse que **me** faltavam palavras.

Advérbios:

Sempre **lhe** disse a verdade.

Talvez **nos** apareça a resposta para essa questão.

Pronomes interrogativos:

Quem **te** contou a novidade?

Que **te** parece essa situação?

"Em + gerúndio"

Em **se** tratando de Gramática, eu gosto muito!

Nesta terra, em **se** plantando, tudo há de nascer.

Particípio

Ele havia avisado-**me** (errado)

Ele **me** havia avisado (certo)

Sentenças optativas

Deus **lhe** pague!

Deus **o** acompanhe!

9.2 Regras de Mesóclise

Emprega-se o pronome oblíquo átono no meio da forma verbal, quando ela estiver no futuro do presente ou no futuro simples do pretérito do indicativo.

Chamar-**te**-ei, quando ele chegar.

Se houver tempo, contar-**vos**-emos nossa aventura.

Contar-**te**-ia a novidade.

9.3 Regras de Ênclise

Não se inicia sentença, em Língua Portuguesa, por pronome oblíquo átono. Ou seja, não coloque o pronome átono no início da frase.

Formas verbais:

Do **infinitivo impessoal** (precedido ou não da preposição "a");

Do **gerúndio**;

Do **imperativo afirmativo**;

Alcança-**me** o prato de salada, por favor!

Urge obedecer-**se** às leis.

O garoto saiu da sala desculpando-**se**.

Tratando-**se** desse assunto, não gosto de pensar.

Dá-**me** motivos para estudar.

Se o gerúndio vier precedido da preposição "em", deve-se empregar a próclise.

Em **se** tratando de Gramática, eu gosto muito.

9.4 Casos Facultativos

Sujeito expresso, próximo ao verbo.

O menino se machucou **(-se)**.

Eu **me** refiro **(-me)** ao fato de ele ser idiota.

Infinitivo antecedido de "não" ou de preposição.

Sabemos que não se habituar **(-se)** ao meio causa problemas.

O público o incentivou a se jogar **(-se)** do prédio.

10. REGÊNCIA VERBAL E NOMINAL

Regência é a parte da Gramática Normativa que estuda a relação entre dois termos, verificando se um termo serve de complemento a outro e se nessa complementação há uma preposição.

Dividimos a Regência em:

Regência Verbal (ligada aos verbos).

Regência Nominal (ligada aos substantivos, adjetivos ou advérbios).

10.1 Regência Verbal

Deve-se analisar, nesse caso, a necessidade de complementação, a presença ou ausência da preposição e a possibilidade de mudança de sentido do texto.

Vamos aos casos:

Agradar e desagradar: São transitivos indiretos (com preposição a) nos sentidos de satisfazer, contentar:

A biografia de Aníbal Machado **agradou/desagradou** à maioria dos leitores.

A criança **agradava** ao pai por ser muito comportada.

Agradar: Pode ser transitivo direto (sem preposição) se significar acariciar, afagar:

Agradar a esposa.

Pedro passava o dia todo **agradando** os seus gatos.

Agradecer: Transitivo direto e indireto, com a preposição a, no sentido de demonstrar gratidão a alguém:

Agradecemos a Santo Antônio o milagre alcançado.

A**gradecemos-lhes** a benesse concedida.

O verbo em questão também pode ser transitivo direto no sentido de mostrar gratidão por alguma coisa:

Agradeço a dedicação de todos os estudantes.

Os pais **agradecem** a dedicação dos professores para com os alunos.

Aspirar: É transitivo indireto (preposição "a") nos sentidos de desejar, pretender ou almejar:

Sempre **aspirei** a um cargo público.

Manoel **aspirava** a ver novamente a família na Holanda.

Aspirar: É transitivo direto na acepção de inalar, sorver, tragar, ou seja, mandar para dentro:

Aspiramos o perfume das flores.

Vimos a empregada **aspirando** a poeira do sofá.

Assistir: É transitivo direto no sentido de ajudar, socorrer etc:

O professor **assistia** o aluno.

Devemos **assistir** os mais necessitados.

Assistir: É transitivo indireto (complemento regido pela preposição "a") no sentido de ver ou presenciar:

Assisti ao comentário da palestra anterior.

Você deve **assistir** às aulas do professor!

Assistir: É transitivo indireto (complemento regido pela preposição "a") no sentido de "ser próprio de", "pertencer a":

O direito à vida **assiste** ao ser humano.

Esse comportamento **assiste** às pessoas vitoriosas.

Assistir: É intransitivo no sentido de morar ou residir:

Maneco **assistira** em Salvador.

Chegar: É verbo intransitivo e possui os adjuntos adverbiais de lugar introduzidos pela preposição "a":

Chegamos a Cascavel pela manhã.

Este é o ponto a que pretendia **chegar**.

Caso a expressão indique posição em um deslocamento, admite-se a preposição em:

Cheguei no trem à estação.

Os verbos ir e vir têm a mesma regência de chegar:

Nós **iremos** à praia amanhã.

Eles **vieram** ao cursinho para estudar.

Custar: Ter valor ou preço: verbo transitivo direto:

O avião **custa** 100 mil reais.

Ter como resultado certa perda ou revés: verbo transitivo direto e indireto:

Essa atitude **custou**-lhe a vida.

Ser difícil ou trabalhoso: intransitivo:

Custa muito entender esse raciocínio.

Levar tempo ou demorar: intransitivo:

Custa a vida para aprender a viver.

Esquecer / lembrar: Possuem a seguinte regra - se forem pronominais, terão complemento regido pela preposição "de"; se não forem, não haverá preposição:

Lembrei-**me de** seu nome. / Esqueci-me de seu nome.

Lembrei seu nome. / Esqueci seu nome.

Gostar: É transitivo indireto no sentido de apreciar (complemento introduzido pela preposição "de"):

Gosto de estudar.

Gosto muito de minha mãe.

Gostar: Como sinônimo de experimentar ou provar é transitivo direto:

Gostei a sobremesa apenas uma vez e já adorei.

Gostei o chimarrão uma vez e não mais o abandonei.

Implicar: pode ser:

Transitivo direto (sentido de acarretar):

Cada escolha **implica** uma renúncia.

Transitivo direto e indireto (sentido de envolver alguém em algo):

Implicou a irmã no crime.

Transitivo indireto (sentido de rivalizar):

Joana estava **implicando** com o irmão menor.

O verbo informar é bitransitivo, ou seja, é transitivo direto e indireto. Quem informa, informa:

» Algo a alguém: **Informei** o acontecido para Jonas.
» Alguém de algo: **Informei**-o do acontecido.
» Alguém sobre algo: **Informei**-o sobre o acontecido.

Morar / Residir: Verbos intransitivos (ou, como preconizam alguns dicionários, transitivo adverbiado), cujos adjuntos adverbiais de lugar são introduzidos pela preposição "em":

José **mora** em Alagoas.

Há boas pessoas **residindo** em todos os estados do Brasil.

Obedecer: É um verbo transitivo indireto:

Os filhos **obedecem** aos pais.

Obedeça às leis de trânsito.

Embora transitivo indireto, admite forma passiva:

"Os pais são obedecidos pelos filhos."

O antônimo "desobedecer" também segue a mesma regra.

Perdoar: É transitivo direto e indireto, com objeto direto de coisa e indireto de pessoa:

Jesus **perdoou** os pecados aos pecadores.

Perdoava-lhe a desconsideração.

Perdoar admite a voz passiva:

"Os pecadores foram perdoados por Deus."

Precisar: É transitivo indireto (complemento regido pela preposição de) no sentido de "necessitar":

Precisaremos de uma nova Gramática.

Precisar: É transitivo direto no sentido de indicar com precisão:

Magali não soube **precisar** quando o marido voltaria da viagem.

Preferir É um verbo bitransitivo, ou seja, é transitivo direto e indireto, sempre exigindo a preposição a (preferir alguma coisa a outra):

Ex.: Adelaide **preferiu** o filé ao risoto.

Ex.: Prefiro estudar a ficar em casa descansando.

Ex.: Prefiro o sacrifício à desistência.

É incorreto reforçar o verbo "preferir" ou utilizar a locução "do que".

Proceder: É intransitivo na acepção de "ter cabimento":

Suas críticas são vazias, não **procedem**.

Proceder: É também intransitivo na acepção de "portar-se":

Todas as crianças **procederam** bem ao lavarem as mãos antes do lanche.

Proceder: No sentido de "ter procedência" é utilizado com a preposição de:

Acredito que a dúvida **proceda** do coração dos curiosos.

Proceder: É transitivo indireto exigindo a preposição a no sentido de "dar início":

Os investigadores **procederam** ao inquérito rapidamente.

Querer: É transitivo direto no sentido de "desejar":

Eu **quero** um carro novo.

Querer: É transitivo indireto (com o complemento de pessoa) no sentido de "ter afeto":

Quero muito a meus alunos que são dedicados.

Solicitar: É utilizado, na maior parte dos casos, como transitivo direto e indireto. Nada impede, entretanto, que se construa como transitivo direto:

O juiz **solicitou** as provas ao advogado.

Solicito seus documentos para a investidura no cargo.

Visar: É transitivo direto na acepção de mirar:

O atirador **visou** o alvo e disparou um tiro certeiro.

Visar: É transitivo direto também no sentido de "dar visto", "assinar":

O gerente havia **visado** o relatório do estagiário.

Visar: É transitivo indireto, exigindo a preposição a, na acepção de "ter em vista", "pretender", "almejar":

Pedro **visava** ao amor de Mariana.

As regras gramaticais **visam** à uniformidade da expressão linguística.

10.2 Regência Nominal

Alguns nomes (substantivos, adjetivos e advérbios) são comparáveis aos verbos transitivos indiretos: precisam de um complemento introduzido por uma preposição.

Acompanhemos os principais termos que exigem regência especial.

Substantivo		
Admiração a, por	Devoção a, para, com, por	Medo a, de
Aversão a, para, por	Doutor em	Obediência a
Atentado a, contra	Dúvida acerca de, em, sobre	Ojeriza a, por
Bacharel em	Horror a	Proeminência sobre
Capacidade de, para	Impaciência com	Respeito a, com, para com, por
Exceção a	Excelência em	Exatidão de, em
Dissonância entre	Divergência com, de, em, entre, sobre	Referencia a
Alusão a	Acesso a	Menção a

Adjetivos		
Acessível a	Diferente de	Necessário a
Acostumado a, com	Entendido em	Nocivo a
Afável com, para com	Equivalente a	Paralelo a
Agradável a	Escasso de	Parco em, de
Alheio a, de	Essencial a, para	Passível de
Análogo a	Fácil de	Preferível a

Ansioso de, para, por	Fanático por	Prejudicial a
Apto a, para	Favorável a	Prestes a
Ávido de	Generoso com	Propício a
Benéfico a	Grato a, por	Próximo a
Capaz de, para	Hábil em	Relacionado com
Compatível com	Habituado a	Relativo a
Contemporâneo a, de	Idêntico a	Satisfeito com, de, em, por
Contíguo a	Impróprio para	Semelhante a
Contrário a	Indeciso em	Sensível a
Curioso de, por	Insensível a	Sito em
Descontente com	Liberal com	Suspeito de
Desejoso de	Natural de	Vazio de
Distinto de, em, por	Dissonante a, de, entre	Distante de, para

Advérbios		
Longe de	Perto de	Relativamente a
Contemporaneamente a	Impropriamente a	Contrariamente a

É provável que você encontre um grande número de listas com palavras e suas regências, porém a maneira mais eficaz de se descobrir a regência de um termo é fazer uma pergunta para ele e verificar se, na pergunta, há uma preposição. Havendo, descobre-se a regência.

Ex.: A descoberta era **acessível** a todos.

Faz-se a pergunta: algo que é acessível é acessível? (a algo ou a alguém). Descobre-se, assim, a regência de acessível.

11. CRASE

O acento grave é solicitado nas palavras quando há a união da preposição "a" com o artigo (ou a vogal dependendo do caso) feminino "a" ou com os pronomes demonstrativos (aquele, aquela, aquilo e "a").

Ex.: Mário foi **à** festa ontem.

Tem-se o "a" preposição e o "a" artigo feminino.

Quem vai, vai a algum lugar / festa é palavra feminina, portanto, admite o artigo "a".

Chegamos **àquele** assunto (a + aquele).

A gravata que eu comprei é semelhante **à** que você comprou (a + a).

Decore os casos em que não ocorre crase, pois a tendência da prova é perguntar se há crase ou não. Sabendo os casos proibitivos, fica muito fácil.

11.1 Crase Proibitiva

Não se pode usar acento grave indicativo de crase:

Antes de palavras masculinas.

Ex.: Fez uma pergunta **a** Mário.

Antes de palavras de sentido indefinido.

Ex.: Não vai **a** festas, **a** reuniões, **a** lugar algum.

Antes de verbos.

Ex.: Todos estão dispostos **a** colaborar.

De pronomes pessoais.

Ex.: Darei um presente **a ela**.

De nomes de cidade, estado ou país que não utilizam o artigo feminino.

Ex.: Fui **a** Cascavel. / Vou **a** Pequim.

Da palavra "casa" quando tem significado de próprio lar, ou seja, quando ela aparecer indeterminada na sentença.

Ex.: Voltei a casa, pois precisava comer algo.

Quando houver determinação da palavra casa, ocorrerá crase.

"Voltei à casa de meus pais"

Da palavra "terra" quando tem sentido de solo;

Ex.: Os tripulantes vieram a terra.

A mesma regra da palavra "casa" se aplica à palavra terra.

De expressões com palavras repetidas;

Dia a dia, mano a mano, face a face, cara a cara etc.

Diante de numerais cardinais referentes a substantivos que não estão determinados pelo artigo:

Ex.: Irei assistir a duas aulas de Língua Portuguesa.

No caso de locuções adverbiais que exprimem hora determinada e nos casos em que o numeral estiver precedido de artigo, acentua-se:

"Chegamos às oito horas da noite."

"Assisti às duas sessões de ontem."

No caso dos numerais, há uma dica para facilitar o entendimento dos casos de crase. Se houver o "a" no singular e a palavra posterior no plural, não ocorrerá o acento grave. Do contrário, ocorrerá.

11.2 Crase Obrigatória

Locução adverbial feminina.

Ex.: À noite, à tarde, às pressas, às vezes, à farta, à vista, à hora certa, à esquerda, à direita, à toa, às sete horas, à custa de, à força de, à espera de, à vontade, à toa.

Termos femininos ou masculinos com sentido da expressão "à moda de" ou "ao estilo de".

Ex.: Filé à milanesa, servir à francesa, brigar à portuguesa, gol à Pelé, conto à Machado de Assis, discurso à Rui Barbosa etc.

Locuções conjuntivas proporcionais.

Ex.: À medida que, à proporção que.

Locuções prepositivas.

Ex.: À procura de, à vista de, à margem de, à beira de, à custa de, à razão de, à mercê de, à maneira de etc.

Para evitar ambiguidade: receberá o acento o termo afetado pela ação do verbo (objeto direto preposicionado).

Ex.: Derrubou a menina **à panela**.

Ex.: Matou a vaca **à cobra**.

Diante da palavra distância quando houver determinação da distância em questão:

Ex.: Achava-se à **distância de cem** (ou de alguns) **metros**.

Antes das formas de tratamento "senhora", "senhorita" e "madame" = não há consenso entre os gramáticos, no entanto, opta-se pelo uso.

Ex.: Enviei lindas flores **à senhorita**.

Ex.: Josias remeteu uma carta **à senhora**.

11.3 Crase Facultativa

Após a preposição até:

As crianças foram até **à escola**.

Antes de pronomes possessivos femininos:

Ele fez referência **à nossa causa!**

Antes de nomes próprios femininos:

Mandei um SMS **à Joaquina**.

Antes da palavra Dona.

Remeti uma carta à **Dona Benta**.

Não se usa crase antes de nomes históricos ou sagrados:

"O padre fez alusão a Nossa Senhora."

"Quando o professor fez menção a Joana D'Arc, todos ficaram entusiasmados."

12. PONTUAÇÃO

A pontuação assinala a melodia de nossa fala, ou seja, as pausas, a ênfase etc.

12.1 Principais Sinais e Usos

Vírgula

É o sinal mais importante para concurso público.

Usa-se a vírgula para:

Separar termos que possuem mesma função sintática no período:

José, **Maria**, **Antônio** e **Joana** foram ao mercado. (função de núcleo do sujeito)

Isolar o vocativo:

Então, **minha cara**, não há mais o que se dizer!

Isolar um aposto explicativo (cuidado com essa regra, veja que não há verbo no aposto explicativo):

O João, **ex-integrante da comissão**, veio fazer parte da reunião.

Isolar termos antecipados, como: complemento, adjunto ou predicativo:

Na semana passada, comemos camarão no restaurante português. (antecipação de adjunto adverbial)

Separar expressões explicativas, conjunções e conectivos:

isto é, ou seja, por exemplo, além disso, pois, porém, mas, no entanto, assim etc.

Separar os nomes dos locais de datas:

Cascavel, 02 de maio de 2012.

Isolar orações adjetivas explicativas (pronome relativo + verbo + vírgula):

O Brasil, **que é um belíssimo país**, possui ótimas praias.

Separar termos de uma enumeração:

Vá ao mercado e traga **cebola**, **alho**, **sal**, **pimenta e coentro**.

Separar orações coordenadas:

Esforçou-se muito, **mas não venceu o desafio**. (oração coordenada sindética adversativa)

Roubou todo o dinheiro, **e ainda apareceu na casa**. (oração coordenada sindética aditiva).

A vírgula pode ser utilizada antes da conjunção aditiva "e" caso se queira enfatizar a oração por ela introduzida.

Omitir um termo, elipse (no caso da elipse verbal, chamaremos "zeugma"):

De dia era um anjo, de noite um **demônio**. (omissão do verbo "ser")

Separar termos de natureza adverbial deslocado dentro da sentença:

Na semana passada, trinta alunos foram aprovados no concurso. (locução adverbial temporal)

Se estudar muito, você será aprovado no concurso. (oração subordinada adverbial condicional)

Ponto final

Usa-se o ponto final:

Ao final de frases para indicar uma pausa total; é o que marca o fim de um período:

Depois de passar no concurso, comprarei um carro.

Em abreviaturas:

Sr., a. C., Ltda., num., adj., obs., máx., *bat., brit. etc.*

Ponto e vírgula

Usam-se ponto e vírgula para:

Separar itens que aparecem enumerados:

Uma boa dissertação apresenta:

Coesão;

Coerência;

Progressão lógica;

Riqueza lexical;

Concisão;

Objetividade;

Aprofundamento.

Separar um período que já se encontra dividido por vírgulas:

Não gostava de trabalhar; queria, no entanto, muito dinheiro no bolso.

Separar partes do texto que se equilibram em importância:

Os pobres dão pelo pão o trabalho; os ricos dão pelo pão a fazenda; os de espíritos generosos dão pelo pão a vida; os de nenhum espírito dão pelo pão a alma.(Vieira).

O capitalismo é a exploração do homem pelo homem; o socialismo é exatamente o contrário.

Dois Pontos

São usados dois pontos quando:

Se vai fazer uma citação ou introduzir uma fala:

José respondeu:

- Não, muito obrigado!

Se quer indicar uma enumeração:

Quero apenas uma coisa: que vocês sejam aprovados no concurso!

Aspas

São usadas aspas para indicar:

Citação presente no texto. Ex.:

"Há distinção entre categorias do pensamento" - disse o filósofo.

Expressões estrangeiras, neologismos, gírias. Ex.:

Na parede, haviam pintado a palavra "love". (expressão estrangeira)

Ficava "bailarinando", como diria Guimarães. (neologismo)

"Velho", esconde o "cano" aí e "deixa baixo". (gíria)

Reticências

São usadas para indicar supressão de um trecho, interrupção na fala, ou dar ideia de continuidade ao que se estava falando. Ex.:

(...) Profundissimamente hipocondríaco Este ambiente me causa repugnância Sobe-me à boca uma ânsia análoga à ânsia Que se escapa pela boca de um cardíaco(...)

Eu estava andando pela rua quando...

Eu gostei da nova casa, mas da garagem...

Parênteses

São usados quando se quer explicar melhor algo que foi dito ou para fazer simples indicações. Ex.:

Foi o homem que cometeu o crime (o assassinato do irmão).

Travessão

Indica a fala de um personagem:

Ademar falou. Ex.:

- Amigo, preciso contar algo para você.

Isola um comentário no texto. Ex.:

O estudo bem realizado - **diga-se de passagem, que quase ninguém faz** - é o primeiro passo para a aprovação.

Isola um aposto na sentença. Ex.:

A Semântica – **estudo sobre as relações de sentido** - é importantíssima para o entendimento da Língua.

Reforçar a parte final de um enunciado. Ex.:

Para passar no concurso, é preciso estudar muito — **muito mesmo.**

Trocas

A Banca, eventualmente, costuma perguntar sobre a possibilidade de troca de termos, portanto, atenção!

» Vírgulas, travessões e parênteses, quando isolarem um aposto, podem ser trocadas sem prejuízo para a sentença;

» Travessões podem ser trocados por dois pontos, a fim de enfatizar um enunciado.

Regra de ouro

Na ordem natural de uma sentença, é proibido:

→ Separar Sujeito e Predicado com vírgulas:

"Aqueles maravilhosos velhos ensinamentos de meu pai foram de grande utilidade. (certo) Aqueles maravilhosos velhos ensinamentos de meu pai, foram de grande utilidade. (errado)."

→ Separar Verbo de Objeto:

"O presidente do maravilhoso país chamado Brasil assinou uma lei importante. (certo) O presidente do maravilhoso país chamado Brasil assinou, uma lei importante. (errado)"

13. TIPOLOGIA TEXTUAL

O conteúdo relativo à tipologia textual é, deveras, fácil. Precisamos, apenas, destacar alguns elementos estruturantes a cada tipo de texto. Dessa forma, você conseguirá responder quaisquer questões relacionadas a essa temática.

O primeiro item que se deve ter em mente na hora de analisar um texto segundo sua tipologia é o caráter da predominância. Isso quer dizer que um mesmo agrupamento textual pode possuir características de diversas tipologias distintas, porém as questões costumam focalizar qual é o "tipo" predominante, o que mais está evidente no texto. Um pouco de bom-senso e uma pequena dose de conhecimento relativo ao assunto são necessários para obter sucesso nesse conteúdo.

Trabalharemos com três tipologias básicas: **narração, dissertação e descrição.** Vamos ao trabalho:

13.1 Narração

Facilmente identificável, a tipologia narrativa guarda uma característica básica: contar algo, transmitir a ocorrência de fatos e/ou ações que possuam um registro espacial e temporal. Quer dizer, a narração necessita, também, de um espaço bem marcado e de um tempo em que as ações narradas ocorram. Discorramos sobre cada aspecto separadamente.

São elementos de uma NARRAÇÃO:

Personagem: Quem pratica ação dentro da narrativa, é claro. Deve-se observar que os personagens podem possuir características físicas (altura, aparência, cor do cabelo etc.) e psicológicas (temperamento, sentimentos, emoções etc.), as quais podem ser descritas ao longo do texto.

Espaço: Trata-se do local em que a ação narrativa ocorre.

Tempo: É o lapso temporal em que a ação é descrita. Não se engane, o tempo pode ser enunciado por um simples "era uma vez".

Ação: Não existe narração sem ação! Ou seja, os personagens precisam fazer algo, ou sofrer algo para que haja ação narrativa.

Narrador: Afinal, como será contada uma estória sem uma voz que a narre? Portanto, este é outro elemento estruturante da tipologia narrativa. O narrador pode estar inserido na narrativa ou apenas "observar" e narrar os acontecimentos.

Note-se que, na tipologia narrativa, os verbos flexionados no pretérito são mais evidentes.

Eis um exemplo de narração, tente observar os elementos descritos acima, no texto:

Um Apólogo

Machado de Assis

Era uma vez uma agulha, que disse a um novelo de linha:

— Por que está você com esse ar, toda cheia de si, toda enrolada, para fingir que vale alguma cousa neste mundo?

— Deixe-me, senhora.

— Que a deixe? Que a deixe, por quê? Porque lhe digo que está com um ar insuportável? Repito que sim, e falarei sempre que me der na cabeça.

— Que cabeça, senhora? A senhora não é alfinete, é agulha. Agulha não tem cabeça. Que lhe importa o meu ar? Cada qual tem o ar que Deus lhe deu. Importe-se com a sua vida e deixe a dos outros.

— Mas você é orgulhosa.

— Decerto que sou.

— Mas por quê?

— É boa! Porque coso. Então os vestidos e enfeites de nossa ama, quem é que os cose, senão eu?

— Você? Esta agora é melhor. Você é que os cose? Você ignora que quem os cose sou eu e muito eu?— Você fura o pano, nada mais; eu é que coso, prendo um pedaço ao outro, dou feição aos babados...

— Sim, mas que vale isso? Eu é que furo o pano, vou adiante, puxando por você, que vem atrás obedecendo ao que eu faço e mando...

— Também os batedores vão adiante do imperador.

— Você é imperador?

— Não digo isso. Mas a verdade é que você faz um papel subalterno, indo adiante; vai só mostrando o caminho, vai fazendo o trabalho obscuro e ínfimo. Eu é que prendo, ligo, ajunto...

Estavam nisto, quando a costureira chegou à casa da baronesa. Não sei se disse que isto se passava em casa de uma baronesa, que tinha a modista ao pé de si, para não andar atrás dela. Chegou a costureira, pegou do pano, pegou da agulha, pegou da linha, enfiou a linha na agulha, e entrou a coser. Uma e outra iam andando orgulhosas, pelo pano adiante, que era a melhor das sedas, entre os dedos da costureira, ágeis como os galgos de Diana — para dar a isto uma cor poética. E dizia a agulha:

— Então, senhora linha, ainda teima no que dizia há pouco? Não repara que esta distinta costureira só se importa comigo; eu é que vou aqui entre os dedos dela, unidinha a eles, furando abaixo e acima...

A linha não respondia; ia andando. Buraco aberto pela agulha era logo enchido por ela, silenciosa e ativa, como quem sabe o que faz, e não está para ouvir palavras loucas. A agulha, vendo que ela não lhe dava resposta, calou-se também, e foi andando. E era tudo silêncio na saleta de costura; não se ouvia mais que o plic-plic-plic-plic da agulha no pano. Caindo o sol, a costureira dobrou a costura, para o dia seguinte. Continuou ainda nessa e no outro, até que no quarto acabou a obra, e ficou esperando o baile.

Veio a noite do baile, e a baronesa vestiu-se. A costureira, que a ajudou a vestir-se, levava a agulha espetada no corpinho, para dar algum ponto necessário. E enquanto compunha o vestido da bela dama, e puxava de um lado ou outro, arregaçava daqui ou dali, alisando, abotoando, acolchetando, a linha para mofar da agulha, perguntou-lhe:

— Ora, agora, diga-me, quem é que vai ao baile, no corpo da baronesa, fazendo parte do vestido e da elegância? Quem é que vai dançar com ministros e diplomatas, enquanto você volta para a caixinha da costureira, antes de ir para o balaio das mucamas? Vamos, diga lá.

Parece que a agulha não disse nada; mas um alfinete, de cabeça grande e não menor experiência, murmurou à pobre agulha:

— Anda, aprende, tola. Cansas-te em abrir caminho para ela e ela é que vai gozar da vida, enquanto aí ficas na caixinha de costura. Faze como eu, que não abro caminho para ninguém. Onde me espetam, fico.

Contei esta história a um professor de melancolia, que me disse, abanando a cabeça:

— Também eu tenho servido de agulha a muita linha ordinária!

13.2 Dissertação

O texto dissertativo, também chamado por alguns de informativo, possui a finalidade de discorrer sobre determinado assunto, apresentando fatos, opiniões de especialista, dados quantitativos ou mesmo informações sobre o assunto da dissertação. É preciso entender que nem sempre a dissertação busca persuadir o seu interlocutor, ela pode simplesmente transmitir informações pertinentes ao assunto dissertado.

Quando a persuasão é objetivada, o texto passa a ter também características argumentativas. A rigor, as questões de concurso público focalizam a tipologia, não seus interstícios, portanto, não precisa ficar desesperado com o fato de haver diferença entre texto dissertativo-expositivo e texto dissertativo-argumentativo. Importa saber que ele é dissertativo.

Toda boa dissertação possui a ***Introdução*** do tema, o ***Desenvolvimento*** coeso e coerente, que está vinculado ao que se diz na introdução, e uma ***Conclusão*** lógica do texto, evidenciando o que se permite compreender por meio da exposição dos parágrafos de desenvolvimento.

A tipologia dissertativa pode ser facilmente encontrada em editoriais, textos de divulgação acadêmica, ou seja, com caráter científico, ensaios, resenhas, artigos científicos e textos pedagógicos.

Exemplo de dissertação:

Japão foi avisado sobre problemas em usinas dois anos antes, diz Wikileaks

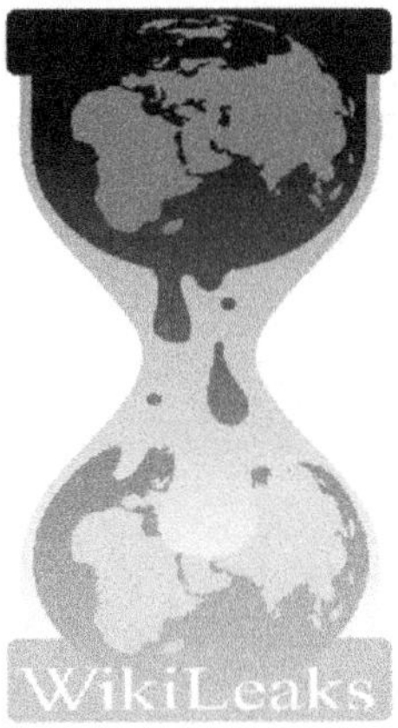

O Wikileaks, site de divulgação de informações consideradas sigilosas, vazou um documento que denuncia que o governo japonês já havia sido avisado pela vigilância nuclear internacional que suas usinas poderiam não ser capazes de resistir a terremotos. O relatório, assinado pelo embaixador Thomas Schieffer obtido pelo WikiLeaks foi publicado hoje pelo jornal britânico, The Guardian.

O documento revela uma conversa de dezembro de 2008 entre o então deputado japonês, Taro Kono, e um grupo diplomático norte-americano durante um jantar. Segundo o relatório, um membro da Agência Internacional de Energia Atômica (AIEA) disse que as normas de segurança estavam obsoletas para aguentar os fortes terremotos, o que significaria "um problema grave para as centrais nucleares". O texto diz ainda que o governo do Japão encobria custos e problemas associados a esse ramo da indústria.

Diante da recomendação da AIEA, o Japão criou um centro de resposta de emergência em Fukushima, capaz de suportar, apenas, tremores até magnitude 7,0.

13.3 Descrição

Em um texto descritivo, faz-se um tipo de retrato por escrito de um lugar, uma pessoa, um animal ou um objeto. Os adjetivos são abundantes nessa tipologia, uma vez que a sua função de caracterizar os substantivos é extremamente exigida nesse contexto. É possível existir um texto descritivo que enuncie características de sensações ou sentimentos, porém não é muito comum em provas de concurso público. Não há relação temporal na descrição. Os verbos relacionais são mais presentes, para poder evidenciar aspectos e características. Significa "criar" com palavras uma imagem.

Exemplo de texto descritivo:

Texto extraído da prova do BRB (2010) – Banca CESPE/UnB

***Nome científico**: Ginkgo biloba L.*
***Nome popular**: Nogueira-do-japão*
***Origem**: Extremo Oriente*
***Aspecto**: as folhas dispõem-se em leque e são semelhantes ao trevo; a altura da árvore pode chegar a 40 metros; o fruto lembra uma ameixa e contém uma noz que pode ser assada e comida*

14. COMPREENSÃO E INTERPRETAÇÃO DE TEXTOS

É bastante comum e compreensível que os concursandos tenham algum tipo de dificuldade nas questões de compreensão e interpretação de textos. Isso é oriundo do próprio histórico de leituras que o candidato possui, uma vez que grande parte dos concursandos querem gabaritar uma prova, ou mesmo conseguir um cargo público, sem possuir o menor hábito de leitura. Ou seja você precisa adquirir (se ainda não possui) o bom costume de ler.

Por "ler", entende-se buscar os meandros de um texto, de uma canção, de qualquer coisa com que entremos em contato. Mesmo um discurso ou um diálogo podem ser "lidos". O grande problema fica a cargo de que o bom brasileiro gosta de fazer qualquer coisa, menos de ler. Parece até que aquilo que era uma diversão, um bom entretenimento virou um pesadíssimo "fardo". Você não pode pensar desse modo. Ler deve ser uma prática constante.

E na hora do concurso? Como proceder?

Há três elementos fundamentais para boa interpretação:

Eliminação dos vícios de leitura ;

Organização;

"Malandragem".

Vícios de leitura

A pior coisa que pode acontecer com o concursando, quando recebe aquele texto "capetótico" para ler e interpretar, é cair num vício de leitura. Veja se você possui algum deles. Caso possua, tente eliminar o quanto antes.

O Movimento:

Como tudo inicia. O indivíduo pega o texto para ler e não para quieto. Troca a maneira de sentar, troca a posição do texto, nada está bom, nada está confortável. Em casa, senta para estudar e o que acontece? Fome. Depois? Sede. Então, a pessoa fica se mexendo para pegar comida, para tomar água, para ficar mais sossegado e o fluxo de leitura vai para o espaço. FIQUE QUIETO! O conceito é militar! Sente-se e permaneça assim até acabar a leitura, do contrário, vai acabar com a possibilidade de entender o que está escrito. Estudar com televisão, rádio, *msn* e qualquer coisa dispersiva desse gênero só vai atrapalhar você.

O Apoio:

Não é aconselhável utilizar apoios para a leitura, tais como: réguas, acompanhar a linha com a caneta, ler em voz baixa, passar o dedo pelo papel etc. Basta pensar que seus olhos são muito mais rápidos que qualquer movimento ou leitura em voz alta. Gaguejou, escorregou no papel, dançou.

O Garoto da Borboleta:

Se você possui os vícios "a" e "b", certamente é um "garoto da borboleta" também. Isso quer dizer que é um desatento que fica facilmente (fatalmente) disperso. Tudo chama sua atenção: caneta batendo na mesa, o concorrente barulhento, a pessoa estranha que está em sua frente, o tempo passando etc. Você vai querer ficar voltando ao início do texto porque não conseguiu compreender nada e, finalmente, vai perder as questões de interpretação.

Organização da leitura

Para que ocorra organização, é necessário compreender que todo texto possui:

Posto: aquilo que é dito no texto. O conteúdo expresso.

Pressuposto: aquilo que não está dito, mas que é facilmente compreendido.

Subentendido: o que se pode interpretar por uma soma de dito com não-dito.

Veja um exemplo:

Alguém diz: "felizmente, meu tio parou de beber." É certo que o dito se compõe pelo conteúdo da mensagem: o homem parou de beber. O não-dito, ou pressuposto, fica a cargo da ideia de que meu tio "bebia", agora, não bebe mais. Por sua vez, o subentendido pode ser abstraído como "meu tio possuía problemas com a bebida e eu assumo isso por meio da sentença que profiro". Não é difícil! É necessário, no entanto, possuir uma certa "malandragem linguística" para perceber isso de início. Veremos isso ao longo do texto.

As dicas de organização não são novas, mas são eficazes, vamos lá:

Ler mais de uma vez o texto (quando for curtinho, é lógico):

A primeira leitura é para tomar contato com o assunto, a segunda, para observar como o texto está articulado.

Ao lado de cada parágrafo, escreva a principal ideia (tópico frasal) ou argumento mais forte do trecho. Isso ajuda você a ter clareza da temática e como ela está sendo desenvolvida.

Se o texto for muito longo, recomenda-se ler primeiro a questão de interpretação, para, então, buscá-la na leitura.

Observar as relações entre parágrafos:

Observar que há relações de exemplificação, oposição, causalidade entre os parágrafos do texto, por isso, tente compreender as relações intratextuais nos parágrafos.

Ficar de olho aberto para as conjunções adversativas: no entanto, contudo, entretanto, etc.

Atentar para o comando da questão:

Responda àquilo que foi pedido.

» **Dica**: entenda que modificar e prejudicar o sentido não são a mesma coisa.

Palavras de alerta (polarizadoras):

Sublinhar palavras como: erro, incorreto, correto e exceto, para não se confundir no momento de responder à questão.

Inaceitável, incompatível e incongruente também podem aparecer.

Limitar os horizontes:

Não imaginar que você sabe o que o autor quis dizer, mas sim entender o que ele disse: o que ele escreveu. Não extrapolar a significação do texto. Para isso, é importante prestar atenção no significado das palavras.

Pode até ser coerente o que você concluiu, mas se não há base textual, descarte.

» **Ex.**: O homem **pode** morrer de infarto. / O homem **deve** morrer de infarto.

Busque o tema central do texto:

Geralmente aparece no primeiro parágrafo do texto.

Desenvolvimento:

Se o enunciado mencionar a argumentação do texto, você deve buscar entender o que ocorre com o desenvolvimento dos parágrafos.

Verificar se o desenvolvimento ocorre por:

» Causa e consequência;

» Enumeração de fatos;

» Retrospectiva histórica;

» Fala de especialista;

» Resposta a um questionamento;

» Sequência de dados;

» Estudo de caso;

» Exemplificação.

Relatores:

Atentar para os pronomes relativos e demonstrativos no texto. Ele auxiliam o leitor a entender como se estabelece a coesão textual.

Alguns deles:

» Que;

» Cujo;

» O qual;

» Onde;

» Esse;

» Este;

» Isso;

» Isto.

Entender se a questão é de interpretação ou de compreensão:

Interpretação

Parte do texto para uma conclusão. As questões que solicitam uma inferência apresentam as seguintes estruturas:

» É possível entender que...

» O texto possibilita o entendimento de que...

» O texto encaminha o leitor para...

» O texto possibilita deduzir que...

» Depreende-se do texto que...

» Com apoio no texto, infere-se que...

» Entende-se que...

» Compreende-se que...

Compreensão

Buscam-se as informações solicitadas pela questão no texto. As questões dessa natureza possuem as seguintes estruturas:

» De acordo com o texto, é possível afirmar....

» Segundo o texto...

» Conforme o autor...

» No texto...

» Conforme o texto...

Tomar cuidado com as generalizações.

Na maior parte das vezes, o elaborador da prova utiliza a generalização para tornar a questão incorreta.

Atenção para as palavras "sempre, nunca, exclusivamente, unicamente, somente".

O que você não deve fazer!

"Viajar" no texto: interpretar algo para além do que o texto permite.

Ser "mão-de-vaca": interpretar apenas um trecho do texto.

Dar uma de "Zé Mané" e entender o contrário: fique atento a palavras como "pode", "não", "deve" etc.

"Malandragem da banca"

Talvez seja essa a característica mais difícil de se desenvolver no concursando, pois ela envolve o conhecimento do tipo de interpretação e dos limites estabelecidos pelas bancas. Só há uma maneira de ficar "malandro" estudando para concurso público: realizando provas! Pode parecer estranho, mas depois de resolver 200 questões da mesma banca, você já consegue prever como será a próxima questão. Prever é garantir o acerto! Então, faça exercícios até cansar e, quando cansar, faça mais um pouco. Assim você fica "malandro" na banca!

Vamos trabalhar com alguns exemplos agora:

Exemplo I

Entre os maiores obstáculos ao pleno desenvolvimento do Brasil, está a educação. Este é o próximo grande desafio que deve ser enfrentado com paciência, mas sem rodeios. É a bola da vez dentro das políticas públicas prioritárias do Estado. Nos anos 90 do século passado, o país derrotou a inflação — que corroía salários, causava instabilidade política e irracionalidade econômica. Na primeira década deste século, os avanços deram-se em direção a uma agenda social, voltada para a redução da pobreza e da desigualdade estrutural. Nos próximos anos, a questão da melhoria da qualidade do ensino deve ser uma obrigação dos governantes, sejam quais forem os ungidos pelas decisões das urnas.

Jornal do Brasil, Editorial, 21/1/2010 (com adaptações).

Agora o mesmo texto, devidamente marcado.

Entre **os maiores obstáculos** ao pleno desenvolvimento do Brasil, está a educação. Este é o **próximo grande desafio** que deve ser enfrentado com paciência, mas sem rodeios. É a **bola da vez** dentro das políticas públicas prioritárias do Estado. **Nos anos 90 do século passado,** o país derrotou a inflação — que corroía salários, causava instabilidade política e irracionalidade econômica. **Na primeira década deste século**, os avanços deram-se em direção a uma agenda social, voltada para a redução da pobreza e da desigualdade estrutural. **Nos próximos anos**, a questão da melhoria da qualidade do ensino deve ser uma **OBRIGAÇÃO DOS GOVERNANTES**, sejam quais forem os ungidos pelas decisões das urnas.

Comentário: Observe que destacamos para você elementos que podem surgir, posteriormente como questões. O texto inicia falando que há mais obstáculos além da educação. Também argumenta, posteriormente, que já houve outros desafios além desse que ele chama de "próximo grande desafio". Utilizando uma expressão de sentido **Conotativo** (bola da vez), o escritor anuncia que a educação ocupa posição de destaque quando o assunto se volta para as políticas públicas prioritárias do Estado.

No decorrer do texto, que se desenvolve por um tipo de retrospectiva histórica (veja o que está sublinhado), o redator traça um panorama dessas políticas públicas ao longo da história do país, fazendo uma previsão para os anos vindouros (o que foi destacado em caixa alta).

Exemplo II

Um passo fundamental para que não nos enganemos quanto à **natureza do capitalismo contemporâneo** e o significado das políticas empreendidas pelos países centrais para enfrentar a recente **crise econômica** é problematizarmos, com cuidado, o termo **neoliberalismo**: "começar pelas palavras talvez não seja coisa vã", escreve Alfredo Bosi em Dialética da Colonização.

A partir da década de 1980, buscando exprimir a natureza do capitalismo contemporâneo, muitos, principalmente os críticos, utilizaram esta palavra que, por fim, se generalizou. Mas o que, de fato, significa? O prefixo neo quer dizer novo; portanto, novo liberalismo. Ora, durante o século **XIX DEU-SE A CONSTRUÇÃO DE UM LIBERALISMO** que viria encontrar a sua crise definitiva na I Guerra Mundial em 1914 e na crise de 1929. Mas desde o período entre guerras e, sobretudo, depois, com o término da II Guerra Mundial, em 1945, tomou corpo um novo modelo, principalmente na Europa, que de certa forma se contrapunha ao velho liberalismo: era **O MUNDO DA SOCIALDEMOCRACIA**, da presença do Estado na vida econômica, das ações políticas inspiradas na reflexão teórica do economista britânico John Keynes, um crítico do liberalismo econômico clássico que viveu na primeira metade do século XX. Quando esse modelo também entrou em crise, no princípio da década de 1970, surgiu a perspectiva de **RECONSTRUÇÃO DA ORDEM LIBERAL**. Por isso, novo liberalismo, neoliberalismo.

(Grupo de São Paulo, disponível em http://www.correiocidadania.com.br/content/view/5158/9/, acesso em 28/10/2010)

Exemplo III

Em Defesa do Voto Obrigatório

O voto, direito duramente conquistado, **deve ser considerado um dever** cívico, sem o exercício do qual o **direito se descaracteriza ou se perde**, afinal liberdade e democracia são fins e não apenas meios. Quem vive em uma comunidade política não pode estar **DESOBRIGADO** de opinar sobre os rumos dela. Nada contra a desobediência civil, recurso legítimo para o protesto cidadão, que, no caso eleitoral, se pode expressar no voto nulo (cuja tecla deveria constar na máquina utilizada para votação). Com o **voto facultativo**, o direito de votar e o de não votar ficam inscritos, em pé de igualdade, no corpo legal. Uma parte do eleitorado deixará voluntariamente de opinar sobre a constituição do poder político. O desinteresse pela política e a descrença no voto são registrados como mera "escolha", sequer como desobediência civil ou protesto. **A consagração da alienação política** como um direito legal interessa aos conservadores, reduz o peso da soberania popular e desconstitui o sufrágio como universal.

Para o **cidadão ativo,** que, além de votar, se organiza para garantir os direitos civis, políticos e sociais, o enfoque é inteiramente outro. O tempo e o **TRABALHO DEDICADOS AO ACOMPANHAMENTO CONTINUADO DA POLÍTICA NÃO SE APRESENTAM COMO RESTRITIVOS DA LIBERDADE INDIVIDUAL.** Pelo contrário, são obrigações auto-assumidas no esforço de construção e aprofundamento da democracia e de vigília na defesa das liberdades individuais e públicas. A ideia de que a democracia se constrói nas lutas do dia a dia se contrapõe, na essência, ao modelo liberal. O cidadão escolado na disputa política sabe que a liberdade de não ir votar é uma armadilha. Para que o sufrágio continue universal, para que todo poder emane do povo e não, dos donos do poder econômico, o voto, além de ser um direito, **deve conservar a sua condição de dever cívico.**

Exemplo IV

Madrugada na aldeia

Madrugada na aldeia nervosa,
com as glicínias escorrendo orvalho,
os figos prateados de orvalho,
as uvas multiplicadas em orvalho,
as últimas uvas miraculosas.

O silêncio está sentado pelos corredores,
encostado às paredes grossas,
de sentinela.

E em cada quarto os cobertores peludos envolvem o sono:
poderosos animais benfazejos, encarnados e negros.
Antes que um sol luarento
dissolva as frias vidraças,
e o calor da cozinha perfume a casa
com lembrança das árvores ardendo,
a velhinha do leite de cabra desce as pedras da rua
antiquíssima, antiquíssima,
e o pescador oferece aos recém-acordados
os translúcidos peixes,
que ainda se movem, procurando o rio.

(Cecília Meireles. Mar absoluto, in Poesia completa. Rio de Janeiro: Nova Aguilar, 1994, p.311)

15. PARÁFRASE UM RECURSO PRECIOSO

Parafrasear, em sentido lato, significa reescrever uma sequência de texto sem alterar suas informações originais. Isso quer dizer que o texto resultante deve apresentar o mesmo sentido do texto original, modificando, evidentemente, apenas a ordem frasal ou o vocabulário. Há algumas exigências para uma paráfrase competente. São elas:

Usar a mesma ordem das ideias que aparecem no texto original.

Em hipótese alguma é possível omitir informações essenciais.

Não tecer comentários acerca do texto original, apenas parafrasear, sem frescura.

Usar construções sintáticas e vocabulares que, apesar de manterem o sentido original, sejam distintas das do texto base.

Os passos da paráfrase

Vamos entender que há alguns recursos para parafrasear um texto. Apresentarei alguns com a finalidade de clarear mais o assunto em questão.

A utilização de termos sinônimos.

O presidente assinou o documento, **mas** esqueceu-se de pegar sua caneta. / O presidente assinou o documento, **contudo** esqueceu-se de pegar sua caneta.

O uso de palavras antônimas, valendo-se de palavra negativa.

José era um **covarde.**

José **não** era um **valente.**

Emprego de termos anafóricos.

São Paulo e Palmeiras são dois times brasileiros. O São Paulo venceu o Palmeiras na semana passada. / São Paulo e Palmeiras são dois times brasileiros. **Aquele** (São Paulo) venceu **este** (Palmeiras) na semana passada.

Permuta de termo verbal por nominal, e vice-versa.

É importante que chegue cedo. / **Sua chegada** é importante.

Deixar termos elípticos.

Eu preciso da colaboração de todos. / Preciso da colaboração de todos.

Alteração da ordem frasal.

Adalberto venceu o último desafio de sua vida ontem. / Ontem, Adalberto venceu o último desafio de sua vida.

Transposição de voz verbal.

Joel cortou a seringueira centenária. / A seringueira centenária foi cortada por Joel.

Troca de discurso.

Naquela manhã, Oséas dirigiu-se ao pai dizendo: "Cortarei a grama sozinho." (discurso direto).

Naquela manhã, Oséas dirigiu-se ao pai dizendo que cortaria a grama sozinho. (discurso indireto).

Troca de palavras por expressões perifrásticas.

O Rei do Futebol esteve presente durante as celebrações. / **Pelé** esteve presente durante as celebrações.

Troca de locuções por palavras de mesmo sentido:

A turma **da noite** está comprometida com os estudos. / A turma **noturna** está mais comprometida com os estudos.

16. ORTOGRAFIA

A ortografia é a parte da Gramática que estuda a escrita correta das palavras. O próprio nome da disciplina já designa tal função. É oriunda das palavras gregas ***ortho*** que significa "correto" e ***graphos*** que significa "escrita". Neste capítulo, vamos estudar alguns aspectos da correta grafia das palavras: o emprego de algumas letras que apresentam dificuldade para os falantes do Português.

Atualmente, há um confusão a respeito do sistema ortográfico vigente. O último sistema foi elaborado em 1990, com base em um sistema de 1986, e será implantado em todos os países de língua lusófona. No Brasil, a adesão ao acordo se deu em 2009 e, como leva 4 anos para ser implantado, teríamos dois sistemas oficiais até 31 de dezembro de 2013. Bem, seria isso, se não houvesse a prorrogação do prazo até o ano de 2016. A partir de então, vale apenas o Novo Acordo Ortográfico.

Por certo, dúvidas pairam pela cabeça do aluno: que sistema devo usar? Qual sistema devo aprender? O melhor é estudar o sistema antigo, aprendendo quais foram as atualizações, assim, garante-se que não errará pela novidade ou pela tradição. A banca deve avisar no edital do concurso ou no comando da questão qual sistema ortográfico está levando em consideração. Como as maiores alterações estão no terreno de acentuação e emprego do hífen (para o Português falado no Brasil, evidentemente), não teremos grandes surpresas neste capítulo. Vamos ao trabalho.

O Alfabeto

As letras K, W e Y foram inseridas no alfabeto devido a uma grande quantidade de palavras que são grafadas com tais letras e não podem mais figurar como termos exóticos em relação ao português. Eis alguns exemplos de seu emprego:

Em abreviaturas e em símbolos de uso internacional:

Kg - quilograma / **w** - watt /

Em palavras estrangeiras de uso internacional, nomes próprios estrangeiros e seus derivados:

Kremlin, Kepler, Darwin, Byron, byroniano.

O alfabeto, também conhecido como abecedário, é formado (a partir do novo acordo ortográfico) por 26 letras.

Forma Maiúscula		Forma Minúscula	
A	B	a	b
C	D	c	d
E	F	e	f
G	H	g	h
I	J	i	j
K	L	k	l
M	N	m	n
O	P	o	p
Q	R	q	r
S	T	s	t
U	V	u	v
W	X	w	x
Y	Z	y	z

O emprego da letra "H"

A letra H demanda um pouco de atenção. Apesar de não possui verdadeiramente sonoridade, utilizamo-la, ainda, por convenção histórica. Seu emprego, basicamente, está relacionado às seguintes regras:

No início de algumas palavras, por sua origem:

Ex.: Hoje, hodierno, haver, Helena, helênico.

No fim de algumas interjeições:

Ah! Oh! Ih! Uh!

No interior de palavra compostas que preservam o hífen, nas quais o segundo elemento se liga ao primeiro:

Super-homem, pré-história, sobre-humano.

Nos dígrafos NH, LH e CH:

Tainha, lhama, chuveiro.

O emprego de "E" e "I"

Existe uma curiosidade a respeito do emprego dessas letras nas palavras que escrevemos: o fato de o "e", no final da palavra, ser pronunciado como uma semivogal faz com que muitos falantes sintam aquela vontade de grafar a palavra com "i". Bem, veremos quais são os principais aspectos do emprego dessas letras.

Escreveremos com "e"

Palavras formadas com o prefixo ante- (que significa antes, anterior):

Antebraço, antevéspera, antecipar, antediluviano etc.

A sílaba final de formas conjugadas dos verbos terminados em –OAR e –UAR (quando estiverem no subjuntivo). Ex.:

Abençoe (abençoar)

Continue (continuar)

Pontue (pontuar)

Algumas palavras, por sua origem: arrepiar, cadeado, creolina, desperdiçar, desperdício, destilar, disenteria, empecilho, indígena, irrequieto, mexerico, mimeógrafo, orquídea, quase, sequer, seringa, umedecer etc.

Escreveremos com "i"

Palavras formadas com o prefixo anti- (que significa contra). Ex.:

Antiaéreo, anticristo, antitetânico, anti-inflamatório.

A sílaba final de formas conjugadas dos verbos terminados em –AIR, -OER e –UIR:

Cai (cair)

Sai (sair)

Diminui (diminuir)

Dói (doer)

Os ditongos AI, OI, ÓI, UI:

Pai

Foi

Herói

Influi.

As seguintes palavras: aborígine, chefiar, crânio, criar, digladiar, displicência, escárnio, implicante, impertinente, impedimento, inigualável, lampião, pátio, penicilina, privilégio, requisito etc.

Vejamos alguns casos em que o emprego das letras "E" e "I" pode causar uma alteração semântica:

Escrito com "e"
Arrear = pôr arreios
Área = extensão de terra, local
Delatar = denunciar
Descrição = ação de descrever
Descriminação = absolver
Emergir = vir à tona
Emigrar = sair do país ou do local de origem
Eminente = importante

Escrito com "i"
Arriar = abaixar, desistir
Ária = peça musical
Dilatar = alargar, aumentar
Discrição = qualidade do discreto
Discriminar = separar, estabelecer diferença
Imergir = mergulhar
Imigrar = entrar em um país estrangeiro
Iminente = próximo, prestes e ocorre

O Novo Acordo Ortográfico explica que, agora, escreve-se com "i" antes de sílaba tônica. Veja alguns exemplos: acriano (admite-se, por ora, acreano), rosiano (de Guimarães Rosa), camoniano, nietzschiano (de Nietzsche) etc.

O emprego de O e U

Vejamos como empregar essas letras, a fim de que não mais possamos errar.

Apenas por exceção, palavras em Português com sílabas finais átonas (fracas) terminam por us; o comum é que se escreva com o ou os. Veja os exemplos: carro, aluno, abandono, abono, chimango etc.

Exemplos das exceções a que aludimos: bônus, vírus, ônibus etc.

Em palavras proparoxítonas ou paroxítonas com terminação em ditongo, são comuns as terminações -UA, -ULA, -ULO:

Tábua, rábula, crápula, coágulo.

As terminações -AO, -OLA, -OLO só aparecem em algumas palavras: mágoa, névoa, nódoa, agrícola[1], vinícola, varíola etc.

Fique de olho na grafia destes termos:

Com a letra O: abolir, boate, botequim, bússola, costume, engolir, goela, moela, moleque, mosquito etc.

Com a letra U: bulício, buliçoso, bulir, camundongo, curtume, cutucar, jabuti, jabuticaba, rebuliço, urtiga, urticante etc.

1 Em razão da construção íncola (quem vive, habitante), por isso, silvícola, terrícola etc.

O emprego de G e J

Essas letras, por apresentarem o mesmo som eventualmente, costumam causar problemas de ortografia. Vamos tentar facilitar o trabalho: a letra "g" só apresenta o som de "j" diante das letras "e" e "i": gesso, gelo, agitar, agitador, agir, gíria.

Escreveremos com "G"

Palavras terminadas em - AGEM, -IGEM, -UGEM. Ex.:

Garagem, vertigem, rabugem, ferrugem, fuligem etc.

Exceções: pajem, lambujem (doce ou gorjeta), lajem (pedra da sepultura).

As palavras terminadas em -ÁGIO, ÉGIO, ÍGIO, ÓGIO, ÚGIO:

Contágio, régio, prodígio, relógio, refúgio.

As palavras derivadas de outras que já possuem a letra "g".

Viagem - viageiro

Ferrugem - ferrugento

Vertigem - vertiginoso

Regime - regimental

Selvagem - selvageria

Regional - regionalismo

Em geral, após a letra "r"

Ex.: Aspergir, divergir, submergir, imergir etc.

As palavras:

De origem latina: agir, gente, proteger, surgir, gengiva, gesto etc.

De origem árabe: álgebra, algema, ginete, girafa, giz etc.

De origem francesa: estrangeiro, agiotagem, geleia, sargento etc.

De origem italiana: gelosia, ágio etc.

Do castelhano: gitano.

Do inglês: gim.

Escreveremos com "J"

Os verbos terminados em -JAR ou -JEAR e suas formas conjugadas:

Gorjear: gorjeia (lembre-se das "aves"), gorjeiam, gorjearão.

Viajar: viajei, viaje, viajemos, viajante.

Cuidado para não confundir os termos viagem (substantivo) com viajem (verbo "viajar"). Vejamos o emprego.

"Ele fez uma bela viagem."

"Tomara que eles viajem amanhã."

Palavras derivadas de outras terminadas em -JA.

Granja: granjeiro, granjear.

Loja: lojista, lojinha.

Laranja: laranjal, laranjeira.

Lisonja: lisonjeiro, lisonjeador.

Sarja: sarjeta.

Palavras cognatas (raiz em comum) ou derivadas de outras que possuem o "j".

Laje: lajense, lajedo.

Nojo: nojento, nojeira.

Jeito: jeitoso, ajeitar, desajeitado.

Nas palavras: conjetura, ejetar, injeção, interjeição, objeção, objeto, objetivo, projeção, projeto, rejeição, sujeitar, sujeito, trajeto, trajetória, trejeito.

Palavras de origem ameríndia (geralmente tupi-guarani) ou africana: canjerê, canjica, jenipapo, jequitibá, jerimum, jia, jiboia, jiló, jirau, Moji, pajé, pajéu.

Nas palavras: berinjela, cafajeste, jeca, jegue, Jeremias, jerico, jérsei, majestade, manjedoura, ojeriza, pegajento, rijeza, sujeira, traje, ultraje, varejista.

Orientações sobre a grafia do fonema /s/

Podemos representar o fonema /s/ por:

S: ânsia, cansar, diversão, farsa.

SS: acesso, assar, carrossel, discussão.

C, Ç: acetinado, cimento, açoite, açúcar.

SC, SÇ: acréscimo, adolescente, ascensão, consciência, nasço, desça

X: aproximar, auxiliar, auxílio, sintaxe.

XC: exceção, exceder, excelência, excepcional.

Como se grafa, então?

Escreveremos com s:

A correlação nd - ns:

Pretender - pretensão, pretenso;

Expandir - expansão, expansivo.

A correlação rg - rs:

Aspergir - aspersão;

Imergir - imersão;

Emergir - emersão .

A correlação rt - rs:

Divertir - diversão;

Inverter - inversão.

O sufixo - ense:

paranaense;

cearense;

londrinense.

Escreveremos com ss:

A correlação ced - cess:

Ceder - cessão;

Interceder - intercessão;

Retroceder - retrocesso .

A correlação gred - gress

Agredir - agressão, agressivo;

Progredir - progressão, progresso.

A correlação prim - press

Imprimir - impressão, impresso;

Oprimir - opressão, opressor;

Reprimir - repressão, repressivo.

A correlação meter - miss

Submeter - submissão;

Intrometer - intromissão.

Escreveremos com c ou com "Ç"

Palavras de origem tupi ou africana. Ex.:

Açaí, araçá, Iguaçu, Juçara, muçurana, Paraguaçu, caçula, cacimba.

O "ç" só será usado antes das vogais a, o, u.

Com os sufixos:

aça: barcaça;

ação: armação;

çar: aguçar;

ecer: esmaecer;

iça: carniça;

nça: criança;

uça: dentuça.

Palavras derivadas de verbos terminados em –ter (não confundir com a regra do –meter / s):

Abster -> abstenção;

Reter -> retenção;

Deter -> detenção.

Depois de ditongos:

Feição;

louça;

traição.

Palavras de origem árabe:

açúcar;

açucena;

cetim;

muçulmano.

Emprego do SC

Escreveremos com sc palavras que são termos emprestados do latim:

adolescência;

ascendente;

consciente;

crescer;

descer;

fascinar;

fescenino.

Grafia da letra s com som de "Z"

Escreveremos com "S":

Terminações –ês, -esa, -isa, que indicam nacionalidade, título ou origem:

Japonês - japonesa;

Marquês - marquesa;

Camponês - camponesa.

Após ditongos:

causa;

coisa;

lousa;

Sousa.

As formas dos verbos pôr e querer e de seus compostos:

Eu pus, nós pusemos, pusésseis etc.

Eu quis, nós quisemos, quisésseis etc.

As terminações –oso e –osa, que indicam qualidade:

gostoso;

garboso;

fervorosa;

talentosa.

O prefixo trans-:

transe;

transação;

transoceânico.

Em diminutivos cujo radical termine em "***S***":

Rosa - rosinha;

Teresa - Teresinha;

Lápis - lapisinho.

A correlação "***d***" - "***s***":

Aludir - alusão, alusivo;

Decidir - decisão, decisivo;

Defender - defesa, defensivo.

Verbos derivados de palavras cujo radical termina em s:

Análise - analisar;

Presa - apresar;

Êxtase - extasiar.

Português - aportuguesar

Os substantivos com os sufixos gregos –esse, isa, -ose:

catequese;

diocese;

poetisa;

virose.

(obs.: "catequizar" com "z")

Os nomes próprios:

Baltasar;

Heloísa;

Isabel;

Isaura;

Luísa;

Sousa;

Teresa.

As palavras:

análise;

cortesia;

hesitar;

reses;

vaselina;

avisar;

defesa;

obséquio;

revés;

vigésimo;

besouro;

fusível;

pesquisa;

tesoura;

colisão;

heresia;

querosene;

vasilha.

Emprego da letra "Z"

Escreveremos com "z"

As terminações - ez, -eza de substantivos abstratos derivados de adjetivos:

Belo - beleza;

Rico - riqueza;

Altivo - altivez;

Sensato - sensatez.

Os verbos formados com os sufixo - izar e palavras cognatas:

balizar;

inicializar;

civilizar.

As palavras derivadas em:

zal: cafezal, abacaxizal;

zeiro: cajazeiro, açaizeiro;

zito: avezita.

zinho: cãozinho, pãozinho, pezinho

Os derivados de palavras cujo radical termina em z:

Cruzeiro;

Esvaziar.

As palavras:

azar;

aprazível;

baliza;

buzina;

bazar;

cicatriz;

ojeriza;

prezar;

proeza;

vazamento;

vizinho;

xadrez;

xerez.

Emprego do X e do CH

A letra X pode representar os seguintes fonemas:

/ch/: xarope;

/cx/: sexo, tóxico;

/z/: exame;

/ss/: máximo;

/s/: sexto.

Escreveremos com "X"

Em geral, após um ditongo:

Caixa, peixe, ameixa, rouxinol, caixeiro (exceções: recauchutar e guache)

Geralmente, depois de sílaba iniciada por -em:

enxada;

enxerido;

enxugar;

enxurrada.

Encher (e seus derivados); palavras que iniciam por ch e recebem o prefixo en- "encharcar, enchumaçar, enchiqueirar, enchumbar". "Enchova" também é uma exceção.

Em palavras de origem indígena ou africana:

abacaxi;

xavante;

xará;

orixá;

xinxim.

Após a sílaba me no início da palavra:

mexerica;

mexerico;

mexer;

mexida.

(exceção: mecha de cabelo)

Nas palavras:

bexiga;

bruxa;

coaxar;

faxina;

graxa;

lagartixa;

lixa;

praxe;

vexame;

xícara;

xale;

xingar;

xampu.

Escreveremos com "CH"

→ As seguintes palavras, em razão de sua origem:

chave;

cheirar;

chuva;

chapéu;

chalé;

charlatão;

salsicha;

espadachim;

chope;

sanduíche;

chuchu;

cochilo;

fachada;

flecha;

mecha;

mochila;

pechincha.

Atente para a divergência de sentido com os seguintes elementos

bucho - estômago	buxo - espécie de arbusto
cheque - ordem de pagamento	xeque - lance do jogo de xadrez
tacha - pequeno prego	taxa - imposto

17. ACORDO ORTOGRÁFICO DA LÍNGUA PORTUGUESA

O Novo Acordo Ortográfico busca simplificar as regras ortográficas da Língua Portuguesa e unificar a nossa escrita e a das demais nações de língua portuguesa: Portugal, Angola, Moçambique, Cabo Verde, Guiné-Bissau, São Tomé e Príncipe e Timor-Leste.

Sua implementação no Brasil passou por algumas etapas:

> 2009 – vigência ainda não obrigatória

> 2010 a 2015: adaptação completa às novas regras

> A partir de 1º de janeiro de 2016: emprego obrigatório, o novo acordo ortográfico passa a ser o único formato da língua reconhecido no Brasil.

Entre as mudanças na língua portuguesa decorrentes da reforma ortográfica, podemos citar o fim do trema, alterações da forma de acentuar palavras com ditongos abertos e que sejam hiatos, supressão dos acentos diferenciais e dos acentos tônicos, novas regras para o emprego do hífen e inclusão das letras w, k e y ao idioma.

Entre a proposta (em 1990) e a entrada em vigor (2016) são 16 anos. Esse processo foi longo porque era necessário que fossem alcançadas as três decisões para que o acordo fosse cumprido. Em 2006, São Tomé e Príncipe e Cabo Verde se uniram ao Brasil e ratificaram o novo acordo. Em maio de 2008, Portugal também ratificou o acordo para unificar a ortografia em todas as nações de língua portuguesa.

17.1 Trema

Não se usa mais o trema (¨), sinal colocado sobre a letra u para indicar que ela deve ser pronunciada nos grupos gue, gui, que, qui.

aguentar, bilíngue, cinquenta, delinquente, eloquente, ensanguentado, frequente, linguiça, quinquênio, sequência, sequestro, tranquilo.

Obs.: o trema permanece apenas nas palavras estrangeiras e em suas derivadas. Exemplos: Müller, mülleriano.

17.2 Regras de Acentuação

Ditongos abertos em paroxítonas

Não se usa mais o acento dos ditongos abertos éi e ói das palavras paroxítonas (palavras que têm acento tônico na penúltima sílaba).

alcateia, androide, apoia, apoio (verbo), asteroide, boia, celuloide, claraboia, colmeia, Coreia, debiloide, epopeia, estoico, estreia, geleia, heroico, ideia, jiboia, joia, odisseia, paranoia, paranoico, plateia, tramoia.

Obs.: a regra é somente para palavras paroxítonas. Assim, continuam a ser acentuadas as palavras oxítonas e os monossílabos tônicos terminados em éi(s), ói(s). Exemplos: papéis, herói, heróis, dói (verbo doer), sóis etc.

A palavra ideia não leva mais acento, assim como heroico. Mas o termo herói é acentuado.

I e u tônicos depois de um ditongo

Nas palavras paroxítonas, não se usa mais o acento no i e no u tônicos quando vierem depois de um ditongo.

baiuca, bocaiuva (tipo de palmeira), cauila (avarento)

Obs.:

> *se a palavra for oxítona e o i ou o u estiverem em posição final (ou seguidos des), o acento permanece. Exemplos: tuiuiú, tuiuiús, Piauí;*

> *se o i ou o u forem precedidos de ditongo crescente, o acento permanece. Exemplos: guaíba, Guaíra.*

Hiatos ee e oo

Não se usa mais acento em palavras terminadas em eem e oo(s).

abençoo, creem, deem, doo, enjoo, leem, magoo, perdoo, povoo, veem, voos, zoo

Acento diferencial

Não se usa mais o acento que diferenciava os pares pára/para, péla(s)/pela(s), pêlo(s)/pelo(s), pólo(s)/polo(s) e pêra/pera.

Exs.:

Ele para o carro.

Ele foi ao polo Norte.

Ele gosta de jogar polo.

Esse gato tem pelos brancos.

Comi uma pera.

Obs.:

> *Permanece o acento diferencial em pôde/pode. Pôde é a forma do passado do verbo poder (pretérito perfeito do indicativo), na 3ª pessoa do singular. Pode é a forma do presente do indicativo, na 3ª pessoa do singular.*

Ontem, ele não pôde sair mais cedo, mas hoje ele pode.

> Permanece o acento diferencial em pôr/por. Pôr é verbo. Por é preposição. Exemplo: Vou pôr o livro na estante que foi feita por mim.

> Permanecem os acentos que diferenciam o singular do plural dos verbos ter e vir, assim como de seus derivados (manter, deter, reter, conter, convir, intervir, advir etc.).

Exs.:

Ele tem dois carros. / Eles têm dois carros.

Ele vem de Sorocaba. / Eles vêm de Sorocaba.

Ele mantém a palavra. / Eles mantêm a palavra.

Ele convém aos estudantes. / Eles convêm aos es tudantes.

Ele detém o poder. / Eles detêm o poder.

Ele intervém em todas as aulas. / Eles intervêm em todas as aulas.

> É facultativo o uso do acento circunflexo para diferenciar as palavras forma/fôrma. Em alguns casos, o uso do acento deixa a frase mais clara. Veja este exemplo: Qual é a forma da fôrma do bolo?

Acento agudo no u tônico

Não se usa mais o acento agudo no u tônico das formas (tu) arguis, (ele) argui, (eles) arguem, do presente do indicativo dos verbos arguir e redarguir.

17.3 Hífen com Compostos

Palavras compostas sem elementos de ligação

Usa-se o hífen nas palavras compostas que não apresentam elementos de ligação.

guarda-chuva, arco-íris, boa-fé, segunda-feira, mesa-redonda, vaga-lume, joão-ninguém, porta-malas, porta-bandeira, pão-duro, bate-boca.

Exceções: Não se usa o hífen em certas palavras que perderam a noção de composição, como girassol, madressilva, mandachuva, pontapé, paraquedas, paraquedista, paraquedismo.

Compostos com palavras iguais

Usa-se o hífen em compostos que têm palavras iguais ou quase iguais, sem elementos de ligação.

reco-reco, blá-blá-blá, zum-zum, tico-tico, tique-taque, cri-cri, glu-glu, rom-rom, pingue-pongue, zigue-zague, esconde-esconde, pega-pega, corre-corre.

Compostos com elementos de ligação

Não se usa o hífen em compostos que apresentam elementos de ligação.

pé de moleque, pé de vento, pai de todos, dia a dia, fim de semana, cor de vinho, ponto e vírgula, camisa de força, cara de pau, olho de sogra.

Obs.: Incluem-se nesse caso os compostos de base oracional.

maria vai com as outras, leva e traz, diz que diz que, deus me livre, deus nos acuda, cor de burro quando foge, bicho de sete cabeças, faz de conta.

Exceções: água-de-colônia, arco-da-velha, cor-de-rosa, mais-que-perfeito, pé-de-meia, ao deus-dará, à queima-roupa.

Topônimos

Usa-se o hífen nas palavras compostas derivadas de topônimos (nomes próprios de lugares), com ou sem elementos de ligação.

Exs.:

Belo Horizonte: belo-horizontino

Porto Alegre: porto-alegrense

Mato Grosso do Sul: mato-grossense-do-sul

Rio Grande do Norte: rio-grandense-do-norte

África do Sul: sul-africano

17.4 Uso do Hífen com Palavras Formadas por Prefixos

Casos gerais

Antes de h

Usa-se o hífen diante de palavra iniciada por h.

Exs.:

anti-higiênico

anti-histórico

macro-história

mini-hotel

proto-história

sobre-humano

super-homem

ultra-humano

Letras iguais

Usa-se o hífen se o prefixo terminar com a mesma letra com que se inicia a outra palavra.

Exs.:

micro-ondas

anti-inflacionário

sub-bibliotecário

inter-regional

Letras diferentes

Não se usa o hífen se o prefixo terminar com letra diferente daquela com que se inicia a outra palavra.

Exs.:

autoescola

antiaéreo

intermunicipal

supersônico

superinteressante

agroindustrial

aeroespacial

semicírculo

Obs.: Se o prefixo terminar por vogal e a outra palavra começar por r ou s, dobram-se essas letras.

Exs.:

minissaia

antirracismo

ultrassom

semirreta

Casos particulares

Prefixos sub e sob

Com os prefixos sub e sob, usa-se o hífen também diante de palavra iniciada por r.

Exs.:

sub-região

sub-reitor

sub-regional

sob-roda

Prefixos circum e pan

Com os prefixos circum e pan, usa-se o hífen diante de palavra iniciada por m, n e vogal.

Exs.:

circum-murado

circum-navegação

pan-americano

Outros prefixos

Usa-se o hífen com os prefixos ex, sem, além, aquém, recém, pós, pré, pró, vice.

Exs.:

além-mar

além-túmulo

aquém-mar

ex-aluno

ex-diretor

ex-hospedeiro

ex-prefeito

ex-presidente

pós-graduação

pré-história

pré-vestibular

pró-europeu

recém-casado

recém-nascido

sem-terra

vice-rei

Prefixo co

O prefixo co junta-se com o segundo elemento, mesmo quando este se inicia por o ou h. Neste último caso, corta-se o h. Se a palavra seguinte começar com r ou s, dobram-se essas letras.

Exs.:

coobrigação

coedição

coeducar

cofundador

coabitação

coerdeiro

corréu

corresponsável

cosseno

Prefixos pre e re

Com os prefixos pre e re, não se usa o hífen, mesmo diante de palavras começadas por e.

Exs.:

preexistente

preelaborar

reescrever

reedição

Prefixos ab, ob e ad

Na formação de palavras com ab, ob e ad, usa-se o hífen diante de palavra começada por b, d ou r.

Exs.:

ad-digital

ad-renal

ob-rogar

ab-rogar

Outros casos do uso do hífen

Não e quase

Não se usa o hífen na formação de palavras com não e quase.

Exs.:

(acordo de) não agressão

(isto é um) quase delito

Mal

Com mal*, usa-se o hífen quando a palavra seguinte começar por vogal, h ou l.

Exs.:

mal-entendido

mal-estar

mal-humorado

mal-limpo

Obs.: Quando mal significa doença, usa-se o hífen se não houver elemento de ligação.

Exs.:

mal-francês.

Se houver elemento de ligação, escreve-se sem o hífen.

mal de lázaro, mal de sete dias.

Tupi-guarani

Usa-se o hífen com sufixos de origem tupi-guarani que representam formas adjetivas: açu, guaçu, mirim.*:*

Exs.:

capim-açu

amoré-guaçu

anajá-mirim

Combinação ocasional

Usa-se o hífen para ligar duas ou mais palavras que ocasionalmente se combinam, formando não propriamente vocábulos, mas encadeamentos vocabulares.

Exs.:

ponte Rio-Niterói

eixo Rio-São Paulo

Hífen e translineação

Para clareza gráfica, se no final da linha a partição de uma palavra ou combinação de palavras coincidir com o hífen, ele deve ser repetido na linha seguinte.

Exs.:

Na cidade, conta-

- se que ele foi viajar.

O diretor foi receber os ex-

-alunos.

guarda-

-chuva

Por favor, diga-

-nos logo o que aconteceu.

17.5 Síntese das Principais Regras do Hífen

	Síntese do Hífen	
Letras diferentes	Não use hífen	Infraestrutura, extraoficial, supermercado
Letras iguais	Use hífen	Anti-inflamatório, contra-argumento, inter-racial, hiper-realista
Vogal + r ou s	Não use hífen (duplique r ou s)	Corréu, cosseno, minissaia, autorretrato
Bem	Use hífen	Bem-vindo, bem-humorado

17.6 Quadro Resumo do Emprego do Hífen com Prefixos

Prefixos	Letra que inicia a palavra seguinte
Ante-, Anti-, Contra-, Entre-, Extra-, Infra-, Intra-, Sobre-, Supra-, Ultra-	H / VOGAL IDÊNTICA À QUE TERMINA O PREFIXO Exemplos com H: ante-hipófise, anti-higiênico, anti-herói, contra-hospitalar, entre-hostil, extra-humano, infra-hepático, sobre-humano, supra-hepático, ultra-hiperbólico. Exemplos com vogal idêntica: anti-inflamatório, contra-ataque, infra-axilar, sobre-estimar, supra-auricular, ultra-aquecido.
Ab-, Ad-, Ob-, Sob-	B - R - D (Apenas com o prefixo "Ad") Exemplos: ab-rogar (pôr em desuso), ad-rogar (adotar) ob-reptício (astucioso), sob-roda ad-digital
Circum-, Pan-	H / M / N / VOGAL Exemplos: circum-meridiano, circum-navegação, circum-oral, pan-americano, pan-mágico, pan-negritude.
Ex- (no sentido de estado anterior), Sota-, Soto-, Vice-, Vizo-	DIANTE DE QUALQUER PALAVRA Exemplos: ex-namorada, sota-soberania (não total), soto-mestre (substituto), vice-reitor, vizo-rei.
Hiper-, Inter-, Super-	H / R Exemplos: hiper-hidrose, hiper-raivoso, inter-humano, inter-racial, super-homem, super-resistente.
Pós-, Pré-, Pró- (tônicos e com significados próprios)	DIANTE DE QUALQUER PALAVRA Exemplos: pós-graduação, pré-escolar, pró-democracia. Obs.: se os prefixos não forem autônomos, não haverá hífen. Exemplos: predeterminado, pressupor, pospor, propor.
Sub-	B - H - R Exemplos: sub-bloco, sub-hepático, sub-humano, sub-região. Obs.: "subumano" e "subepático" também são aceitas.
Pseudoprefixos (diferem-se dos prefixos por apresentarem elevado grau de independência e possuírem uma significação mais ou menos delimitada, presente à consciência dos falantes.) Aero-, Agro-, Arqui-, Auto-, Bio-, Eletro-, Geo-, Hidro-, Macro-, Maxi-, Mega, Micro-, Mini-, Multi-, Neo-, Pluri-, Proto-, Pseudo-, Retro-, Semi-, Tele-	H / VOGAL IDÊNTICA À QUE TERMINA O PREFIXO Exemplos com H: geo-histórico, mini-hospital, neo-helênico, proto-história, semi-hospitalar. Exemplos com vogal idêntica: arqui-inimigo, auto-observação, eletro-ótica, micro-ondas, micro-ônibus, neo-ortodoxia, semi-interno, tele-educação.

01. Não se utilizará o hífen em palavras iniciadas pelo prefixo 'co-'.

    Ex.: coadministrar, coautor, coexistência, cooptar, coerdeiro corresponsável, cosseno.

02. *Prefixos des- e in- + segundo elemento sem o "h" inicial.*

    Ex.: *desarmonia, desumano, desumidificar, inábil, inumano, etc.*

03. Não se utilizará o hífen com a palavra não.

    Ex.: não violência, não agressão, não comparecimento.

04. Não se utiliza o hífen em palavras que possuem os elementos "bi", "tri", "tetra", "penta", "hexa", etc.

    Ex.: bicampeão, bimensal, bimestral, bienal, tridimensional, trimestral, triênio, tetracampeão, tetraplégico, pentacampeão, pentágono, etc.

05. Em relação ao prefixo "hidro", em alguns casos pode haver duas formas de grafia.

    Ex.: hidroelétrica e hidrelétrica

06. No caso do elemento "socio", o hífen será utilizado apenas quando houver função de substantivo (= de associado).

    Ex.: sócio-gerente / socioeconômico

18. INTERPRETAÇÃO DE TEXTOS

18.1 Ideias Preliminares sobre o Assunto

Independentemente de quem seja o professor de Língua Portuguesa, é muito comum ele ouvir alguns alunos falando que até gostam da matéria em questão, mas que possuem muita dificuldade com a interpretação dos textos. Isso é algo totalmente normal, principalmente porque costumamos fazer algo terrível chamado de "leitura dinâmica" que poderia ser traduzido da seguinte maneira: procedimento em que você olha as palavras mas não entende o significado do que está lá escrito.

Para interpretar um texto, o indivíduo precisa de muita atenção e de muito treino. Interpretar pode ser comparado com disparar uma arma: apenas temos chance de acertar o alvo se treinarmos muito e soubermos combinar todos os elementos externos ao disparo: velocidade do ar, direção, distância etc.

Quando o assunto é texto, o primordial é estabelecer uma relação contextual com aquilo que estamos lendo. Montar o contexto significa associar o que está escrito no texto base com o que está disposto nas questões. Lembre-se de que há uma questão montada com a intenção de testar você, ou seja, deve ficar atento para todas as palavras e para todas as possibilidades de mudança de sentido que possa haver nas questões.

É preciso, para entender as questões de interpretação de qualquer banca, buscar o raciocínio que o elaborador da questão emprega na redação da questão. Usualmente, objetiva-se a depreensão dos sentidos do texto. Para tanto, destaque os itens fundamentais (as ideias principais contidas nos parágrafos) para poder refletir sobre tais itens dentro das questões.

18.2 Semântica ou Pragmática?

Existe uma discussão acadêmica sobre o que possa ser considerado como semântica e como pragmática. Em que pese o fato de os universitários divergirem a respeito do assunto, vamos estabelecer uma distinção simples, apenas para clarear nossos estudos.

Semântica: disciplina que estuda o significado dos termos. Para as questões relacionadas a essa área, o comum é que se questione acerca da troca de algum termo e a manutenção do sentido original da sentença.

Pragmática: disciplina que estuda o sentido que um termo assume dentro de determinado contexto. Isso quer dizer que a identificação desse sentido depende do entorno linguístico e da intenção de quem exprime a sentença.

Para exemplificar essa situação, vejamos o exemplo abaixo:

Pedro está na geladeira.

Nesse caso, é possível que uma questão avalie a capacidade de o leitor compreender que há, no mínimo, dois sentidos possíveis para essa sentença: um deles diz respeito ao fato de a expressão "na geladeira" poder significar algo como "ele foi até a geladeira buscar algo", o que – coloquialmente – significaria uma expressão indicativa de lugar. O outro sentido diz respeito ao fato de "na geladeira" significar que "foi apartado de alguma coisa para receber algum tipo de punição".

A questão sobre semântica exigiria que o candidato percebesse a possibilidade de trocar a palavra "geladeira" por "refrigerador" – havendo, nesse caso, uma relação de sinonímia.

A questão de pragmática exigiria que o candidato percebesse a relação contextualmente estabelecida, ou seja, a criação de uma figura de linguagem (um tipo de metáfora) para veicular um sentido particular.

18.3 Questão de Interpretação?

Como se faz para saber que uma questão de interpretação é uma questão de interpretação? É uma mera intuição que surge na hora da prova ou existe uma "pista" a ser seguida para a identificação da natureza da questão?

Respondendo a essa pergunta, entende-se que há pistas que identificam a questão como pertencente ao rol de questões para interpretação. Os indícios mais precisos que costumam aparecer nas questões são:

Reconhecimento da intenção do autor.

Ponto de vista defendido.

Argumentação do autor.

Sentido da sentença.

Apesar disso, não são apenas esses os indícios de que uma questão é de intepretação. Dependendo da banca, podemos ter a natureza interpretativa distinta, principalmente porque o critério de intepretação é mais subjetivo que objetivo. Algumas bancas podem restringir o entendimento do texto; outras podem extrapolá-lo.

18.4 Tipos de Texto - O Texto e suas Partes

Um texto é um todo. Um todo é constituído de diversas partes. A interpretação é, sobremaneira, uma tentativa de reconhecer as intenções de quem comunica recompondo as partes para uma visão global do todo.

Para podermos interpretar, é necessário termos o conhecimento prévio a respeito dos tipos de texto que, fortuitamente, podemos encontrar em um concurso. Vejamos quais são as distinções fundamentais com relação aos tipos de texto.

18.5 O Texto Dissertativo

Nas acepções mais comuns do dicionário, o verbo "dissertar" significa "discorrer ou opinar sobre algum tema". O texto dissertativo apresenta uma ideia básica que começa a ser desdobrada em subitens ou termos menores. Cabe ressaltar que não existe apenas um tipo de dissertação, há mais de uma maneira de o autor escrever um texto dessa natureza.

Conceituar, polemizar, questionar a lógica de algum tema, explicar ou mesmo comentar uma notícia são estratégias dissertativas. Vamos dividir essa tipologia textual em dois tipos essencialmente diferentes: o **dissertativo-expositivo** e o **dissertativo-argumentativo**.

Padrão dissertativo-expositivo

A característica fundamental do padrão expositivo da dissertação é utilizar a estrutura da prosa não para convencer alguém de alguma coisa, e sim para apresentar uma ideia, apresentar um conceito. O princípio do texto expositivo não é a persuasão, é a informação e, justamente por tal fato, ficou conhecido como informativo. Para garantir uma boa interpretação desse padrão textual, é importante buscar a ideia principal (que deve estar presente na introdução do texto) e, depois, entender quais serão os aspectos que farão o texto progredir.

Onde posso encontrar esse tipo de texto? Jornais revistas, sites sobre o mundo de economia e finanças. Diz-se que esse tipo de texto focaliza a função referencial da linguagem.

Como costuma ser o tipo de questão relacionada ao texto dissertativo-expositivo? Geralmente, os elaboradores questionam sobre as informações veiculadas pelo texto. A tendência é que o elaborador inverta as informações contidas no texto.

Como resolver mais facilmente? Toda frase que mencionar o conceito ou a quantidade de alguma coisa deve ser destacada para facilitar a consulta.

Padrão dissertativo-argumentativo

No texto do padrão dissertativo-argumentativo, existe uma opinião sendo defendida e existe uma posição ideológica por detrás de quem escreve o texto. Se analisarmos a divisão dos parágrafos de um texto com características argumentativas, perceberemos que a introdução apresenta sempre uma tese (ou hipótese) que é defendida ao longo dos parágrafos.

Uma vez feito isso, o candidato deve entender qual é a estratégia utilizada pelo produtor do texto para defender seu ponto de vista. Na verdade, agora é o momento de colocar "a mão na massa" para valer, uma vez que aqueles enunciados que iniciam com "infere-se da argumentação do texto", "depreende-se dos argumentos do autor" serão vencidos caso se observem os fatores de interpretação corretos.

Quais são esses fatores, então?

A conexão entre as ideias do texto (atenção para as conjunções).

Articulação entre as ideias do texto (atenção para a combinação de argumentos).

Progressão do texto.

Os Recursos Argumentativos:

Quando o leitor interage com uma fonte textual, deve observar - tratando-se de um texto com o padrão dissertativo-argumentativo - que o autor se vale de recursos argumentativos para construir seu raciocínio dentro do texto. Vejamos alguns recursos importantes:

Argumento de autoridade: baseado na exposição do pensamento de algum especialista ou alguma autoridade no assunto. Citações, paráfrases e menções ao indivíduo podem ser tomadas ao longo do texto. Tome cuidado para não cair na armadilha: saiba diferenciar se a opinião colocada em foco é a do autor ou se é a do indivíduo que ele cita ao longo do texto.

Argumento com base em consenso: parte de uma ideia tomada como consensual, o que "carrega" o leitor a entender apenas aquilo que o elaborador mostra. Sentenças do tipo todo mundo sabe que, é de conhecimento geral que identificam esse tipo de argumentação.

Argumento com fundamentação concreta: basear aquilo que se diz em algum tipo de pesquisa ou fato que ocorre com certa frequência.

Argumento silogístico (com base em um raciocínio lógico): do tipo hipotético - Se...então.

Argumento de competência linguística: consiste em adequar o discurso ao panorama linguístico de quem é tido como possível leitor do texto.

Argumento de exemplificação: utilizar casos, ou pequenos relatos para ilustrar a argumentação do texto.

19. DEMAIS TIPOLOGIAS TEXTUAIS

19.1 O Texto Narrativo

Em uma definição bem simplista, "narrar" significa "sequenciar ações". É um dos gêneros mais utilizados e mais conhecidos pelo ser humano, quer no momento de relatar algum evento para alguém – em um ambiente mais formal -, quer na conversa informal sobre o resumo de um dia de trabalho. O fato é que narramos, e o fazemos de maneira praticamente instintiva. É importante, porém, conhecer quais são seus principais elementos de estruturação.

Os operadores do texto narrativo são:

Narrador: é a voz que conduz a narrativa.

Narrador-protagonista: narra o texto em primeira pessoa.

Narrador-personagem (testemunha): nesse caso, quem conta a história não participou como protagonista, no máximo como um personagem adjuvante da história.

Narrador onisciente: narrador que está distanciado dos eventos e conhece aquilo que se passa na cabeça dos personagens.

Personagens: são aqueles que efetivamente atuam na ordem da narração, ou seja, a trama está atrelada aos comportamentos que eles demonstram ao longo do texto.

Tempo: claramente, é o lapso em que transcorrem as ações narradas. Segundo a classificação tradicional, divide-se o tempo da narrativa em: Cronológico, Psicológico e Da narrativa.

Espaço: é o local físico em que as ações ocorrem.

Trama: é o encadeamento de ações propriamente dito.

19.2 O Texto Descritivo

O texto descritivo é o que levanta características para montar algum tipo de panorama. Essas características, mormente, são físicas, entretanto, não é necessário ser sempre desse modo. Podemos dizer que há dois tipos de descrição:

Objetiva: em que surgem aspectos sensoriais diretos, ou seja, não há uma subjetividade por parte de quem escreve. Veja um exemplo:

Nome científico: *Ginkgo biloba L.*
Nome popular: *nogueira-do-japão.*
Origem: *Extremo Oriente.*

Aspecto: as folhas dispõem-se em leque e são semelhantes ao trevo.

A altura da árvore pode chegar a 40 metros; o fruto lembra uma ameixa e contém uma noz que pode ser assada e comida.

Subjetiva: em que há impressões particulares do autor do texto. Há maior valorização dos sentimentos insurgentes daquilo que se contempla. Veja um exemplo:

19.3 Conotação X Denotação

É interessante, quando se estuda o conteúdo de interpretação de texto, ressaltar a distinção conceitual entre o sentido conotativo e o sentido denotativo da linguagem. Vejamos como se opera essa distinção:

Sentido conotativo: figurado, ou abstrato. Relaciona-se com as figuras de linguagem.

Adalberto **entregou sua alma a Deus**.

A ideia de entregar a alma a Deus é figurada, ou seja, não ocorre literalmente, pois não há um serviço de entrega de almas. Essa é uma figura que convencionamos chamar de **metáfora**.

Sentido denotativo: literal, ou do dicionário. Relaciona-se com a função referencial da linguagem.

Adalberto **morreu**.

Quando dizemos função referencial, entende-se que o falante está preocupado em transmitir precisamente o fato ocorrido, sem apelar para figuras de pensamento.

19.4 Figuras de Linguagem

Apenas para ilustrar algumas das mais importantes figuras de linguagem que podem ser cobradas em algumas provas, observe a lista:

Metáfora: uma figura de linguagem, que consiste na comparação de dois termos sem o uso de um conectivo.

Seus olhos **são dois oceanos**. (Os olhos possuem a profundidade do oceano, a cor do oceano etc.)

Comparação: comparação direta com o elemento conectivo.

O vento é como uma mulher.

Metonímia: figura de linguagem que consiste utilização de uma expressão por outra, dada a semelhança de sentido ou a possibilidade de associação lógica entre elas.

Vá ao mercado e traga um Nescau. (achocolatado em pó).

Antítese: figura de linguagem que consiste na exposição de ideias opostas.

*"**Nasce** o Sol e não dura mais que um **dia***
*Depois da **Luz** se segue à **noite** escura*
*Em tristes **sombras morre** a formosura,*
*Em contínuas **tristezas e alegrias**."*

(Gregório de Matos)

Os termos em negrito evidenciam relações semânticas de distinção (oposição). Nascer é o contrário de morrer, assim como sombra é o contrário de luz. Essa figura foi muito utilizada na poesia brasileira, em especial pelo autor dos versos acima: Gregório de Matos Guerra.

Paradoxo: expressão que contraria o senso comum. Ilógica.

"Amor é fogo que ***arde sem se ver****;*
É ferida que ***dói e não se sente****;*
É um ***contentamento descontente****;*
É ***dor que desatina sem doer****."*

(Luís de Camões)

A construção semântica acima é totalmente ilógica, pois é impossível uma ferida doer e não ser sentida, assim como não é possível o contentamento ser descontente.

Perífrase: expressão que tem por função substituir semanticamente um termo:

A última flor do Lácio anda muito judiada. (Português é a última flor do Lácio)

Eufemismo: figura que consiste em atenuar uma expressão desagradável:

José **pegou emprestado sem avisar**; (roubou).

Disfemismo: contrário ao Eufemismo, é a figura de linguagem que consiste em tornar uma expressão desagradável em algo ainda pior.

O homem **abotoou o paletó de madeira**. (morreu).

Prosopopeia: atribuição de características animadas a seres inanimados.

O vento sussurrou em meus ouvidos.

Hipérbole: exagero proposital de alguma característica.

Estou morrendo de rir.

Sinestesia: confusão dos sentidos do corpo humano para produzir efeitos expressivos.

Ouvi uma **voz suave** saindo do quarto.

19.5 Funções da Linguagem

Deve-se a Roman Jakobson a discriminação das seis funções da linguagem na expressão e na comunicação humanas, conforme o realce particular que cada um dos componentes do processo de comunicação recebe no enunciado. Por isso mesmo, é raro encontrar em uma única mensagem apenas uma dessas funções, ou todas reunidas em um mesmo texto. O mais frequente é elas se superporem, apresentando-se uma ou outra como predominante.

Em que pese tal fato, é preciso considerar que há particularidades com relação às funções da linguagem, ou seja, cada função descreve algo em particular. Com isso, pretendo dizer que, antes de o estudante se ater às funções em si, é preciso que ele conheça o sistema que é um pouco mais amplo, ou seja, o ato comunicativo. Afinal, a teoria de Roman Jakobson se volta à descrição do ato comunicativo em si.

Em um livro chamado Linguística e comunicação, o linguista Roman Jakobson, pensando sobre o ato comunicativo e seus elementos, identifica seis funções da linguagem.

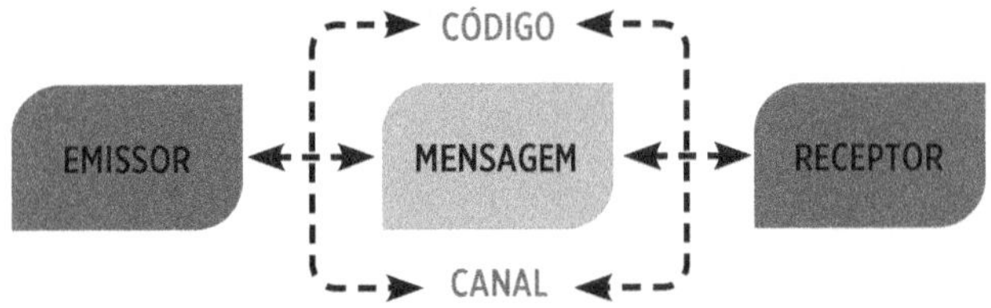

→ Nesse esquema, identificamos:

> **Emissor**: quem enuncia.
> **Mensagem**: aquilo que é transmitido pelo emissor.
> **Receptor**: quem recebe a mensagem.
> **Código**: o sistema em que a mensagem é codificada. O código deve ser comum aos polos da comunicação.
> **Canal**: meio físico por que ocorre a comunicação.

Pensando sobre esses elementos, Jakobson percebeu que cada função da linguagem está centrada em um elemento específico do ato comunicativo. É o que veremos agora.

As Funções da Linguagem são:

> **Referencial**: centrada na mensagem, ou seja, na transmissão do conteúdo. Como possui esse caráter, a objetividade é uma constante para a função referencial. É comum que se busque a imparcialidade quando dela se faz uso. É também conhecida como função denotativa. Como a terceira pessoa do singular é predominante, podem-se encontrar exemplos de tal função em textos científicos, livros didáticos, textos de cunho apenas informativo etc.

Emotiva: centrada no emissor, ou seja, em quem enuncia a mensagem. Basicamente a primeira pessoa predomina quando o texto se apoia sobre a função emotiva. É muito comum a observarmos em depoimentos, discursos, em textos sentimentais, e mesmo em textos líricos.

Apelativa: centrada no receptor, ou seja, em quem recebe a mensagem. As características comuns a manifestações dessa função da linguagem são os verbos no modo imperativo, a tentativa de persuadir o receptor, a utilização dos pronomes de tratamento que tangenciem o interlocutor. É comum observar a função apelativa em propaganda, em discursos motivacionais etc.

Poética: centrada na transformação da mensagem, ou seja, em como modificar o conteúdo da mensagem a fim de torná-lo mais expressivo. As figuras de linguagem são abundantes nessa função e, por sua presença, convencionou-se chamar, também, função poética de função conotativa. Textos literários, poemas e brincadeiras com a mensagem são fontes em que se pode verificar a presença da função poética da linguagem.

Fática: centrada no canal comunicativo. Basicamente, busca testar o canal para saber se a comunicação está ocorrendo. Expressões como "olá", "psiu" e "alô você" são exemplos dessa função.

Metalinguística: centrada no código. Quando o emissor se vale do código para explicar o próprio código, ou seja, num tipo de comunicação autorreferente. Como exemplo, podemos citar um livro de gramática, que se vale da língua para explicar a própria língua; uma aula de didática (sobre como dar aula); ou mesmo um poema que se refere ao processo de escrita de um poema. O poema a seguir é um ótimo exemplo de função metalinguística.

Catar feijão

Catar feijão se limita com escrever:
jogam-se os grãos na água do alguidar
e as palavras na da folha de papel;
e depois, joga-se fora o que boiar.
Certo, toda palavra boiará no papel,
água congelada, por chumbo seu verbo:
pois para catar esse feijão, soprar nele,
e jogar fora o leve e oco, palha e eco.
Ora, nesse catar feijão entra um risco:
o de que entre os grãos pesados entre
um grão qualquer, pedra ou indigesto,
um grão imastigável, de quebrar dente.
Certo não, quando ao catar palavras:
a pedra dá à frase seu grão mais vivo:
obstrui a leitura fluviante, flutual,
açula a atenção, isca-a com risco.

MELO NETO, João Cabral de. Obra completa.
Rio de Janeiro: Nova Aguilar, 1995.

20. INTERPRETAÇÃO DE TEXTO POÉTICO

Cada vez mais comum em provas de concursos públicos, o texto poético possui suas particularidades. Nem todas as pessoas possuem a capacidade de ler um texto poético, quanto mais interpretá-lo. Justamente por esse fato, ele tem sido o predileto dos examinadores que querem dificultar a vida dos candidatos.

Antes de passar à interpretação propriamente dita, é preciso identificar a nomenclatura das partes de um poema. Cada "linha" do poema é chamada de "**verso**", o conjunto de versos é chamado de "**estrofe**". A primeira sugestão para quem pretende interpretar um poema é segmentar a interpretação por estrofe e anotar o sentido trazido ao lado e cada trecho.

Geralmente as bancas pecam ao diferenciar **autor** de **eu-lírico**. O primeiro é realmente a pessoa por detrás da pena, ou seja, é quem efetivamente escreve o texto; o segundo é a "voz" do poema, a "pessoa" fictícia, abstrata que figura como quem traz o poema para o leitor.

Outro problema muito comum na hora de fazer algo dessa natureza é a leitura do texto. Como o texto está em uma disposição que não é mais tão usual, as pessoas têm dificuldade para realizar a leitura. Eis uma dica fundamental: só interrompa a leitura quando chegar a um ponto ou a uma vírgula, porque é dessa maneira que se lê um texto poético. Além disso, é preciso que, mesmo mentalmente, o indivíduo tente dar ênfase na leitura, pois isso pode ajudar na intepretação.

Comumente, o vocabulário do texto poético não é acessível e, em razão disso, costuma haver notas explicativas com o significado das palavras, jamais ignore essa informação! Pode ser a salvação para a interpretação do texto lido.

Veja um exemplo:

Nel mezzo del camin (Olavo Bilac)

"Cheguei. Chegaste. Vinhas fatigada
E triste, e triste e fatigado eu vinha.
Tinhas a alma de sonhos povoada,
E a alma de sonhos povoada eu tinha...

E paramos de súbito na estrada
Da vida: longos anos, presa à minha
A tua mão, a vista deslumbrada
Tive da luz que teu olhar continha.

Hoje, segues de novo... Na partida
Nem o pranto os teus olhos umedece,
Nem te comove a dor da despedida.
E eu, solitário, volto a face, e tremo,
Vendo o teu vulto que desaparece
Na extrema curva do caminho extremo."

Existe outro fator extremamente importante na hora de tentar entender o conteúdo de um texto poético: o **título**! Nem todo poema possui um título, é claro, mas os que possuem ajudam, e muito, na compreensão do "assunto" do poema.

É claro que ter conhecimento do autor e do estilo de escrita por ele adotado é a ferramenta mais importante para que o candidato compreenda com profundidade o que está sendo veiculado pelo texto, porém, como grande parte das bancas ainda não chegou a esse nível de aprofundamento interpretativo, apenas o reconhecimento da superfície do texto já é suficiente para responder às questões.

Vejamos alguns textos para explanar melhor:

Bem no fundo (Paulo Leminski)

No fundo, no fundo,
Bem lá no fundo,
A gente gostaria
De ver nossos problemas
Resolvidos por decreto

A partir desta data,
Aquela mágoa sem remédio
É considerada nula
E sobre ela – silêncio perpétuo

Extinto por lei todo o remorso,
Maldito seja quem olhar pra trás,
Lá pra trás não há nada,
E nada mais

Mas problemas não se resolvem,
Problemas têm família grande,
E aos domingos saem todos passear
O problema, sua senhora
E outros pequenos probleminhas

Interpretação: por mais que trabalhemos para resolvermos nossos problemas, a única certeza é a de que eles continuarão, pois é isso que nos move.

20.1 Tradução de Sentido

As questões de tradução de sentido costumam ser o "calcanhar de Aquiles" dos candidatos. Nem sempre aparecem nas provas, mas quando surgem, é celeuma garantida. A maneira mais eficaz de resolvê-las é buscar relações de sinonímia em ambos os lados da sentença. Com isso, fica mais fácil acertar a questão.

Consideremos a relação de sinonímia presente entre "alegria" e "felicidade". Esses dois substantivos não significam, rigorosamente, a mesma coisa, mas são considerados sinônimos contextuais, se considerarmos um texto. Disso, entende-se que o sinônimo é identificado contextualmente e não depende, necessariamente, do conhecimento do sentido de todas as palavras.

Seria bom se fosse sempre dessa maneira. Ocorre que algumas bancas tentam selecionar de maneira não rigorosa os candidatos que acabam por cobrar o chamado "conhecimento que não é básico" dos candidatos. O melhor exemplo é pedir o significado da palavra "adrede", o qual pouquíssimas pessoas conhecem.

20.2 Organização de Texto (Texto Embaralhado)

Em algumas bancas, é comum haver questões que apresentam um texto desordenado, para que o candidato o reordene, garantido a coesão e a coerência. Além disso, não é raro haver trecho de texto com lacunas para preencher com alguns parágrafos. Para que isso ocorra, é mister saber o que significa coesão e coerência. Vamos a algumas definições simples.

Coesão é o conjunto de procedimentos e mecanismos que estabelecem conexão dentro do texto, o que busca garantir a progressão daquilo que se escreve nas sentenças. Pronomes, perífrases e sinônimos estão entre os mecanismos de coesão que podem ser empregados na sentença.

Coerência diz respeito à organização de significância do texto, ou seja, o sentido daquilo que se escreve. A sequência temporal e o princípio de não contradição são os dispostos mais emergentes da coerência.

Em questões dessa natureza, busque analisar as sequências de entrada e saída dos textos. Veja se há definições e conectivos que encerram ideias, ou se há pronomes que buscam sequenciar as sentenças. Desse modo, fica mais fácil acertar a questão.

20.3 Significação das Palavras

Compreensão, interpretação, intelecção

O candidato que é concurseiro de longa data sabe que, dentre as questões de interpretação de texto, é muito comum surgirem nomenclaturas distintas para fenômenos não tão distintos assim. Quer dizer que se no seu edital há elementos como leitura, compreensão, intelecção ou interpretação de texto, no fundo, o conceito é o mesmo. Ocorre que, dentro desse processo de interpretação, há elementos importantes para a resolução dos certames.

O que se diz e o que se pode ter dito:

Sempre que há um momento de enunciação, o material linguístico serve de base para que os interlocutores negociem o sentido daquilo que está na comunicação. Isso ocorre por meio de vários processos, sendo que é possível destacar alguns mais relevantes:

Dito: consiste na superfície do enunciado. O próprio material linguístico que se enuncia.

Não-dito: consiste naquilo que se identifica imediatamente, quando se trabalha com o que está posto (o dito).

Subentendido: consiste nos sentidos ativados por um processo inferencial de análise e síntese do material linguístico somado ao não-dito.

» Vejamos isso em uma sentença para compreendermos a teoria.

» "A eleição de Barack Obama não é um evento apenas americano."

Dito: é o próprio conteúdo da sentença – o fato de a eleição em questão não ser um evento apenas americano.

Não-dito: alguém poderia pensar que a eleição teria importância apenas para os americanos.

Subentendido: pode-se concluir que a eleição em questão terá grandes repercussões, a um nível global.

20.4 Inferência

Assunto muitíssimo delicado e ainda não resolvido na linguística. Não vou me dispor a teorizar sobre isso, pois seria necessário o espaço de um livro para tanto. Para a finalidade dos concursos públicos, vamos considerar que a inferência é o resultado do processamento na leitura, ou seja, é aquilo que se pode "concluir" ou "depreender" da leitura de um texto.

No momento de responder a uma questão dessa natureza, recomenda-se prudência. Existe um conceito que parece fundamental para facilitar a resolução dessas questões. Ele se chama **ancoragem lexical.** Basicamente, entende-se como A. L. a inserção de algum elemento que dispara pressuposições e fomenta inferências, ou seja, se alguma questão pedir se é possível inferir algo, o candidato só poderá responder afirmativamente, se houve uma palavra ou uma expressão (âncora lexical) que permita associar diretamente esses elementos.

Semântica (sentido)

Evidentemente, o conteúdo relativo à significação das palavras deve muito a uma boa leitura do dicionário. Na verdade, o vocabulário faz parte do histórico de leitura de qualquer pessoa: quanto mais você lê, maior é o número de palavras que você vai possuir em seu "HD" mental. Como é impossível receitar a leitura de um dicionário, podemos arrolar uma lista com palavras que possuem peculiaridades na hora de seu emprego. Falo especificamente de **sinônimos, antônimos, homônimos e parônimos**. Mãos à obra!

Sinônimos:

Sentido aproximado: não existem sinônimos perfeitos:

Feliz (Alegre / Contente).

Palavra (Vocábulo).

Professor (Docente).

Professor Mário chegou à escola. O **docente** leciona matemática.

Antônimos:

Oposição de sentido:

Bem (Mal).

Bom (Mau).

Igual (Diferente).

Homônimos:

Homônimos são palavras com escrita ou pronúncia iguais (semelhantes), porém com significado (sentido) diferente:

Adoro comer **manga** com sal.

Derrubei vinho na **manga** da camisa.

Há três tipos de homônimos: homógrafos, homófonos e homônimos perfeitos.

Homógrafos – palavras que possuem a mesma grafia, mas o som é diferente.

O meu **olho** está doendo.

Quando eu **olho** para você, dói.

Homófonos – apresentam grafia diferente, mas o som é semelhante.

A **cela** do presídio foi incendiada.

A **sela** do cavalo é novinha.

Homônimos perfeitos – possuem a mesma grafia e o mesmo som.

O **banco** foi assaltado.

O **banco** da praça foi restaurado ontem.

Ele não **para** de estudar.

Ele olhou **para** a prova.

Parônimos:

Parônimos – são palavras que possuem escrita e pronúncia semelhantes, mas com significado distinto.

O professor fez a **descrição** do conteúdo.

Haja com muita **discrição**, Marivaldo.

Aqui vai uma lista para você se precaver quanto aos sentidos desses termos:

Ascender (subir).

Acender (pôr fogo, alumiar).

Quando Nero **ascendeu** em Roma, ele **acendeu** Roma.

Acento (sinal gráfico).

Assento (lugar de sentar-se).

O **acento** grave indica crase.

O **assento** 43 está danificado.

Acerca de (a respeito de).

Cerca de (aproximadamente).

Há cerca de (faz aproximadamente).

Falamos **acerca de** Português ontem.

José mora **cerca de** mim.

Há cerca de 10 anos, leciono Português.

Afim (semelhante a).

A fim de (com a finalidade de).

Nós possuímos ideias **afins**.

Nós estamos estudando **a fim** de passar.

Aprender (instruir-se).

Apreender (assimilar).

Quando você **apreender** o conteúdo, saberá que **aprendeu** o conteúdo.

Área (superfície).

Ária (melodia, cantiga).

O tenor executou a ária.

A polícia cercou a área.

Arrear (pôr arreios).

Arriar (abaixar, descer).

Precisamos **arrear** o cavalo.

Joaquim **arriou** as calças.

Caçar (apanhar animais).

Cassar (anular).

O veado foi **caçado**.

O deputado teve sua candidatura **cassada**.

Censo (recenseamento).

Senso (raciocínio).

Finalizou-se o **censo** no Brasil.

Argumentou com bom-**senso**.

Cerração (nevoeiro).

Serração (ato de serrar).

Nos dias de chuva, pode haver **cerração**.

Rolou a maior **serração** na madeireira ontem.

Cerrar (fechar).

Serrar (cortar).

Cerrou os olhos para a verdade.

Marina **serrou**, acidentalmente, o nariz na serra.

Cessão (ato de ceder).

Seção (divisão).

Secção (corte).

Sessão (reunião).

O órgão pediu a **cessão** do espaço.

Compareça à **seção** de materiais.

Fez-se uma **secção** no azulejo.

Assisti à **sessão** de cinema ontem. Passava "A Lagoa Azul".

Concerto (sessão musical).

Conserto (reparo).

Vamos ao **concerto** hoje.

Fizeram o **conserto** do carro.

Mal (antônimo de bem).

Mau (antônimo de bom).

O homem **mau** vai para o inferno.

O **mal** nunca prevalece sobre o bem.

Ratificar (confirmar).

Retificar (corrigir).

O documento **ratificou** a decisão.

O documento **retificou** a decisão.

Tacha (pequeno prego, mancha).

Taxa (imposto, percentagem).

Comprei uma tacha.

Paguei outra taxa.

Continuação da lista:

Bucho (estômago)
Buxo (arbusto)
Calda (xarope)
Cauda (rabo)
Cela (pequeno quarto)
Sela (arreio)
Chá (bebida)
Xá (Título do soberano da Pérsia, atual Irã, antes da revolução islâmica)
Cheque (ordem de pagamento)
Xeque (lance do jogo de xadrez)
Comprimento (extensão)
Cumprimento (saudação)
Conjetura (hipótese)
Conjuntura (situação)
Coser (costurar)
Cozer (cozinhar)
Deferir (costurar)
Diferir (distinguir-se)
Degredado (desterrado, exilado)
Degradado (rebaixado, estragado)
Descrição (ato de descrever)
Discrição (reserva, qualidade de discreto)
Descriminar (inocentar)
Discriminar (distinguir)
Despensa (lugar de guardar mantimentos)
Dispensa (isenção, licença)
Despercebido (não notado)
Desapercebido (desprovido, despreparado)
Emergir (vir à tona)
Imergir (mergulhar)
Eminente (notável, célebre)
Iminente (prestes a acontecer)
Esbaforido (ofegante, cansado)
Espavorido (apavorado)
Esperto (inteligente)
Experto (perito)
Espiar (observar)
Expiar (sofrer castigo)
Estada (ato de estar, permanecer)
Estadia (permanência, estada por tempo limitado)
Estático (imóvel)
Extático (pasmo)
Estrato (tipo de nuvem)
Extrato (resumo)
Flagrante (evidente)
Fragrante (perfumado)
Fluir (correr)
Fruir (gozar, desfrutar)
Incidente (episódio)
Acidente (acontecimento grave)
Incipiente (principiante)
Insipiente (ignorante)
Inflação (desvalorização do dinheiro)
Infração (violação, transgressão)
Infligir (aplicar castigo)
Infringir (transgredir)
Intercessão (ato de interceder)
Interseção ou intersecção (ato de cortar)
Laço (nó)
Lasso (frouxo)
Mandado (ordem judicial)
Mandato (período político)
Ótico (relativo ao ouvido)
Óptico (relativo à visão)
Paço (palácio)
Passo (passada)
Peão (empregado / peça de xadrez)
Pião (brinquedo)
Pequenez (pequeno)
Pequinês (ração de cão, de Pequim)
Pleito (disputa)
Preito (homenagem)
Proeminente (saliente)
Preeminente (nobre, distinto)
Prescrição (ordem expressa)
Proscrição (eliminação, expulsão)
Prostrar-se (humilhar-se)
Postar-se (permanecer por muito tempo)
Ruço (grisalho, desbotado)
Russo (da Rússia)
Sexta (numeral cardinal)
Cesta (utensílio)
Sesta (descanso depois do almoço)
Sortido (abastecido)
Surtido (produzido, causado)
Sortir (abastecer)

Surtir (efeito ou resultado)

Sustar (suspender)

Suster (sustentar)

Tilintar (soar)

Tiritar (tremer)

Tráfego (trânsito)

Tráfico (comércio ilícito)

Vadear (passa a pé ou a cavalo, atravessar o rio)

Vadiar (vagabundear)

Viagem (substantivo)

Viajem (verbo)

Vultoso (volumoso, grande vulto)

Vultuoso (inchado)

21. ESTRUTURA E FORMAÇÃO DE PALAVRAS

21.1 Estrutura das Palavras

Para compreender os termos da Língua Portuguesa, deve-se observar, nos vocábulos, a presença de algumas estruturas como raiz, desinências e afixos:

Raiz ou Radical (morfema lexical): parte que guarda o sentido da palavra.

Pedreiro

Pedrada

Em**pedr**ado

Pedregulho.

Desinências (fazem a flexão dos termos)

Nominais:

Gênero: Jogador / Jogadora.

Número: Aluno / Alunos.

Grau: Cadeira / Cadeirinha.

Verbais:

Modo-tempo: Cantá**va**mos / Vendê**ra**mos.

Número-pessoa: Fize**mos** / Compra**stes**

Afixos (conectam-se às raízes dos termos)

» Prefixos: colocados antes da raiz

Infeliz, **des**fazer, **re**tocar.

» Sufixos: colocados após a raiz

Feliz**mente**, capac**idade**, igual**dade.**

Também é importante ficar atento aos termos de ligação. São eles:

Vogal de ligação:

Gas**ô**metro / Bar**ô**metro / Caf**ei**cultura / Carn**í**voro

Consoante de ligação:

Gira**s**sol / Cafe**t**eira / Pau**l**ada / Cha**l**eira

21.2 Radicais Gregos e Latinos

O conhecimento sobre a origem dos radicais é, muitas vezes, importante para a compreensão e memorização de inúmeras palavras.

Radicais gregos

Os radicais gregos têm uma importância expressiva para a compreensão e fácil memorização de diversas palavras que foram criadas e vulgarizadas pela linguagem científica.

Podemos observar que esses radicais se unem, geralmente, a outros elementos de origem grega e, frequentemente, sofrem alterações fonéticas e gráficas para formarem palavras compostas.

Seguem algumas palavras e seus respectivos radicais:

ácros, alto: acrópole, acrobacia, acrofobia

álgos, dor: algofilia, analgésico, nevralgia

ánthropos, homem: antropologia, antropófago, filantropo

astér, astéros, estrela: asteroide, asterisco

ástron, astro: astronomia, astronauta

biblíon, livro: biblioteca, bibliografia, bibliófilo

cir-, quiro- (de chéir, cheirós, mão): cirurgia, cirurgião, quiromante

chlorós, verde: cloro, clorofila, clorídrico

chróma, chrómatos, cor: cromático, policromia

dáktylos, dedo: datilografia, datilografar

déka, dez: decálogo, decâmetro, decassílabo

gámos, casamento: poligamia, polígamo, monogamia

gastér, gastrós, estômago: gastrite, gastrônomo, gástrico

glótta, glóssa, língua: poliglota, epiglote, glossário

grámma, letra, escrito: gramática, anagrama, telegrama

grápho, escrevo: grafia, ortografia, caligrafia

heméra, dia: herneroteca, hernerologia, efêmero

hippos, cavalo: hipódromo, hipismo, hipopótamo

kardía, coração: cardíaco, cardiologia, taquicardia

mésos, meio, do meio: mesocarpo, mesóclise, mesopotâmia

mnemo- (de mnéme, memória, lembrança): mnemônico, amnésia, mnemoteste

morphé, forma: morfologia, amorfo, metamorfose

nekrós, morto, necrotério, necropsia, necrológio

páis, paidós, criança: pedagogia, pediatria, pediatra

pyr, pyrós, fogo: pirosfera, pirotécnico, antipirético

rino- (ele rhis, rhinós, nariz): rinite, rinofonia, otorrino

theós, deus: teologia, teólogo, apoteose

zóon, animal: zoologia, zoológico, zoonose

Radicais latinos

Outras palavras da língua portuguesa possuem radicais latinos. A maioria delas entrou na língua entre os séculos XVIII e XX. Seguem algumas das que vieram por via científica ou literária:

ager, agri, campo: agrícola, agricultura

ambi- (de ambo, ambos): ambidestro, ambíguo

argentum, argenti, prata: argênteo, argentífero, argentino

capillus, capilli, cabelo: capilar, capiliforme, capilaridade

caput, capitis, cabeça: capital, decapitar, capitoso

cola-, (de colo, colere, habitar, cultivar): arborícola, vitícola

cuprum, cupri, cobre: cúpreo, cúprico, cuprífero

ego, eu: egocêntrico, egoísmo, ególatra

equi-, (de aequus, igual): equivalente, equinócio, equiângulo

-fero (de fero, ferre, levar, conter): aurífero, lactífero, carbonífero

fluvius, rio: fluvial, fluviômetro

frigus, frigoris, frio: frigorífico, frigomóvel

lapis, lapidis, pedra: lápide, lapidificar, lapidar

lex, legis, lei: legislativo, legislar, legista

noceo, nocere, prejudicar, causar mal: nocivo, inocente, inócuo

pauper, pauperis, pobre: pauperismo, depauperar

pecus, rebanho: pecuária, pecuarista, pecúnia

pluvia, chuva: pluvial, pluviômetro

radix, radieis, raiz: radical, radicar, erradicar

sidus, sideris, astro: sideral, sidéreo, siderar

stella, estrela: estelar, constelação

triticum, tritici, trigo: triticultura, triticultor, tritícola

vinum, vini, vinho: vinicultura, vinícola

vitis, videira: viticultura, viticultor, vitícola

volo, volare, voar: volátil, noctívolo

vox, vocis, voz: vocal, vociferar

21.3 Origem das Palavras de Língua Portuguesa

As palavras da língua portuguesa têm múltiplas origens, mas a maioria delas veio do latim vulgar, ou seja, o latim que era falado pelo povo duzentos anos antes de Cristo.

No geral, as palavras que formam o nosso léxico podem ser de origem latina, de formação vernácula ou de importação estrangeira.

Quanto às palavras de origem latina, sabe-se que algumas datam dos séculos VI e XI, aproximadamente, e outras foram introduzidas na língua por escritores e letrados, ao longo do tempo, sobretudo no período áureo, o século XVI, e de forma ainda mais abundante durante os séculos que o seguiram, por meios literário e científico. As primeiras, as formas populares, foram grandemente alteradas na fala do povo rude, mas as formas eruditas tiveram leves alterações.

Houve, ao longo desses séculos, com incentivo do povo luso-brasileiro, a criação de palavras que colaboraram para enriquecer o vocabulário. Essas palavras são chamadas criações vernáculas.

Desde os primórdios da língua, diversos termos estrangeiros entraram em uso, posteriormente enriquecendo definitivamente o patrimônio léxico, porque é inevitável que palavras de outros idiomas adentrem na língua por meio das relações estabelecidas entre os povos e suas culturas.

Devido a isso, encontramos, no vocabulário português, palavras provenientes:

→ Do grego

por influência do cristianismo e do latim literário: anjo, bíblia, clímax

por criação de sábios e cientistas: nostalgia, microscópio

→ Do hebraico

veiculadas pela Bíblia: aleluia, Jesus, Maria, Sábado

→ Do alemão

guerra, realengo, interlância

→ Do árabe

algodão, alfaiate, algema

→ Do japonês

biombo, micado, samurai

→ Do francês

greve, detalhe, pose

→ Do inglês

bife, futebol, tênis

→ Do turco

lacaio, algoz

→ Do italiano

piano, maestro, lasanha

→ Do russo

vodca, esputinique

→ Do tupi

tatu, saci, jiboia, pitanga

→ Do espanhol

cavalheiro, ninharia, castanhola

→ De línguas africanas

macumba, maxixe, marimbondo

Atualmente, o francês e o inglês são os idiomas com maior influência sobre a língua portuguesa.

21.4 Processos de Formação de Palavras

Há dois processos mais fortes (presentes) na formação de palavras em Língua Portuguesa: a composição e a derivação. Vejamos suas principais características.

Composição: é muito mais uma criação de vocábulo. Pode ocorrer por:

Justaposição (sem perda de elementos):

» Guarda-chuva, girassol, arranha-céu etc.

Aglutinação (com perda de elementos):

» Embora, fidalgo, aguardente, planalto, boquiaberto etc.

Hibridismo (união de radicais oriundos de línguas distintas:

» Automóvel (latim e grego); Sambódromo (tupi e grego).

Derivação: é muito mais uma transformação no vocábulo. Pode ocorrer das seguintes maneiras:

Prefixal (prefixação)

» Reforma, anfiteatro, cooperação

Sufixal (sufixação)

» Pedreiro, engenharia, florista

Prefixal – sufixal

» Infelizmente, ateísmo, desordenamento

Parassintética: prefixo e sufixo simultaneamente, sem a possibilidade de remover umas das partes.

» Avermelhado, anoitecer, emudecer, amanhecer

Regressão (regressiva) ou deverbal: advinda de um verbo.

» Abalo (abalar), luta (lutar), fuga (fugir)

Imprópria (conversão): mudança de classe gramatical.

O jantar, um não, o seu sim, o pobre.

Estrangeirismo

Pode-se entender como um empréstimo linguístico

Com aportuguesamento: abajur (do francês "abat-jour"), algodão (do árabe "al-qutun"), lanche (do inglês "lunch") etc.

Sem aportuguesamento: networking, software, pizza, show, shopping etc.

Acrônimo ou Sigla

Silabáveis: podem ser separados em sílabas.

Infraero (Infraestrutura Aeroportuária), **Petrobras** (Petróleo Brasileiro) etc.

Não-silabáveis: não podem ser separados em sílabas.

FMI, MST, SPC, PT, INSS, MPU etc.

Onomatopeia ou reduplicação

Onomatopeia: tentativa de representar um som da natureza.

Pow, paf, tum, psiu, argh.

Reduplicação: repetição de palavra com fim onomatopaico.

Reco-reco, tique-taque, pingue-pongue.

Redução ou abreviação

Eliminação do segmento de alguma palavra

Fone (telefone), cinema (cinematógrafo), pneu (pneumático) etc.

22. FIGURAS DE LINGUAGEM

Para iniciar o estudo deste capítulo, é importante, retomar alguns conceitos: ao falar de figuras de linguagem, estamos, também, falando de **funções da linguagem** e de **semântica**.

As figuras de linguagem (também chamadas de figuras de pensamento) são construções que se relacionam com a função **poética da linguagem**, ou seja, estão articuladas em razão de modificar o código linguístico para dar ênfase no sentido de uma frase.

É comum vermos exemplos de figuras de linguagem em propagandas publicitárias, poemas, músicas etc. Essas figuras estão presentes em nossa fala cotidiana, principalmente na fala de registro **informal**.

O registro dito informal é aquele que não possui grande preocupação com a situação comunicativa, uma vez que não há tensão para a comunicação entre os falantes. Gírias, erros de concordância e subtração de termos da frase são comuns nesse baixo nível de formalidade comunicativa. Até grandes poetas já escreveram textos sobre esse assunto, veja o exemplo do escritor Oswald de Andrade, que discute a norma gramatical em relação à fala popular do brasileiro:

Pronominais

Dê-me um cigarro
Diz a gramática
Do professor e do aluno
E do mulato sabido
Mas o bom negro e o bom branco
Da Nação Brasileira
Dizem todos os dias
Deixa disso camarada
Me dá um cigarro

Oswald de Andrade
(1890-1954)

Os Cem Melhores Poemas Brasileiros do Século - Seleção e Organização de Ítalo Moriconi, Editora Objetiva, Rio de Janeiro, 2001 (In Pau-Brasil - Poesia - Oswald de Andrade, São Paulo, Globo)

22.1 Conotação X Denotação

É interessante, quando se estuda o conteúdo de figuras de linguagem, ressaltar a distinção conceitual entre o sentido conotativo e o sentido denotativo da linguagem. Vejamos como se opera essa distinção:

Sentido CONOTATIVO: figurado, ou abstrato. Relaciona-se com as figuras de linguagem.

Adalberto **entregou sua alma a Deus**.

A ideia de entregar a alma a Deus é figurada, ou seja, não ocorre literalmente, pois não há um serviço de entrega de almas. Essa é uma figura que convencionamos chamar de **metáfora**.

Sentido DENOTATIVO: literal, ou do dicionário. Relaciona-se com a função **referencial** da linguagem.

Adalberto **morreu**.

Quando dizemos função referencial, entende-se que o falante está preocupado em transmitir precisamente o fato ocorrido, sem apelar para figuras de pensamento. Essa frase do exemplo serviu para mostrar o sinônimo da figura de linguagem anterior.

Vejamos agora algumas das principais figuras de linguagem que costumam ser cobradas em provas de concursos públicos:

Metáfora: uma figura de linguagem, que consiste na comparação de dois termos sem o uso de um conectivo.

> Rosa **é uma flor**. (A pessoa é como uma flor: perfumada, delicada, bela etc.)

> Seus olhos **são dois oceanos**. (Os olhos possuem a profundidade do oceano, a cor do oceano etc.)

> João **é fera**. (João é perito em alguma coisa, desempenha determinada tarefa muito bem etc.)

Metonímia: figura de linguagem que consiste utilização de uma expressão por outra, dada a semelhança de sentido ou a possibilidade de associação lógica entre elas.

Há vários tipos de metonímia, vejamos alguns deles:

Efeito pela causa:

O carrasco ergueu **a morte**. (O efeito é a morte, a causa é o machado).

Marca pelo produto:

Vá ao mercado e traga um Nescau. (achocolatado em pó).

Autor pela obra:

Li Camões com entusiasmo. (Quem leu, leu a obra, não o autor).

Continente pelo conteúdo:

Comi dois pratos de feijão. (Comeu o feijão, ou seja, o conteúdo do prato)

Parte pelo todo:

Peço sua **mão em casamento**. (Pede-se, na verdade, o corpo todo).

Possuidor pelo possuído:

Mulher, vou **ao médico**. (Vai-se ao consultório que pertence ao médico, não ao médico em si).

Antítese: figura de linguagem que consiste na exposição de ideias opostas.

*"**Nasce** o Sol e não dura mais que um **dia***
*Depois da **Luz** se segue à **noite** escura*
Em tristes sombras morre a formosura,
*Em contínuas **tristezas** e **alegrias**."*

(Gregório de Matos)

Os termos em negrito evidenciam relações semânticas de distinção (oposição). Nascer é o contrário de morrer, assim como sombra é o contrário de luz. Essa figura foi muito utilizada na poesia brasileira, em especial pelo autor dos versos acima: Gregório de Matos Guerra.

Paradoxo: expressão que contraria o senso comum. Ilógica.

*"Amor é fogo que **arde sem se ver**;*
*É ferida que **dói e não se sente**;*
*É um **contentamento descontente**;*
*É **dor que desatina sem doer**."*

(Luís de Camões)

A construção semântica acima é totalmente ilógica, pois é impossível uma ferida doer e não ser sentida, assim como não é possível o contentamento ser descontente.

Perífrase: expressão que tem por função substituir semanticamente um termo:

A última flor do Lácio anda muito judiada. (Português é a última flor do Lácio)

O país do futebol é uma grande nação. (Brasil)

O Bruxo do Cosme Velho foi um grande escritor. (Machado de Assis era conhecido como o Bruxo do Cosme Velho)

O anjo de pernas tortas foi o melhor jogador do mundo. (Garrincha)

Eufemismo: figura que consiste em atenuar uma expressão desagradável:

José **pegou emprestado sem avisar**; (roubou).

Maurício **entregou a alma a Deus**; (morreu).

Coitado, só porque **é desprovido de beleza**. (feio)

Disfemismo: contrário ao Eufemismo, é a figura de linguagem que consiste em tornar uma expressão desagradável em algo ainda pior.

O homem **abotoou o paletó de madeira**. (morreu)

Está chupando cana pela raiz. (morreu)

Sentou no colo do capeta. (morreu)

Prosopopeia: atribuição de características animadas a seres inanimados.

O vento sussurrou em meus ouvidos.

Parecia que a **agulha odiava o homem**.

Hipérbole: exagero proposital de alguma característica.

Estou morrendo de rir.

Chorou rios de lágrimas.

Hipérbato: inversão sintática de efeito expressivo.

Ouviram do Ipiranga as margens plácidas

De um povo heroico o brado e retumbante.

Colocando na ordem direta:

As margens plácidas do Ipiranga ouviram o brado retumbante de um povo heroico.

Da minha família, ninguém fala!

Gradação: figura que consiste na construção de uma escala de termo que fazem parte do mesmo campo semântico.

Plantou **a semente**, zelou pelo **broto**, regou a **planta** e colheu o **fruto**. (A gradação pode ser do campo semântico da palavra semente – broto, planta e fruto – ou da palavra plantar – zelar, regar, colher)

Ironia: figura que consiste em dizer o contrário do que se pensa.

Lamento por ter sido eu o vencedor dessa prova. (Evidentemente a pessoa não lamenta ser o vencedor de alguma coisa)

Onomatopeia: tentativa de representar um som da natureza. Figura muito comum em histórias em quadrinhos.

Pof, tic-tac, click, bum, vrum!

Sinestesia: confusão dos sentidos do corpo humano para produzir efeitos expressivos.

Ouvi uma **voz suave** saindo do quarto.

O seu **perfume doce** é extremamente inebriante.

22.2 Vícios de Linguagem

Em um âmbito geral, vício de linguagem é toda expressão contrária à lógica da norma gramatical. Vejamos quais são os principais deslizes que se transformam em vícios.

Pleonasmo vicioso: consiste na repetição desnecessária de ideias.

Subir para cima.

Descer para baixo.

Entrar para dentro.

Cardume de peixes.

Enxame de abelhas.

Elo de ligação.

Fato real.

Observação: pode existir o plágio expressivo em um texto poético. Na frase "ele penetrou na escura treva" há pleonasmo, mas não é vicioso.

Ambiguidade: ocorre quando a construção frasal permite que a sentença possua dois sentidos.

Tenho que buscar **a cadela da sua irmã**.

A empregada disse para o chefe que o cheque estava sobre **sua mesa**.

Como você, também estou cansado. (conjunção "como" ou verbo "comer")

Cacofonia: ocorre quando a pronúncia de determinadas palavras permite a construção de outra palavra.

Dei um beijo na bo**ca dela**.

Nos**so hino** é belo.

Na **vez passada**, esca**pei de** uma.

Barbarismo: é um desvio na forma de falar ou grafar determinada palavra.

Mortandela (em vez de mortadela).

Poblema (em vez de problema).

Mindingo (em vez de mendigo).

Salchicha (em vez de salsicha).

Esse conteúdo costuma ser simples para quem pratica a leitura de textos poéticos, portanto devemos sempre ler poesia. Passemos à resolução de algumas questões.

CONHECIMENTOS DE MATEMÁTICA

1. FUNÇÕES, FUNÇÃO AFIM E FUNÇÃO QUADRÁTICA

Neste capítulo será abordado um assunto de grande importância para a matemática: as funções.

1.1 Definições, Domínio, Contradomínio e Imagem

A função é uma relação estabelecida entre dois conjuntos A e B, em que exista uma associação entre cada elemento de A com um único de B por meio de uma lei de formação.

Matematicamente, podemos dizer que função é uma relação de dois valores, por exemplo: $f(x) = y$, sendo que x e y são valores, nos quais x é o domínio da função (a função está dependendo dele) e y é um valor que depende do valor de x, sendo a imagem da função.

As funções possuem um conjunto chamado domínio e outro chamado de imagem da função, além do contradomínio. No plano cartesiano, que o eixo x representa o domínio da função, enquanto no eixo y apresentam-se os valores obtidos em função de x, constituindo a imagem da função (o eixo y seria o contradomínio da função).

Demonstração:

Com os conjuntos A = {1, 4, 7} e B = {1, 4, 6, 7, 8, 9, 12} cria-se a função f: A → B definida por $f(x) = x + 5$, que também pode ser representada por $y = x + 5$. A representação, utilizando conjuntos, desta função é:

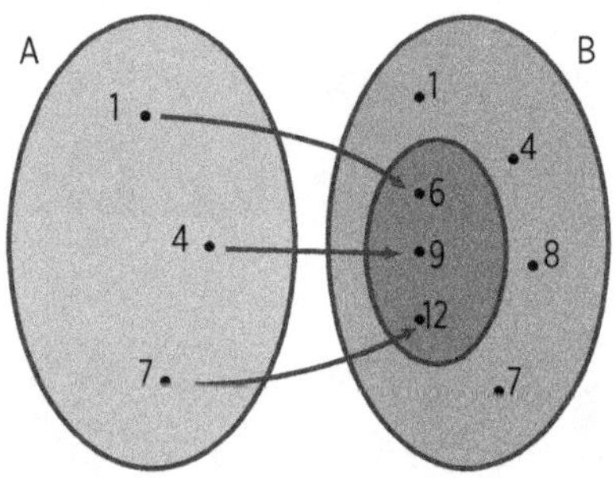

O conjunto A é o conjunto de saída e o B é o conjunto de chegada.

Domínio é um sinônimo para conjunto de saída, ou seja, para esta função o domínio é o próprio conjunto A = {1, 4, 7}.

Como, em uma função, o conjunto de saída (domínio) deve ter todos os seus elementos relacionados, não precisa ter subdivisões para o domínio.

O domínio de uma função também é chamado de campo de definição ou campo de existência da função, e é representado pela letra "D".

O conjunto de chegada "B", também possui um sinônimo, é chamado de contradomínio, representado por "CD".

Note que se pode fazer uma subdivisão dentro do contradomínio. Podemos ter elementos do contradomínio que não são relacionados com algum elemento do Domínio e outros que são. Por isso, deve-se levar em consideração esta subdivisão.

Este subconjunto é chamado de conjunto imagem, e é composto por todos os elementos em que as flechas de relacionamento chegam.

O conjunto Imagem é representado por "Im", e cada ponto que a flecha chega é chamado de imagem.

1.2 Plano Cartesiano

Criado por René Descartes, o plano cartesiano consiste em dois eixos perpendiculares, sendo o horizontal chamado de eixo das abscissas e o vertical de eixo das ordenadas. O plano cartesiano foi desenvolvido por Descartes no intuito de localizar pontos num determinado espaço.

As disposições dos eixos no plano formam quatro quadrantes, mostrados na figura a seguir:

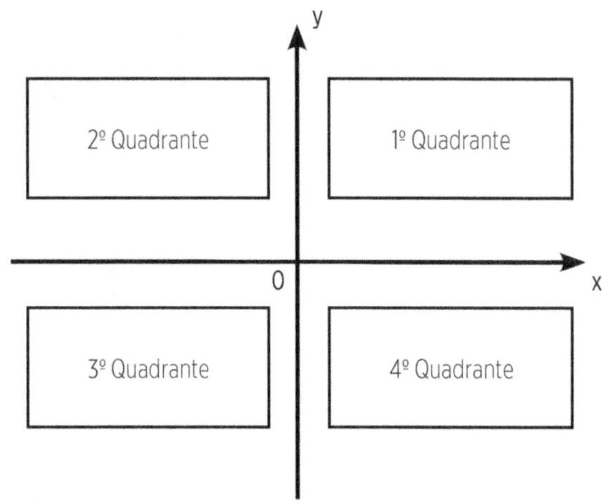

O encontro dos eixos é chamado de origem. Cada ponto do plano cartesiano é formado por um par ordenado (x, y), em que x: abscissa e y: ordenada.

Raízes

Em matemática, uma raiz ou "zero" da função consiste em determinar os pontos de interseção da função com o eixo das abscissas no plano cartesiano. A função f é um elemento no domínio de f tal que $f(x) = 0$.

Ex.: Considere a função:

$f(x) = x^2 - 6x + 9$

3 é uma raiz de f, porque:

$f(3) = 3^2 - 6 \cdot 3 + 9 = 0$

1.3 Funções Injetoras, Sobrejetoras e Bijetoras

Função injetora

É toda a função em que cada x encontra um único y, ou seja, os elementos distintos têm imagens distintas.

Função sobrejetora

Toda a função em que o conjunto imagem é exatamente igual ao contradomínio (y).

Função bijetora

Toda a função que for Injetora e Sobrejetora ao mesmo tempo.

1.4 Funções Crescentes, Decrescentes e Constantes

Função crescente

À medida que x "aumenta", as imagens vão "aumentando".

Com $x_1 > x_2$ a função é crescente para $f(x_1) > f(x_2)$, isto é, aumentando valor de x, aumenta o valor de y.

Função decrescente

À medida que x "aumenta", as imagens vão "diminuindo" (decrescendo).

Com $x_1 > x_2$ a função é crescente para $f(x_1) < f(x_2)$, isto é, aumentando x, diminui o valor de y.

Função constante

Em uma função constante qualquer que seja o elemento do domínio, eles sempre terão a mesma imagem, ao variar x encontra-se sempre o mesmo valor y.

1.5 Funções Inversas e Compostas

Função inversa

Dada uma função f: A → B, se f é bijetora, se define a função inversa f^{-1} como sendo a função de B em A, tal que $f^{-1}(y) = x$.

Ex.: Determine a **inversa** da função definida por:

$y = 2x + 3$

Trocando as variáveis x e y:

$x = 2y + 3$

Colocando y em função de x:

$2y = x - 3$

$y = \frac{x-3}{2}$, que define a função inversa da função dada.

Função composta

Chama-se função composta (ou função de função) a função obtida substituindo-se a variável independente x por uma função.

Simbolicamente fica:

$fog(x) = f(g(x))$ ou $gof(x) = g(f(x))$

Ex.: Dadas as funções $f(x) = 2x + 3$ e $g(x) = 5x$, determine $g_0f(x)$ e $f_0g(x)$.

$g_0f(x) = g[f(x)] = g(2x + 3) = 5(2x + 3) = 10x + 15$

$f_0g(x) = f[g(x)] = f(5x) = 2(5x) + 3 = 10x + 3$

1.6 Função Afim

Chama-se função polinomial do 1º grau, ou função afim, a qualquer função f dada por uma lei da forma $f(x) = ax + b$, cujo a e b são números reais dados e $a \neq 0$.

Na função $f(x) = ax + b$, o número a é chamado de coeficiente de x e o número b é chamado termo constante.

Gráfico

O gráfico de uma função polinomial do 1º grau, $y = ax + b$, com $a \neq 0$, é uma reta oblíqua aos eixos x e y.

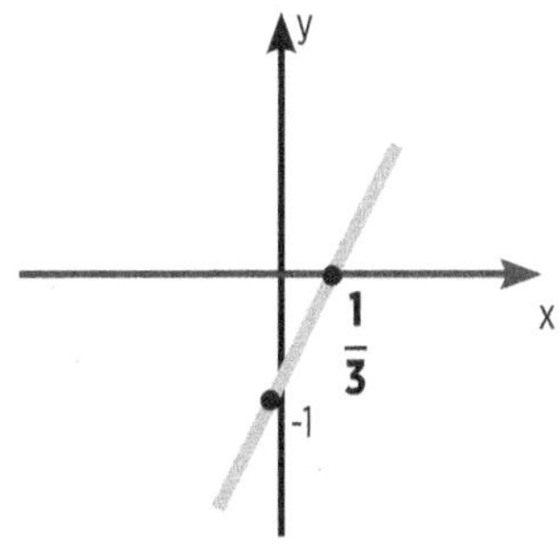

Zero e equação do 1º grau

Chama-se zero ou raiz da função polinomial do 1º grau $f(x) = ax + b$, $a \neq 0$, o número real x tal que $f(x) = 0$.

Assim: $f(x) = 0 \Rightarrow ax + b = 0 \Rightarrow x = \frac{-b}{a}$

Crescimento e decrescimento

A função do 1º grau $f(x) = ax + b$ é crescente quando o coeficiente de x é positivo ($a > 0$).

A função do 1º grau $f(x) = ax + b$ é decrescente quando o coeficiente de x é negativo ($a < 0$).

Sinal

Estudar o sinal de qualquer $y = f(x)$ é determinar os valor de x para os quais y é positivo, os valores de x para os quais y é zero e os valores de x para os quais y é negativo.

Considere uma função afim $y = f(x) = ax + b$, essa função se anula para a raiz $x = \frac{-b}{a}$.

Há então, dois casos possíveis:

a > 0 (a função é crescente)

$$y > 0 \Rightarrow ax + b > 0 \Rightarrow x > \frac{-b}{a}$$

$$Y < 0 \Rightarrow ax + b < 0 \Rightarrow x < \frac{-b}{a}$$

Logo, y é positivo para valores de x maiores que a raiz; y é negativo para valores de x menores que a raiz.

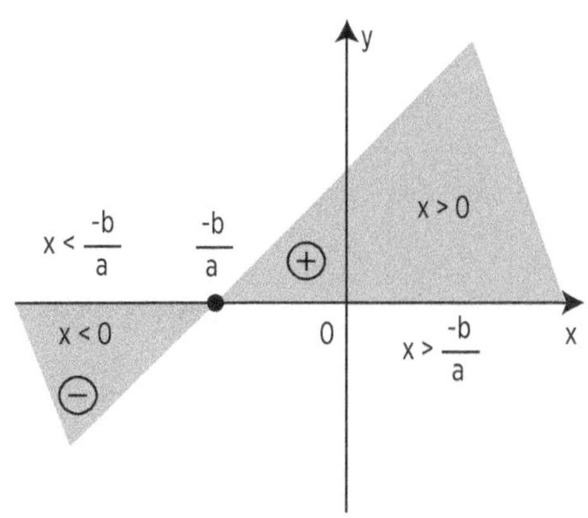

a < 0 (a função é decrescente)

$$y > 0 \Rightarrow ax + b > 0 \Longrightarrow x < \frac{-b}{a}$$

$$y > 0 \Rightarrow ax + b > 0 \Longrightarrow x < \frac{-b}{a}$$

Portanto, y é positivo para valores de x menores que a raiz; y é negativo para valores de x maiores que a raiz.

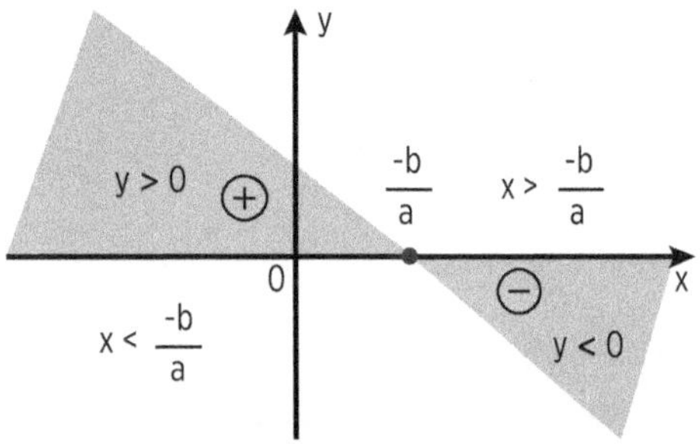

Equações e inequações do 1º grau

Equação

Uma equação do 1º grau na incógnita x é qualquer expressão do 1º grau que pode ser escrita numa das seguintes formas:

$$ax + b = 0$$

Para resolver uma equação, basta achar o valor de "x".

Sistema de equação

Um sistema de equação de 1º grau com duas incógnitas é formado por: duas equações de 1º grau com duas incógnitas diferentes em cada equação.

Ex.:

$$\begin{cases} \mathbf{x + y = 20} \\ \mathbf{3x + 4y = 72} \end{cases}$$

Para encontramos o par ordenado solução desse sistema, é preciso utilizar dois métodos para a sua solução. Esses dois métodos são: Substituição e Adição.

Método da Substituição

Esse método consiste em escolher uma das duas equações, isolar uma das incógnitas e substituir na outra equação.

Dado o sistema $\begin{cases} x + y = 20 \\ 3x + 4y = 72 \end{cases}$ enumeramos as equações.

$$\begin{cases} x + y = 20 & (1) \\ 3x + 4y = 72 & (2) \end{cases}$$

Escolhemos a equação 1 e isolamos o x:

x + y = 20

x = 20 - y

Equação 2 substituímos o valor de x = 20 - y.

3x + 4 y = 72

3 (20 - y) + 4y = 72

60 - 3y + 4y = 72

- 3y + 4y = 72 - 60

y = 12

Para descobrir o valor de x, basta substituir y por 12 na equação:

x = 20 - y.

x = 20 - y

x = 20 - 12

x = 8

Portanto, a solução do sistema é S = (8, 12)

Método da Adição

Este método consiste em adicionar as duas equações de tal forma que a soma de uma das incógnitas seja zero. Para que isso aconteça, será preciso que multipliquemos algumas vezes as duas equações ou apenas uma equação por números inteiros para que a soma de uma das incógnitas seja zero.

Dado o sistema:

$$\begin{cases} x + y = 20 \\ 3x + 4y = 72 \end{cases}$$

Para adicionarmos as duas equações e a soma de uma das incógnitas de zero, teremos que multiplicar a primeira equação por - 3.

$$\begin{cases} x + y = 20 \ (-3) \\ 3x + 4y = 72 \end{cases}$$

Agora, o sistema fica assim:

$$\begin{cases} -3x - 3y = -60 \\ \ \ 3x + 4y = 72 \end{cases}$$

Adicionando as duas equações:

- 3x - 3y = - 60

+ 3x + 4y = 72

y = 12

Para descobrir o valor de x, basta escolher uma das duas equações e substituir o valor de y encontrado:

x + y = 20

x + 12 = 20

x = 20 - 12

x = 8

Portanto, a solução desse sistema é: S = (8, 12)

Inequação

Uma inequação do 1º grau na incógnita x é qualquer expressão do 1º grau que pode ser escrita numa das seguintes formas:

$ax + b > 0$

$ax + b < 0$

$ax + b \geq 0$

$ax + b \leq 0$

Cujo a, b são números reais com $a \neq 0$.

Ex.: $-2x + 7 > 0$

$x - 10 \leq 0$

$2x + 5 \leq 0$

$12 - x < 0$

Resolvendo uma inequação de 1º grau

Uma maneira simples de resolver uma equação do 1º grau é isolarmos a incógnita x em um dos membros da igualdade. Observe dois exemplos:

Ex.: Resolva a inequação $-2x + 7 > 0$:

$-2x > -7 \cdot (-1)$

$2x < 7$

$x < 7/2$

Logo, a solução da inequação é $x < 7/2$

Resolva a inequação $2x - 6 < 0$

$2x < 6$

$x < 6/2$

$x < 3$

Portanto, a solução da inequação é $x < 3$.

Pode-se resolver qualquer inequação do 1º grau por meio do estudo do sinal de uma função do 1º grau, com o seguinte procedimento:

Iguala-se a expressão ax + b a zero;

Localiza-se a raiz no eixo x;

Estuda-se o sinal conforme o caso.

Ex.: $-2x + 7 > 0$

$-2x + 7 = 0$

$x = 7/2$

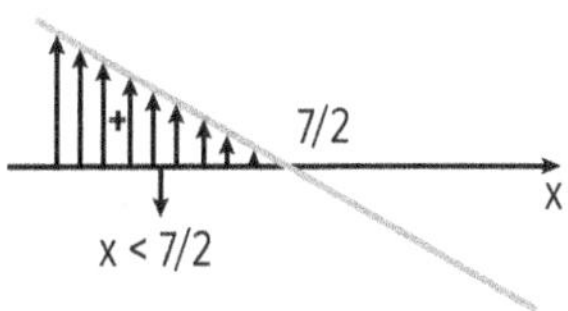

Ex.: $2x - 6 < 0$

$2x - 6 = 0$

$x = 3$

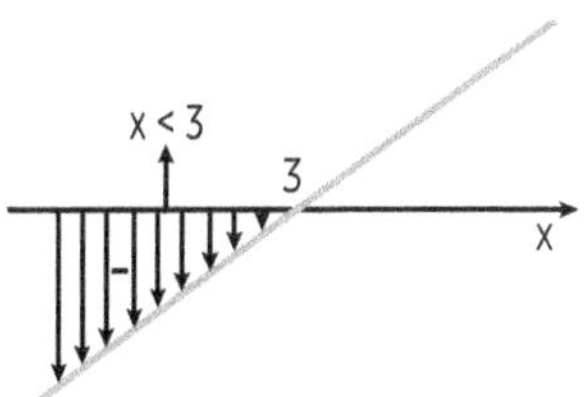

2. FUNÇÃO EXPONENCIAL E FUNÇÃO LOGARÍTMICA

2.1 Equação e Função Exponencial

Chama-se de equação exponencial toda equação na qual a incógnita aparece em expoente.

Para resolver equações exponenciais, devem-se realizar dois passos importantes:

Redução dos dois membros da equação a potências de mesma base;

Aplicação da propriedade:

$$a^m = a^n \Rightarrow m = n \; (a \neq 1 \text{ e } a >)$$

Função exponencial

Chamam-se de funções exponenciais aquelas nas quais temos a variável aparecendo em expoente.

A função $f: IR \to IR_+$, definida por $f(x) = a^x$, com $a \in IR+$ e $a \neq 1$, é chamada função exponencial de base a. O domínio dessa função é o conjunto IR (reais) e o contradomínio é IR_+ (reais positivos, maiores que zero).

Gráfico cartesiano da função exponencial

Há 2 casos a considerar:

Quando a>1;

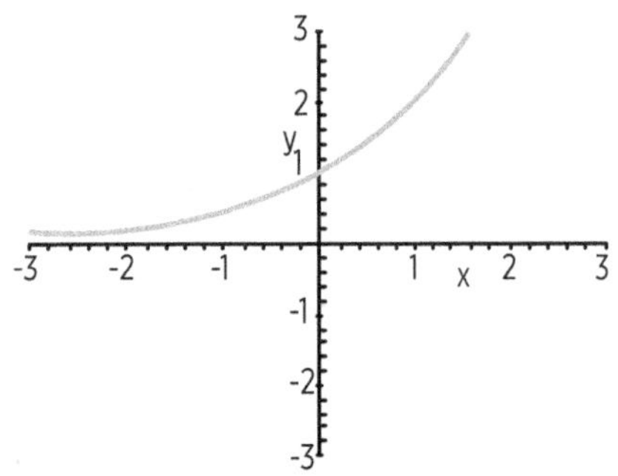

$f(x)$ é crescente e $Im = IR_+$

Para quaisquer x_1 e x_2 do domínio: $x_2 > x_1 \Rightarrow y_2 > y_1$ (as desigualdades têm mesmo sentido).

Quando 0 < a < 1.

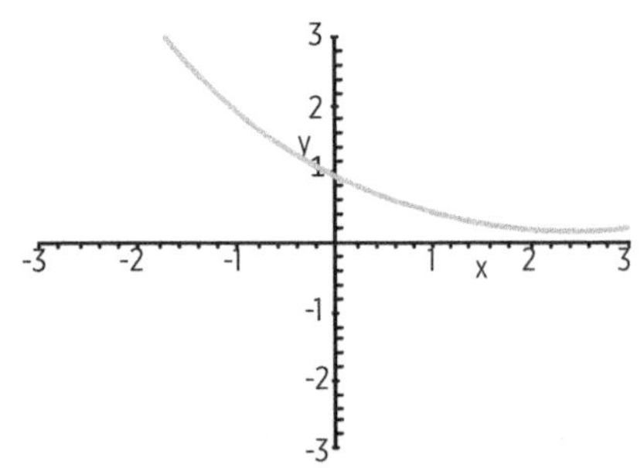

$f(x)$ é decrescente e $Im = IR_+$

Para quaisquer x_1 e x_2 do domínio: $x_2 > x_1 \Rightarrow y_2 < y_1$ (as desigualdades têm sentidos diferentes).

Nas duas situações, pode-se observar que:

> O gráfico nunca intercepta o eixo horizontal;

> A função não tem raízes; o gráfico corta o eixo vertical no ponto (0,1);

> Os valores de y são sempre positivos (potência de base positiva é positiva), portanto, o conjunto imagem é $Im = IR_+$.

Inequações exponenciais

Chama-se de inequação exponencial toda inequação na qual a incógnita aparece em expoente.

Para resolver inequações exponenciais, deve-se realizar dois passos:

Redução dos dois membros da inequação a potências de mesma base;

Aplicação da propriedade:

$a > 1$

$a^m > a^n \Rightarrow m > n$

(as desigualdades têm mesmo sentido)

$0 < a < 1$

$a^m > a^n \Rightarrow m < n$

(as desigualdades têm sentidos diferentes)

2.2 Equação e Função Logarítmica

Logaritmo

$$a^x = b \Leftrightarrow \log_a b = x$$

Sendo $b > 0$, $a > 0$ e $a \neq 1$

Na igualdade $x = \log_a b$ tem:

a= base do logaritmo

b= logaritmando ou antilogaritmo

x= logaritmo

Consequências da definição

Sendo $b > 0$, $a > 0$ e $a \neq 1$ e m um número real qualquer, há, a seguir, algumas consequências da definição de logaritmo:

$\log_a 1 = 0$

$\log_a a = 1$

$\log_a a^m = m$

$a^{\log_a b} = b$

$\log_a b = \log_a c \Leftrightarrow b = c$

Propriedades operatórias dos logaritmos

$$\log_a (x.y) = \log_a x + \log_a y$$

$$\log_a \left(\frac{x}{y}\right) = \log_a x - \log_a y$$

$$\log_a x^m = m . \log_a x$$

$$\log_a \sqrt[n]{x^m} = \log_a x^{\frac{m}{n}} = \frac{m}{n} . \log_a x$$

Cologaritmo

$$\text{colog}_a\, b = \log_a \frac{1}{b}$$

$$\text{colog}_a\, b = -\log_a b$$

Mudança de base

$$\log_a x = \frac{\log_b x}{\log_b a}$$

Função logarítmica

A função f: IR + → IR, definida por $f(x) = \log_a x$, com $a \neq 1$ e $a > 0$, é chamada função logarítmica de base a. O domínio dessa função é o conjunto IR+ (reais positivos, maiores que zero) e o contradomínio é IR (reais).

Gráfico cartesiano da função logarítmica

Há dois casos a se considerar:

Quando a>1;

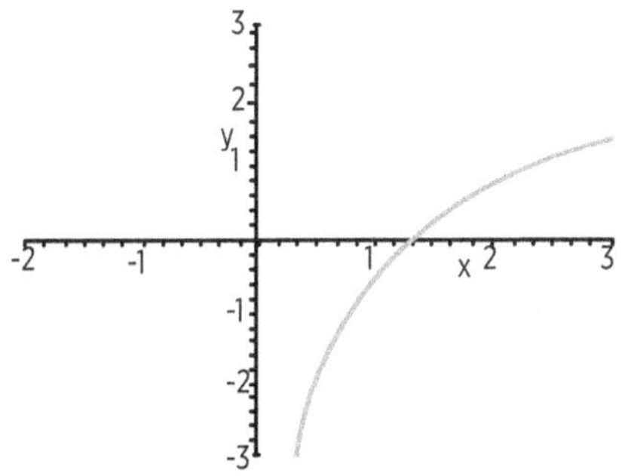

f (x) é crescente e Im = IR

Para quaisquer x_1 e x_2 do domínio: $x_2 > x_1 \Rightarrow y_2 > y_1$ (as desigualdades têm mesmo sentido)

Quando 0<a<1.

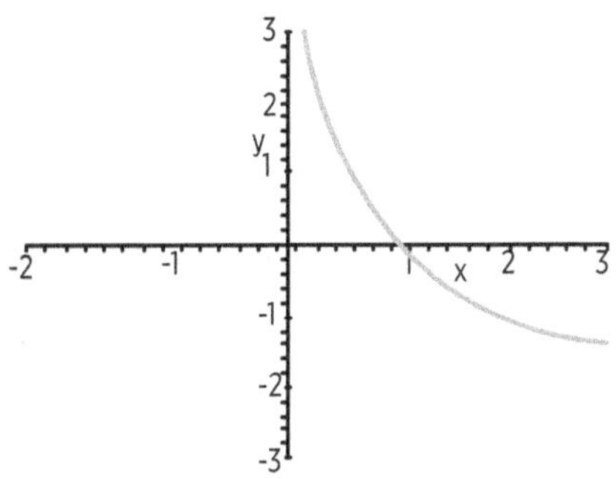

f (x) é decrescente e Im = IR

Para quaisquer x_1 e x_2 do domínio : $x_2 > x_1 \Rightarrow y_2 < y_1$ (as desigualdades têm sentidos diferentes).

Nas duas situações, pode-se observar que:

> O gráfico nunca intercepta o eixo vertical;
> O gráfico corta o eixo horizontal no ponto (1,0);
> A raiz da função é x = 1;
> Y assume todos os valores reais, portanto, o conjunto imagem é Im = IR.

Equações logarítmicas

Chama-se de equações logarítmicas toda equação que envolve logaritmos com a incógnita aparecendo no logaritmando, na base ou em ambos.

Inequações logarítmicas

Chama-se de inequações logarítmicas toda inequação que envolve logaritmos com a incógnita aparecendo no logaritmando, na base ou em ambos.

Para resolver inequações logarítmicas, deve-se realizar dois passos:

Redução dos dois membros da inequação a logaritmos de mesma base;

Aplicação da propriedade:

$a > 1$

$\log_a m > \log_a n \Rightarrow m > n > 0$

(as desigualdades têm mesmo sentido)

$0 < a < 1$

$\log_a m > \log_a n \Rightarrow 0 < m < n$

(as desigualdades têm sentidos diferentes)

3. SEQUÊNCIAS NUMÉRICAS

Neste capítulo, será possível verificar a formação de uma sequência e também do que trata a P.A. (Progressão Aritmética) e a P.G. (Progressão Geométrica).

3.1 Conceitos

Sequências: conjuntos de elementos organizados de acordo com certo padrão, ou seguindo determinada regra. O conhecimento das sequências é fundamental para a compreensão das progressões.

Progressões: as progressões são sequências numéricas com algumas características exclusivas.

Cada elemento das sequências e/ou progressões são denominados termos.

Sequência dos números quadrados perfeitos: (1, 4, 9, 16, 25, 36, 49, 64, 81, 100...);

Sequência dos números primos: (2, 3, 5, 7, 11, 13, 17, 19, 23, 29, 31, 37, 41, 43, 47, 53...).

Veja que na sequência dos números quadrados perfeitos a lei que determina sua formação é: $a_n = n^2$.

3.2 Lei de Formação de uma Sequência

Para determinarmos uma sequência numérica, precisamos de uma lei de formação. A lei que define a sequência pode ser a mais variada possível.

Ex.: A sequência definida pela lei $a_n = n^2 + 1$, com "n" $\in$ N, cujo a_n é o termo que ocupa a n-ésima posição na sequência é: 0, 2, 5, 10, 17, 26... Por esse motivo, a_n é chamado de termo geral da sequência.

3.3 Progressão Aritmética (P.A.)

Progressão aritmética é uma sequência numérica em que cada termo, a partir do segundo, é igual ao anterior adicionado a um número fixo, chamado razão da progressão (r).

Quando r > 0, a progressão aritmética é crescente; quando r < 0, decrescente e quando r = 0, constante ou estacionária.

- (2, 5, 8, 11, ...), temos r = 3. Logo, a P.A. é crescente.
- (20, 18, 16, 14, ...), temos r = -2. Logo, a P.A. é decrescente.
- (5, 5, 5, 5, ...), temos r = 0. Logo, a P.A. é constante.

A representação matemática de uma progressão aritmética é:

$(a_1, a_2, a_3, ..., a_n, a_{n+1}, ...)$ na qual:

$$\begin{cases} a_2 = a_1 + r \\ a_3 = a_2 + r \\ a_4 = a_3 + r \\ \vdots \end{cases}$$

Se a razão de uma PA é a quantidade que acrescentamos a cada termo para obter o seguinte, podemos dizer que ela é igual à diferença entre qualquer termo, a partir do segundo, e o anterior. Assim, de modo geral, temos:

$$r = a_2 - a_1 = a_3 - a_2 = \cdots = a_{n+1} - a_n$$

Para encontrar um termo específico, a quantidade de termos ou até mesmo a razão de uma P.A., dispomos de uma relação chamada termo geral de uma P.A.: $a_n = a_1 + (n-1)\,r$, onde:

- a_n é o termo geral;
- a_1 é o primeiro termo;
- n é o número de termos;
- r é a razão da P.A.

Propriedades:

P_1. Em toda P.A. finita, a soma de dois termos equidistantes dos extremos é igual à soma dos extremos.

1 3 5 7 9 11

5 + 7 = 12

3 + 9 = 12

1 + 11 = 12

OBS.: Dois termos são equidistantes quando a distância entre um deles para o primeiro termo da P.A. é igual a distância do outro para o último termo da P.A.

P_2. Uma sequência de três termos é P.A. se, e somente se, o termo médio é igual à média aritmética entre os outros dois, isto é: (a,b,c) é P.A. $\Leftrightarrow b = \frac{a+c}{2}$

Ex.: seja a P.A. (2, 4, 6), então, $4 = \frac{2+6}{2}$

P_3. Em uma P.A. com número ímpar de termos, o termo médio é a média aritmética entre os extremos.

Ex.: (3, 6, 9, 12, 15, 18, 21, 24, 27, 30, 33, 36, 39), $21 = \frac{3+39}{2}$

P_4. A soma S_n dos n primeiros termos da PA ($a_1, a_2, a_3, ... a_n$) é dada por:

$$S_n = \frac{(a_1 + a_n)}{2} \cdot n$$

Ex.: Calcule a soma dos temos da P.A. (1, 4, 7, 10, 13, 16, 19, 22, 25).

Resolução:

$a_1 = 1$; $a_n = 25$; n = 9

$$S_n = \frac{(a_1 + a_n) \cdot n}{2}$$

$$S_n = \frac{(1 + 25) \cdot 9}{2}$$

$$S_n = \frac{(26) \cdot 9}{2}$$

$$S_n = \frac{234}{2}$$

$$S_n = 117$$

Interpolação aritmética

Interpolar significa inserir termos, ou seja, interpolação aritmética é a colocação de termos entre os extremos de uma P.A. Consiste basicamente em descobrir o valor da razão da P.A. e, com, isso inserir esses termos.

Utiliza-se a fórmula do termo geral para a resolução das questões, em que "**n**" será igual a "$\mathbf{k + 2}$", cujo "$\mathbf{k}$" é a quantidade de termos que se quer interpolar.

Ex.: Insira 5 termos em uma P.A. que começa com 3 e termina com 15.

Resolução:

$a_1 = 3; a_n = 15; k = 5$ e $n = 5 + 2 = 7$

$a_n = a_1 + (n - 1) \cdot r$

$15 = 3 + (7 - 1) \cdot r$

$15 = 3 + 6r$

$6r = 15 - 3$

$6r = 12$

$r = \dfrac{12}{6}$

$r = 2$

Então, P.A. (3, 5, 7, 9, 11, 13, 15)

3.4 Progressão Geométrica (P.G.)

Progressão geométrica é uma sequência de números não nulos em que cada termo, a partir do segundo, é igual ao anterior multiplicado por um número fixo, chamado razão da progressão (q).

A representação matemática de uma progressão geométrica é (a_1, a_2, a_3,...,a_{n-1}, an), na qual $a_2 = a_1 . q$, $a_3 = a_2 . q$,... etc. De modo geral, escrevemos: $a_{n+1} = a_n . q$, $\forall\ n \in N^*$ e $q \in R$.

Em uma P.G., a razão q é igual ao quociente entre qualquer termo, a partir do segundo, e o anterior. Exemplo:

→ (4, 8, 16, 32, 64)

$q = \frac{8}{4} = \frac{16}{8} = \frac{32}{16} = \frac{64}{32} = 2$

→ (6,-18,54,-162)

$q = \frac{186}{6} = \frac{54}{-18} = \frac{-162}{54} = -3$

Assim, podemos escrever:

$\frac{a_2}{a_1} = \frac{a_3}{a_2} = \cdots = \frac{a_{n+1}}{a_n} = q$, sendo q a razão da P.G.

Podemos classificar uma P.G. como:

→ Crescente:

> Quando $a_1 > 0$ e $q > 1$

(2,6,18,54,...) é uma P.G. crescente com $a_1 = 2$ e $q = 3$

> Quando $a_1 < 0$ e $0 < q < 1$

(-40, -20, -10,...) é uma P.G. crescente com $a_1 = -40$ e $q = 1/2$

→ Decrescente:

> Quando $a_1 > 0$ e $0 < q < 1$

(256, 64, 16,...) é uma P.G. decrescente,com $a_1 = 256$ e $q = 1/4$

> Quando $a_1 <0$ e $q > 1$

(-2, -10, -50,...) é uma P.G. decrescente,com $a_1 = -2$ e $q = 5$

→ Constante:

> Quando q=1

(3, 3, 3, 3, 3,...) é uma P.G. constante,com $a_1 = 3$ e $q = 1$

→ Alternada:

> Quando $q < 0$

(2,-6,18,-54) é uma P.G. alternada,com $a_1 = 2$ e $q = -3$

A fórmula do termo geral de uma PG nos permite encontrar qualquer termo da progressão.

$$a_n = a_1 . q^{n-1}$$

Propriedades:

P_1 Em toda P.G. finita, o produto de dois termos equidistantes dos extremos é igual ao produto dos extremos.

1 3 9 27 81 243

9 . 27= 243

3 . 81= 243

1 . 243= 243

OBS.: Dois termos são equidistantes quando a distância de um deles para o primeiro termo P.G. é igual a distância do outro para o último termo da P.G.

P_2 Uma sequência de três termos, em que o primeiro é diferente de zero, é uma P.G. se, e somente, sem o quadrado do termo médio é igual ao produto dos outros dois, isto é, sendo $a \neq 0$.

Ex.: (a, b, c) é P.G. $\Leftrightarrow b^2 = ac$

$(2, 4, 8) \Leftrightarrow 4^2 = 2 . 8 = 16$

P_3 Em uma P.G. com número ímpar de termos, o quadrado do termo médio é igual ao produto dos extremos.

Ex.: (2, 4, 8, 16, 32, 64, 128, 256, 512), temos que $32^2 = 2 \cdot 512 = 1024$.

P_4 Soma dos n primeiros termos de uma P.G. $S_n = \dfrac{a_1(q^n - 1)}{q - 1}$

P_5 Soma dos termos de uma P.G. infinita:

Ex.: $S_\infty = \dfrac{a_1}{1 - q}$, se $-1 < q < 1$

OBS.:

$S_\infty = +\infty$, se $q > 1$ e $a_1 > 0$

$S_\infty = -\infty$, se $q > 1$ e $a_1 < 0$

Interpolação geométrica

Interpolar significa inserir termos, ou seja, interpolação geométrica é a colocação de termos entre os extremos de uma P.G. Consiste basicamente em descobrir o valor da razão da P.G. e, com isso, inserir esses termos.

Utiliza-se a fórmula do termo geral para a resolução das questões, em que "**n**" será igual a "**p + 2**", cujo "**p**" é a quantidade de termos que se quer interpolar.

Ex.: Insira 4 termos em uma P.G. que começa com 2 e termina com 2048.

Resolução:

$a_1 = 2; a_n = 2048; p = 4$ e $n = 4 + 2 = 6$

$$a_n = a_1 \cdot q^{(n-1)}$$

$$2048 = 2 \cdot q^{(6-1)}$$

$$2048 = 2 \cdot q^5$$

$$q^5 = \frac{2048}{2}$$

$$q^5 = 1024 \quad (1024 = 4^5)$$

$$q^5 = 4^5$$

$$q = 4$$

P.G. (2, **8**, **32**, **128**, **512**, 2048).

Produto dos termos de uma p.G.

Para o cálculo do produto dos termos de uma P.G., basta usar a seguinte fórmula:

$$\mathbf{P_n = \sqrt{(a_1 \cdot an)^n}}$$

Qual o produto dos termos da P.G. (5, 10, 20, 40, 80, 160).

Resolução:

$a_1 = 5; a_n = 160; n = 6$

$$P_n = \sqrt{(a_1 \cdot a_n)^n}$$

$$P_n = \sqrt{(5 \cdot 160)^6}$$

$$P_n = (5 \cdot 160)^3$$

$$P_n = (800)^3$$

$$P_n = 512000000$$

4. PORCENTAGEM E JUROS

O presente capítulo trata de uma pequena parte da matemática financeira, e também do uso das porcentagens, assuntos presentes no dia a dia de todos.

4.1 Porcentagem

É a aplicação da taxa percentual a determinado valor.

Taxa percentual: é o valor que vem acompanhado do símbolo %.

Para fins de cálculo, usa-se a taxa percentual em forma de fração ou em números decimais.

Ex.: 3% = 3/100 = 0,03

15% = 15/100 = 0,15

34% de 1200 = 34/100 . 1200 = 40800/100 = 408

65% de 140 = 0,65 . 140 = 91

4.2 Lucro e Prejuízo

Lucro e prejuízo são resultados de movimentações financeiras.

Custo (C): "Gasto".

Venda (V): "Ganho".

Lucro (L): quando se ganha mais do que se gasta.

$$L = V - C$$

Prejuízo (P): quando se gasta mais do que se ganha.

$$P = C - V$$

Basta substituir no lucro ou no prejuízo o valor da porcentagem, no custo ou na venda.

Ex.: Um computador foi comprado por R$ 3.000,00 e revendido com lucro de 25% sobre a venda. Qual o preço de venda?

Como o lucro foi na venda, então L = 0,25V:

L = V – C

0,25V = V – 3.000

0,25V – V = -3.000

-0.75V = -3.000 (-1)

0,75V = 3.000

$$V = \frac{3000}{0,75} = \frac{300000}{75} = 4.000$$

Logo, a venda se deu por R$ 4.000,00.

4.3 Juros Simples

Juros: atributos (ganhos) de uma operação financeira.

Juros simples: os valores são somados ao capital apenas no final da aplicação. Somente o capital rende juros.

Para o cálculo de juros simples, usa-se a seguinte fórmula:

$$J = C \cdot i \cdot t$$

Atenção

Nas questões de juros, as taxas de juros e os tempos devem estar expressos pela mesma unidade.

- J = juros;
- C = capital;
- i = taxa de juros;
- t = tempo da aplicação.

Ex.: Um capital de R$ 2.500,00 foi aplicado a juros de 2% ao trimestre durante um ano. Quais os juros produzidos?

Em 1 ano há exatamente 4 trimestres, como a taxa está em trimestre, agora é só calcular:

J = C . i . t

J = 2.500 . 0,02 . 4

J = 200

4.4 Juros Compostos

Os valores são somados ao capital no final de cada período de aplicação, formando um novo capital, para incidência dos juros novamente. É o famoso caso de juros sobre juros.

Para o cálculo de juros compostos, usa-se a seguinte fórmula:

$$M = C \cdot (1 + I)^t$$

- M = montante;
- C = capital;
- i = taxa de juros;
- t = tempo da aplicação.

Um investidor aplicou a quantia de R$ 10.000,00 à taxa de juros de 2% a.m. durante 4 meses. Qual o montante desse investimento?

Aplicando a fórmula, já que a taxa e o tempo estão na mesma unidade:

Ex.: M = C · (1 + i)t

M = 10.000 · (1 + 0,02)4

M = 10.000 · (1,02)4

M = 10.000 · 1,08243216

M = 10.824,32

4.5 Capitalização

Capitalização: acúmulo de capitais (capital + juros).

Nos juros simples, calcula-se por: M = C + J.

Nos juros compostos, calcula-se por: J = M – C.

Em algumas questões terão que ser calculados os montantes do juro simples ou os juros do juro composto.

5. PORCENTAGEM E JUROS

O presente capítulo trata de uma pequena parte da matemática financeira, e também do uso das porcentagens, assuntos presentes no dia a dia de todos.

5.1 Porcentagem

É a aplicação da taxa percentual a determinado valor.

Taxa percentual: é o valor que vem acompanhado do símbolo %.

Para fins de cálculo, usa-se a taxa percentual em forma de fração ou em números decimais.

Ex.: 3% = 3/100 = 0,03

15% = 15/100 = 0,15

34% de 1200 = 34/100 . 1200 = 40800/100 = 408

65% de 140 = 0,65 . 140 = 91

5.2 Lucro e Prejuízo

Lucro e prejuízo são resultados de movimentações financeiras.

Custo (C): "Gasto".

Venda (V): "Ganho".

Lucro (L): quando se ganha mais do que se gasta.

$$L = V - C$$

Prejuízo (P): quando se gasta mais do que se ganha.

$$P = C - V$$

Basta substituir no lucro ou no prejuízo o valor da porcentagem, no custo ou na venda.

Ex.: Um computador foi comprado por R$ 3.000,00 e revendido com lucro de 25% sobre a venda. Qual o preço de venda?

Como o lucro foi na venda, então L = 0,25V:

L = V – C

0,25V = V – 3.000

0,25V – V = -3.000

-0.75V = -3.000 (-1)

0,75V = 3.000

$$V = \frac{3000}{0,75} = \frac{300000}{75} = 4.000$$

Logo, a venda se deu por R$ 4.000,00.

5.3 Juros Simples

Juros: atributos (ganhos) de uma operação financeira.

Juros simples: os valores são somados ao capital apenas no final da aplicação. Somente o capital rende juros.

Para o cálculo de juros simples, usa-se a seguinte fórmula:

$$J = C \cdot i \cdot t$$

Atenção

Nas questões de juros, as taxas de juros e os tempos devem estar expressos pela mesma unidade.

> J = juros;
> C = capital;
> i = taxa de juros;
> t = tempo da aplicação.

Ex.: Um capital de R$ 2.500,00 foi aplicado a juros de 2% ao trimestre durante um ano. Quais os juros produzidos?

Em 1 ano há exatamente 4 trimestres, como a taxa está em trimestre, agora é só calcular:

J = C . i . t

J = 2.500 . 0,02 . 4

J = 200

5.4 Juros Compostos

Os valores são somados ao capital no final de cada período de aplicação, formando um novo capital, para incidência dos juros novamente. É o famoso caso de juros sobre juros.

Para o cálculo de juros compostos, usa-se a seguinte fórmula:

$$M = C \cdot (1 + I)^t$$

> M = montante;
> C = capital;
> i = taxa de juros;
> t = tempo da aplicação.

Um investidor aplicou a quantia de R$ 10.000,00 à taxa de juros de 2% a.m. durante 4 meses. Qual o montante desse investimento?

Aplicando a fórmula, já que a taxa e o tempo estão na mesma unidade:

Ex.: M = C · (1 + i)t

M = 10.000 · (1 + 0,02)4

M = 10.000 · (1,02)4

M = 10.000 · 1,08243216

M = 10.824,32

5.5 Capitalização

Capitalização: acúmulo de capitais (capital + juros).

Nos juros simples, calcula-se por: M = C + J.

Nos juros compostos, calcula-se por: J = M – C.

Em algumas questões terão que ser calculados os montantes do juro simples ou os juros do juro composto.

6. ANÁLISE COMBINATÓRIA

As primeiras atividades matemáticas da humanidade estavam ligadas à contagem de objetos de um conjunto, enumerando seus elementos.

Vamos estudar, aqui, algumas técnicas para a descrição e contagem de todos os casos possíveis de um acontecimento.

6.1 Definição

A análise combinatória é utilizada para descobrir o **número de maneiras possíveis** de realizar determinado evento, sem que seja necessário demonstrar todas essas maneiras.

Ex.: Quantos são os pares formados pelo lançamento de dois **"dados"** simultaneamente?

No primeiro dado, temos 6 possibilidades – do 1 ao 6 – e, no segundo dado, também temos 6 possibilidades – do 1 ao 6. Juntando todos os pares formados, temos 36 pares (6 . 6 = 36).

(1,1), (1,2), (1,3), (1,4), (1,5), (1,6),
(2,1), (2,2), (2,3), (2,4), (2,5), (2,6),
(3,1), (3,2), (3,3), (3,4), (3,5), (3,6),
(4,1), (4,2), (4,3), (4,4), (4,5), (4,6),
(5,1), (5,2), (5,3), (5,4), (5,5), (5,6),
(6,1), (6,2), (6,3), (6,4), (6,5), (6,6);

Logo, temos **36 pares**.

Não há necessidade de expor todos os pares formados, basta que saibamos quantos pares são.

Imagine se fossem 4 dados e quiséssemos saber todas as quadras possíveis, o resultado seria 1296 quadras. Um número inviável de ser representado. Por isso utilizamos a Análise Combinatória.

Para resolver as questões de Análise Combinatória, utilizamos algumas técnicas, que veremos a partir de agora.

6.2 Fatorial

É comum, nos problemas de contagem, calcularmos o produto de uma multiplicação cujos fatores são números naturais consecutivos. Fatorial de um número (natural) é a multiplicação deste número por todos os seus antecessores, em ordem, até o número 1.

$n! = n\,(n-1)(n-2)\ldots3.2.1,$ *sendo* $n \in \mathbb{N}$ e $n > 1$.

Por definição, temos:
→ $0! = 1$
→ $1! = 1$

Ex.: $4! = 4 \cdot 3 \cdot 2 \cdot 1 = 24$
$6! = 6 \cdot 5 \cdot 4 \cdot 3 \cdot 2 \cdot 1 = 720$
$8! = 8 \cdot 7 \cdot 6 \cdot 5 \cdot 4 \cdot 3 \cdot 2 \cdot 1 = 40320$

Observe que:

$6! = 6 \cdot 5 \cdot 4!$
$8! = 8 \cdot 7 \cdot 6!$

Para n = 0, teremos: 0! = 1.

Para n = 1, teremos: 1! = 1.

Ex.: *Qual deve ser o valor numérico de n para que a equação $(n + 2)! = 20 . n!$ seja verdadeira?*

O primeiro passo na resolução deste problema consiste em escrevermos **(n + 2)!** em função de **n!**, em busca de uma equação que não mais contenha fatoriais:

$(n+2)(n+1)\,n! = 20n!$, dividindo por n!, temos:

$(n+2)(n+1) = 20$, fazendo a distributiva

$n^2 + 3n + 2 = 20 \Rightarrow n^2 + 3n - 18 = 0$

Rapidamente concluímos que as raízes procuradas são **-6** e **3**, mas como não existe fatorial de números negativos, já que eles não pertencem ao conjunto dos números naturais, ficamos apenas com a raiz igual a **3**.

Portanto:

O valor numérico de n, para que a equação seja verdadeira, é igual a 3.

6.3 Princípio Fundamental da Contagem (PFC)

É uma das técnicas mais importantes e uma das mais utilizadas nas questões de Análise Combinatória.

O PFC é utilizado nas questões em que os elementos podem ser repetidos **ou** quando a ordem dos elementos fizer diferença no resultado.

Atenção

Esses "elementos" são os dados das questões, os valores envolvidos.

Consiste de dois princípios: o **multiplicativo** e o **aditivo**. A diferença dos dois consiste nos termos utilizados durante a resolução das questões.

Multiplicativo: usado sempre que na resolução das questões utilizarmos o termo "**e**". Como o próprio nome já diz, faremos multiplicações.

Aditivo: usado quando utilizarmos o termo "**ou**". Aqui realizaremos somas.

Ex.: Quantas senhas de 3 algarismos são possíveis com os algarismos 1, 3, 5 e 7?

Como nas senhas os algarismos podem ser repetidos, para formar senhas de 3 algarismos temos a seguinte possibilidade:

SENHA = Algarismo E Algarismo E Algarismo

Nº de SENHAS = 4 . 4 . 4 (já que são 4 os algarismos que temos na questão, e observe o princípio multiplicativo no uso do "e"). Nº de SENHAS = 64.

Ex.: Quantos são os números naturais de dois algarismos que são múltiplos de 5?

Como o zero à esquerda de um número não é significativo, para que tenhamos um número natural com dois algarismos, ele deve começar com um dígito de 1 a 9. Temos, portanto, 9 possibilidades.

Para que o número seja um múltiplo de 5, ele deve terminar em 0 ou 5, portanto temos apenas 2 possibilidades. A multiplicação de 9 por 2 nos dará o resultado desejado. Logo: São 18 os números naturais de dois algarismos que são múltiplos de 5.

6.4 Arranjo e Combinação

Duas outras técnicas usadas para resolução de problemas de análise combinatória, sendo importante saber quando usa cada uma delas.

Arranjo: usado quando os elementos (envolvidos no cálculo) não podem ser repetidos E quando a ordem dos elementos faz diferença no resultado

A fórmula do arranjo é:

$$A_{n,p} = \frac{n!}{(n-p)!}$$

Sendo:

n = todos os elementos do conjunto;

p = os elementos utilizados.

Ex.: pódio de competição.

Combinação: usado quando os elementos (envolvidos no cálculo) não podem ser repetidos E quando a ordem dos elementos não faz diferença no resultado.

A fórmula da combinação é:

$$C_{n,p} = \frac{n!}{p! \cdot (n-p)!}$$

Sendo:

n = a todos os elementos do conjunto;

p = os elementos utilizados.

Ex.: salada de fruta.

6.5 Permutação

Permutação simples

Seja E um conjunto com n elementos. Chama-se permutação simples dos n elementos, qualquer agrupamento (sequência) de n elementos distintos de E em outras palavras, permutacao é a ORGANIZACAO de TODOS os elementos. Em outras palavras, permutação a ORGANIZAÇÃO de TODOS os elementos

Podemos, também, interpretar cada permutação de **n** elementos como um arranjo simples de **n** elementos tomados **n** a **n**, ou seja, p = n.

Nada mais é do que um caso particular de arranjo cujo p = n.

Logo:

Assim, a fórmula da permutação é:

$$P_n = n!$$

Ex.: Quantos anagramas têm a palavra prova?

A palavra **prova** tem 5 letras, e nenhuma repetida, sendo assim **n** = 5, e:

$P_5 = 5!$

$P_5 = 5 \cdot 4 \cdot 3 \cdot 2 \cdot 1$

$P_5 = 120$ anagramas

Atenção
As permutações são muito usadas nas questões de anagramas.
Anagramas: todas as palavras formadas com todas as letras de uma palavra, quer essas novas palavras tenham sentido ou não na linguagem comum.

Permutação com elementos repetidos

Na permutação com elementos repetidos, usa-se a seguinte fórmula:

$$P_n^{k,y,\cdots,w} = \frac{n!}{k! \cdot y! \cdot \ldots \cdot w!}$$

Sendo:

n = o número total de elementos do conjunto;

k, y, w = as quantidades de elementos repetidos.

Ex.: Quantos anagramas têm a palavra concurso?

Observe que na palavra **CONCURSO** existem duas letras repetidas, o "C" e o "O", e cada uma duas vezes, portanto n = 8, k = 2 e y = 2, agora:

$$P_8^{2,2} = \frac{8!}{2! \cdot 2!}$$

$$P_8^{2,2} = \frac{8 \cdot 7 \cdot 6 \cdot 5 \cdot 4 \cdot 3 \cdot 2!}{2 \cdot 1 \cdot 2!} \quad \textit{(Simplificando o 2!)}$$

$$P_8^{2,2} = \frac{20.160}{2}$$

$$P_8^{2,2} = 10.080 \text{ anagramas}$$

Resumo:

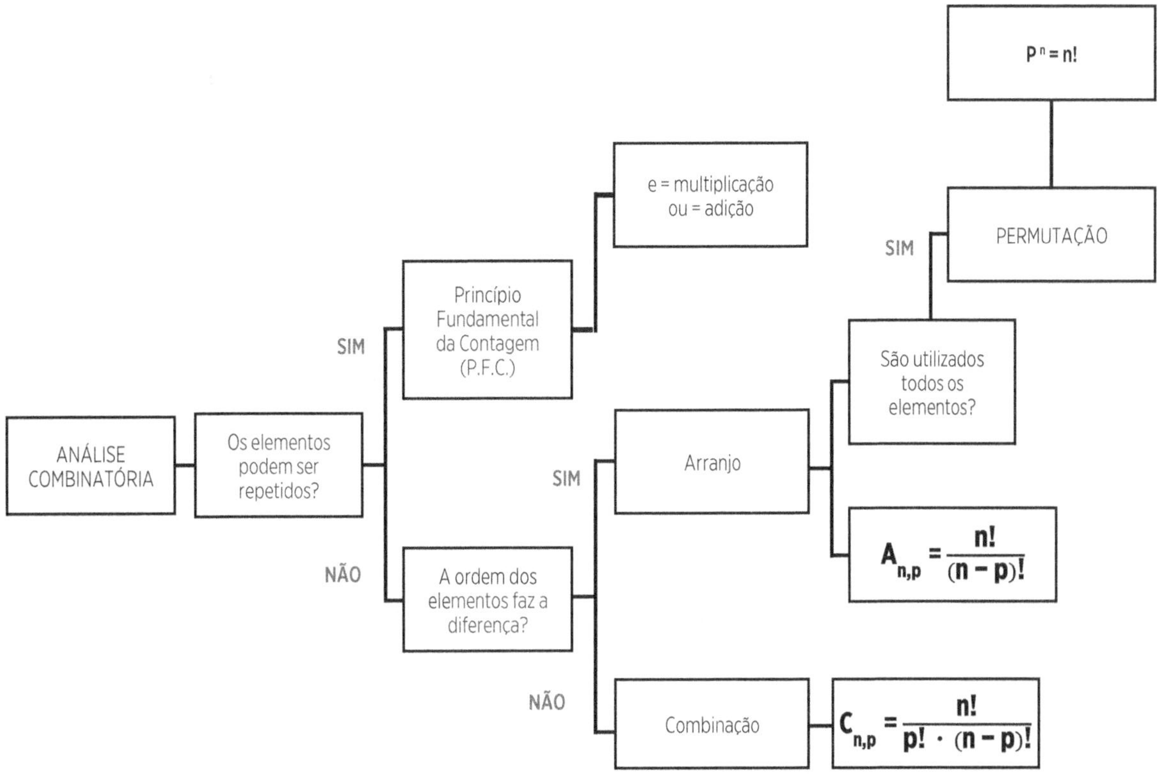

Para saber qual das técnicas utilizar basta fazer duas, no máximo, três perguntas para a questão, veja:

Os elementos podem ser repetidos?

Se a resposta for sim, deve-se trabalhar com o PFC; se a resposta for não, passe para a próxima pergunta;

A ordem dos elementos faz diferença no resultado da questão?

Se a resposta for sim, trabalha-se com arranjo; se a resposta for não, trabalha-se com as combinações (todas as questões de arranjo podem ser feitas por PFC).

(Opcional): vou utilizar todos os elementos para resolver a questão?

Para fazer a 3ª pergunta, depende, se a resposta da 1ª for não e a 2ª for sim; se a resposta da 3ª for sim, trabalha-se com as permutações.

Permutações circulares e combinações com repetição

Casos especiais dentro da análise combinatória

Permutação Circular: usada quando houver giro horário ou anti-horário. Na permutação circular o que importa são as posições, não os lugares.

$$Pc(n) = (n - 1)!$$

Sendo:

n = o número total de elementos do conjunto;

Pc = permutação circular.

Combinação com Repetição: usada quando $p > n$ ou quando a questão deixar subentendido que pode haver repetição.

$$C_{r(n,p)} = C_{(n+p-1,p)} = \frac{(n+p-1)!}{p! \cdot (n-1)!}$$

Sendo:

n = o número total de elementos do conjunto;

p = o número de elementos utilizados;

Cr = combinação com repetição.

7. PROBABILIDADE

A que temperatura a água entra em ebulição? Se largarmos uma bola, com que velocidade ela atinge o chão? Conhecidas certas condições, é perfeitamente possível responder a essas duas perguntas, antes mesmo da realização desses experimentos.

Esses experimentos são denominados determinísticos, pois neles os resultados podem ser previstos.

Considere agora os seguintes experimentos:

> No lançamento de uma moeda, qual a face voltada para cima?

> No lançamento de um dado, que número saiu?

> Uma carta foi retirada de um baralho completo. Que carta é essa?

Mesmo se esses experimentos forem repetidos várias vezes, nas mesmas condições, não poderemos prever o resultado.

Um experimento cujo resultado, mesmo que único, é imprevisível, é denominado experimento aleatório. E é justamente ele que nos interessa neste estudo. Um experimento ou fenômeno aleatório apresenta as seguintes características:

> Pode se repetir várias vezes nas mesmas condições;

> É conhecido o conjunto de todos os resultados possíveis;

> Não se pode prever o resultado.

A teoria da probabilidade surgiu para nos ajudar a medir a "chance" de ocorrer determinado resultado em um experimento aleatório.

7.1 Definições

Para o cálculo das probabilidades, temos que saber primeiro 3 (três) conceitos básicos acerca do tema:

Atenção
Maneiras possíveis de se realizar determinado evento (análise combinatória)
≠ (diferente)
Chance de determinado evento ocorrer (probabilidade).

Experimento Aleatório: é o experimento em que não é possível GARANTIR o resultado, mesmo que esse seja feito diversas vezes nas mesmas condições.

Ex.: Lançamento de uma moeda: ao lançarmos uma moeda os resultados possíveis são o de cara e o de coroa, mas não tem como garantir qual será o resultado desse lançamento.

Ex.: Lançamento de um dado: da mesma forma que a moeda, não temos como garantir qual o resultado (1, 2, 3, 4, 5 e 6) desse lançamento.

Espaço Amostral - (Ω) ou (U): é o conjunto de todos os resultados possíveis para um experimento aleatório.

Ex.: Na moeda: o espaço amostral na moeda é $\Omega = 2$, pois só temos dois resultados possíveis para esse experimento, que é ou CARA ou COROA.

Ex.: No "dado": o espaço amostral no "dado" é U = 6, pois temos do 1 (um) ao 6 (seis), como resultados possíveis para esse experimento.

Evento: Qualquer subconjunto do espaço amostral é chamado evento. No lançamento de um dado, por exemplo, em relação à face voltada para cima, podemos ter os eventos:

> O número par: {2, 4, 6}.

> O número ímpar: {1, 3, 5}.

> Múltiplo de 8: { }.

7.2 Fórmula da Probabilidade

Considere um experimento aleatório em que para cada um dos n eventos simples, do espaço amostral U, a chance de ocorrência é a mesma. Nesse caso o calculo da probabilidade de um evento qualquer dado pela fórmula:

$$P(A) = \frac{n(A)}{n(U)}$$

Na expressão acima, **n (U)** é o número de elementos do espaço amostral **U** e **n (A)**, o número de elementos do evento **A**.

$$P = \frac{\textbf{evento}}{\textbf{espaço amostral}}$$

Os valores da probabilidade variam de 0 (0%) a 1 (100%).

Quando a probabilidade é de 0 (0%), diz-se que o evento é impossível.

Ex.: Chance de você não passar num concurso.

Quando a probabilidade é de 1 (100%), diz-se que o evento é certo.

Ex.: Chance de você passar num concurso.

Qualquer outro valor entre 0 e 1, caracteriza-se como a probabilidade de um evento.

Na probabilidade também se usa o PFC, ou seja sempre que houver duas ou mais probabilidades ligadas pelo conectivo "e" elas serão multiplicadas, e quando for pelo "ou", elas serão somadas.

7.3 Eventos Complementares

Dois eventos são ditos **complementares** quando a chance do evento ocorrer somado à chance de ele não ocorrer sempre dá 1 (um).

$$P(A) + P(\bar{A}) = 1$$

Sendo:

P(A) = a probabilidade do evento ocorrer;

P(Ā) = a probabilidade do evento não ocorrer.

7.4 Casos Especiais de Probabilidade

A partir de agora veremos algumas situações típicas da probabilidade, que servem para não perdermos tempo na resolução das questões.

Eventos independentes

Dois ou mais eventos são independentes quando não dependem uns dos outros para acontecer, porém ocorrem simultaneamente. Para calcular a probabilidade de dois ou mais eventos independentes, basta multiplicar a probabilidade de cada um deles.

Ex.: Uma urna tem 30 bolas, sendo 10 vermelhas e 20 azuis. Se sortearmos 2 bolas, 1 de cada vez e repondo a sorteada na urna, qual será a probabilidade de a primeira ser vermelha e a segunda ser azul?

Sortear uma bola vermelha da urna não depende de uma bola azul ser sorteada e vice-versa, então a probabilidade da bola ser vermelha é $\frac{10}{30}$, e para a bola ser azul a probabilidade é $\frac{20}{30}$. Dessa forma, a probabilidade de a primeira bola ser vermelha e a segunda azul é:

$$P = \frac{20}{30} \cdot \frac{10}{30}$$

$$P = \frac{200}{900}$$

$$P = \frac{2}{9}$$

Probabilidade condicional

É a probabilidade de um evento ocorrer sabendo que já ocorreu outro, relacionado a esse.

A fórmula para o cálculo dessa probabilidade é:

$$P_{A/B} = \frac{P_{(A \cap B)}}{P_B}$$

$$P = \frac{\text{probabilidade dos eventos simultâneos}}{\text{probabilidade do evento condicional}}$$

Probabilidade da união de dois eventos

Assim como na teoria de conjuntos, faremos a relação com a fórmula do número de elementos da união de dois conjuntos. É importante lembrar que "ou" significa união.

A fórmula para o cálculo dessa probabilidade é:

$$P(A \cup B) = P(A) + P(B) - P(A \cap B)$$

Ex.: Ao lançarmos um dado, qual é a probabilidade de obtermos um número primo ou um número ímpar?

Os números primos no dado são 2, 3 e 5, já os números ímpares no dado são 1, 3 e 5, então os números primos e ímpares são 3 e 5. Aplicando a fórmula para o cálculo da probabilidade fica:

$$P_{(A \cup B)} = \frac{3}{6} + \frac{3}{6} - \frac{2}{6}$$

$$P_{(A \cup B)} = \frac{4}{6}$$

$$P_{(A \cup B)} = \frac{2}{3}$$

Probabilidade binomial

Essa probabilidade é a chamada probabilidade estatística e será tratada aqui de forma direta e com o uso da fórmula.

A fórmula para o cálculo dessa probabilidade é:

$$P = C_{n,s} \cdot P^{s}_{sucesso} \cdot P^{f}_{fracasso}$$

Sendo:

C = o combinação;

n = o número de repetições do evento;

s = o números de "sucessos" desejados;

f = o número de "fracassos".

CONHECIMENTOS DE DIREITOS E GARANTIAS FUNDAMENTAIS

1. DIREITOS FUNDAMENTAIS

Os direitos e garantias fundamentais estão entre os temas mais cobrados em provas. Além de questões envolvendo a literalidade do texto constitucional, encontramos aqui muitas discussões doutrinárias e jurisprudências que tornam essa matéria uma fonte inesgotável de questões.

Procura-se nas próximas páginas apresentar as principais questões levantadas na doutrina e nos tribunais, sempre privilegiando as posições adotadas pelas bancas organizadoras de concurso público.

Inicia-se o estudo pelas Regras Gerais aplicáveis aos direitos fundamentais, tema que tem sido priorizado pelas maiores organizadoras de concursos do país.

1.1 Conceito

Os direitos e garantias fundamentais são institutos jurídicos que foram criados no decorrer do desenvolvimento da humanidade e se constituem de normas protetivas que formam um núcleo mínimo de prerrogativas inerentes à condição humana.

1.2 Amplitude Horizontal e Vertical

Possuem como objetivo principal a proteção do indivíduo diante do poder do Estado. Mas não só do Estado. Os direitos e garantias fundamentais também constituem normas de proteção do indivíduo em relação aos outros indivíduos da sociedade.

E é exatamente nesse ponto que surgem os conceitos de **Amplitude Horizontal e Amplitude Vertical.** Amplitude vertical é o efeito protetor que as normas definidoras de direitos e garantias fundamentais produzem para um indivíduo diante do Estado. Já a amplitude horizontal é o efeito protetor que as normas definidoras de direitos e garantias fundamentais produzem para um indivíduo diante dos outros indivíduos.

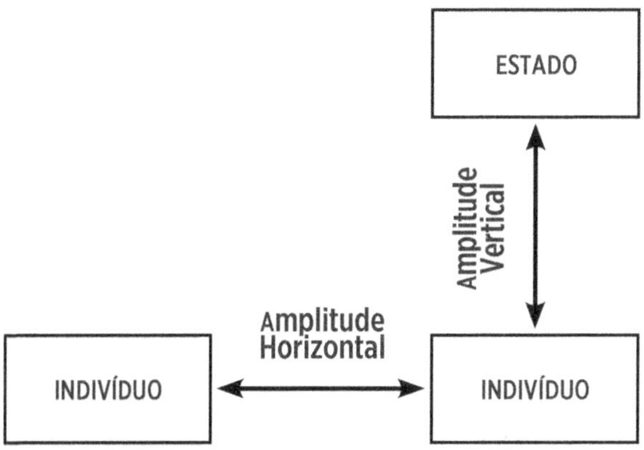

1.3 Classificação

A Constituição Federal, quando se refere aos direitos fundamentais, classifica-os em cinco grupos:

> Direitos e Deveres Individuais e Coletivos;
> Direitos Sociais;
> Direitos de Nacionalidade;
> Direitos Políticos;
> Partidos Políticos.

Essa classificação encontra-se distribuída entre os Arts. 5º e 17 do texto constitucional e é normalmente chamada pela doutrina de Conceito Formal dos Direitos Fundamentais. O Conceito Formal é o que a Constituição Federal resolveu classificar como sendo Direito Fundamental. É o rol de direitos fundamentais previstos expressamente no texto constitucional.

Costuma-se perguntar nas provas: "O rol de direitos fundamentais é um rol exaustivo? Ou melhor, taxativo?" O que se quer saber é se o rol de direitos fundamentais é só aquele que está expresso na Constituição ou não.

Responde-se a essa questão com o § 2º do Art. 5º, que diz:

> ***§ 2º** - Os direitos e garantias expressos nesta Constituição não excluem outros decorrentes do regime e dos princípios por ela adotados, ou dos tratados internacionais em que a República Federativa do Brasil seja parte.*

Isso significa que o rol não é taxativo, mas exemplificativo. A doutrina costuma chamar esse parágrafo de Cláusula de Abertura Material, que é exatamente a possibilidade de existirem outros direitos fundamentais, ainda que fora do texto constitucional. Esse seria o Conceito Material dos direitos fundamentais, ou seja, todos os direitos fundamentais que possuem a essência fundamental, ainda que não estejam expressos no texto constitucional.

1.4 Características

O elemento jurídico acima abordado, além de explicar a possibilidade de se inserirem novos direitos fundamentais no rol dos que já existem expressamente na Constituição Federal, também constitui uma das características que serão abordadas a seguir:

Historicidade

Essa característica revela que os Direitos Fundamentais são frutos da evolução histórica da humanidade. Significa que eles evoluem com o passar do tempo.

Inalienabilidade

Os direitos fundamentais não podem ser alienados, não podem ser negociados, não podem ser transigidos.

Irrenunciabilidade

Os direitos fundamentais não podem ser renunciados.

Imprescritibilidade

Os direitos fundamentais não se sujeitam aos prazos prescricionais. Não se perde um direito fundamental pelo decorrer do tempo.

Universalidade

Os direitos fundamentais pertencem a todas as pessoas, independentemente da sua condição.

Máxima Efetividade

Essa característica é mais uma imposição ao Estado, que está coagido a garantir a máxima efetividade dos direitos fundamentais. Esses direitos não podem ser ofertados de qualquer forma. É necessário que eles sejam garantidos da melhor forma possível.

Concorrência

Os direitos fundamentais podem ser utilizados em conjunto com outros direitos. Não é necessário abandonar um para usufruir outro direito.

Complementariedade

Um direito fundamental não pode ser interpretado sozinho. Cada direito deve ser analisado juntamente com outros direitos fundamentais, bem como com outros institutos jurídicos.

Proibição do Retrocesso

Essa característica proíbe que os direitos já conquistados sejam perdidos.

Limitabilidade

Não existe direito fundamental absoluto. São direitos relativos.

Não Taxatividade

Essa característica, já tratada anteriormente, diz que o rol de direitos fundamentais é apenas exemplificativo, tendo em vista a possibilidade de inserção de novos direitos.

Veja como esse tema costuma ser abordado em prova:

Os atos de improbidade administrativa estão taxativamente previstos em lei, não sendo possível compreender que sua enumeração seja meramente exemplificativa. ERRADO.

1.5 Dimensões dos Direitos Fundamentais

As dimensões, também conhecidas por Gerações de direitos fundamentais, são uma classificação adotada pela doutrina que leva em conta a ordem cronológica de reconhecimento desses direitos. São cinco as dimensões atualmente reconhecidas:

1ª Dimensão – foram os primeiros direitos conquistados pela humanidade. São direitos relacionados à liberdade, em todas as suas formas. Possuem um caráter negativo diante do Estado, tendo em vista ser utilizado como uma verdadeira limitação ao poder estatal, ou seja, o Estado, diante dos direitos de primeira dimensão, fica impedido de agir ou interferir na sociedade. São verdadeiros direitos de defesa com caráter individual. Estão entre estes direitos as liberdades públicas, civis e políticas.

2ª Dimensão – estes direitos surgem na tentativa de reduzirem as desigualdades sociais provocadas pela primeira dimensão. Por isso, são conhecidos como direitos de igualdade. Para reduzir as diferenças sociais, o Estado precisa interferir na sociedade: essa interferência reflete a conduta positiva adotada por meio de prestações sociais. São exemplos de direitos de segunda dimensão: os direitos sociais, econômicos e culturais.

3ª Dimensão – aqui estão os conhecidos direitos de fraternidade. São direitos que refletem um sentimento de solidariedade entre os povos na tentativa de preservarem os direitos de toda a coletividade. São de terceira geração o direito ao meio ambiente saudável, o direito ao progresso da humanidade, ao patrimônio comum, entre outros.

4ª Dimensão – esses direitos ainda não possuem um posicionamento pacífico na doutrina, mas costuma-se dizer que nesta dimensão ocorre a chamada globalização dos direitos fundamentais. São direitos que rompem com as fronteiras entre os Estados. São direitos de todos os seres humanos, independentemente de sua condição, como o direito à democracia, ao pluralismo político. São também considerados direitos de 4ª geração os direitos mais novos, que estão em construção, como o direito genético ou espacial.

5ª Dimensão – essa é a mais nova dimensão defendida por alguns doutrinadores. É formado basicamente pelo direito à paz. Esse seria o direito mais almejado pelo homem e que consubstancia a reunião de todos os outros direitos.

Deve-se ressaltar que esses direitos, à medida que foram sendo conquistados, complementavam os direitos anteriores, de forma que não se pode falar em substituição ou superação de uma geração sobre a outra, mas em cumulação, de forma que hoje podemos usufruir de todos os direitos pertencentes a todas as dimensões.

Para não se esquecer das três primeiras dimensões é só lembrar-se do Lema da Revolução Francesa: Liberdade, Igualdade e Fraternidade.

1ª DIMENSÃO	2ª DIMENSÃO	3ª DIMENSÃO
LIBERDADE	IGUALDADE	FRATERNIDADE

1.6 Titulares dos Direitos Fundamentais

Quem são os Titulares dos Direitos Fundamentais?

A própria Constituição Federal responde a essa pergunta quando diz no *caput* do Art. 5º que são titulares "os brasileiros e estrangeiros residentes no país". Mas será que é necessário residir no país para que o estrangeiro tenha direitos fundamentais?

Imaginemos um avião cheio de alemães que está fazendo uma escala no Aeroporto Municipal de Cascavel-PR.

Nenhum dos alemães reside no país. Seria possível entrar no avião e matar todas aquelas pessoas, haja vista não serem titulares de direitos fundamentais por não residirem no país? É claro que não. Para melhor se compreender o termo "residente", o STF o tem interpretado de forma mais ampla no sentido de abarcar todos aqueles que estão no país. Ou seja, todos os que estão no território brasileiro, independentemente de residirem no país, são titulares de direitos fundamentais.

Mas será que, para ser titular de direitos fundamentais, é necessário ter a condição humana? Ao contrário do que parece, não é necessário. Tem-se reconhecido como titulares de direitos fundamentais as pessoas jurídicas. Ressalta-se que não só as pessoas jurídicas de direito privado, mas também as pessoas jurídicas de direito público.

> *O STF já se pronunciou sobre a "briga de galo" e a "farra do boi", declarando-as inconstitucionais. Quanto à "vaquejada", o Supremo se manifestou acerca da admissibilidade parcial, desde que não figure flagelação do animal. Por fim, o tema de "rodeios" ainda não foi pleiteado.*

Os animais não são considerados titulares de direitos fundamentais, mas isso não significa que seja possível maltratá-los. Na prática, a CF/88 protege-os contra situações de maus-tratos. De outro lado, mortos podem ser titulares de direitos fundamentais, desde que o direito seja compatível (ex.: honra).

1.7 Cláusulas Pétreas e os Direitos Fundamentais

O Art. 60, § 4º da Constituição Federal, traz o rol das chamadas **Cláusulas Pétreas:**

> ***§ 4º** - Não será objeto de deliberação a proposta de emenda tendente a abolir:*
>
> ***I.** A forma federativa de Estado;*
>
> ***II.** O voto direto, secreto, universal e periódico;*
>
> ***III.** A separação dos Poderes;*
>
> ***IV.** Os direitos e garantias individuais.*

As Cláusulas Pétreas são núcleos temáticos formados por institutos jurídicos de grande importância, os quais não podem ser retirados da Constituição. Observe-se que o texto proíbe a abolição desses princípios, mas não impede que os mesmos sejam modificados, no caso, para melhor. Isso já foi cobrado em prova. É importante notar que o texto constitucional prevê no inciso IV como sendo Cláusulas Pétreas apenas os direitos e garantias individuais. Pela literalidade da Constituição, não são todos os direitos fundamentais que são protegidos por esse instituto, mas apenas os de caráter individual. Parte da doutrina e da jurisprudência entende que essa proteção deve ser ampliada, abrangendo os demais direitos fundamentais. Deve-se ter atenção com esse tema em prova, pois já foram cobrados os dois posicionamentos.

1.8 Eficácia dos Direitos Fundamentais

O § 1º do Art. 5º da Constituição Federal prevê que:

> ***§ 1º** - As normas definidoras dos direitos e garantias fundamentais têm aplicação imediata.*

Quando a Constituição Federal se refere à aplicação de uma norma, na verdade está falando da sua eficácia.

Esse tema é sempre cobrado em provas de concurso. Com o intuito de obter uma melhor compreensão, é necessário conceituar, classificar e diferenciar os vários níveis de eficácia das normas constitucionais.

Para que uma norma constitucional seja aplicada é indispensável que a ela possua eficácia, a qual é *a capacidade que uma norma jurídica tem de produzir efeitos*.

Se os efeitos produzidos se restringem ao âmbito normativo, tem-se a chamada **eficácia jurídica**, ao passo que, se os efeitos são concretos, reais, tem-se a chamada **eficácia social.** Eficácia jurídica, portanto, é a capacidade que uma norma constitucional tem de revogar todas as outras normas que com ela apresentem divergência. Já a eficácia social, também conhecida como efetividade, é a aplicabilidade na prática, concreta, da norma. Todas as normas constitucionais possuem eficácia jurídica, mas nem todas possuem eficácia social. Logo, é possível afirmar que todas as normas constitucionais possuem eficácia. O problema surge quando uma norma constitucional não pode ser aplicada na prática, ou seja, não possui eficácia social.

Para explicar esse fenômeno, foram desenvolvidas várias classificações acerca do grau de eficácia de uma norma constitucional. A classificação mais adotada pela doutrina e mais cobrada em prova é a adotada pelo professor José Afonso da Silva[1]. Para esse estudioso, a eficácia social se classifica em:

- **Eficácia Plena;**
- **Eficácia Contida;**
- **Eficácia Limitada.**

As normas de **eficácia plena** são aquelas **autoaplicáveis.** São normas que possuem aplicabilidade direta, imediata e integral. Seus efeitos práticos são plenos. É uma norma que não depende de complementação legislativa para produzir efeitos. Veja os exemplos:

> Art. 1º; Art. 5º, *caput* e incisos XXXV e XXXVI; Art. 19; Art. 21; Art. 53; Art. 60, § 1º e 4º; Art. 69; Art. 128, § 5º, I e II; Art. 145, § 2º; entre outros.

As normas de **eficácia contida** também são **autoaplicáveis**. Assim como as normas de eficácia plena, elas possuem **aplicabilidade direta e imediata**. Contudo, sua aplicação não é integral. É neste ponto que a eficácia contida se diferencia da eficácia plena. A norma de eficácia contida nasce plena, mas pode ser restringida por outra norma.

Daí a doutrina chamá-la de norma contível, restringível ou redutível. Essas espécies permitem que outra norma reduza a sua aplicabilidade. São normas que produzem efeitos imediatos, mas esses efeitos podem ser restringidos. Ex:

> Art. 5º, VII, XII, XIII, XV, XXVII, XXXIII; Art. 9º; Art. 37, I; Art. 170, parágrafo único; entre outros.

Já as normas de **eficácia limitada** são desprovidas de eficácia social. Diz-se que as normas de eficácia limitada não são autoaplicáveis, possuem aplicabilidade indireta, mediata e reduzida ou diferida.

São normas que dependem de outra para produzirem efeitos. O que as difere das normas de eficácia contida é a dependência de outra norma para que produza efeitos sociais. Enquanto as de eficácia contida produzem efeitos imediatos, os quais poderão ser restringidos posteriormente, as de eficácia limitada dependem de outra norma para produzirem efeitos. Deve-se ter cuidado para não pensar que essas espécies normativas não possuem eficácia. Como se afirmou anteriormente, elas possuem eficácia jurídica, mas não possuem eficácia social. As normas de eficácia limitada são classificadas, ainda, em:

- Normas de eficácia limitada de princípio institutivo (organizativo ou organizatório);
- Normas de eficácia limitada de princípio programático.

As normas de eficácia limitada de **princípio institutivo** são aquelas que dependem de outra norma para organizar ou instituir estruturas, entidades ou órgãos.

> Art. 18, § 2º; Art. 22, Parágrafo único; Art. 25, § 3º; Art. 33; Art. 88; Art. 90, §2º; Art. 102, §1º; Art. 107, §1º; Art. 113; Art. 121; Art. 125, §3º; 128, §5º; Art. 131; entre outros.

1 Silva, José Afonso da. "Curso de Direito Constitucional Positivo". 27ª edição. São Paulo: Malheiros, 2005.

As normas de eficácia limitada de **princípio programático** são aquelas que apresentam verdadeiros objetivos a serem perseguidos pelo Estado, programas a serem implementados. Em regra, possuem fins sociais.

Art. 7º, XI, XX, XXVII; Art. 173, §4º; Art. 196; Art. 205; Art. 215; Art. 218; Art. 227; entre outros.

O Supremo Tribunal Federal (STF) possui algumas decisões que conferiram o grau de eficácia limitada aos seguintes dispositivos:

Art. 5º, LI; Art. 37, I; Art. 37, VII; Art. 40, § 4º; Art. 18, §4º.

Feitas as considerações iniciais sobre esse tema, resta saber o que o § 1º do Art. 5º da CF quis dizer com "aplicação imediata". Para traduzir essa expressão, basta analisar a explicação apresentada anteriormente. Segundo a doutrina, as normas que possuem aplicação imediata ou são de eficácia plena ou contida. Ao que parece, o texto constitucional quis restringir a eficácia dos direitos fundamentais em plena ou contida, não existindo, em regra, normas definidoras de direitos fundamentais com eficácia limitada. Entretanto, pelos próprios exemplos aqui apresentados, não é essa a realidade do texto constitucional. Certamente, existem normas de eficácia limitada entre os direitos fundamentais (7º, XI, XX, XXVII). A dúvida que surge então é: como responder na prova?

A doutrina e o STF têm entendido que, apesar do texto expresso na Constituição Federal, existem normas definidoras de direitos fundamentais que não possuem aplicabilidade imediata, as quais são de eficácia limitada. Diante dessa contradição, a doutrina tem orientado no sentido de se conferir a maior eficácia possível aos direitos fundamentais. Em prova, pode ser cobrada tanto uma questão abordando o texto puro da Constituição Federal quanto o posicionamento da doutrina. Deve-se responder conforme for perguntado.

A Constituição previu dois instrumentos para garantir a efetividade das normas de eficácia limitada: **Ação Direta de Inconstitucionalidade** por omissão e o **Mandado de Injunção.**

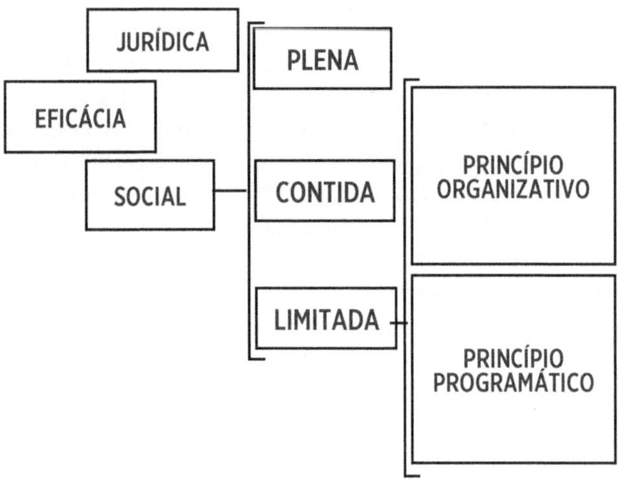

1.9 Força Normativa dos Tratados Internacionais

Uma regra muito importante para a prova é a que está prevista no § 3º do Art. 5º:

> ***§3º** - Os tratados e convenções internacionais sobre direitos humanos que forem aprovados, em cada Casa do Congresso Nacional, em dois turnos, por três quintos dos votos dos respectivos membros, serão equivalentes às emendas constitucionais.*

Esse dispositivo constitucional apresenta a chamada Força Normativa dos Tratados Internacionais.

Segundo o texto constitucional, é possível que um tratado internacional possua força normativa de emenda constitucional, desde que preencha os seguintes requisitos:

- Tem que falar de direitos humanos;
- Tem que ser aprovado nas duas casas legislativas do Congresso Nacional, ou seja, na Câmara dos Deputados e no Senado Federal;
- Tem que ser aprovado em dois turnos em cada casa;
- Tem que ser aprovado por 3/5 dos membros em cada turno de votação, em cada casa.

Preenchidos esses requisitos, o Tratado Internacional terá força normativa de **Emenda à Constituição.**

Mas surge a seguinte questão: e se o Tratado Internacional for de Direitos Humanos e não preencher os requisitos constitucionais previstos no § 3º do Art. 5º da Constituição? Qual será sua força normativa? Segundo o STF, caso o Tratado Internacional fale de direitos humanos, mas não preencha os requisitos do § 3º do Art. 5º da CF, ele terá força normativa de **Norma Supralegal.**

Ainda há os tratados internacionais que não falam de direitos humanos. São tratados que falam de outros temas, por exemplo, o comércio. Esses tratados possuem força normativa de **Lei Ordinária.**

Em suma, são três as forças normativas dos Tratados Internacionais:

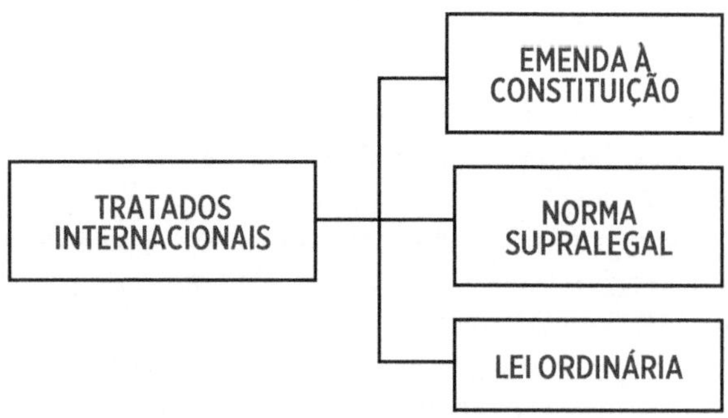

1.10 Tribunal Penal Internacional - TPI

Há outra regra muito interessante prevista no § 4º do Art. 5º da Constituição:

> ***§ 4º** - O Brasil se submete à jurisdição de Tribunal Penal Internacional a cuja criação tenha manifestado adesão.*

É o chamado **Tribunal Penal Internacional**. Mas o que é o Tribunal Penal Internacional? É uma corte permanente, localizada em Haia, na Holanda, com competência de julgamento dos crimes contra a humanidade.

É um Tribunal, pois tem função jurisdicional; é Penal porque só julga crimes; é Internacional, haja vista sua competência não estar restrita à fronteira de um só Estado.

Mas uma coisa deve ser esclarecida. O TPI não julga qualquer tipo de crime. Só os crimes que tenham repercussão para toda a humanidade. Geralmente, são crimes de guerra, agressão estrangeira, genocídio, dentre outros.

Apesar de ser um tribunal com atribuições jurisdicionais, o TPI não faz parte do Poder Judiciário brasileiro. Sua competência é complementar à jurisdição nacional, não ofendendo, portanto, a soberania do Estado brasileiro. Isso significa que o TPI só age quando a Justiça Brasileira se omite ou é ineficaz.

1.11 Direitos X Garantias

Muitos questionam se direitos e garantias são a mesma coisa, mas a melhor doutrina tem diferenciado esses dois institutos.

Os direitos são os próprios direitos previstos na Constituição Federal. São os bens jurídicos tutelados pela Constituição. Eles representam por si só esses bens.

As garantias são instrumentos de proteção dos direitos. São ferramentas disponibilizadas pela Constituição para a fruição dos direitos.

Apesar da diferença entre os dois institutos é possível afirmar que **toda garantia é um direito.**

2. DIREITOS E DEVERES INDIVIDUAIS E COLETIVOS

A Constituição Federal, ao disciplinar os direitos individuais, os coloca basicamente no Art. 5º. Logo no *caput* desse artigo, já aparece uma classificação didática dos direitos ali previstos:

> ***Art. 5º.*** *Todos são iguais perante a lei, sem distinção de qualquer natureza, garantindo-se aos brasileiros e aos estrangeiros residentes no País a inviolabilidade do direito à vida, à liberdade, à igualdade, à segurança e à propriedade, nos termos seguintes:*

Para estudarmos os direitos individuais, utilizaremos os cinco grupos de direitos previstos no *caput* do Art. 5º:

- **Direito à vida;**
- **Direito à igualdade;**
- **Direito à liberdade;**
- **Direito à propriedade;**
- **Direito à segurança.**

Percebe-se que os 78 incisos do Art. 5º, de certa forma, decorrem de um desses direitos que podem ser chamados de **"direitos raízes"**. Utilizando essa divisão, a seguir serão abordados os incisos mais importantes desse artigo, tendo em vista a preparação para a prova. Logicamente, não conseguiremos abordar todos os incisos, o que não tira a responsabilidade de lê-los.

2.1 Direito à Vida

Ao falar desse direito, que é considerado pela doutrina como o **direito mais fundamental de todos**, por ser um pressuposto para o exercício dos demais direitos, enfrenta-se um primeiro dEsafio: esse direito é absoluto?

Assim como os demais direitos, o direito à vida não é absoluto. São várias as justificativas existentes para considerá-lo um direito passível de flexibilização:

Pena de morte

Uma que já apareceu em prova: existe pena de morte no Brasil?

A sua resposta tem que ser "SIM". A alínea "a" do inciso XLVII do Art. 5º traz essa previsão expressamente:

> ***XLVII.*** *Não haverá penas:*
>
> ***a)*** *de morte, salvo em caso de guerra declarada, nos termos do Art. 84, XIX;*

Todas as vezes que a Constituição traz uma negação acompanhada de uma exceção, estamos diante de uma possibilidade.

Aborto

A prática de aborto no Brasil é permitida? O Art. 128 do Código Penal Brasileiro apresenta duas possibilidades de prática de aborto que são verdadeiras excludentes de ilicitude:

> ***Art. 128.*** *Não se pune o aborto praticado por médico:*

Aborto necessário

> ***I.*** *Se não há outro meio de salvar a vida da gestante;*

Aborto sentimental

> ***II.*** *Se a gravidez resulta de estupro e o aborto é precedido de consentimento da gestante ou, quando incapaz, de seu representante legal.*

São os **abortos necessário** e **sentimental**. Aborto necessário é aquele praticado para salvar a vida da gestante e o aborto sentimental é utilizado nos casos de estupro. Essas duas exceções à prática do crime de aborto são hipóteses em que se permite a sua prática no direito brasileiro. Além dessas duas hipóteses previstas expressamente na legislação brasileira, o STF também reconhece a possibilidade da prática de aborto do feto anencéfalo (feto sem cérebro)[1]. Mais uma vez, o direito à vida encontra-se flexibilizado.

Legítima defesa e estado de necessidade

Esses dois institutos, também excludentes de ilicitude do crime, são outras possibilidades de limitação do direito a vida, conforme disposto no Art. 23 do Código Penal Brasileiro:

> ***Art. 23.*** *Não há crime quando o agente pratica o fato:*
>
> ***I.*** *Em estado de necessidade;*
>
> ***II.*** *Em legítima defesa;*

Em linhas gerais e de forma exemplificativa, o estado de necessidade permite que, diante de uma situação de perigo, uma pessoa possa, para salvar uma vida, tirar a vida de outra pessoa. Na legítima defesa, caso sua vida seja ameaçada por alguém, existe legitimidade em retirar a vida de quem o ameaçou.

Outro ponto que deve ser ressaltado é que o direito à vida não está adstrito apenas ao fato de se estar vivo. Quando a constituição protege o direito à vida, a faz em suas diversas acepções. Existem dispositivos constitucionais que protegem o direito à vida no que tange a sua preservação da integridade física e moral (Art. 5º, III, V, XLVII, XLIX; Art. 199, §4º. A Constituição também protege o direito à vida no que tange à garantia de uma vida com qualidade (Arts. 6º; 7º, IV; 196; 205; 215).

2.2 Direito à Igualdade

Igualdade formal x igualdade material

Possui como sinônimo o termo Isonomia. A doutrina classifica esse direito em:

Igualdade Formal

Traduz-se no termo "todos são iguais perante a lei, sem distinção de qualquer natureza". É o previsto no *caput* do Art. 5º. É uma igualdade jurídica, que não se preocupa com a realidade, mas apenas evita que alguém seja tratado de forma discriminatória.

Igualdade Material

Também chamada de igualdade efetiva ou substancial. É a igualdade que se preocupa com a realidade. Traduz-se na seguinte expressão: "tratar os iguais com igualdade e os desiguais com

1 O Tribunal, por maioria e nos termos do voto do Relator, julgou procedente a ação para declarar a inconstitucionalidade da interpretação segundo a qual a interrupção da gravidez de feto anencéfalo é conduta tipificada nos artigos 124, 126, 128, incisos I e II, todos do Código Penal, contra os votos dos Senhores Ministros Gilmar Mendes e Celso de Mello que, julgando-a procedente, acrescentavam condições de diagnóstico de anencefalia especificadas pelo Ministro Celso de Mello; e contra os votos dos Senhores Ministros Ricardo Lewandowski e Cezar Peluso (Presidente), que a julgavam improcedente. Impedido o Senhor Ministro Dias Toffoli. Plenário, 12.04.2012. ADPF 54 – Relator Min. Marco Aurélio.

desigualdade, na medida das suas desigualdades". Esse tipo de igualdade confere um tratamento com justiça para aqueles que não a possuem.

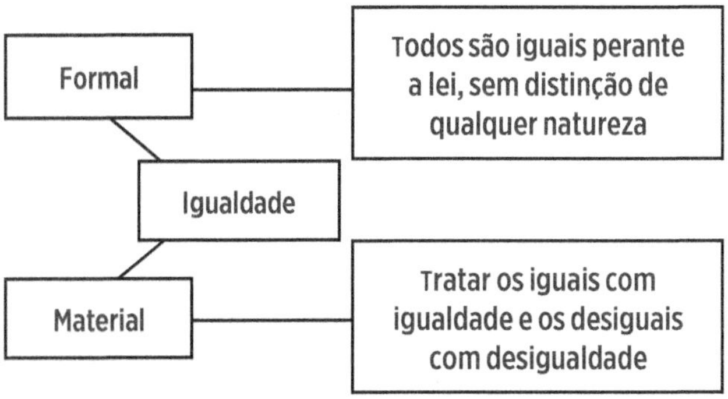

A igualdade formal é a regra utilizada pelo Estado para conferir um tratamento isonômico entre as pessoas. Contudo, por diversas vezes, um tratamento igualitário não consegue atender a todas as necessidades práticas. Faz-se necessária a utilização da igualdade em seu aspecto material para que se consiga produzir um verdadeiro tratamento isonômico.

Imaginemos as relações entre homens e mulheres. A regra é que homem e mulher são tratados da mesma forma conforme previsto no inciso I do Art. 5º:

> ***I.*** *Homens e mulheres são iguais em direitos e obrigações, nos termos desta Constituição;*

Contudo, em diversas situações, homens e mulheres serão tratados de forma diferente:

Licença-maternidade

Tem duração de 120 dias para a mulher. Para o homem, apenas 5 dias de licença-paternidade;

Aposentadoria

A mulher se aposenta 5 anos mais cedo que o homem;

Serviço Militar Obrigatório

Só o homem está obrigado.

Essas são algumas das situações em que são permitidos tratamentos desiguais entre as pessoas. As razões que justificam essa discriminação são as diferenças efetivas que existem entre os homens e as mulheres em cada uma das hipóteses. Exemplificando, a mulher tem mais tempo para se recuperar em razão da nítida distinção do desgaste feminino para o masculino no que tange ao parto. É indiscutível que, por mais desgastante que seja o nascimento de um filho para o pai, nada se compara ao sofrimento suportado pela mãe. Por essa razão, a licença-maternidade é maior que a licença-paternidade.

Igualdade nos concursos públicos

O tema diz respeito à igualdade nos concursos públicos. Seria possível restringir o acesso a um cargo público em razão do sexo de uma pessoa? Ou por causa de sua altura? Ou ainda, pela idade que possui?

Essas questões encontram a mesma resposta: sim! É possível, desde que os critérios discriminatórios preencham alguns requisitos:

Deve ser Fixado em Lei

Não basta que os critérios estejam previstos no edital, precisam estar previstos em lei, no seu sentido formal.

Deve ser Necessário ao Exercício do Cargo

O critério discriminatório deve ser necessário ao exercício do cargo. A título de exemplo: seria razoável exigir para um cargo de policial militar, altura mínima ou mesmo, idade máxima, que representam vigor físico, tendo em vista a natureza do cargo que exige tal condição. As mesmas condições não poderiam ser exigidas para um cargo de técnico judiciário, por não serem necessárias ao exercício do cargo.

Em suma, podem ser exigidos critérios discriminatórios desde que previstos em lei e que sejam necessários ao exercício do cargo, observados os critérios de proporcionalidade e razoabilidade.

Esse tema sempre tem sido alvo de questões em prova, principalmente sob o aspecto jurisprudencial. Veja este exemplo de questão:

No ato da posse o servidor apresentará, se entender necessário, declaração de bens e valores que constituem o seu patrimônio e, obrigatoriamente, declaração quanto ao exercício ou não de outro cargo, emprego ou função pública. ERRADO.

Ações afirmativas

Como formas de concretização da igualdade material foram desenvolvidas políticas públicas de compensação dirigidas às minorias sociais chamadas de **Ações Afirmativas ou Discriminações Positivas**. São verdadeiras ações de cunho social que visam a compensar possíveis perdas que determinados grupos sociais tiveram ao longo da história de suas vidas. Quem nunca ouviu falar nas "quotas para os pobres nas Universidades" ou ainda, "reserva de vagas para deficientes em concursos públicos"? Essas são algumas das espécies de ações afirmativas desenvolvidas no Brasil.

Mas por que reservar vagas para deficientes em concursos públicos? Ora, é óbvio que o deficiente, qualquer que seja sua deficiência, quando se prepara para um concurso público possui muito mais dificuldade que uma pessoa que tem a plenitude de seu vigor físico. Em razão dessa diferença, o Estado, na tentativa de reduzir a desigualdade existente entre os concorrentes, resolveu compensar a limitação de um portador de necessidades especiais reservando-lhe vagas especiais.

Perceba que, ao contrário do que parece, quando se reservam vagas num concurso público para deficientes estamos diante de um nítido tratamento discriminatório, que nesse caso é justificável pelas diferenças naturais entre o concorrente sadio e o concorrente deficiente. Lembre-se de que igualdade material é tratar iguais com igualdade e desiguais com desigualdade. O que se faz por meio dessas políticas de compensação é tratar os desiguais com desigualdade, na medida de suas desigualdades. Só dessa forma é possível alcançar um verdadeiro tratamento isonômico entre os candidatos.

Por fim, destaca-se o fato de o STF ter declarado constitucional a política de cotas étnico-raciais para seleção de estudantes em universidades públicas pacificando uma discussão antiga sobre esse tipo de ação afirmativa.

2.3 Direito à Liberdade

O direito à liberdade pertence à primeira geração de direitos fundamentais por expressarem os direitos mais ansiados pelos indivíduos como forma de defesa diante do Estado. O que se verá a seguir são algumas das acepções desse direito que podem ser cobradas em prova.

Liberdade de ação

O inciso II do Art. 5º apresenta aquilo que a doutrina chama de liberdade de ação:

> ***II.*** *Ninguém será obrigado a fazer ou deixar de fazer alguma coisa senão em virtude de lei;*

Essa é a liberdade por excelência. Segundo o texto constitucional, a liberdade só pode ser restringida por lei. Por isso, dizemos que esse inciso também apresenta o **Princípio da Legalidade.**

A liberdade pode ser entendida de duas formas, a depender do destinatário da mensagem:

Para o particular

Para o particular, liberdade significa "fazer tudo que não for proibido".

Para o agente público

Para o agente público, liberdade significa "poder fazer tudo o que for determinado ou permitido pela lei".

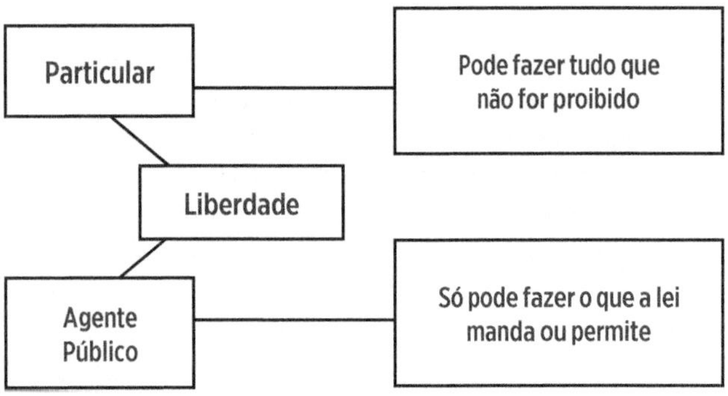

Liberdade de locomoção

Uma das liberdades mais almejadas pelos indivíduos durante as lutas sociais é o grande carro-chefe na limitação dos poderes do Estado. O inciso XV do Art. 5º já diz:

> ***XV.*** *É livre a locomoção no território nacional em tempo de paz, podendo qualquer pessoa, nos termos da lei, nele entrar, permanecer ou dele sair com seus bens;*

Perceba-se que o direito explanado nesse inciso não possui caráter absoluto, haja vista ter sido garantido em tempo de paz. Isso significa que em momentos sem paz seriam possíveis restrições às liberdades de locomoção. Destaca-se o Estado de Sítio que pode ser decretado nos casos previstos no Art. 137 da Constituição Federal. Nessas circunstâncias, seriam possíveis maiores restrições à chamada liberdade de locomoção por meio de medidas autorizadas pela própria Constituição Federal:

> ***Art. 137.*** *O Presidente da República pode, ouvidos o Conselho da República e o Conselho de Defesa Nacional, solicitar ao Congresso Nacional autorização para decretar o estado de sítio nos casos de:*
>
> ***I.*** *Comoção grave de repercussão nacional ou ocorrência de fatos que comprovem a ineficácia de medida tomada durante o estado de defesa;*
>
> ***II.*** *Declaração de estado de guerra ou resposta a agressão armada estrangeira.*
>
> ***Art. 139.*** *Na vigência do estado de sítio decretado com fundamento no Art. 137, I, só poderão ser tomadas contra as pessoas as seguintes medidas:*
>
> ***I.*** *Obrigação de permanência em localidade determinada;*
>
> ***II.*** *Detenção em edifício não destinado a acusados ou condenados por crimes comuns;*

Outro ponto interessante refere-se à possibilidade de qualquer pessoa entrar, permanecer ou sair do país com seus bens. Esse direito também não pode ser encarado de forma absoluta, haja vista a possibilidade de se exigir declaração de bens ou pagamento de imposto quando da entrada no país com bens. Nesse caso, liberdade de locomoção não se confunde com imunidade tributária.

Caso a liberdade de locomoção seja restringida por ilegalidade ou abuso de poder, a Constituição reservou um poderoso instrumento garantidor, o chamado ***Habeas Corpus.***

> ***Art. 5º****, LXVIII. conceder-se-á "Habeas Corpus" sempre que alguém sofrer ou se achar ameaçado de sofrer violência ou coação em sua liberdade de locomoção, por ilegalidade ou abuso de poder;*

Liberdade de pensamento

Essa liberdade serve de amparo para uma série de possibilidades no que tange ao pensamento. Assim como os demais direitos fundamentais, a manifestação do pensamento não possui caráter absoluto, sendo restringido pela própria Constituição Federal, que proíbe seu exercício de forma anônima:

> ***Art. 5º****, IV. É livre a manifestação do pensamento, sendo vedado o anonimato;*

A vedação ao anonimato, além de ser uma garantia ao exercício da manifestação do pensamento, possibilita o exercício do direito de resposta caso alguém seja ofendido.

Sobre Denúncia Anônima, é importante fazer uma observação. Diante da vedação constitucional ao anonimato, poder-se-ia imaginar que essa ferramenta de combate ao crime fosse considerada inconstitucional. Contudo, não tem sido esse o entendimento do STF. A denúncia anônima pode até ser utilizada como ferramenta de comunicação do crime, mas não pode servir como amparo para a instauração do Inquérito Policial, muito menos como fundamento para condenação de quem quer que seja.

Liberdade de consciência e crença religiosa

Uma primeira pergunta deve ser feita acerca da liberdade religiosa em nosso país: qual a religião oficial do Brasil? A única resposta possível: é nenhuma. A liberdade religiosa do Estado brasileiro é incompatível com a existência de uma religião oficial. É o que apresenta o inciso VI do Art. 5º:

> ***VI.*** *É inviolável a liberdade de consciência e de crença, sendo assegurado o livre exercício dos cultos religiosos e garantida, na forma da lei, a proteção aos locais de culto e a suas liturgias;*

Esse inciso marca a liberdade religiosa existente no Brasil. Por esse motivo, dizemos que o Brasil é um Estado laico, leigo ou não confessional. Isso significa, basicamente, que no Brasil existe uma relação de separação entre Estado e Igreja. Essa relação entre o Estado e a Igreja encontra, inclusive, vedação expressa no texto constitucional:

__Art. 19.__ É vedado à União, aos Estados, ao Distrito Federal e aos Municípios:

> ***I.*** *Estabelecer cultos religiosos ou igrejas, subvencioná-los, embaraçar-lhes o funcionamento ou manter com eles ou seus representantes relações de dependência ou aliança, ressalvada, na forma da lei, a colaboração de interesse público;*

Por causa da liberdade religiosa, é possível exercer qualquer tipo de crença no país. É possível ser católico, protestante, mulçumano, ateu ou satanista. Isso é liberdade de crença ou consciência. Liberdade de crer ou não crer. Perceba que o inciso VI, além de proteger as crenças e cultos, também protege as suas liturgias. Apesar do amparo constitucional, não se pode utilizar esse direito para praticar atos contrários às demais normas do direito brasileiro como, por exemplo, sacrificar seres humanos como forma de prestar culto a determinada divindade. Isso a liberdade religiosa não ampara.

Outro dispositivo importante é o previsto no inciso VII:

> ***VII.*** *É assegurada, nos termos da lei, a prestação de assistência religiosa nas entidades civis e militares de internação coletiva;*

Nese inciso, a Constituição Federal garantiu a assistência religiosa nas entidades de internação coletivas, sejam elas civis ou militares. Entidades de internação coletivas são quartéis, hospitais ou hospícios. Em razão dessa garantia constitucional, é comum encontrarmos nesses estabelecimentos capelas para que o direito seja exercido.

Apesar da importância dos dispositivos analisados anteriormente, nenhum é mais cobrado em prova que o inciso VIII:

> ***VIII.*** *Ninguém será privado de direitos por motivo de crença religiosa ou de convicção filosófica ou política, salvo se as invocar para eximir-se de obrigação legal a todos imposta e recusar-se a cumprir prestação alternativa, fixada em lei;*

Estamos diante do instituto da ***Escusa de Consciência.*** Esse direito permite a qualquer pessoa que, em razão de sua crença ou consciência, deixe de cumprir uma obrigação imposta sem que com isso sofra alguma consequência em seus direitos. Tal permissivo constitucional encontra uma limitação prevista expressamente no texto em análise. No caso de uma obrigação imposta a todos, se o indivíduo recusar-se ao seu cumprimento, ser-lhe-á oferecida uma prestação alternativa. Não a cumprindo também, a Constituição permite que direitos sejam restringidos. O Art. 15 prescreve que os direitos restringidos serão os direitos políticos:

> ***Art. 15.*** *É vedada a cassação de direitos políticos, cuja perda ou suspensão só se dará nos casos de:*
>
> ***IV.*** *Recusa de cumprir obrigação a todos imposta ou prestação alternativa, nos termos do Art. 5º, VIII;*

Liberdade de reunião

Acerca dessa liberdade, é importante ressaltar as condições estabelecidas pelo texto constitucional:

> ***XVI.*** *Todos podem reunir-se pacificamente, sem armas, em locais abertos ao público, independentemente de autorização, desde que não frustrem outra reunião anteriormente convocada para o mesmo local, sendo apenas exigido prévio aviso à autoridade competente;*

Enumerando-as, de forma a facilitar o estudo, tem-se que as condições estabelecidas para o exercício do direito à reunião são:

Reunião Pacífica

Não se legitima uma reunião que tenha fins não pacíficos;

Sem Armas

Para evitar a violência ou coação por meio de armas;

Locais Abertos ao Público

Encontra-se subentendida a reunião em local fechado;

Independente de Autorização

Não precisa de autorização;

Necessidade de Prévio Aviso

Precisa de prévio aviso;

Não Frustrar outra Reunião convocada Anteriormente para o Mesmo Local

Garantia de isonomia no exercício do direito prevalecendo o de quem exerceu primeiro.

Sobre o exercício da liberdade de reunião é importante saber que ele não depende de autorização, mas necessita de prévio aviso.

Outro ponto que já foi alvo de questão de prova é a possibilidade de restrição desse direito no Estado de Sítio e no Estado de Defesa. O problema está na distinção entre as limitações que podem ser adotadas em cada uma das medidas:

> ***Art. 136,*** *§ 1º - O decreto que instituir o estado de defesa determinará o tempo de sua duração, especificará as áreas a serem abrangidas e indicará, nos termos e limites da lei, as medidas coercitivas a vigorarem, dentre as seguintes:*
>
> ***I.*** *Restrições aos direitos de:*
>
> ***a)*** *reunião, ainda que exercida no seio das associações;*
>
> ***Art. 139.*** *Na vigência do estado de sítio decretado com fundamento no Art. 137, I, só poderão ser tomadas contra as pessoas as seguintes medidas:*
>
> ***IV.*** *Suspensão da liberdade de reunião;*

Ao passo que no Estado de Defesa ocorrerão restrições ao direito de reunião, no Estado de Sítio ocorrerá a suspensão desse direito.

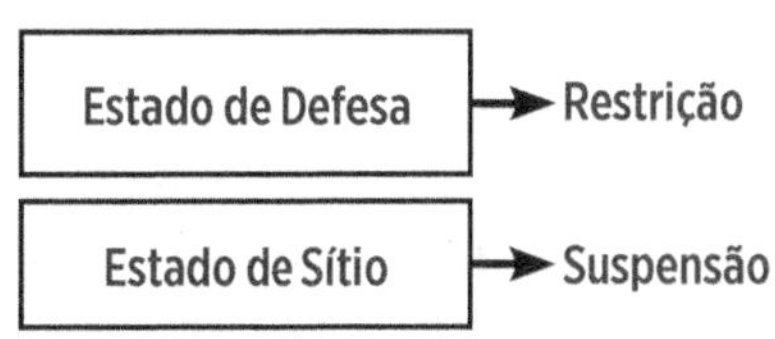

Liberdade de associação

São vários os dispositivos constitucionais que regulam a liberdade de associação:

> ***XVII.*** *É plena a liberdade de associação para fins lícitos, vedada a de caráter paramilitar;*
>
> ***XVIII.*** *A criação de associações e, na forma da lei, a de cooperativas independem de autorização, sendo vedada a interferência estatal em seu funcionamento;*
>
> ***XIX.*** *As associações só poderão ser compulsoriamente dissolvidas ou ter suas atividades suspensas por decisão judicial, exigindo-se, no primeiro caso, o trânsito em julgado;*
>
> ***XX.*** *Ninguém poderá ser compelido a associar-se ou a permanecer associado;*
>
> ***XXI.*** *As entidades associativas, quando expressamente autorizadas, têm legitimidade para representar seus filiados judicial ou extrajudicialmente;*

O primeiro ponto que dever ser lembrado é que a liberdade de associação só poderá ser usufruída para fins lícitos sendo proibida a criação de associação paramilitar.

Entende-se como associação de caráter paramilitar toda organização paralela ao Estado, sem legitimidade, com estrutura e organização tipicamente militar. São as facções criminosas, milícias ou qualquer outra organização que possua fins ilícitos e alheios aos do Estado.

Destaca-se, com a mesma importância para sua prova, a dispensa de autorização e interferência estatal no funcionamento e criação das associações.

Maior destaque deve ser dado ao inciso XIX, que condiciona qualquer limitação às atividades associativas a uma decisão judicial. As associações podem ter suas atividades suspensas ou dissolvidas. Em qualquer um dos casos deve haver decisão judicial. No caso da dissolução, por ser uma medida mais grave, não basta qualquer decisão judicial, tem que ser transitada em julgado. Isso significa uma decisão definitiva, à qual não caiba mais recurso.

O inciso XX tutela a chamada Liberdade Associativa, pela qual ninguém será obrigado a se associar ou mesmo a permanecer associado a qualquer entidade associativa.

Por fim, temos o inciso XXI, que permite às associações que representem seus associados tanto na esfera judicial quanto na administrativa desde que possuam expressa autorização. Expressa autorização significa por escrito, por meio de instrumento legal que comprove a autorização.

Vale destacar que, para suspender as atividades de uma associação, basta qualquer decisão judicial; para dissolver, tem que haver decisão judicial transitada em julgado.

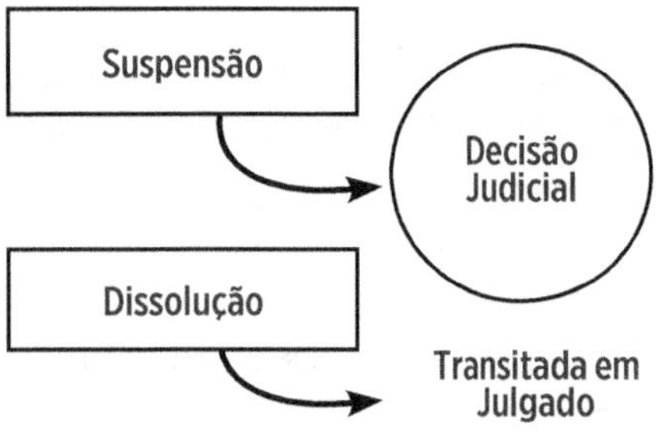

3. DIREITOS E DEVERES INDIVIDUAIS E COLETIVOS

3.1 Direito à Propriedade

Quando se fala em direito à propriedade, alguns atributos que lhe são inerentes aparecem imediatamente. Propriedade é a faculdade que uma pessoa tem de usar, gozar dispor de um bem. O texto constitucional garante esse direito de forma expressa:

> ***Art. 5º**, XXII. É garantido o direito de propriedade.*

Apesar de esse direito aparentar possuir um caráter absoluto, quando se investiga mais a fundo esse tema, percebe-se que ele possui vários limitadores no próprio texto constitucional. E é isso que se passa a analisar agora.

Limitações

Dentre as limitações existentes na Constituição, estão:

Função social

A Constituição exige em seu Art. 5º que a propriedade atenda a sua função social:

> ***XXIII.** A propriedade atenderá a sua função social;*

Isso significa que a propriedade não é tão individual quanto pensamos. A necessidade de observância da função social demonstra que a propriedade é muito mais que uma titularidade privada. Esse direito possui reflexos em toda a sociedade. É só imaginar uma propriedade imóvel, um terreno urbano, que, apesar de possuir um proprietário, fica abandonado. Cresce o mato, as pessoas começam a jogar lixo naquele lugar, alguns criminosos começam a utilizar aquele ambiente para prática de atividades ilícitas. Veja quantas coisas podem acontecer numa propriedade e que importarão em consequências gravosas para o meio social mais próximo. É por isso que a propriedade tem que atender a sua função social.

Requisição administrativa

Consta no inciso XXV do Art. 5º:

> ***XXV.** No caso de iminente perigo público, a autoridade competente poderá usar de propriedade particular, assegurada ao proprietário indenização ulterior, se houver dano;*

Essa é a chamada Requisição Administrativa. Esse instituto permite que a propriedade seja limitada pela necessidade de se solucionar situação de perigo público. Não se trata de uma forma de desapropriação, pois o dono da propriedade requisitada não a perde, apenas a empresta para uso público, sendo garantido, posteriormente, havendo dano, direito a indenização. Esse instituto limita o caráter absoluto da propriedade.

Desapropriação

É a perda da propriedade. Esse é o limitador por excelência do direito, restringindo o caráter perpétuo da propriedade. A seguir, estão exemplificadas as três modalidades de desapropriação:

Desapropriação pelo Mero Interesse Público

Essa modalidade é utilizada pelo Estado quando o interesse social ou a utilidade pública prevalecem sobre o direito individual. Nesse tipo de desapropriação, destaca-se que o proprietário nada fez para merecê-la, contudo, o interesse público exige que determinada área seja desapropriada. É o caso de construção de uma rodovia que exige a desapropriação de várias propriedades para o asfaltamento da via. Conforme o texto da Constituição:

> ***XXIV.** A lei estabelecerá o procedimento para desapropriação por necessidade ou utilidade pública, ou por interesse social, mediante justa e prévia indenização em dinheiro, ressalvados os casos previstos nesta Constituição;*

Deve ser destacado que essa modalidade de desapropriação gera direito à indenização, que deve ser paga em dinheiro, previamente e com valor justo.

Desapropriação-Sanção

Nesta modalidade, o proprietário, por algum motivo, não observou a função social da propriedade. Por esse motivo, é chamada de Desapropriação-sanção, haja vista ser uma verdadeira punição. Segundo a CF, essa desapropriação gera direito à indenização, que deverá ser paga em títulos da dívida pública ou agrária. Segundo os Art. 182, § 4º, III e 184 da Constituição:

> ***Art. 182**, § 4º - É facultado ao Poder Público municipal, mediante lei específica para área incluída no plano diretor, exigir, nos termos da lei federal, do proprietário do solo urbano não edificado, subutilizado ou não utilizado, que promova seu adequado aproveitamento, sob pena, sucessivamente, de:*
>
> ***I.** Parcelamento ou edificação compulsórios;*
>
> ***II.** Imposto sobre a propriedade predial e territorial urbana progressivo no tempo;*
>
> ***III.** Desapropriação com pagamento mediante títulos da dívida pública de emissão previamente aprovada pelo Senado Federal, com prazo de resgate de até dez anos, em parcelas anuais, iguais e sucessivas, assegurados o valor real da indenização e os juros legais.*
>
> ***Art. 184.** Compete à União desapropriar por interesse social, para fins de reforma agrária, o imóvel rural que não esteja cumprindo sua função social, mediante prévia e justa indenização em títulos da dívida agrária, com cláusula de preservação do valor real, resgatáveis no prazo de até vinte anos, a partir do segundo ano de sua emissão, e cuja utilização será definida em lei.*

Desapropriação Confiscatória

Por último, tem-se essa modalidade prevista no Art. 243 da Constituição:

> ***Art. 243.** As propriedades rurais e urbanas de qualquer região do País onde forem localizadas culturas ilegais de plantas psicotrópicas ou a exploração de trabalho escravo na forma da lei serão expropriadas e destinadas à reforma agrária e a programas de habitação popular, sem qualquer indenização ao proprietário e sem prejuízo de outras sanções previstas em lei, observado, no que couber, o disposto no Art. 5º. (Redação dada pela Emenda Constitucional nº 81, de 2014)*
>
> ***Parágrafo único.** Todo e qualquer bem de valor econômico apreendido em decorrência do tráfico ilícito de entorpecentes e drogas afins e da exploração de trabalho escravo será confiscado e reverterá a fundo especial com destinação específica, na forma da lei. (Redação dada pela Emenda Constitucional nº 81, de 2014)*

É a desapropriação que ocorre com a propriedade utilizada para cultivo de plantas psicotrópicas. Nesse caso, não haverá indenização, mas o proprietário poderá ser processado pela prática de ilícito penal.

Desapropriação por Interesse Público	→	Indenizada em Dinheiro
Desapropriação-Sanção	—	Indenizada em títulos da Dívida Pública
Desapropriação Confiscatória	→	Não tem Direito à Indenização

Bem de família

A Constituição consagra uma forma de proteção às pequenas propriedades rurais chamada de Bem de Família:

> ***XXVI.*** *A pequena propriedade rural, assim definida em lei, desde que trabalhada pela família, não será objeto de penhora para pagamento de débitos decorrentes de sua atividade produtiva, dispondo a lei sobre os meios de financiar o seu desenvolvimento;*

O mais importante para prova é atentar para os requisitos estabelecidos no inciso, quais sejam:

Pequena Propriedade Rural

Não se trata de qualquer propriedade.

Definida em Lei

Não em outra espécie normativa.

Trabalhada pela Família

Não por qualquer pessoa.

Débitos Decorrentes da Atividade Produtiva

Não por qualquer débito.

Propriedade imaterial

Além das propriedades sobre bens materiais, a Constituição também consagra normas de proteção sobre a propriedade de bens imateriais. São duas as propriedades consagradas: autoral e industrial.

A propriedade autoral encontra-se protegida nos incisos XXVII e XXVIII do Art. 5º:

> ***XXVII.*** *Aos autores pertence o direito exclusivo de utilização, publicação ou reprodução de suas obras, transmissível aos herdeiros pelo tempo que a lei fixar;*
>
> ***XXVIII.*** *São assegurados, nos termos da lei:*
>
> ***a)*** *a proteção às participações individuais em obras coletivas e à reprodução da imagem e voz humanas, inclusive nas atividades desportivas;*
>
> ***b)*** *o direito de fiscalização do aproveitamento econômico das obras que criarem ou de que participarem aos criadores, aos intérpretes e às respectivas representações sindicais e associativas;*

Já a propriedade industrial encontra-se protegida no inciso XXIX:

> ***XXIX.*** *A lei assegurará aos autores de inventos industriais privilégio temporário para sua utilização, bem como proteção às criações industriais, à propriedade das marcas, aos nomes de empresas e a outros signos distintivos, tendo em vista o interesse social e o desenvolvimento tecnológico e econômico do País;*

Uma relação muito interessante entre a propriedade autoral e a industrial está no tempo de proteção previsto na Constituição. Observe-se que na propriedade autoral o direito do autor é vitalício, tendo em vista a previsão de possibilidade de transmissão desses direitos aos herdeiros. Contudo, quando nas mãos dos sucessores, a proteção será pelo tempo que a lei fixar, ou seja, temporário.

Já na propriedade industrial, a proteção do próprio autor já possui caráter temporário.

Autor	
Propriedade Industrial	Propriedade Autoral
Privilégio Temporário	Privilégio Vitalício

Direito à herança

De nada adiantaria tanta proteção à propriedade se esse bem jurídico não pudesse ser transmitido por meio da sucessão de bens aos herdeiros após a morte. O direito à herança, consagrado expressamente na Constituição, traduz-se no coroamento do direito de propriedade. É a grande força motriz desse direito. Só faz sentido ter direito à propriedade se esse direito possa ser transferido aos herdeiros.

> ***XXX.*** *É garantido o direito de herança;*
>
> ***XXXI.*** *A sucessão de bens de estrangeiros situados no País será regulada pela lei brasileira em benefício do cônjuge ou dos filhos brasileiros, sempre que não lhes seja mais favorável a lei pessoal do de cujus;*

Destaque especial deve ser dado ao inciso XXXI, que prevê a possibilidade de aplicação de lei estrangeira no país em casos de sucessão de bens de pessoa estrangeira desde que esses bens estejam situados no Brasil. A Constituição Federal permite que seja aplicada a legislação mais favorável aos herdeiros, quer seja a lei brasileira, quer seja a lei estrangeira.

3.2 Direito à Segurança

Ao se referir à segurança como direito individual, o Art. 5º pretende significar "segurança jurídica"que trata de normas de pacificação social e que produzem uma maior segurança nas relações sociais. Esse é o ponto alto dos direitos individuais. Sem dúvida, aqui está a maior quantidade de questões cobradas em prova.

Princípio da segurança nas relações jurídicas

Este princípio tem como objetivo garantir a estabilidade das relações jurídicas. Veja o que diz a Constituição:

> ***XXXVI.*** *A lei não prejudicará o direito adquirido, o ato jurídico perfeito e a coisa julgada;*

Os três institutos aqui protegidos encontram seu conceito formalizado na ***Lei de Introdução às normas do Direito Brasileiro.***

> ***Art. 6º***, *§ 1º - Reputa-se ato jurídico perfeito o já consumado segundo a lei vigente ao tempo em que se efetuou.*
>
> ***§ 2º*** *- Consideram-se adquiridos assim os direitos que o seu titular, ou alguém por ele, possa exercer, como aqueles cujo começo do exercício tenha termo pré-fixo, ou condição pré-estabelecida inalterável, a arbítrio de outrem.*
>
> ***§ 3º*** *- Chama-se coisa julgada ou caso julgado a decisão judicial de que já não caiba recurso.*

Em linhas gerais, pode-se assim conceituá-los:

Direito Adquirido

Direito já incorporado ao patrimônio do titular;

Ato Jurídico Perfeito

Ato jurídico que já atingiu seu fim. Ato jurídico acabado, aperfeiçoado, consumado;

Coisa Julgada

Sentença judicial transitada em julgado. Aquela sentença em relação à qual não cabe mais recurso.

De uma coisa não se pode esquecer: a proibição de retroatividade da lei nos casos aqui estudados não se aplica às leis mais benéficas, ou seja, uma lei mais benéfica poderá produzir efeitos em relação ao direito adquirido, ao ato jurídico perfeito e à coisa julgada.

Devido processo legal

O devido processo legal possui como objetivo principal limitar o poder do Estado. Esse princípio condiciona a restrição da liberdade ou dos bens de um indivíduo à existência de um procedimento estatal que respeite todos os direitos e garantias processuais previstos na lei. É o que diz o inciso LIV do Art. 5º:

> ***LIV.*** *Ninguém será privado da liberdade ou de seus bens sem o devido processo legal;*

A exigência constitucional de existência de processo aplica-se tanto aos processos judiciais quanto aos procedimentos administrativos.

Desse princípio, surge a garantia constitucional à **proporcionalidade** e **razoabilidade.** Da mesma forma, é durante o devido processo legal que poderão ser exercidos os direitos ao contraditório e à ampla defesa, que serão analisados a seguir.

Contraditório e ampla defesa

Essas garantias constitucionais, conforme já salientado, decorrem do Devido Processo Legal. São utilizadas como ferramenta de defesa diante das acusações impostas pelo Estado ou por um particular nos processos judiciais e administrativos:

> ***LV.*** *Aos litigantes, em processo judicial ou administrativo, e aos acusados em geral são assegurados o contraditório e ampla defesa, com os meios e recursos a ela inerentes;*

Mas o que significam o contraditório e a ampla defesa?

Contraditório é o direito de contradizer, contrariar, contraditar. Se alguém diz que você é ou fez alguma coisa, o contraditório lhe permite dizer que não é e que não fez o que lhe foi imputado. É simplesmente o direito de contrariar. Já a ampla defesa é a possibilidade de utilização de todos os meios admitidos em direito para se defender de uma acusação.

Em regra, o contraditório e a ampla defesa são garantidos em todos os processos judiciais ou administrativos, contudo, a legislação brasileira previu alguns procedimentos administrativos incompatíveis com o exercício desse direito:

- Inquérito Policial;
- Sindicância Investigativa;
- Inquérito Civil.

Em suma, nos procedimentos investigatórios que não possuem o condão de punir o investigado não serão garantidos o contraditório e a ampla defesa.

Observem-se as Súmulas Vinculantes do Supremo Tribunal Federal que versam sobre esse tema:

> ***SV 3.*** *Nos processos perante o Tribunal de Contas da União asseguram-se o contraditório e a ampla defesa quando da decisão puder resultar anulação ou revogação de ato administrativo que beneficie o interessado, excetuada a apreciação da legalidade do ato de concessão inicial de aposentadoria, reforma e pensão.*
>
> ***SV 5.*** *A falta de defesa técnica por advogado no processo administrativo disciplinar não ofende a Constituição.*
>
> ***SV 14.*** *É direito do defensor, no interesse do representado, ter acesso amplo aos elementos de prova que, já documentados em procedimento investigatório realizado por órgão com competência de polícia judiciária, digam respeito ao exercício do direito de defesa.*
>
> ***SV 21.*** *É inconstitucional a exigência de depósito ou arrolamento prévios de dinheiro ou bens para admissibilidade de recurso administrativo.*

Proporcionalidade e razoabilidade

Eis uma garantia fundamental que não está expressa no texto constitucional apesar de ser um dos institutos mais utilizados pelo Supremo em suas decisões atuais. Trata-se de um princípio implícito, cuja fonte é o Princípio do Devido Processo Legal. Esses dois institutos jurídicos são utilizados como parâmetro de ponderação quando adotadas medidas pelo Estado, principalmente no que tange à restrição de bens e direitos dos indivíduos. Duas palavras esclarecem o sentido dessas garantias: necessidade e adequação.

Para saber se um ato administrativo observou os critérios de proporcionalidade e razoabilidade, deve-se questionar se o ato foi necessário e se foi adequado à situação.

Para exemplificar, imaginemos que um determinado fiscal sanitário, ao inspecionar um supermercado, depara-se com um pote de iogurte com a data de validade vencida há um dia. Imediatamente, ele prende o dono do mercado, dá dois tiros para cima, realiza revista manual em todos os clientes e funcionários do mercado e aplica uma multa de dois bilhões de reais. Pergunta-se: será que a medida adotada pelo fiscal foi necessária? Foi adequada? Certamente que não. Logo, a medida não observou os princípios da razoabilidade e proporcionalidade.

É importante deixar claro que os princípios da proporcionalidade e da razoabilidade estão implícitos no texto constitucional, ou seja, não estão previstos expressamente.

Inadmissibilidade das provas ilícitas

Uma das garantias mais importantes do direito brasileiro é a inadmissibilidade das provas ilícitas. Encontra-se previsto expressamente no inciso LVI do Art. 5º:

> ***LVI.*** *São inadmissíveis, no processo, as provas obtidas por meios ilícitos.*

Em razão dessa garantia, é proibida a produção de provas ilícitas num processo sob pena de nulidade processual. Em regra, a prova ilícita produz nulidade de tudo o que a ela estiver relacionado. Esse efeito decorre da chamada Teoria dos Frutos da Árvore Envenenada. Segundo a teoria, se a árvore está envenenada, os frutos também o serão. Se uma prova foi produzida de forma ilícita, as demais provas dela decorrentes também serão ilícitas (ilicitude por derivação). Contudo, deve-se ressaltar que essa teoria é aplicada de forma restrita no direito brasileiro, ou seja, encontrada uma prova ilícita num processo, não significa que todo o processo será anulado, mas apenas os atos e demais provas que decorreram direta ou indiretamente daquela produzida de forma ilícita.

Caso existam provas autônomas produzidas em conformidade com a lei, o processo deve prosseguir ainda que tenham sido encontradas e retiradas as provas ilícitas. Logo, é possível afirmar que a existência de uma prova ilícita no processo não anula de pronto todo o processo.

Deve-se destacar, ainda, a única possibilidade já admitida de prova ilícita nos tribunais brasileiros: a produzida em legítima defesa.

Inviolabilidade domiciliar

Essa garantia protege o indivíduo em seu recinto mais íntimo: a casa. A Constituição diz:

> ***XI.*** *A casa é asilo inviolável do indivíduo, ninguém nela podendo penetrar sem consentimento do morador, salvo em caso de flagrante delito ou desastre, ou para prestar socorro, ou, durante o dia, por determinação judicial.*

Como regra, só se pode entrar na casa de uma pessoa com o seu consentimento. Excepcionalmente, a Constituição Federal admite a entrada sem consentimento do morador nos casos de:

- Flagrante delito;
- Desastre;
- Prestar socorro ;
- Determinação Judicial – só durante o dia.

No caso de determinação judicial, a entrada se dará apenas durante o dia. Nos demais casos, a entrada será permitida a qualquer hora.

Alguns conceitos importantes: o que é casa? O que pode ser entendido como casa para efeito de inviolabilidade? A jurisprudência tem interpretado o conceito de casa de forma ampla, em consonância com o disposto nos Arts. 245 e 246 do Código de Processo Penal:

> ***Art. 245.*** *As buscas domiciliares serão executadas de dia, salvo se o morador consentir que se realizem à noite, e, antes de penetrarem na casa, os executores mostrarão e lerão o mandado ao morador, ou a quem o represente, intimando-o, em seguida, a abrir a porta.*
>
> ***Art. 246.*** *Aplicar-se-á também o disposto no artigo anterior, quando se tiver de proceder a busca em compartimento habitado ou em aposento ocupado de habitação coletiva ou em compartimento não aberto ao público, onde alguém exercer profissão ou atividade.*

O STF já considerou como casa, para efeitos de inviolabilidade, oficina mecânica, quarto de hotel ou escritório profissional.

Outra questão relevante é saber o que é dia? Dois são os posicionamentos adotados na doutrina:

Das 6h às 18h;

Da aurora ao crepúsculo.

Segundo a jurisprudência, isso deve ser resolvido no caso concreto, tendo em vista variação de fusos horários existentes em nosso país, bem como a ocorrência do "Horário de Verão". Na prática, é possível entrar na casa independentemente do horário, desde que seja durante o dia.

Veja esta questão da FCC sobre o tema:

A casa é asilo inviolável do indivíduo, podendo-se nela entrar, sem permissão do morador, EXCETO

A em caso de desastre.

B em caso de flagrante delito.

C para prestar socorro.

D por determinação judicial, a qualquer hora. Gabarito: D.

Princípio da inafastabilidade da jurisdição

Esse princípio, também conhecido como Princípio do Livre Acesso ao Poder Judiciário ou Direito de Ação, garante, nos casos de necessidade, o acesso direto ao poder judiciário. Também, decorre desse princípio a ideia de que não é necessário o esgotamento das vias administrativas para ingressar com uma demanda no Poder Judiciário. Assim prevê a Constituição Federal:

> ***XXXV.*** *A lei não excluirá da apreciação do Poder Judiciário lesão ou ameaça a direito;*

Perceba que a proteção possui sentido duplo: lesão ou ameaça à lesão. Significa dizer que a garantia pode ser utilizada tanto de forma preventiva como de forma repressiva. Tanto para prevenir a ofensa a direito como para reprimir a ofensa já cometida.

Quanto ao acesso ao Judiciário independentemente do esgotamento das vias administrativas, há algumas peculiaridades previstas na legislação brasileira:

Justiça Desportiva

A Constituição Federal prevê no Art. 217:

> ***Art. 217**, § 1º - O Poder Judiciário só admitirá ações relativas à disciplina e às competições desportivas após esgotarem-se as instâncias da justiça desportiva, regulada em lei.*

Ou seja, o acesso ao Poder Judiciário está condicionado ao esgotamento das vias administrativas.

Compromisso Arbitral

A Lei nº 9.307/96 prevê que as partes, quando em discussão patrimonial, poderão optar pela arbitragem como forma de resolução de conflito.

Não se trata de uma instância administrativa de curso forçado, mas de uma opção facultada às partes.

Habeas Data

O Art. 8º da Lei nº 9.507/97 exige, para impetração do Habeas Data, a comprovação da recusa ao acesso a informação. Parte da doutrina não considera isso como exigência de prévio esgotamento da via administrativa, mas condição da ação. Veja-se a súmula nº 2 do STJ:

> ***Súm. 2.** Não cabe "Habeas Data" se não houve recusa de informações por parte da autoridade administrativa.*

Reclamação Constitucional

O Art. 7º, § 1º da Lei nº 11.417/2006, que regula a edição de Súmulas Vinculantes, prevê que só será possível a Reclamação Constitucional nos casos de omissão ou ato da administração pública que contrarie ou negue vigência à Súmula Vinculante, após o esgotamento das vias administrativas.

Gratuidade das certidões de nascimento e de óbito

A Constituição traz expressamente que:

> ***LXXVI.** São gratuitos para os reconhecidamente pobres, na forma da lei:*
>
> ***a)** o registro civil de nascimento;*
>
> ***b)** a certidão de óbito;*

Observe-se que o texto Constitucional condiciona o benefício da gratuidade do registro de nascimento e da certidão de óbito apenas para os reconhecidamente pobres. Entretanto, a Lei nº 6.015/73 prevê que:

> ***Art. 30.** Não serão cobrados emolumentos pelo registro civil de nascimento e pelo assento de óbito, bem como pela primeira certidão respectiva.*
>
> ***§ 1º** - Os reconhecidamente pobres estão isentos de pagamento de emolumentos pelas demais certidões extraídas pelo cartório de registro civil.*

Perceba que essa lei amplia o benefício garantido na Constituição para todas as pessoas no que tange ao registro e à aquisição da primeira certidão de nascimento e de óbito. Quanto às demais vias, só serão garantidas aos reconhecidamente pobres. Deve-se ter cuidado com essa questão em prova, pois deve ser levado em conta se a pergunta tem como referência a Constituição ou não.

Celeridade processual

Traz o texto constitucional:

> ***LXXVIII.** A todos, no âmbito judicial e administrativo, são assegurados a razoável duração do processo e os meios que garantam a celeridade de sua tramitação.*

Essa é a garantia da celeridade processual. Decorre do Princípio da Eficiência que obriga o Estado a prestar assistência em tempo razoável. Celeridade quer dizer rapidez, mas uma rapidez com qualidade. Esse princípio é aplicável nos processos judiciais e administrativos, visa dar maior efetividade a prestação estatal. Deve-se garantir o direito antes que o seu beneficiário deixe de precisar. Após a inclusão desse dispositivo entre os direitos fundamentais, várias medidas para acelerar a prestação jurisdicional foram adotadas, dentre as quais destacam-se:

- Juizados Especiais;
- Súmula Vinculante;
- Realização de Inventários e Partilhas por Vias Administrativas;
- Informatização do Processo.

Essas são algumas das medidas que foram adotadas para trazer mais celeridade ao processo.

Erro judiciário

Dispositivo de grande utilidade social que funciona como limitador da arbitrariedade estatal. O Estado, no que tange à liberdade do indivíduo, não pode cometer erros sob pena de ter que indenizar o injustiçado. Isso é o que prevê o inciso LXXV do Art. 5º:

> ***LXXV.** O Estado indenizará o condenado por erro judiciário, assim como o que ficar preso além do tempo fixado na sentença;*

Publicidade dos atos processuais

Em regra, os atos processuais são públicos. Essa publicidade visa a garantir maior transparência aos atos administrativos bem como permite a fiscalização popular. Além disso, atos públicos possibilitam um exercício efetivo do contraditório e da ampla defesa. Entretanto, essa publicidade comporta algumas exceções:

> ***LX.** A lei só poderá restringir a publicidade dos atos processuais quando a defesa da intimidade ou o interesse social o exigirem;*

Nos casos em que a intimidade ou o interesse social exigirem, a publicidade poderá ser restringida apenas aos interessados. Imaginemos uma audiência em que estejam envolvidas crianças; nesse caso, como forma de preservação da intimidade, o juiz poderá restringir a participação na audiência apenas aos membros da família e demais interessados.

Sigilo das comunicações

Uma das normas mais importantes da Constituição Federal que versa sobre segurança jurídica é esta:

> ***XII.** É inviolável o sigilo da correspondência e das comunicações telegráficas, de dados e das comunicações telefônicas, salvo, no último caso, por ordem judicial, nas hipóteses e na forma que a lei estabelecer para fins de investigação criminal ou instrução processual penal;*

Esse dispositivo prevê quatro formas de comunicação que possuem proteção constitucional:

> Sigilo da Correspondência;
> Comunicação Telegráfica;
> Comunicação de Dados;
> Comunicações Telefônicas.

Dessas quatro formas de comunicação, apenas uma obteve autorização de violação do sigilo pelo texto constitucional: as comunicações telefônicas. Deve-se tomar cuidado com esse tema em prova. Segundo o texto expresso, só as comunicações telefônicas poderão ter o seu sigilo violado. E mais, só o juiz poderá fazê-lo, com fins definidos também pela Constituição, os quais são para investigação criminal e instrução processual penal.

Entretanto, considerando a inexistência de direito fundamental absoluto, a jurisprudência tem considerado a possibilidade de quebra dos demais sigilos, desde que seja determinada por ordem judicial.

No que tange ao sigilo dos dados bancários, fiscais, informáticos e telefônicos, a jurisprudência tem permitido sua quebra por determinação judicial, determinação de Comissão Parlamentar de Inquérito, requisição do Ministério Público, solicitação da autoridade fazendária.

Tribunal do júri

O Tribunal do Júri é uma instituição pertencente ao poder judiciário, que possui competência específica para julgar determinados tipos de crime. O Júri é formado pelo Conselho de Sentença, que é presidido por um Juiz Togado e por sete jurados que efetivamente farão o julgamento do acusado. A ideia do Tribunal do Júri é que o acusado seja julgado por seus pares.

A Constituição Federal apresenta alguns princípios que regem esse tribunal:

> ***Art. 5º**, XXXVIII. É reconhecida a instituição do júri, com a organização que lhe der a lei, assegurados:*
> ***a)** a plenitude de defesa;*
> ***b)** o sigilo das votações;*
> ***c)** a soberania dos veredictos;*
> ***d)** a competência para o julgamento dos crimes dolosos contra a vida.*

Segundo esse texto, o Tribunal do Júri é regido pelos seguintes princípios:

Plenitude de Defesa

Esse princípio permite que no júri sejam utilizadas todas as provas permitidas em direito. Aqui, o momento probatório é bastante explorado haja vista a necessidade de se convencer os jurados que são pessoas comuns da sociedade.

Sigilo das Votações

O voto é sigiloso. Durante o julgamento não é permitido que um jurado converse com o outro sobre o julgamento sob pena de nulidade;

Soberania dos Veredictos

O que for decidido pelos jurados será considerado soberano. Nem o Juiz presidente poderá modificar o julgamento. Aqui quem decide são os jurados;

Competência para Julgar os Crimes Dolosos Contra a Vida

O júri não julga qualquer tipo de crime, mas apenas os dolosos contra a vida. Crimes dolosos, em simples palavras, são aqueles praticados com intenção, com vontade. São diferentes dos crimes culposos, os quais são praticados sem intenção.

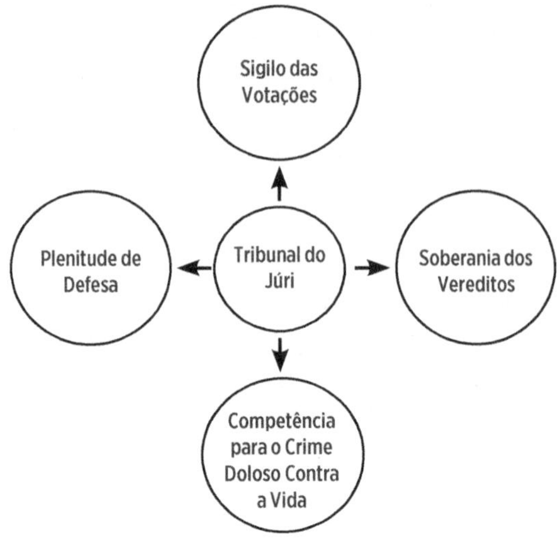

Princípio da anterioridade

O inciso XXXIX do Art. 5º da CF apresenta o chamado Princípio da Anterioridade Penal:

> ***XXXIX.** Não há crime sem lei anterior que o defina, nem pena sem prévia cominação legal.*

Esse princípio decorre na necessidade de se prever antes da aplicação da pena, a conduta que é considerada como crime e a pena que deverá ser cominada. Mais uma regra de segurança jurídica.

Princípio da irretroatividade

Esse princípio também possui sua importância ao prever que a lei penal não poderá retroagir, salvo se for para beneficiar o réu.

> ***Art. 5º**, XL. A lei penal não retroagirá, salvo para beneficiar o réu.*

Crimes imprescritíveis, inafiançáveis e insuscetíveis de graça e anistia

Os dispositivos a seguir estão entre os mais cobrados em prova. O ideal é que sejam memorizados na ordem proposta no quadro abaixo:

> ***Art. 5º**, XLII. A prática do racismo constitui crime inafiançável e imprescritível, sujeito à pena de reclusão, nos termos da lei;*
> ***Art. 5º**, XLIII. A lei considerará crimes inafiançáveis e insuscetíveis de graça ou anistia a prática da tortura, o tráfico ilícito de entorpecentes e drogas afins, o terrorismo e os definidos como crimes hediondos, por eles respondendo os mandantes, os executores e os que, podendo evitá-los, se omitirem;*
> ***Art. 5º**, XLIV. Constitui crime inafiançável e imprescritível a ação de grupos armados, civis ou militares, contra a ordem constitucional e o Estado Democrático.*

Crimes Imprescritíveis	Crimes Inafiançáveis	Crimes Insuscetíveis de Graça e Anistia
Racismo	Racismo	Tráfico
Ação de Grupos Armados	Ação de Grupos Armados	Terrorismo
	Tráfico	Tortura
	Terrorismo	Crimes Hediondos
	Tortura	
	Crimes Hediondos	

Os crimes inafiançáveis englobam todos os crimes previstos nos incisos XLII, XLIII e XLIV.

Os crimes que são insuscetíveis de graça e anistia não são imprescritíveis, e vice e versa. Dessa forma, nunca pode existir, na prova, uma questão que trabalhe com as duas classificações ao mesmo tempo.

Nunca, na prova, pode haver uma questão em que se apresentem as três classificações ao mesmo tempo.

Princípio da personalidade da pena

Assim diz o inciso XLV, do Art. 5º da CF:

> ***XLV.*** *Nenhuma pena passará da pessoa do condenado, podendo a obrigação de reparar o dano e a decretação do perdimento de bens ser, nos termos da lei, estendidas aos sucessores e contra eles executadas, até o limite do valor do patrimônio transferido.*

Esse inciso diz que a pena é pessoal, quem comete o crime responde pelo crime, de forma que não é possível que uma pessoa cometa um crime e outra responda pelo crime em seu lugar; pode até ocorrer, mas seria algum erro, não como regra, porque a pena é pessoal.

É necessário prestar atenção ao tema, pois já apareceu em prova tanto na forma de um problema quanto com a modificação do próprio texto constitucional. Esse princípio da personalidade da pena diz que a pena é pessoal, isto é, a pena não pode passar para outra pessoa, mas permite que a responsabilidade pelos danos civis possa passar para seus herdeiros. Para exemplificar, imaginemos que uma determinada pessoa assalta uma padaria e consegue roubar uns R$ 50.000,00.

Em seguida, a polícia prende o ladrão por ter roubado a padaria. Em regra, todo crime cometido gera uma responsabilidade penal prevista no Código Penal brasileiro. Ainda, deve-se ressarcir os danos causados à vítima. Se ele roubou R$50.000,00, tem que devolver, no mínimo, esse valor à vítima.

É muito difícil conseguir o montante voluntariamente, por isso, é necessário entrar com uma ação civil ex delicto para reaver o dinheiro referente ao crime cometido. O dono da padaria entra com a ação contra o bandido pedindo os R$50.000,00 acrescidos juros e danos morais. Enquanto ele cumpre a pena, a ação está tramitando. Ocorre que o preso se envolve numa confusão dentro da penitenciária e acaba morrendo.

O preso possui alguns filhos, os quais são seus herdeiros. Quando os bens passam aos herdeiros, chamamos isso de sucessão. Quando foram contabilizar os bens que o bandido tinha, perceberam que sobraram apenas R$30.000,00, valor que deve ser divido entre os herdeiros. Pergunta:

01. O homem que cometeu o crime estava cumprindo pena, mas ele morreu. Qual filho assume o lugar dele? O mais velho ou o mais novo?

Nenhum dos dois, porque a pena é personalíssima. Só cumpre a pena quem praticou o crime.

02. É possível que a responsabilidade de reparar os danos materiais exigidos pelo dono da padaria recaia sobre seus herdeiros?

Sim. A Constituição diz que os herdeiros respondem com o valor do montante recebido, até o limite da herança recebida.

03. O dono da padaria pediu R$50.000,00, mas só sobraram R$30.000,00. Os filhos terão que inteirar esse valor até completar os R$50.000,00?

Não, pois a Constituição diz que os sucessores respondem até o limite do patrimônio transferido. Ou seja, se só são transferidos R$30.000,00, então os herdeiros só vão responder pela indenização com esses R$30.000,00. E o os outros R$20.000,00, quem vai pagar? Ninguém. O dono da padaria fica com esse prejuízo.

Penas proibidas e permitidas

Vejamos agora dois incisos do Art. 5º da CF, que sempre caem em prova juntos: incisos XLVI e XLVII. Há no inciso XLVI as penas permitidas e no XLVII as penas proibidas. Mas como isso cai em prova? O examinador pega uma pena permitida e diz que é proibida ou pega uma proibida e diz que é permitida. Conforme os incisos:

> ***XLVI.*** *A lei regulará a individualização da pena e adotará, entre outras, as seguintes:*
>
> ***a)*** *privação ou restrição da liberdade;*
>
> ***b)*** *perda de bens;*
>
> ***c)*** *multa;*
>
> ***d)*** *prestação social alternativa;*
>
> ***e)*** *suspensão ou interdição de direitos.*

Aqui há o rol de penas permitidas. Memorize essa lista para lembrar quais são as penas permitidas. Atenção para uma pena que é pouco comum e que geralmente em prova é colocada como pena proibida, que é a pena de perda de bens.

Veja o próximo inciso com o rol de penas proibidas:

> ***XLVII.*** *Não haverá penas:*
>
> ***a)*** *de morte, salvo em caso de guerra declarada, nos termos do Art. 84, XIX;*
>
> ***b)*** *de caráter perpétuo;*
>
> ***c)*** *de trabalhos forçados;*
>
> ***d)*** *de banimento;*
>
> ***e)*** *cruéis.*

Essas são as penas que não podem ser aplicadas no Brasil. E, na prova, é cobrado da seguinte forma: existe pena de morte no Brasil? Deve-se ter muita atenção com esse tema, pois apesar de a Constituição ter dito que é proibida, existe uma exceção no caso de guerra declarada. Essa exceção é uma verdadeira possibilidade, de forma que deve-se afirmar que existe pena de morte no Brasil. Apesar de a regra ser a proibição, existe a possibilidade de sua aplicação. Só como curiosidade, a pena de morte no Brasil é regulada pelo Código Penal Militar, a qual será executada por meio de fuzilamento.

A próxima pena proibida é a de caráter perpétuo. Não existe esse tipo de pena no Brasil, pois as penas aqui são temporárias. No Brasil, uma pessoa só fica presa até, no máximo, 30 anos.

A outra pena é a de trabalhos forçados. É aquela pena em que o sujeito é obrigado a trabalhar de forma a denegrir a sua condição como ser humano. Esse tipo de pena não é permitida no Brasil.

Há ainda a pena de banimento, que é a expulsão do brasileiro, tanto nato como naturalizado.

Por fim, a Constituição veda a aplicação de penas cruéis. Pena cruel é aquela que denigre a condição humana, expõe o indivíduo a situações desumanas, vexatórias, que provoquem intenso sofrimento.

Princípio da individualização da pena

Nos termos do Art. 5º, inciso XLVIII, da CF:

> ***XLVIII.*** *A pena será cumprida em estabelecimentos distintos, de acordo com a natureza do delito, a idade e o sexo do apenado;*

Esse dispositivo traz uma regra muito interessante, o princípio da individualização da pena. Significa que a pessoa quando cumprir sua pena deve cumpri-la em estabelecimento e condições compatíveis com a sua situação. Se mulher, deve cumprir com mulheres; se homem, cumprirá com homens; se reincidente, com reincidentes; se réu primário, com réus primários; e assim por diante. O ideal é que cada situação possua um cumprimento de pena adequado que propicie um melhor acompanhamento do poder público e melhores condições para a ressocialização.

Regras sobre prisões

São vários os dispositivos constitucionais previstos no Art. 5º, da CF, que se referem às prisões:

> ***LXI.*** *Ninguém será preso senão em flagrante delito ou por ordem escrita e fundamentada de autoridade judiciária competente, salvo nos casos de transgressão militar ou crime propriamente militar, definidos em lei;*
>
> ***LXII.*** *A prisão de qualquer pessoa e o local onde se encontre serão comunicados imediatamente ao juiz competente e à família do preso ou à pessoa por ele indicada;*
>
> ***LXIII.*** *O preso será informado de seus direitos, entre os quais o de permanecer calado, sendo-lhe assegurada a assistência da família e de advogado;*
>
> ***LXIV.*** *O preso tem direito à identificação dos responsáveis por sua prisão ou por seu interrogatório policial;*
>
> ***LXV.*** *A prisão ilegal será imediatamente relaxada pela autoridade judiciária;*
>
> ***LXVI.*** *Ninguém será levado à prisão ou nela mantido, quando a lei admitir a liberdade provisória, com ou sem fiança;*
>
> ***LXVII.*** *Não haverá prisão civil por dívida, salvo a do responsável pelo inadimplemento voluntário e inescusável de obrigação alimentícia e a do depositário infiel.*

Como destaque para prova, é importante enfatizar o disposto no inciso LXVII, o qual prevê duas formas de prisão civil por dívida:

Devedor de Pensão Alimentícia;

Depositário Infiel.

Apesar de a Constituição Federal apresentar essas duas possibilidades de prisão civil por dívida, o STF tem entendido que só existe uma: a prisão do devedor de pensão alimentícia. Isso significa que o depositário infiel não poderá ser preso. Essa é a inteligência da Súmula Vinculante nº 25:

> *Súmula Vinculante 25. É ilícita a prisão civil de depositário infiel, qualquer que seja a modalidade do depósito.*

Em relação a esse assunto, deve-se ter muita atenção ao resolver a questão. Se a Banca perguntar conforme a Constituição Federal, responde-se segundo a Constituição Federal. Mas se perguntar à luz da jurisprudência, responde-se conforme o entendimento do STF. Vejamos como o Cespe abordou o tema utilizando o posicionamento jurisprudencial:

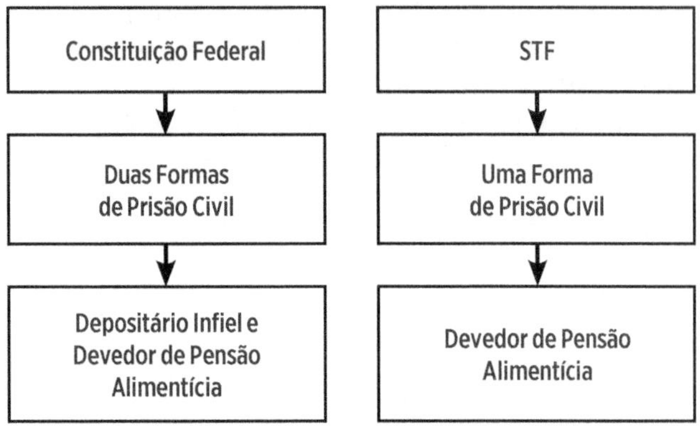

Extradição

Fruto de acordo internacional de cooperação, a extradição permite que determinada pessoa seja entregue a outro país para que seja responsabilizada pelo cometimento de algum crime. Existem duas formas de extradição:

Extradição Ativa

Quando o Brasil pede para outro país a extradição de alguém.

Extradição Passiva

Quando algum país pede para o Brasil a extradição de alguém.

A Constituição Federal preocupou-se em regular apenas a extradição passiva por meios dos incisos LI e LII do Art. 5º:

> ***LI.*** *Nenhum brasileiro será extraditado, salvo o naturalizado, em caso de crime comum, praticado antes da naturalização, ou de comprovado envolvimento em tráfico ilícito de entorpecentes e drogas afins, na forma da lei;*
>
> ***LII.*** *Não será concedida extradição de estrangeiro por crime político ou de opinião.*

De acordo com a inteligência desses dispositivos, três regras podem ser adotadas em relação à extradição passiva:

Brasileiro Nato

Nunca será extraditado.

Brasileiro Naturalizado

Será extraditado em duas hipóteses: crime comum cometido antes da naturalização comprovado envolvimento com o tráfico ilícito de drogas, antes ou depois da naturalização.

Estrangeiro

Poderá ser extraditado salvo em dois casos:

> **Crime Político;**
> **Crime de Opinião.**

E na extradição ativa, quem poderá ser extraditado?

Qualquer pessoa pode ser extraditada na extradição ativa, inclusive o brasileiro nato. Deve-se ter muito cuidado com essa questão em prova. Lembre-se que a extradição ativa ocorre quando o Brasil pede a extradição de um criminoso para outro país. Isso pode ser feito pedindo a extradição de qualquer pessoa que o Brasil queira punir.

Princípios que regem a extradição no país

Princípio da Reciprocidade

O Brasil só extradita ao país que extradita para o Brasil. Deve haver acordo ou tratado de extradição entre os país requerente e o Brasil.

Princípio da Especialidade

O extraditando só poderá ser processado e julgado pelo crime informado no pedido de extradição.

Comutação da Pena

O país requerente deverá firmar um compromisso de comutar a pena prevista em seu país quando a pena a ser aplicada for proibida no Brasil.

Dupla Tipicidade ou Dupla Incriminação

Só se extradita se a conduta praticada for considerada crime no Brasil e no país requerente.

Deve-se ter muito cuidado para não confundir extradição com entrega, deportação, expulsão ou banimento. A extradição, como se viu, é instituto de cooperação internacional entre países soberanos para a punição de criminosos.

Pela extradição, um país entrega o criminoso a outro país para que ele seja punido pelo crime praticado.

A entrega é o ato por meio do qual o país entrega uma pessoa para ser julgada no Tribunal Penal Internacional.

Deportação é a retirada do estrangeiro que tenha entrado de forma irregular no território nacional.

Expulsão é a retirada do estrangeiro que tenha praticado um ato ofensivo ao interesse nacional conforme as regras estabelecidas no Estatuto do Estrangeiro (Art. 65, Lei nº 6.815/80).

Banimento é uma das penas proibidas no direito brasileiro que consiste na expulsão de brasileiros para fora do território nacional.

Princípio da presunção da inocência

Também conhecido como princípio da não culpabilidade, essa regra de segurança jurídica garante que ninguém poderá ser condenado sem antes haver uma sentença penal condenatória transitada em julgado. Ou seja, uma sentença judicial condenatória definitiva:

> ***Art. 5º**, LVII. Ninguém será considerado culpado até o trânsito em julgado de sentença penal condenatória.*

Identificação criminal

> ***Art. 5º**, LVIII. O civilmente identificado não será submetido a identificação criminal, salvo nas hipóteses previstas em lei.*

A Constituição garante que não será identificado criminalmente quem possuir identificação pública capaz de identificá-lo. Contudo, a Lei 12.037/2009 prevê hipóteses nas quais será possível a identificação criminal mesmo de quem apresentar outra identificação:

> ***Art. 3º.** Embora apresentado documento de identificação, poderá ocorrer identificação criminal quando:*
>
> ***I.** O documento apresentar rasura ou tiver indício de falsificação;*
>
> ***II.** O documento apresentado for insuficiente para identificar cabalmente o indiciado;*
>
> ***III.** O indiciado portar documentos de identidade distintos, com informações conflitantes entre si;*
>
> ***IV.** A identificação criminal for essencial às investigações policiais, segundo despacho da autoridade judiciária competente, que decidirá de ofício ou mediante representação da autoridade policial, do Ministério Público ou da defesa;*
>
> ***V.** Constar de registros policiais o uso de outros nomes ou diferentes qualificações;*
>
> ***VI.** O estado de conservação ou a distância temporal ou da localidade da expedição do documento apresentado impossibilite a completa identificação dos caracteres essenciais.*

Ação penal privada subsidiária da pública

> ***Art. 5º** LIX. Será admitida ação privada nos crimes de ação pública, se esta não for intentada no prazo legal.*

Em regra, nos crimes de ação penal pública, o titular da ação penal é o Ministério Público. Contudo, havendo omissão ou mesmo desídia por parte do órgão ministerial, o ofendido poderá promover a chamada Ação Penal Privada Subsidiária da Pública. Esse tema encontra-se disciplinado no Art. 29 do Código de Processo Penal:

> ***Art. 29.** Será admitida ação privada nos crimes de ação pública, se esta não for intentada no prazo legal, cabendo ao Ministério Público aditar a queixa, repudiá-la e oferecer denúncia substitutiva, intervir em todos os termos do processo, fornecer elementos de prova, interpor recurso e, a todo tempo, no caso de negligência do querelante, retomar a ação como parte principal.*

3.3 Remédios Constitucionais

Inicia-se agora o estudo dos chamados Remédios Constitucionais, tema muito cobrado em prova de concurso. Os remédios constitucionais são espécies de garantias constitucionais que visam a proteger determinados direitos e até outras garantias fundamentais. São poderosas ações constitucionais que estão disciplinadas no texto da Constituição.

Habeas corpus

Sem dúvida, esse remédio constitucional é o mais importante para prova, haja vista a sua utilização para proteger um dos direitos mais ameaçados do indivíduo: a liberdade de locomoção. Vejamos o que diz o texto constitucional:

> ***Art. 5º LXVIII.*** *Conceder-se-á "Habeas Corpus" sempre que alguém sofrer ou se achar ameaçado de sofrer violência ou coação em sua liberdade de locomoção, por ilegalidade ou abuso de poder.*

É essencial, conhecer os elementos necessários para a utilização dessa ferramenta.

Deve-se compreender que o *Habeas Corpus* é utilizado para proteger a liberdade de locomoção. Em relação a isso, é preciso estar atento, pois ele não tutela qualquer liberdade, mas apenas a liberdade de locomoção.

Outro ponto fundamental é que ele poderá ser utilizado tanto de forma preventiva quanto de forma repressiva. *Habeas Corpus* preventivo é aquele utilizado para prevenir a violência ou coação à liberdade de locomoção. *Habeas Corpus* repressivo é utilizado para reprimir à violência ou coação a liberdade de locomoção, ou seja, é utilizado quando a restrição da liberdade de locomoção já ocorreu.

Percebe-se que não é a qualquer tipo de restrição à liberdade de locomoção que caberá o remédio, mas apenas àquelas cometidas com ilegalidade ou abuso de poder.

Nas relações processuais que envolvem a utilização do *Habeas Corpus*, é possível identificar a participação de três figurantes:

Impetrante

O impetrante é a pessoa que impetra a ação. Quem entra com a ação. A titularidade dessa ferramenta é Universal, pois qualquer pessoa pode impetrar o HC. Não precisa sequer de advogado. Sua possibilidade é tão ampla que não precisa possuir capacidade civil ou mesmo qualquer formalidade. Esse remédio é desprovido de condições que impeçam sua utilização da forma mais ampla possível. Poderá impetrar essa ação tanto uma pessoa física quanto jurídica.

Paciente

O paciente é quem teve a liberdade de locomoção restringida. Ele será o beneficiário do *Habeas Corpus*. Pessoa jurídica não pode ser paciente de Habeas Corpus, pois a liberdade de locomoção é um direito incompatível com sua natureza jurídica.

Autoridade coatora

É quem restringiu a liberdade de locomoção com ilegalidade ou abuso de poder. Poderá ser tanto uma autoridade privada quanto uma autoridade pública.

Outra questão interessante que está prevista na Constituição é a gratuidade dessa ação:

> ***Art. 5º*** *LXXVII. São gratuitas as ações de Habeas Corpus e Habeas Data, e, na forma da lei, os atos necessários ao exercício da cidadania.*

A Constituição proíbe a utilização desse remédio constitucional em relação às punições disciplinares militares. É o que prevê o Art. 142, § 2º:

> ***§ 2º*** *- Não caberá "Habeas Corpus" em relação a punições disciplinares militares.*

Contudo, o STF tem admitido o remédio quando impetrado por razões de ilegalidade da prisão militar. Quanto ao mérito da prisão, deve-se aceitar a vedação Constitucional, mas em relação às legalidade da prisão, prevalece o entendimento de que o remédio seria possível.

Também não cabe *Habeas Corpus* em relação às penas pecuniárias, multas, advertências ou, ainda, nos processos administrativos disciplinares e no processo de *Impeachment*. Nesses casos, o não cabimento deve-se ao fato de que as medidas não visam restringir a liberdade de locomoção.

Por outro lado, a jurisprudência tem admitido o cabimento para impugnar inserção de provas ilícitas no processo ou quando houver excesso de prazo na instrução processual penal.

Por último, cabe ressaltar que o magistrado poderá concedê-lo de ofício.

Habeas data

O *Habeas Data* cuja previsão está no inciso LXXII do Art. 5º tem como objetivo proteger a liberdade de informação:

> ***LXXII.*** *conceder-se-á "Habeas Data":*
>
> ***a)*** *para assegurar o conhecimento de informações relativas à pessoa do impetrante, constantes de registros ou bancos de dados de entidades governamentais ou de caráter público;*
>
> ***b)*** *para a retificação de dados, quando não se prefira fazê-lo por processo sigiloso, judicial ou administrativo.*

Duas são as formas previstas na Constituição para utilização desse remédio:

- **Para Conhecer a Informação.**
- **Para Retificar a Informação.**

É importante ressaltar que só caberá o remédio em relação às informações do próprio impetrante.

As informações precisam estar em um banco de dados governamental ou de caráter público, o que significa que seria possível entrar com um *Habeas Data* contra um banco de dados privado desde que tenha caráter público.

Da mesma forma que o *Habeas Corpus*, o *Habeas Data* também é gratuito:

> ***Art. 5º****, LXXVII. São gratuitas as ações de "Habeas Corpus" e "Habeas Data", e, na forma da lei, os atos necessários ao exercício da cidadania.*

Mandado de segurança

O mandado de segurança é um remédio muito cobrado em prova em razão dos seus requisitos:

> ***Art. 5º**, LXIX. Conceder-se-á mandado de segurança para proteger direito líquido e certo, não amparado por "Habeas Corpus" ou "Habeas Data", quando o responsável pela ilegalidade ou abuso de poder for autoridade pública ou agente de pessoa jurídica no exercício de atribuições do Poder Público.*

Como se pode ver, o mandado de segurança será cabível proteger direito líquido e certo desde que não amparado por Habeas Corpus ou Habeas Data. O que significa dizer que será cabível desde que não seja para proteger a liberdade de locomoção e a liberdade de informação. Esse é o chamado caráter subsidiário do mandado de segurança.

O texto constitucional exigiu também para a utilização dessa ferramenta a ilegalidade e o abuso de poder praticado por autoridade pública ou privada, desde que esteja no exercício de atribuições do poder público.

O mandado de segurança possui prazo decadencial para ser utilizado: 120 dias.

Existe também o mandado de segurança coletivo:

> ***Art. 5º**, LXX. O mandado de segurança coletivo pode ser impetrado por:*
>
> ***a)** partido político com representação no Congresso Nacional;*
>
> ***b)** organização sindical, entidade de classe ou associação legalmente constituída e em funcionamento há pelo menos um ano, em defesa dos interesses de seus membros ou associados.*

Observadas as regras do mandado de segurança individual, o mandado de segurança coletivo possui alguns requisitos que lhe são peculiares: os legitimados para propositura.

São legitimados para propor o mandado de segurança coletivo:

> **Partidos políticos com representação no Congresso Nacional.**

Para se ter representação no Congresso Nacional, basta um membro em qualquer uma das casas.

> **Organização Sindical.**

> **Entidade de Classe.**

> **Associação.**

Desde que legalmente constituída e em funcionamento há, pelo menos, um ano. Segundo o STF, a necessidade de estar constituída e em funcionamento há pelo menos um ano só se aplica às associações. A Banca FCC entende que esse requisito se aplica a todas as entidades.

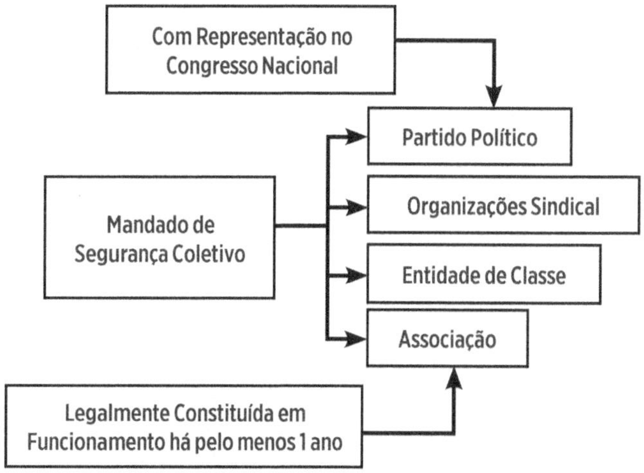

Mandado de injunção

O mandado de injunção é uma ferramenta mais complexa para se entender. Vejamos o que diz a Constituição:

> ***Art. 5º**, LXXI. Conceder-se-á mandado de injunção sempre que a falta de norma regulamentadora torne inviável o exercício dos direitos e liberdades constitucionais e das prerrogativas inerentes à nacionalidade, à soberania e à cidadania.*

O seu objetivo é suprir a omissão legislativa que impede o exercício de direitos fundamentais. Algumas normas constitucionais para que produzam efeitos dependem da edição de outras normas infraconstitucionais. Essas normas são conhecidas por sua eficácia como normas de eficácia limitada. O mandado de injunção visa a corrigir a ineficácia das normas com eficácia limitada.

Todas as vezes que um direito deixar de ser exercido pela ausência de norma regulamentadora, será cabível esse remédio.

No que tange à efetividade da decisão, deve-se esclarecer a possibilidade de adoção por parte do STF de duas correntes doutrinárias:

Teoria Concretista Geral

O Poder Judiciário concretiza o direito no caso concreto aplicando seu dispositivo com efeito *erga omnes*, para todos os casos iguais;

Teoria Concretista Individual

O Poder Judiciário concretiza o direito no caso concreto aplicando seu dispositivo com efeito inter partes, ou seja, apenas com efeito entre as partes.

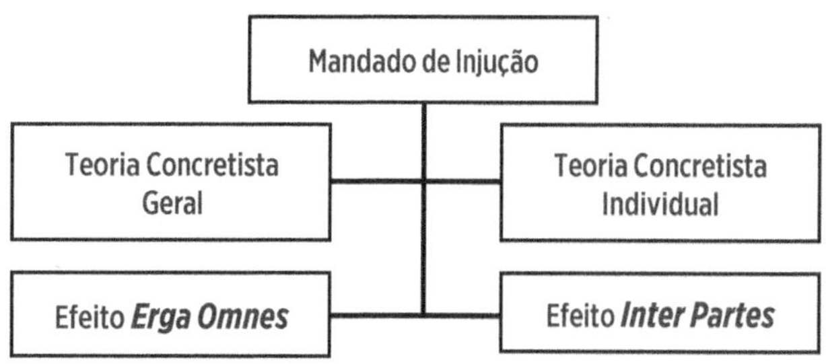

Ação popular

A ação popular é uma ferramenta fiscalizadora utilizada como espécie de exercício direto dos direitos políticos. Por isso, só poderá ser utilizada por cidadãos. Segundo o inciso LXXIII do Art. 5º:

> ***LXXIII.*** *Qualquer cidadão é parte legítima para propor ação popular que vise a anular ato lesivo ao patrimônio público ou de entidade de que o Estado participe, à moralidade administrativa, ao meio ambiente e ao patrimônio histórico e cultural, ficando o autor, salvo comprovada má-fé, isento de custas judiciais e do ônus da sucumbência.*

Além da previsão constitucional, essa ação encontra-se regulamentada pela Lei nº 4.717/65. Percebe-se que seu objetivo consiste em proteger o patrimônio público, a moralidade administrativa, o meio ambiente e o patrimônio histórico e cultural.

O autor não precisa pagar custas judiciais ou ônus da sucumbência, salvo se houver má-fé.

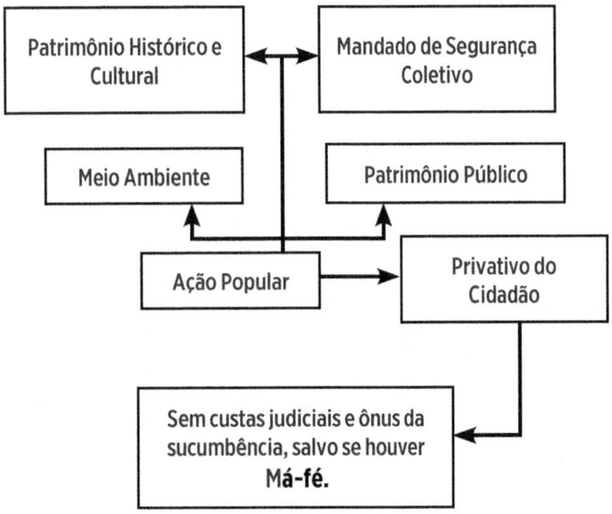

4. DIREITOS SOCIAIS E NACIONALIDADE

4.1 Direitos Sociais

Prestações positivas

Os direitos sociais encontram-se previstos a partir do Art. 6º até o Art. 11 da Constituição Federal. São normas que se concretizam por meio de prestações positivas por parte do Estado, haja vista objetivarem reduzir as desigualdades sociais.

Deve-se dar destaque para o Art. 6º, que foi alterado pela EC 64/2010 e que possivelmente será objeto de questionamento em concurso público:

> ***Art. 6º.*** *São direitos sociais a educação, a saúde, a alimentação, o trabalho, a moradia, o transporte, o lazer, a segurança, a previdência social, a proteção à maternidade e à infância, a assistência aos desamparados, na forma desta Constituição. (Redação dada pela Emenda Constitucional nº 90, de 2015)*

Boa parte dos direitos aqui previstos necessita de recursos financeiros para serem implementados, o que acaba por dificultar sua plena eficácia.

Mas, antes de avançar nessa parte do conteúdo, faz-se necessário dizer que costumam ser cobradas questões de provas que abordam apenas o texto puro da Constituição Federal. A principal orientação, portanto, é que se dedique tempo à leitura da Constituição Federal, mais precisamente, do Art. 7º, que possui vários dispositivos que podem ser trabalhados em prova.

Reserva do possível

Seria possível exigir do Estado a concessão de um direito social quando tal direito não fosse assegurado de forma condizente com sua previsão constitucional? A título de exemplo, veremos um dispositivo dos direitos sociais dos trabalhadores:

> ***IV.*** *Salário-mínimo, fixado em lei, nacionalmente unificado, capaz de atender a suas necessidades vitais básicas e às de sua família com moradia, alimentação, educação, saúde, lazer, vestuário, higiene, transporte e previdência social, com reajustes periódicos que lhe preservem o poder aquisitivo, sendo vedada sua vinculação para qualquer fim.*

Observe-se que a Constituição garante que o salário-mínimo deve atender às necessidades vitais básicas do trabalhador e de sua família com moradia, alimentação, educação, saúde, lazer, vestuário, higiene, transporte e previdência social. Entendendo que os direitos sociais são espécies de direitos fundamentais e, analisando-os sob o dispositivo previsto no § 1º do Art. 5º, segundo o qual "as normas definidoras de direitos e garantias fundamentais têm aplicação imediata", pergunta-se: seria possível entrar com uma ação visando a garantir o disposto no inciso IV, que está sendo analisado?

Certamente não. Para se garantir tudo o que está previsto no referido inciso, seria necessário que o salário-mínimo valesse, em média, por volta de R$ 3.000,00. Agora, imagine se algum trabalhador conseguisse esse benefício por meio de uma decisão judicial, o que não fariam todos os demais trabalhadores do país.

Se o Estado fosse obrigado a pagar esse valor para todos os trabalhadores, os cofres públicos rapidamente quebrariam. Para se garantir essa estabilidade, foi desenvolvida a teoria da **Reserva do Possível**, por meio da qual o Estado pode alegar essa impossibilidade financeira para atender algumas demandas, como o aumento do salário-mínimo. Quando o poder público for demandado para garantir algum benefício de ordem social, poderá ser alegada, previamente, a impossibilidade financeira para concretização do direito sob o argumento da reserva do possível.

Mínimo existencial

Por causa da Reserva do Possível, o Estado passou a se esconder atrás dessa teoria, eximindo-se da sua obrigação social de garantia dos direitos tutelados na Constituição Federal. Tudo o que era pedido para o Estado era negado sob o argumento de que "não era possível". Para trazer um pouco de equilíbrio a essa relação, foi desenvolvida outra teoria chamada de Mínimo Existencial. Essa teoria permite que os poderes públicos deixem de atender algumas demandas em razão da reserva do possível, mas exige que seja garantido o Mínimo Existencial.

Princípio da proibição ou retrocesso ou efeito cliquet

Uma regra que funciona com caráter de segurança jurídica é a Proibição do Retrocesso. Esse dispositivo proíbe que os direitos sociais já conquistados sejam esvaziados ou perdidos sob pena de desestruturação social do País.

Salário-mínimo

Feitas algumas considerações iniciais sobre a doutrina social, segue-se à análise de alguns dispositivos constitucionais que se encontram no Art. 7º:

> ***IV.*** *Salário-mínimo, fixado em lei, nacionalmente unificado, capaz de atender a suas necessidades vitais básicas e às de sua família com moradia, alimentação, educação, saúde, lazer, vestuário, higiene, transporte e previdência social, com reajustes periódicos que lhe preservem o poder aquisitivo, sendo vedada sua vinculação para qualquer fim.*

Vários pontos são relevantes nesse inciso. Primeiramente, é importante comentar o trecho "fixado em lei". Segundo o texto constitucional, o salário-mínimo só poderá ser fixado em Lei; entretanto, no dia 25 de fevereiro de 2011 foi publicada a Lei nº 12.382, que prevê a possibilidade de fixação do salário-mínimo por meio de Decreto do Poder Executivo. Questionado no STF[1], o guardião da Constituição considerou constitucional a fixação de salário-mínimo por meio de Decreto Presidencial.

Outro ponto interessante diz respeito ao salário-mínimo ser nacionalmente unificado. Muitos acham que alguns estados da federação fixam valores referentes ao salário-mínimo maiores do que o fixado nacionalmente. O STF já afirmou que os Estados não podem fixar salário-mínimo diferente do nacionalmente unificado. O que cada Estado pode fixar é o piso salarial da categoria de trabalhadores com valor maior que o salário-mínimo.

1 Ver no STF, ADI 4.568, Rel. Min. Cármen Lúcia, julgamento em 3-11-2011, Plenário, Informativo 646.

Temos ainda a proibição de vinculação do salário-mínimo para qualquer fim. Em fevereiro de 2011, esse tema foi enfrentado pelo STF, que determinou a desvinculação do salários dos técnicos em radiologia do salário-mínimo, como estava previsto na Lei n° 7.394/85.

Algumas Súmulas Vinculantes do STF são importantes, pois se referem ao salário-mínimo:

> **Súmula Vinculante 4:** *Salvo nos casos previstos na Constituição, o salário-mínimo não pode ser usado como indexador de base de cálculo de vantagem de servidor público ou de empregado, nem ser substituído por decisão judicial.*
>
> **Súmula Vinculante 6:** *Não viola a Constituição o estabelecimento de remuneração inferior ao salário-mínimo para as praças prestadoras de serviço militar inicial.*
>
> **Súmula Vinculante 15:** *O cálculo de gratificações e outras vantagens do servidor público não incide sobre o abono utilizado para se atingir o salário-mínimo.*
>
> **Súmula Vinculante 16:** *Os Arts. 7º, IV, e 39, § 3º (redação da EC 19/98) da Constituição referem-se ao total da remuneração percebida pelo servidor público.*

Prescrição trabalhista

Um dos dispositivos previstos no Art. 7º mais cobrados em prova é o inciso XXIX:

> ***XXIX.*** *Ação, quanto aos créditos resultantes das relações de trabalho, com prazo prescricional de cinco anos para os trabalhadores urbanos e rurais, até o limite de dois anos após a extinção do contrato de trabalho.*

Imaginemos, por exemplo, uma pessoa que tenha exercido sua função no período noturno, em uma empresa, durante 20 anos. Contudo, em todos esses anos de trabalho, ela não recebeu nenhum adicional noturno. Ora, ao ter seu contrato de trabalho rescindido, ela poderá ingressar em juízo pleiteando as verbas trabalhistas não pagas. Tendo em vista a existência de prazo prescricional para reaver seus direitos, o trabalhador terá o prazo de 2 anos para entrar com a ação, e só terá direito aos últimos 5 anos de adicional noturno.

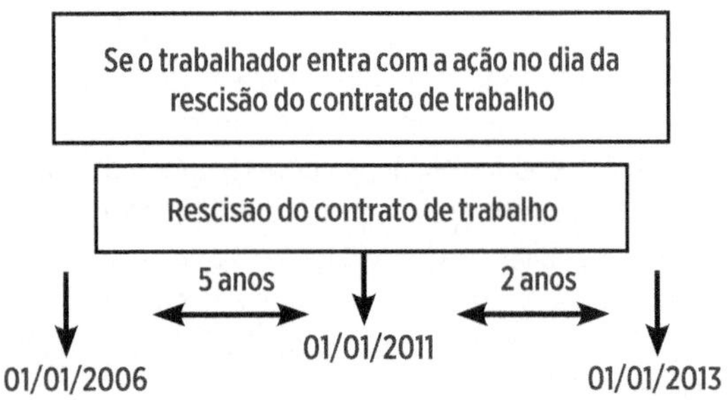

Ressalta-se que esses 5 anos contam-se a partir do dia em que entrou com a ação. Se ele entrar com a ação no último dia do prazo de 2 anos, só terá direito a 3 anos de adicional noturno.

Nesse exemplo, se o trabalhador entrar com a ação no dia 01/01/2011, receberá os últimos 5 anos de adicional noturno, ou seja, até o dia 01/01/2006. Mas se o trabalhador entrar com a ação no dia 01/01/2013, último dia do prazo prescricional de 2 anos, ele terá direito aos últimos 5 anos de adicional noturno a contar do dia em que entrou com a ação. Isso significa que se depare o adicional noturno até o dia 01/01/2008. Perceba que, se o trabalhador demorar a entrar com a ação, ele perde os direitos trabalhistas anteriores ao prazo dos últimos 5 anos.

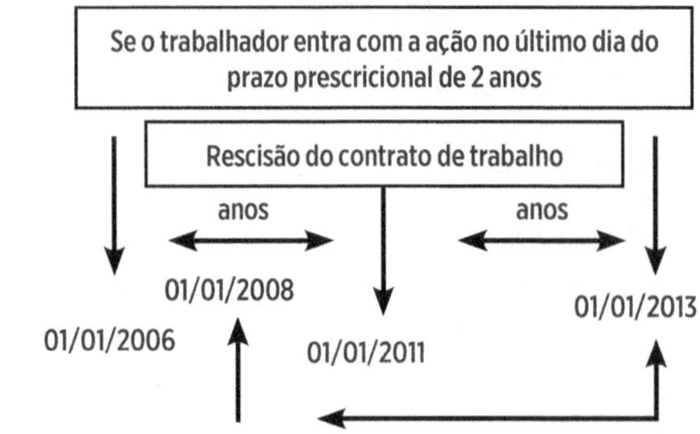

Proibição do trabalho noturno, perigoso e insalubre

Este inciso também é muito cotado para ser cobrado em prova. É importante lê-lo para que, em seguida, se possa responder a uma pergunta que fará entender o motivo de ele ser tão abordado em testes:

> ***Art. 7º**, XXXIII. Proibição de trabalho noturno, perigoso ou insalubre a menores de dezoito e de qualquer trabalho a menores de dezesseis anos, salvo na condição de aprendiz, a partir de quatorze anos.*

A pergunta é muito simples: a partir de qual idade pode se trabalhar no Brasil? Você deve estar em dúvida: entre 16 e 14 anos. Isso é o que acontece com a maioria dos candidatos. Por isso, nunca esqueça: se temos uma regra e essa regra está acompanhada de uma exceção; temos, então, uma possibilidade.

Ora, se a Constituição diz que é proibido o trabalho para os menores de 16 e, em seguida, excepciona essa regra dizendo que é possível a partir dos 14, na condição de aprendiz, ela quis dizer que o trabalho no Brasil se inicia aos 14 anos. Esse entendimento se fortalece à luz do Art. 227, § 3º, I:

> ***Art. 227**, § 3º - O direito a proteção especial abrangerá os seguintes aspectos:*
>
> ***I.** Idade mínima de quatorze anos para admissão ao trabalho, observado o disposto no Art. 7º, XXXIII.*

Direitos dos empregados domésticos

O parágrafo único, do Art. 7º, da CF assegurava ao trabalhador doméstico um número reduzido de direitos, se comparado com os demais empregados, urbanos ou rurais.

Nos termos daquele dispositivo, seriam garantidos à categoria dos trabalhadores domésticos apenas os direitos previstos nos incisos IV, VI, VIII, XV, XVII, XVIII, XIX, XXI e XXIV, do Art. 7º, bem como a sua integração à previdência social.

Com a promulgação da EC nº 72, de 2 de abril de 2013, aquele parágrafo foi alterado para estender aos empregados domésticos praticamente todos os demais direitos constantes nos incisos, do Art. 7º, da CF.

A nova redação do parágrafo único, do Art. 7º, da CF dispõe:

> ***Art. 7º**, Parágrafo único. São assegurados à categoria dos trabalhadores domésticos os direitos previstos nos incisos IV, VI, VII, VIII, X, XIII, XV, XVI, XVII, XVIII, XIX, XXI, XXII, XXIV, XXVI, XXX, XXXI e XXXIII e, atendidas as condições estabelecidas em lei e observada a simplificação do cumprimento das obrigações tributárias, principais e acessórias, decorrentes da relação de trabalho e suas peculiaridades, os previstos nos incisos I, II, III, IX, XII, XXV e XXVIII, bem como a sua integração à previdência social.*

Direitos coletivos dos trabalhadores

São basicamente os direitos relacionados à criação e organização das associações e sindicatos que estão previstos no Art. 8º.

Princípio da unicidade sindical

O primeiro direito coletivo refere-se ao princípio da unicidade sindical. Esse dispositivo proíbe a criação de mais de uma organização sindical, representativa de categoria profissional ou econômica, em uma mesma base territorial:

> ***II.*** *É vedada a criação de mais de uma organização sindical, em qualquer grau, representativa de categoria profissional ou econômica, na mesma base territorial, que será definida pelos trabalhadores ou empregadores interessados, não podendo ser inferior à área de um Município.*

Em cada base territorial (federal, estadual, municipal ou distrital) só pode existir um sindicato representante da mesma categoria, lembrando que a base territorial mínima refere-se à área de um município.

Exemplificando: só pode existir **um** sindicato municipal de pescadores no município de Cascavel. Só pode existir **um** sindicato estadual de pescadores no estado do Paraná. Só pode existir **um** sindicato federal de pescadores no Brasil. Contudo, é possível existirem vários sindicatos municipais de pescadores no Estado do Paraná.

Contribuição confederativa e sindical

Essa questão costuma enganar até mesmo os mais preparados. Vejamos o que diz a Constituição Federal no Art. 8º, IV:

> ***IV.*** *A assembleia geral fixará a contribuição que, em se tratando de categoria profissional, será descontada em folha, para custeio do sistema confederativo da representação sindical respectiva, independentemente da contribuição prevista em lei.*

A primeira coisa que se deve perceber é a existência de duas contribuições nesse inciso. Uma chamada de Contribuição Confederativa a outra de Contribuição Sindical.

A Contribuição Confederativa é a prevista nesse inciso, fixada pela assembleia geral, descontada em folha para custear o sistema confederativo. Essa contribuição é aquela paga às organizações sindicais e que só é obrigada aos filiados e aos sindicatos. Não possui natureza tributária, por isso obriga apenas as pessoas que voluntariamente se filiam a uma entidade sindical.

A Contribuição Sindical, que é a contribuição prevista em lei, mais precisamente na Consolidação das Leis Trabalhistas (Decreto-Lei nº 5.452/43), deve ser paga por todos os trabalhadores ainda que profissionais liberais. Sua natureza é tributária, não possuindo caráter facultativo.

Contribuição	
Confederativa	Sindical
Fixada pela Assembleia	Fixada pela CLT
Natureza não tributária	Natureza tributária
Obrigada apenas aos filiados a sindicatos	Obrigada a todos os trabalhadores

Liberdade de associação

Esse inciso costuma ser cobrado em prova devido às inúmeras possibilidades de se modificar o seu texto:

> ***V.*** *Ninguém será obrigado a filiar-se ou a manter-se filiado a sindicato.*

É a liberdade de associação que permite aos trabalhadores escolherem se desejam ou não se filiar a um determinado sindicato. Ninguém será obrigado a filiar-se ou a manter-se filiado.

Participação do aposentado no sindicato

Esse inciso também possui aplicação semelhante ao anterior, portanto deve haver uma leitura atenta aos detalhes que podem ser modificados em prova:

> ***VII.*** *O aposentado filiado tem direito a votar e ser votado nas organizações sindicais.*

Estabilidade sindical

A estabilidade sindical constitui norma de proteção aos dirigentes sindicais que possui grande utilidade ao evitar o cometimento de arbitrariedades por partes das empresas em retaliação aos representantes dos empregados:

> ***VIII.*** *É vedada a dispensa do empregado sindicalizado a partir do registro da candidatura a cargo de direção ou representação sindical e, se eleito, ainda que suplente, até um ano após o final do mandato, salvo se cometer falta grave nos termos da lei.*

O importante aqui é entender o período de proteção que a Constituição garantiu aos dirigentes sindicais. A estabilidade se inicia com o registro da candidatura e permanece, com o candidato eleito, até um ano após o término do seu mandato. Ressalte-se que essa proteção contra despedida arbitrária não prospera diante do cometimento de falta grave.

4.2 Direitos de Nacionalidade

A nacionalidade é um vínculo jurídico existente entre um indivíduo e um Estado. Esse vínculo jurídico é a ligação existente capaz de gerar direitos e obrigações entre a pessoa e o Estado.

A aquisição da nacionalidade decorre do nascimento ou da manifestação de vontade. Quando a nacionalidade é adquirida pelo nascimento, estamos diante da chamada **Nacionalidade Originária.** Mas, se for adquirida por meio da manifestação de vontade, estamos diante de uma **Nacionalidade Secundária.**

A Nacionalidade Originária, também chamada de aquisição de nacionalidade primária, é aquela involuntária. Decorre do nascimento desde que preenchidos os requisitos previstos na legislação. Um brasileiro que adquire nacionalidade originária é chamado de nato.

Dois critérios foram utilizados em nossa Constituição para se conferir a nacionalidade originária:

Jus Solis

Esse é critério do solo, critério territorial. Serão considerados brasileiros natos as pessoas que nascerem no território nacional. Esse é o critério adotado como regra no texto constitucional.

Jus Sanguinis

Esse é o critério do sangue. Serão considerados brasileiros natos os descendentes de brasileiros, ou seja, aqueles que possuem o sangue brasileiro.

A nacionalidade secundária ou adquirida é a aquisição que depende de uma manifestação de vontade. É voluntária e, quem a adquire, possui a qualificação de naturalizado.

Conflito de nacionalidade

Alguns países adotavam apenas o critério *jus sanguinis*, outros somente o critério *jus solis*, e isso gerou alguns problemas que a doutrina nominou de Conflito de Nacionalidade. O Conflito de Nacionalidade pode ser de duas formas:

Conflito Positivo

Ocorre quando o indivíduo adquire várias nacionalidades. Ele será chamado de polipátrida.

Conflito Negativo

Ocorre quando o indivíduo não adquire qualquer nacionalidade. Esse será chamado de apátrida (*heimatlos*).

Para evitar a ocorrência desses tipos de conflito, os países têm adotado critérios mistos de aquisição de nacionalidade originária, a exemplo do próprio Brasil.

A seguir, serão analisadas várias hipóteses previstas no Art. 12 da Constituição Federal de aquisição de nacionalidade tanto originária quanto secundária.

Nacionalidade originária

As hipóteses de aquisição da nacionalidade originária estão previstas no Art. 12, I da Constituição Federal, e são:

> ***Art. 12.*** *São brasileiros:*
>
> ***I.*** *Natos:*
>
> ***a)*** *os nascidos na República Federativa do Brasil, ainda que de pais estrangeiros, desde que estes não estejam a serviço de seu país;*
>
> ***b)*** *os nascidos no estrangeiro, de pai brasileiro ou mãe brasileira, desde que qualquer deles esteja a serviço da República Federativa do Brasil;*
>
> ***c)*** *os nascidos no estrangeiro de pai brasileiro ou de mãe brasileira, desde que sejam registrados em repartição brasileira competente ou venham a residir na República Federativa do Brasil e optem, em qualquer tempo, depois de atingida a maioridade, pela nacionalidade brasileira.*

A primeira hipótese, prevista na alínea "a", adotou para aquisição o critério *jus solis*, ou seja, serão considerados brasileiros natos aqueles que nascerem no país ainda que de pais estrangeiros, desde que, os pais não estejam a serviço do seu país. Para que os filhos de pais estrangeiros fiquem impedidos de adquirirem a nacionalidade brasileira, é preciso que ambos os pais sejam estrangeiros, mas basta que apenas um deles esteja a serviço do seu país. Se os pais estrangeiros estiverem a serviço de outro país, a doutrina tem entendido que não se aplicará a vedação.

Já a segunda hipótese, adotada na alínea "b", utilizou o critério *jus sanguinis* para fixação da nacionalidade originária. Serão brasileiros natos os nascidos fora do país, filho de pai ou mãe brasileira, desde que qualquer deles esteja a serviço da República Federativa do Brasil. Estar a serviço do país significa estar a serviço de qualquer ente federativo (União, Estados, Distrito Federal ou Município) incluídos os órgãos e entidades da administração indireta (fundações, autarquias, empresas públicas e sociedades de economia mista).

A terceira hipótese, prevista na alínea "c", apresenta, na verdade, duas possibilidades: uma depende do registro a outra depende da opção confirmativa.

Primeiro, temos a regra aplicada aos nascidos no estrangeiro, filho de pai brasileiro ou mãe brasileira, condicionada à aquisição da nacionalidade ao registro em repartição brasileira competente. Nessa hipótese, adota-se o critério *jus sanguinis* acompanhado do registro em repartição brasileira.

Em seguida, temos a segunda possibilidade destinada aos nascidos no estrangeiro de pai brasileiro ou de mãe brasileira, que venham a residir na República Federativa do Brasil e optem (opção confirmativa), em qualquer tempo, depois de atingida a maioridade, pela nacionalidade brasileira.

Essa é a chamada nacionalidade protestativa, pois depende da manifestação de vontade por parte do interessado. Deve-se ter cuidado com a condição para a manifestação da vontade que só poder ser exercida depois de atingida a maioridade, apesar de não existir tempo limite para o exercício desse direito.

Nacionalidade secundária

A seguir, serão apresentadas as hipóteses de aquisição de nacionalidade secundária:

> ***Art. 12****, II. Naturalizados:*
>
> ***a)*** *Os que, na forma da lei, adquiram a nacionalidade brasileira, exigidas aos originários de países de língua portuguesa apenas residência por um ano ininterrupto e idoneidade moral;*
>
> ***b)*** *os estrangeiros de qualquer nacionalidade, residentes na República Federativa do Brasil há mais de quinze anos ininterruptos e sem condenação penal, desde que requeiram a nacionalidade brasileira.*

A primeira hipótese de naturalização, prevista na alínea "a" do inciso II, é a chamada naturalização ordinária. Essa naturalização apresenta uma forma de aquisição prevista em lei. Esta Lei é a nº 6.815/80, que traz algumas regras para aquisição de nacionalidade, as quais não serão estudadas neste momento. O que interessa agora para a prova é a segunda parte da alínea, que confere um tratamento diferenciado para os originários de países de língua portuguesa, para quem será exigida apenas residência por um ano ininterrupto e idoneidade moral. Entende-se país de língua portuguesa qualquer país que possua a língua portuguesa como língua oficial (Angola, Portugal, Timor Leste, entre outros). Essa forma de naturalização não gera direito subjetivo ao estrangeiro, o que significa que ele poderá pleitear sua naturalização e essa poderá ser indeferida pelo Chefe do Poder Executivo, haja vista se tratar de um ato discricionário.

A alínea "b" do inciso II apresenta a chamada naturalização extraordinária ou quinzenária. Essa hipótese é destinada a qualquer estrangeiro e será exigida residência ininterrupta pelo prazo de 15 anos e não existência de condenação penal. Nessa espécie, não há discricionariedade em conceder a naturalização, pois ela gera direito subjetivo ao estrangeiro que tenha preenchido os requisitos.

O melhor é não esquecer que a ausência temporária da residência não quebra o vínculo ininterrupto exigido para a naturalização no país. Também deve ser ressaltado que não existe naturalização tácita ou automática, sendo exigido requerimento de quem desejar se naturalizar no Brasil.

Português equiparado

> ***Art. 12.*** *§ 1º. Aos portugueses com residência permanente no País, se houver reciprocidade em favor de brasileiros, serão atribuídos os direitos inerentes ao brasileiro, salvo os casos previstos nesta Constituição.*

Trata-se do chamado português equiparado ou quase nacional. Segundo o dispositivo, a Constituição assegura aos portugueses tratamento diferenciado, como se fossem brasileiros. Não se trata de uma hipótese de naturalização, nesse caso são atribuídos os mesmos direitos inerentes ao brasileiro.

Essa condição depende de reciprocidade por parte de Portugal. O Brasil possui um acordo internacional com Portugal por meio do Decreto nº 3.927/2001 que promulgou o Tratado de Cooperação, Amizade e Consulta Brasil/Portugal. Havendo o mesmo tratamento a um brasileiro quando estiver no país português, serão garantidos tratamentos diferenciados aos portugueses que aqui estiverem desde que manifestem interesse no recebimento desse tratamento diferenciado. Ressalta-se que para requerer esse tipo de tratamento será necessária, além do requerimento, a constituição de residência permanente no Brasil.

Por fim, não se pode esquecer de que o tratamento dado aos portugueses os equipara aos brasileiros naturalizados.

Tratamento diferenciado entre brasileiros

O § 2º do Art. 12 proíbe o tratamento diferençado entre brasileiros natos e naturalizados:

> ***§ 2º*** *- A lei não poderá estabelecer distinção entre brasileiros natos e naturalizados, salvo nos casos previstos nesta Constituição.*

O próprio dispositivo excepciona a regra permitindo que a Constituição Federal estabeleça tratamento diferenciado entre brasileiros natos e naturalizados. São quatro os tratamentos diferenciados estabelecidos pelo texto constitucional:

> **Cargos privativos de brasileiros natos;**
> **Funções privativas de brasileiros natos;**
> **Regras de extradição;**
> **Propriedade de empresas de jornalística ou de radiodifusão.**

O § 3º apresenta a primeira hipótese de distinção dentre brasileiros natos e naturalizados:

> ***§ 3º*** *- São privativos de brasileiro nato os cargos:*
> ***I.*** *De Presidente e Vice-Presidente da República;*
> ***II.*** *De Presidente da Câmara dos Deputados;*
> ***III.*** *De Presidente do Senado Federal;*
> ***IV.*** *De Ministro do Supremo Tribunal Federal;*
> ***V.*** *Da carreira diplomática;*
> ***VI.*** *de oficial das Forças Armadas;*
> ***VII.*** *De Ministro de Estado da Defesa.*

Os cargos privativos aos brasileiros natos são muito incidentes em provas. Por esse motivo, sugere-se que sejam memorizados. Dois critérios foram utilizados para escolha desses cargos. O primeiro está relacionado com os cargos que sucedem o Presidente da República (Presidente e Vice-Presidente da República, Presidente da Câmara dos Deputados, Presidente do Senado Federal e Ministro do Supremo Tribunal Federal). O segundo critério diz respeito à segurança nacional (carreira diplomática, oficial das forças armadas e Ministro do Estado da Defesa).

As funções privativas de brasileiros natos estão prevista no Art. 89, VII da Constituição:

> ***Art. 89.*** *O Conselho da República é órgão superior de consulta do Presidente da República, e dele participam:*
> ***I.*** *O Vice-Presidente da República;*
> ***II.*** *O Presidente da Câmara dos Deputados;*
> ***III.*** *O Presidente do Senado Federal;*
> ***IV.*** *Os líderes da maioria e da minoria na Câmara dos Deputados;*
> ***V.*** *Os líderes da maioria e da minoria no Senado Federal;*
> ***VI.*** *O Ministro da Justiça;*
> ***VII.*** *Seis cidadãos brasileiros natos, com mais de trinta e cinco anos de idade, sendo dois nomeados pelo Presidente da República, dois eleitos pelo Senado Federal e dois eleitos pela Câmara dos Deputados, todos com mandato de três anos, vedada a recondução.*

A terceira possibilidade de tratamento diferenciado diz respeito às regras de extradição previstas no inciso LI do Art. 5º:

> ***LI.*** *Nenhum brasileiro será extraditado, salvo o naturalizado, em caso de crime comum, praticado antes da naturalização, ou de comprovado envolvimento em tráfico ilícito de entorpecentes e drogas afins, na forma da lei.*

A quarta previsão está no Art. 222 da Constituição:

> ***Art. 222.*** *A propriedade de empresa jornalística e de radiodifusão sonora e de sons e imagens é privativa de brasileiros natos ou naturalizados há mais de dez anos, ou de pessoas jurídicas constituídas sob as leis brasileiras e que tenham sede no País.*

Perda da nacionalidade

A seguir serão trabalhadas as hipóteses de perda da nacionalidade. Uma pergunta: brasileiro nato pode perder a nacionalidade?

Vejamos o que diz a Constituição Federal:

> ***§ 4º*** *- Será declarada a perda da nacionalidade do brasileiro que:*
> ***I.*** *Tiver cancelada sua naturalização, por sentença judicial, em virtude de atividade nociva ao interesse nacional;*
> ***II.*** *Adquirir outra nacionalidade, salvo no casos:*
> ***a)*** *de reconhecimento de nacionalidade originária pela lei estrangeira;*
> ***b)*** *de imposição de naturalização, pela norma estrangeira, ao brasileiro residente em estado estrangeiro, como condição para permanência em seu território ou para o exercício de direitos civis.*

Ao se analisar o dispositivo do *caput* desse parágrafo, é possível concluir que as regras são para os brasileiros natos ou naturalizados.

Mas vale a pena verificar cada hipótese:

O inciso I deixa claro que é uma hipótese aplicada apenas aos brasileiros naturalizados (cancelamento de naturalização). Se o indivíduo tem seu vínculo com o Estado cancelado por decisão judicial, não há que se falar em permanência da nacionalidade brasileira;

O inciso II já não permite a mesma conclusão, haja vista ter considerado qualquer brasileiro. Logo, ao brasileiro, seja ele nato ou naturalizado, que adquirir outra nacionalidade, será declarada a perda da nacionalidade, pelo menos em regra. Essa regra possui duas exceções: nos casos de reconhecimento de nacionalidade originária estrangeira ou de imposição de naturalização, não será declarada a perda da nacionalidade brasileira. É nestas hipóteses que se encontram permitidas as situações de dupla nacionalidade que conhecemos.

Uma questão interessante surge: seria possível a reaquisição da nacionalidade brasileira?

Uma vez perdida a nacionalidade, tem-se entendido que é possível a sua reaquisição dependo da forma que foi perdida.

Se o indivíduo perde a nacionalidade com fundamento no inciso I, por cancelamento de naturalização, só seria possível a reaquisição por meio de ação rescisória.

Caso o indivíduo perca a nacionalidade por ter adquirido outra, que revela a hipótese do inciso II, também será possível a reaquisição por decreto presidencial (Art. 36, Lei n° 818/49).

Apesar da divergência doutrinária, prevalece o entendimento de que o brasileiro, após a reaquisição, volta à condição anterior, ou seja, se era brasileiro nato, volta a ser nato, se era naturalizado, volta como naturalizado.

5. DIREITOS POLÍTICOS E PARTIDOS POLÍTICOS

5.1 Direitos Políticos

Os direitos políticos são um conjunto de direitos fundamentais que permitem ao indivíduo participar da vontade política do Estado. Para se falar de direitos políticos, alguns conceitos são indispensáveis.

Cidadania, Democracia e Soberania Popular

A Cidadania é a condição conferida ao indivíduo que possui direito político. É o exercício desse direito. Essa condição só é possível em nosso país por causa do regime de governo adotado, a Democracia. A democracia parte do pressuposto de que o poder do Estado decorre da vontade popular, da Soberania Popular. Conforme o parágrafo único do Art. 1º da Constituição:

> ***Art. 1º**, Parágrafo único. Todo o poder emana do povo, que o exerce por meio de representantes eleitos ou diretamente, nos termos desta Constituição.*

A democracia brasileira é classificada como semidireta ou participativa, haja vista poder ser exercida tanto de forma direta como de forma indireta. Como forma de exercício direto temos o previsto no Art. 14 da CF:

> ***Art. 14.** A soberania popular será exercida pelo sufrágio universal e pelo voto direto e secreto, com valor igual para todos, e, nos termos da lei, mediante:*
>
> ***I.** Plebiscito;*
>
> ***II.** Referendo;*
>
> ***III.** Iniciativa popular.*

Mas ainda há a ação popular que também é forma de exercício direto dos direitos políticos:

> ***Art. 5º**, LXXIII. Qualquer cidadão é parte legítima para propor ação popular que vise a anular ato lesivo ao patrimônio público ou de entidade de que o Estado participe, à moralidade administrativa, ao meio ambiente e ao patrimônio histórico e cultural, ficando o autor, salvo comprovada má-fé, isento de custas judiciais e do ônus da sucumbência.*

Entendamos o que significa cada uma das formas de exercício direto dos direitos políticos:

Plebiscito

Consulta popular realizada antes da tomada de decisão. O representante do poder público quer tomar uma decisão, mas, antes de tomá-la, ele pergunta para os cidadãos quem concorda. O que os cidadãos decidirem será feito.

Referendo

Consulta popular realizada depois da tomada de decisão. O representante do poder público toma uma decisão e depois pergunta o que os cidadãos acharam.

Iniciativa Popular

Essa é uma das formas de se iniciar o processo legislativo no Brasil. A legitimidade para propor criação de lei pelo eleitorado encontra amparo no Art. 61, § 2º da CF:

> ***Art. 61, § 2º** - A iniciativa popular pode ser exercida pela apresentação à Câmara dos Deputados de projeto de lei subscrito por, no mínimo, um por cento do eleitorado nacional, distribuído pelo menos por cinco Estados, com não menos de três décimos por cento dos eleitores de cada um deles.*

Ação Popular

Remédio constitucional previsto no inciso LXXIII que funciona como instrumento de fiscalização dos poderes públicos nos termos do inciso citado.

Quando se fala em exercício indireto, significa exercício por meio dos representantes eleitos que representarão a vontade popular.

Todas essas ferramentas disponibilizadas acima constituem formas de exercício dos direitos políticos no Brasil.

A doutrina costuma classificar os direitos políticos em:

> **Direitos políticos positivos.**
> **Direitos políticos negativos.**

Direitos Políticos Positivos

Os direitos políticos positivos se mostram pela possibilidade de participação na vontade política do Estado. Esses direitos políticos se materializam por meio da Capacidade Eleitoral Ativa e da Capacidade Eleitoral Passiva. O primeiro é a possibilidade de votar. O segundo, de ser votado.

Para que se possa exercer a capacidade eleitoral ativa, faz-se necessário o chamado alistamento eleitoral. É, simplesmente, inscrever-se como eleitor, o que acontece quando obtemos o título de eleitor. A Constituição apresenta três regras para o alistamento e o voto:

Voto Obrigatório

Maiores de 18 anos;

Voto Facultativo

Maiores de 16 e menores de 18; analfabetos e maiores de 70 anos;

Voto Proibido

Estrangeiros e conscritos.

Vejamos estas regras previstas no texto constitucional:

> ***Art. 14**, § 1º. O alistamento eleitoral e o voto são:*
>
> ***I.** Obrigatórios para os maiores de dezoito anos;*
>
> ***II.** Facultativos para:*
>
> ***a)** os analfabetos;*
>
> ***b)** os maiores de setenta anos;*
>
> ***c)** os maiores de dezesseis e menores de dezoito anos.*
>
> ***§ 2º** - Não podem alistar-se como eleitores os estrangeiros e, durante o período do serviço militar obrigatório, os conscritos.*

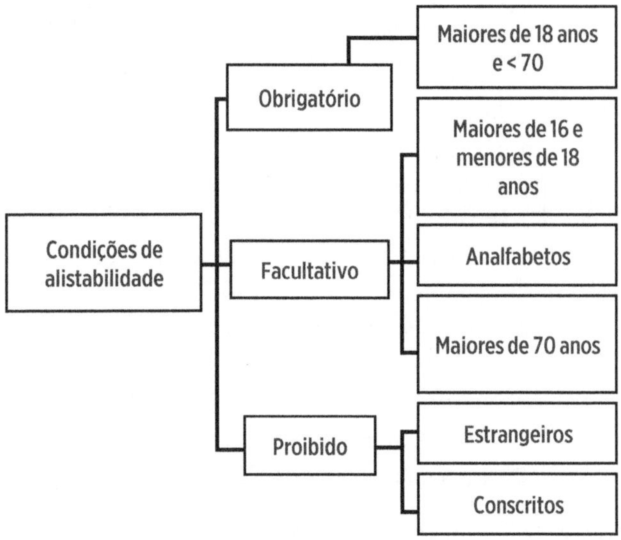

A **capacidade eleitoral passiva** é a capacidade de ser eleito. É uma das formas de participação política em que o cidadão aceita a incumbência de representar os interesses dos seus eleitores. Para que alguém possa ser eleito se faz necessário o preenchimento das Condições de Elegibilidade. São condições de elegibilidade as previstas no Art. 14, § 3º da Constituição:

> ***Art. 14, § 3º*** *- São condições de elegibilidade, na forma da lei:*
> ***I.*** *a nacionalidade brasileira;*
> ***II.*** *o pleno exercício dos direitos políticos;*
> ***III.*** *o alistamento eleitoral;*
> ***IV.*** *o domicílio eleitoral na circunscrição;*
> ***V.*** *a filiação partidária;*
> ***VI.*** *a idade mínima de:*
> ***a)*** *trinta e cinco anos para Presidente e Vice-Presidente da República e Senador;*
> ***b)*** *trinta anos para Governador e Vice-Governador de Estado e do Distrito Federal;*
> ***c)*** *vinte e um anos para Deputado Federal, Deputado Estadual ou Distrital, Prefeito, Vice-Prefeito e juiz de paz;*
> ***d)*** *dezoito anos para Vereador.*

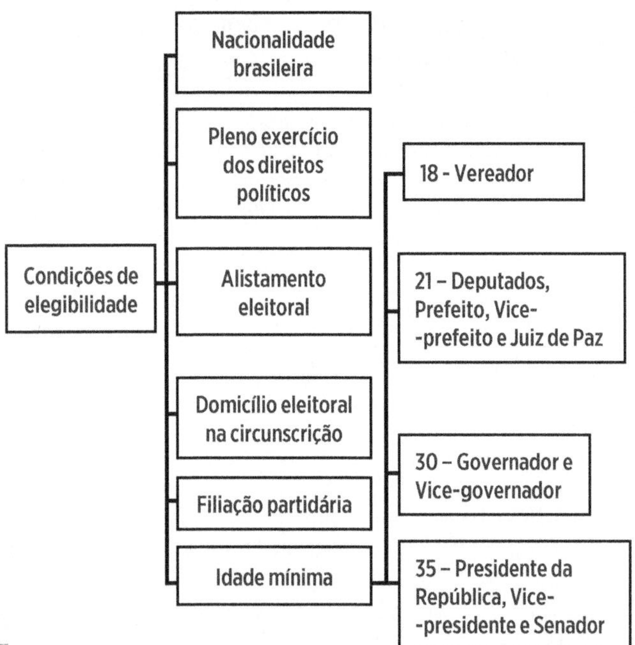

Direitos Políticos Negativos

Os direitos políticos negativos são verdadeiras vedações ao exercício da cidadania. São inelegibilidades, hipóteses de perda ou suspensão dos direitos políticos que se encontram previstos expressamente no texto constitucional. Só não se pode esquecer a possibilidade prevista no § 9º do Art. 14 da Constituição, que admite que sejam criadas outras inelegibilidades por Lei Complementar, desde possuam caráter relativo. Inelegibilidade absoluta, segundo a doutrina, só na Constituição Federal.

A primeira inelegibilidade está prevista no Art. 14, § 4º:

> ***Art. 14, § 4º*** *- São inelegíveis os inalistáveis e os analfabetos.*

Trata-se de uma inelegibilidade absoluta que impede os inalistáveis e analfabetos a concorrerem a qualquer cargo eletivo. Nota-se primeiramente que a Constituição se refere aos inalistáveis como "inelegíveis". Todas as vezes que se encontrar o termo inalistável, deve-se pensar automaticamente em estrangeiros e conscritos. Logo, são inelegíveis os estrangeiros, conscritos e analfabetos.

Quanto aos analfabetos, uma questão merece atenção: os analfabetos podem votar, mas não podem receber votos.

Em seguida, tem-se o § 5º, que traz a chamada regra da Reeleição. Trata-se de uma espécie de inelegibilidade relativa por meio do qual alguns titulares de cargos políticos ficam impedidos de se reelegerem por mais de duas eleições consecutivas, ou seja, é permitida apenas uma reeleição:

> ***Art. 14, § 5º*** *- O Presidente da República, os Governadores de Estado e do Distrito Federal, os Prefeitos e quem os houver sucedido, ou substituído no curso dos mandatos poderão ser reeleitos para um único período subsequente.*

O primeiro ponto interessante desse parágrafo está na restrição que só ocorre para os membros do poder executivo (Presidente, Governador e Prefeito). Logo, um membro do Poder Legislativo poderá se reeleger quantas vezes ele quiser, enquanto o membro do Poder Executivo só poderá se reeleger uma única vez. Ressalte-se que o impedimento se aplica também a quem suceder ou substituir o titular dos cargos supracitados.

Mais uma regra de inelegibilidade relativa encontra-se no § 6º:

> ***Art. 14, § 6º*** *- Para concorrerem a outros cargos, o Presidente da República, os Governadores de Estado e do Distrito Federal e os Prefeitos devem renunciar aos respectivos mandatos até seis meses antes do pleito.*

Estamos diante da chamada regra de **Desincompatibilização**. Da mesma forma que o dispositivo anterior só se aplica aos membros do Poder Executivo, e essa norma exige que os representantes desse Poder, para que possam concorrer a outro cargo, devem renunciar os respectivos mandatos até seis meses antes do pleito.

Ainda há a chamada Inelegibilidade Reflexa, ou em razão do parentesco. Essa hipótese gera um impedimento, não ao titular do cargo político, mas aos seus parentes até segundo grau. Também se aplica apenas aos membros do Poder Executivo:

> ***Art. 14, § 7º*** *- São inelegíveis, no território de jurisdição do titular, o cônjuge e os parentes consanguíneos ou afins, até o segundo grau ou por adoção, do Presidente da República, de Governador de Estado ou Território, do Distrito Federal, de Prefeito ou de quem os haja substituído dentro dos seis meses anteriores ao pleito, salvo se já titular de mandato eletivo e candidato à reeleição.*

O impedimento gerado está relacionado ao território de jurisdição do titular da seguinte forma:

- O Prefeito gera inelegibilidade aos cargos de Prefeito e Vereador do mesmo município;
- O Governador gera inelegibilidade aos cargos de Prefeito, Vereador, Deputado Estadual, Deputado Federal, Senador da República e Governador do mesmo Estado Federativo;
- O Presidente gera inelegibilidade a todos os cargos eletivos do país.

São parentes de 1º grau: pai, mãe, filho, sogro. São parentes de 2º grau: avô, irmão, neto, cunhado.

O STF editou a Súmula Vinculante nº 18, que diz:

> ***Súmula Vinculante nº 18.*** *A dissolução da sociedade ou do vínculo conjugal, no curso do mandato, não afasta a inelegibilidade prevista no § 7º do Art. 14 da Constituição Federal.*

Lei complementar pode estabelecer novas hipóteses de inelegibilidade relativa. É o que dispõe o § 9º do Art. 14:

> ***Art. 14, § 9º*** *- Lei complementar estabelecerá outros casos de inelegibilidade e os prazos de sua cessação, a fim de proteger a probidade administrativa, a moralidade para exercício de mandato considerada vida pregressa do candidato, e a normalidade e legitimidade das eleições contra a influência do poder econômico ou o abuso do exercício de função, cargo ou emprego na administração direta ou indireta.*

Com base no texto, é possível concluir que o rol de inelegibilidades relativas previstas na Constituição Federal é meramente exemplificativo. Há ainda a Lei Complementar nº 64/90 que traz várias hipóteses de inelegibilidade.

Condições para Eleição do Militar

O militar pode se candidatar a cargo político eletivo desde que observadas as regras estabelecidas no § 8º do Art. 14:

> ***Art. 14, § 8º*** *- O militar alistável é elegível, atendidas as seguintes condições:*
>
> ***I.*** *se contar menos de dez anos de serviço, deverá afastar-se da atividade;*
>
> ***II.*** *se contar mais de dez anos de serviço, será agregado pela autoridade superior e, se eleito, passará automaticamente, no ato da diplomação, para a inatividade.*

Militar → Mais de 10 anos → Agregado

Militar → Menos de 10 anos → Afasta-se da atividade

Primeiramente, deve-se ressaltar que a Constituição veda a filiação partidária aos militares:

> ***Art. 142, § 3º, V.*** *O militar, enquanto em serviço ativo, não pode estar filiado a partidos políticos.*

Recordando as condições de elegibilidade, tem-se que é necessária a filiação partidária para ser elegível, contudo, no caso do militar, o TSE tem entendido que o registro da candidatura supre a falta de prévia filiação partidária.

Um segundo ponto interessante decorre da própria interpretação do § 8º, que prevê duas regras para eleição dos militares em razão do tempo de serviço:

Militar com menos de dez anos: deve se afastar da atividade;

Militar com mais de dez anos: deve ficar agregado pela autoridade superior e se eleito, passado para inatividade.

Esse prazo de dez anos escolhido pela Constituição decorre da garantia de estabilidade para os militares.

Impugnação de Mandato Eletivo

Estes parágrafos dispensam explicação e, quando aparecem em prova, costumam cobrar o próprio texto constitucional. Deve-se ter cuidado com o prazo de 15 dias para impugnação:

> ***Art. 14, § 10*** *- O mandato eletivo poderá ser impugnado ante a Justiça Eleitoral no prazo de quinze dias contados da diplomação, instruída a ação com provas de abuso do poder econômico, corrupção ou fraude.*
>
> ***§ 11*** *- A ação de impugnação de mandato tramitará em segredo de justiça, respondendo o autor, na forma da lei, se temerária ou de manifesta má-fé.*

Cassação, Suspensão e Perda dos Direitos Políticos

Uma coisa é certa: não existe cassação de direitos políticos no Brasil. Isso não pode ser esquecido, pois sempre é cobrado em prova. Apesar dessa norma protetiva, são permitidas a perda e a suspensão desses direitos, conforme disposto no Art. 15 da Constituição:

> ***Art. 15.*** *É vedada a cassação de direitos políticos, cuja perda ou suspensão só se dará nos casos de:*
>
> ***I.*** *Cancelamento da naturalização por sentença transitada em julgado;*
>
> ***II.*** *Incapacidade civil absoluta;*
>
> ***III.*** *Condenação criminal transitada em julgado, enquanto durarem seus efeitos;*
>
> ***IV.*** *Recusa de cumprir obrigação a todos imposta ou prestação alternativa, nos termos do Art. 5º, VIII;*
>
> ***V.*** *Improbidade administrativa, nos termos do Art. 37, § 4º.*

Observe-se que o texto constitucional não esclareceu muito bem quais são as hipóteses de perda ou suspensão, trabalho esse que ficou a cargo da doutrina fazer. Seguem abaixo as hipóteses de perda ou suspensão:

Cancelamento da naturalização por sentença transitada em julgado – trata-se de perda dos direitos políticos. Ora, se o indivíduo teve cancelado seu vínculo com o Estado Brasileiro, não há sentido em lhe garantir os direitos políticos;

Incapacidade civil absoluta – apesar de ser absoluta, essa incapacidade civil pode cessar dependendo da situação. Logo, é hipótese de suspensão dos direitos políticos;

Condenação criminal transitada em julgado, enquanto durarem seus efeitos – condenação criminal é suspensão, pois dura enquanto durar a pena. Deve-se ter cuidado com essa questão em prova. O efeito da suspensão sobre os direitos políticos independe do tipo de pena aplicada ao cidadão.

Recusa de cumprir obrigação a todos imposta ou prestação alternativa, nos termos do Art. 5º, VIII - essa é a famosa hipótese da escusa de consciência. Em relação a esse tema, existe divergência na doutrina. Parte da doutrina Constitucional entende que é hipótese de perda, outra parte da doutrina, principalmente eleitoral, entende que seja hipótese de suspensão.

Improbidade administrativa, nos termos do Art. 37, § 4º - essa é mais uma hipótese de suspensão dos direitos políticos.

Princípio da Anterioridade Eleitoral

Este princípio exige o prazo de um ano para aplicação de lei que altere processo eleitoral. Isso visa a evitar que os candidatos sejam pegos de surpresa com as regras eleitorais. O Art. 16 diz:

> ***Art. 16.*** *A lei que alterar o processo eleitoral entrará em vigor na data de sua publicação, não se aplicando à eleição que ocorra até um ano da data de sua vigência.*

O STF decidiu que essa lei não se aplica às eleições de 2010 por não ter respeitado esse princípio que requer o prazo de 1 ano para aplicação da lei que alterar o processo eleitoral.

A lei havia sido publicada em junho de 2010 e queriam que valesse para as eleições do mesmo ano. O STF disse que sua aplicação para 2010 era inconstitucional.

5.2 Partidos Políticos

Natureza Jurídica dos Partidos Políticos

Os partidos políticos, segundo previsão expressa da Constituição, possuem natureza jurídica de direito privado. Segundo o disposto no Art. 17, § 2º:

> ***§ 2º*** *- Os partidos políticos, após adquirirem personalidade jurídica, na forma da lei civil, registrarão seus estatutos no Tribunal Superior Eleitoral.*

Quando a Constituição determina que os partidos devem adquirir sua personalidade jurídica na forma da lei civil, praticamente, afirma que é uma pessoa jurídica de direito privado apesar de ser exigido seu registro no TSE.

Direitos dos Partidos

Os partidos possuem vários direitos previstos expressamente na Constituição, dentre os quais destacam-se:

Recursos do fundo partidário;

Acesso gratuito ao rádio e à televisão (Lei nº 9.096/95).

Limitações aos Partidos

Apesar da liberdade estampada no *caput* do Art. 17, é possível perceber que a criação dos partidos políticos possui algumas limitações:

> ***Art. 17.*** *É livre a criação, fusão, incorporação e extinção de partidos políticos, resguardados a soberania nacional, o regime democrático, o pluripartidarismo, os direitos fundamentais da pessoa humana e observados os seguintes preceitos:*
>
> ***I.*** *Caráter nacional;*
>
> ***II.*** *Proibição de recebimento de recursos financeiros de entidade ou governo estrangeiros ou de subordinação a estes;*
>
> ***III.*** *Prestação de contas à Justiça Eleitoral;*
>
> ***IV.*** *Funcionamento parlamentar de acordo com a lei.*
>
> ***§ 4º*** *- É vedada a utilização pelos partidos políticos de organização paramilitar.*

Verticalização

Antes da Emenda Constitucional nº 52/2006, era utilizada a chamada Verticalização, que significava a necessidade de vinculação das candidaturas do nível nacional, estadual, distrital ou municipal. Vejamos como está escrito agora:

> ***§ 1º*** *- É assegurada aos partidos políticos autonomia para definir sua estrutura interna, organização e funcionamento e para adotar os critérios de escolha e o regime de suas coligações eleitorais, sem obrigatoriedade de vinculação entre as candidaturas em âmbito nacional, estadual, distrital ou municipal, devendo seus estatutos estabelecer normas de disciplina e fidelidade partidária.*

Significa dizer que não é mais preciso haver vinculação das candidaturas nos diversos níveis federativos (União, Estados, Distrito Federal e Municípios).

CONHECIMENTOS DE HISTÓRIA

1. OCUPAÇÃO PRÉ-COLONIAL DO ATUAL ESTADO DE PERNAMBUCO

Com 98.311 km², Pernambuco é um dos 27 estados brasileiros. Localizado no centro-leste da Região Nordeste, tem sua costa banhada pelo Oceano Atlântico. O estado faz limite com a Paraíba, Ceará, Alagoas, Bahia e Piauí. Também faz parte do território pernambucano o arquipélago de Fernando de Noronha, a 545 km da costa. São 185 municípios - com um total de 8.796.032 habitantes - e tem a cidade do Recife como sua capital.

Feitas essas considerações iniciais sobre as características geográficas de Pernambuco, passemos agora para o objetivo deste material que é contar a história, ou melhor, a Pré-História de Pernambuco.

1.1 Ocupação Pré-Histórica de Pernambuco

Muito tempo antes da chegada dos portugueses no litoral brasileiro, a região de Pernambuco, bem como o Nordeste brasileiro, já era habitada por sociedades que desenvolveram uma forma de se viver muito parecida com outros hominídeos em outros continentes, bem próximos do estágio evolutivo do período neolítico do homem de acordo com a antropologia.

Destarte, é por este motivo que analisaremos a ocupação pré-histórica de Pernambuco. Graças a enorme contribuição dos estudos da arqueologia, hoje sabemos quando, aproximadamente, esses primeiros povos chegaram em Pernambuco, e de acordo com o material encontrado, podemos reescrever a sua história.

Em Pernambuco, as pinturas rupestres variam desde 2 mil anos atrás até o início da colonização do Brasil, divididos em três horizontes culturais distintos: Tradição Agreste, Tradição Nordeste e Itaquatiara.

Tradição Agreste
Tipicamente nordestino, é o registro mais abundante no estado, possui figuras humanas ou animais completamente preenchidas, com irregularidades na linha de contorno, além de traços grossos e figuras dominantes, tendo como uma das características mais marcantes o desenho de mãos formando desenhos mais elaborados nas palmas e nos dedos.
Tradição Nordeste
Esta tradição é caracterizada pela variedade de seus temas, contendo cenas cerimoniais, de caça, de luta e de sexo. O dinamismo observado nas figuras humanas e de animais, assim como a presença de atributos (ornamentos, instrumentos e armas), pode ser encontrado no interior das composições gráficas, acompanhando as figuras humanas.
Itaquatira
A palavra Itaquatira significa *pedra* em tupi. Esta tradição representa um estilo que é realizado em gravuras em vez de pinturas, no caso, que são feitas com raspagem das pedras. As imagens mostradas nas formas não são reconhecíveis e podem ser elaboradas de maneiras diferentes, a depender da localização geográfica e do tipo de suporte utilizado.

Entre eles, o Agreste é o mais tradicional e só é encontrado no Nordeste brasileiro. A partir dos elementos que marcam essa tradição, pode-se concluir que os humanos que a pintaram optaram por uma cenografia impactante, tanto na forma como na cor, para representar as figuras com possibilidade de reconhecimento.

Tal cenografia denota uma necessidade de exibir apenas os traços essenciais de reconhecimento, sem utilizar adornos. Em muitos casos, as pinturas rupestres são o testemunho único que restou da presença indígena na região dizimada pelos colonizadores. São também formas de comunicação usadas pelas sociedades ágrafas, coletoras-caçadoras e pelos grupos que já conheciam formas simples de fabricar cerâmica.

A arte rupestre dos povos primitivos do Nordeste representa o universo simbólico do homem pré-histórico. Contextualizado em uma sociedade ágrafa, esses registros carregam o significado de uma pré-escrita, trazendo a possibilidade das pessoas de utilizar marcadores de sua presença em determinado local.

Além disso, as imagens serviam como demonstração de poder e foram usadas com propósitos religiosos em rituais. No entanto, por se tratar de um momento histórico que ocorreu antes da escrita, não é possível compreender de forma exata o seu sentido. O que nos restou dessa arte são apenas essas pinturas e gravuras sobre rochas, mas que, pela temática representada, pode-se supor que seriam a representação do pensamento abstrato daqueles povos pré-históricos. Apesar disso, o fato de que o Brasil ainda possui indígenas descendentes daqueles da pré-história, muitas das suas cerimônias e crenças poderiam ser as mesmas daqueles povos e foram estudadas pelos etnólogos e antropólogos. Seguramente, o culto às forças da natureza fazia parte desses mitos e crenças também.

As imagens eram elaboradas com auxílio das mãos, mas, em algumas épocas, até mesmo pincéis de fibras – alguns deles extremamente finos – estavam entre as ferramentas utilizadas, indicando uma técnica refinada. As impressões eram feitas por raspagem ou incisão nas pedras. Atualmente, a tecnologia permite estudar os pigmentos utilizados – como água, gordura e resinas – e, então, é possível realizar uma reconstrução hipotética da aparência das gravuras quando ainda recentes.

1.2 Características Socioculturais das Populações Indígenas que Habitavam o Território do Atual Estado de Pernambuco

A ocupação indígena pré-histórica da região Nordeste foi o ponto de partida para a transformação do espaço geográfico em espaço indígena. A partir de leituras sobre a presença de populações de caçadores-coletores do holoceno e de grupos indígenas ceramistas e agricultores percebe-se que, nesta região que veio compor a capitania de Pernambuco, viviam em unidades sociopolíticas com seus territórios e fronteiras diferentes culturas indígenas no período pré-histórico. Com base em pesquisas arqueológicas, o número de sítios pré-históricos, entre escavados e localizados demonstra que houve uso da terra nas diferentes regiões do espaço geográfico da capitania de Pernambuco. As atuais pesquisas apontam para uma densa ocupação nas regiões do agreste. O que não significa que foi, necessariamente, diferente para as regiões do litoral, da Zona da Mata ou do Sertão. Como se sabe, a ocupação do litoral ocorrida durante os séculos XVI e XVII, para a construção do espaço político-econômico que servisse ao sistema mercantil português provocou a transformação dos espaços indígenas nesta região e a destruição da maior parte dos sítios arqueológicos.

O estudo sobre o confronto de interesses de diferentes povos indígenas e portugueses e a conformação de novos territórios e espaços – os portugueses em um novo espaço colonial e os nativos em novas fronteiras socioculturais e áreas geográficas – retomou antigos documentos e informações conhecidas. Nesta busca, a pesquisa proporcionou o encontro de documentos inéditos como os mapas holandeses de Johan Vingboons do século XVII, guardados no Instituto Histórico e Geográfico de Pernambuco, recentemente restaurados, e as cartas escritas por líderes indígenas, em parte, transcritas para a língua portuguesa.

Pesquisados documentos, crônicas, cartas, assim como, a cartografia europeia do século XVI ao XVIII, para ao Região Nordeste, verificamos que, no geral, a documentação aponta mais informações sobre o litoral do Brasil colônia do que sobre os sertões. A documentação também reflete a aplicação de uma política colonial portuguesa que não respeitou a população indígena, mas se utilizou da sua organização de territórios e fronteiras existentes. No entanto, muitos grupos ou povos indígenas indicados pela cartografia portuguesa, holandesa e francesa, são nela apresentados sem fronteiras e sem formas de ocupação definidas, o que também vale para a maior parte da documentação manuscrita e impressa. Por isso, muitos dados da pesquisa histórica não poderiam ser entendidos se não se procurasse respostas em pesquisas antropológicas, linguísticas e arqueológicas, relativas aos nativos do período Pré-histórico desta região.

Quando os primeiros europeus chegaram ao território brasileiro, no início do século XVI, vários grupos indígenas ocupavam a região Nordeste. No litoral, predominavam as tribos do tronco linguístico tupi, como os Tupinambás, Tabajaras e os Caetés, os mais temíveis. No interior, habitavam grupos dos troncos linguísticos Jê, genericamente denominados Tapuias.

Como em outras regiões brasileiras, a ocupação do território em Pernambuco começou pelo litoral, nas terras apropriadas para a agroindústria do açúcar, onde os indígenas eram utilizados pelos portugueses como mão de obra escrava nos engenhos e nas lavouras, especialmente por parte daqueles que não dispunham de capital suficiente para comprar escravos africanos.

Após um período de paz aparente, os índios reagiram a esse regime de trabalho através de hostilidades, assaltos e devastações de engenhos e propriedades, realizados principalmente pelos Caetés, que ocupavam a costa de Pernambuco.

A guerra e a perseguição dos portugueses tornaram-se sistemáticas, fazendo com que os índios sobreviventes tivessem que emigrar para longe da costa. Porém, a criação de gado levou os colonizadores a ocupar terras no interior do Estado, continuando assim a haver conflitos.

As relações entre os criadores de gado e os índios, no entanto, eram bem menos hostis do que com os senhores de engenho, mas a sobrevivência das tribos, que não se refugiavam em locais remotos, só era possível quando atendia aos interesses dos criadores e não era assegurada aos indígenas a posse de suas terras.

Durante os dois primeiros séculos do Brasil Colônia, as missões religiosas jesuíticas eram a única forma de proteção com que os índios contavam. Com a expulsão dos jesuítas, em 1759, os aldeamentos permaneceram sob a orientação de outras ordens religiosas, sendo entregues, posteriormente, a órgãos especiais, porém as explorações e injustiças contra o povo indígena continuaram acontecendo.

Sabe-se, através de algumas fontes, que nos séculos XVIII e XIX uma quantidade indeterminada de índios foi aldeada no território pernambucano, mas aparentemente não há registros de sua procedência.

Existiam os aldeamentos dos Garanhuns, próximo à cidade do mesmo nome; dos Carapatós, Carnijós ou Fulni-ô, em Águas Belas; dos Xucurus, em Cimbres; dos Argus, espalhados da serra do Araripe até o rio São Francisco; dos Caraíbas, em Boa Vista; do Limoeiro na atual cidade do mesmo nome; as aldeias de Arataqui, Barreiros ou Umã, Escada, da tribo Arapoá-Assu, nas margens dos rios Jaboatão e Gurjaú; a aldeia do Brejo dos Padres, dos índios Pankaru ou Pankararu; aldeamentos em Taquaritinga, Brejo da Madre de Deus, Caruaru e Gravatá.

No século XIX, a região do atual município de Floresta e diversas ilhas do rio São Francisco se destacavam pelo grande número de aldeias, onde habitavam os índios Pipiães, Avis, Xocós, Carateus, Vouvês, Tuxás, Aracapás, Caripós, Brancararus e Tamaqueús.

O desaparecimento da maioria das tribos deve-se às diversas formas de alienação de terras indígenas no Nordeste ou da resolução do Governo de extinguir os aldeamentos existentes.

Dos grupos que povoaram Pernambuco, salvo alguns sobreviventes, pouco se sabe. O fato dos índios não possuírem uma linguagem escrita, dificultou muito a transmissão das informações.

2. A GUERRA DOS BÁRBAROS

Trata-se de um denso e longo episódio da história do Brasil colonial que mostra que os índios não ficaram passivos diante da colonização e, mesmo em situação adversa, surpreenderam pela ousadia, coragem e persistência. Em muitos momentos, chegaram a ter sucesso militar, apesar de sua inferioridade bélica. Uma guerra pela ocupação dos sertões nordestinos, ente 1650 e 1720, e que levou ao massacre impiedoso de diversas tribos. Um dos fatos mais cruéis e menos conhecido de nossa história, mas com muitos nomes: Guerra do Açu, Guerra dos Bárbaros, Confederação dos Cariris e Guerra do Recôncavo.

A ação e reação dos indígenas frente à invasão de suas terras pelos colonos variaram ao longo de todo o período colonial: alianças (quase sempre temporárias), resistência feroz, guerra aberta, fuga para o interior entre outras. Contudo, fosse qual fosse a atitude, todas tiveram um impacto negativo sobre as sociedades indígenas, contribuindo para a desorganização social e o declínio demográfico dos povos nativos.

Os portugueses classificaram os indígenas em dois grandes grupos genéricos: tupis e tapuias. Os tupis englobavam todas as sociedades litorâneas e eram considerados, em geral, mais amistosos e de fácil contato e colaboração. Os tapuias eram o inverso: ferozes, não aceitavam "a civilização".

A imagem pejorativa dos chamados de tapuias contribuiu para o desconhecimento desses grupos que hoje sabemos serem diversos em relação à língua, aos costumes e tradições. Deles restaram informações superficiais e incompletas que os estudiosos se esforçaram por separar as reais das imaginárias.

No contexto da presença holandesa no Nordeste açucareiro, a relação entre holandeses e indígenas foi, intencionalmente, na contramão da relação entre portugueses e nativos, buscando aliança com as tribos tapuias, inimigas dos colonos. Isso serviu para aumentar a animosidade entre portugueses e tapuias, e a reforçar a falsa dicotomia que os europeus dividiram as populações indígenas brasileiras.

Após a expulsão dos holandeses (1654), os colonos tiveram que enfrentar duas sérias ameaças à colonização portuguesa: os negros quilombolas de Palmares e as beligerantes tribos Cariris, consideradas "traidoras" por terem se aliado aos invasores holandeses. A guerra contra essas últimas é um dos fatos mais cruéis e menos conhecido de nossa história.

Os Cariris habitavam, inicialmente, o litoral nordestino, do Maranhão até o sul da Bahia. De lá foram expulsos pelos Tupiniquim e, depois pelos Tupinambás. Quando alcançaram o interior, dividiram-se em diversas tribos: tarairiú, janduís, paiacus, canindés, surucus, icós, entre outras. Foram elas que formaram a chamada Confederação dos Cariris, um termo dado pelos europeus.

Tal aliança, contudo, mudava de acordo com a dinâmica interna dos diversos grupos. Os Janduís, por exemplo, que apoiaram os holandeses na ocupação do nordeste, combateram ao lado dos portugueses em 1699 quando perpetraram a matança de 400 Paiacus e aprisionaram outros 250 incluindo crianças e mulheres.

O apoio desses grupos indígenas aos holandeses, contudo, contribuiu para estigmatizá-los como índios traidores e não confiáveis. Eram descritos como selvagens, bestiais, infiéis, traiçoeiro, canibais e poligâmicos – enfim, bárbaros, segundo a visão etnocêntrica e pejorativa que os europeus tinham dos indígenas inimigos.

Esses argumentos foram usados nas petições dos colonos para justificar a "guerra justa" contra os nativos – situação que favorecia o apresamento dos índios para serem vendidos como escravos aos engenhos do litoral e dava o direito de solicitar, junto às autoridades coloniais, terras nas áreas onde eram travados os combates contra o "gentio bárbaro". A expansão da pecuária pelo agreste e sertão nordestino demandava cada vez mais amplos espaços para abastecer de carne e couro as cidades litorâneas do Nordeste e as crescentes vilas e cidades mineiras. Assim, a "guerra justa" serviu de pretexto para atender a interesses dos colonos: montagens de fazendas de gado, doações de sesmarias e captura de escravos. Não foi, contudo, um empreendimento fácil: a ocupação do sertão da Bahia ao Maranhão levou a confrontos sangrentos marcados por violências de ambos os lados e a uma guerra que se prolongou por setenta anos.

2.1 Guerra do Recôncavo (1651-1679)

Os conflitos tiveram início na expulsão dos holandeses e ganharam tamanha dimensão que os colonos e autoridades deixaram de lado os ataques ao Quilombo de Palmares para concentrar os esforços contra os indígenas. O primeiro episódio da Guerra dos Bárbaros, chamado de Guerra do Recôncavo, ocorreu no interior da Bahia entre 1651 e 1679 gerando os confrontos da serra do Orobó, Aporá e do rio São Francisco.

O governador-geral, Francisco Barreto de Meneses – famoso por ter liderado os colonos nas Batalhas de Guararapes (1648-1649) contra os holandeses –, enviou duas companhias para reprimir os "bárbaros": os índios aliados que compunham o Terço de Filipe Camarão e os negros do Terço de Henrique Dias. As tropas enviadas contra os índios eram compostas por mais de 50% de índios aliados. Foram arregimentados, ainda, condenados, vadios e degredados com a promessa de perdão para aqueles que combatessem os "bárbaros". Tais efetivos, contudo, não conseguiram derrotar a enorme resistência oferecida pelos Cariris. Em 1675, Francisco Barreto de Meneses escreveu ao capitão-mor de São Vicente para acertar um contrato com os sertanistas paulistas. Estava convencido de que somente a experiência dos bandeirantes poderia "pacificar" a região.

No começo, os índios levaram a melhor, pois eram mais numerosos e conheciam os áridos solos do sertão nordestino. Ao contrário dos portugueses, eles não precisavam carregar pesados mantimentos, já que estavam habituados a se alimentar de frutos, mel, caça e pesca. Além disso, adotavam táticas estranhas aos militares europeus, deixando as autoridades completamente aturdidas. A guerra destes Bárbaros é irregular e diversa das mais nações porque não formam exércitos nem apresentam batalhas na campanha, antes são de salto as suas investidas, ora em uma, ora em outra parte, já juntos, já divididos.

A vantagem dos nativos criou um clima de pânico entre os colonos, que ameaçavam abandonar a terra. O comportamento "selvagem" dos inimigos agravava a sensação de medo.

2.2 Guerra do Açu (1687-1693)

O segundo episódio da Guerra dos Bárbaros foi ainda mais violento e estendeu-se pelo território compreendido por Pernambuco, Rio Grande do Norte, Piauí e Paraíba. O período mais crítico dessa fase ocorreu entre os anos 1687 e 1693. Em 1687, os índios realizaram um ataque surpresa violento que matou muitos colonos, milhares de cabeças de gado e destruiu fazendas na capitania do Rio Grande do Norte.

O governador-geral Mathias da Cunha pediu ajuda ao governador de Pernambuco, João da Cunha Souto Maior, e ao capitão-mor da Paraíba, Amaro Velho de Sequeira, para que enviassem pessoal, armas, munição e mantimentos. Tais efetivos, contudo, não foram suficientes para combater a enorme resistência dos Cariris. Novamente foram convocados os índios do Terço de Felipe Camarão e os negros do Terço de Henrique Dias. Mas o elemento determinante para o sucesso português nos combates foi a entrada dos bandeirantes paulistas a partir de 1688.

Domingos Jorge Velho que já se encontrava no Nordeste para combater o Quilombo dos Palmares, foi convencido a suspender o ataque aos quilombolas e a mudar de rota para enfrentar os Cariris. A força dos índios, neste momento, era assustadora, pois reuniam um maior número de tribos. Além disso, estavam usando cavalos e armas de fogo que haviam tomado dos colonos e aprenderam a manusear. Os Janduís conseguiam obter as armas através do comércio com piratas no litoral.

Diante da grande resistência dos índios, a guerra foi tomando um caráter cada vez mais explícito de extermínio. Assim, se a princípio, os bandeirantes foram seduzidos pelo apresamento de indígenas, passam a ser recompensados, principalmente, com honrarias e terras (sesmarias).

Em 1692, ocorreu um ponto de virada na guerra: a celebração do primeiro Tratado de Paz entre colonizadores e indígenas na América portuguesa. Por iniciativa do chefe Canindé, dos Janduís, estabeleceu-se uma aliança pela qual estes se comprometiam a fornecer cinco mil guerreiros para lutar junto aos portugueses contra invasores europeus ou tribos hostis, além de certo número de trabalhadores para as fazendas de gado. Em troca, recebiam uma área de 10 léguas quadradas e sua liberdade.

O acordo representava uma estratégia de sobrevivência para os índios diante da ameaça de extinção de suas populações em uma guerra de longa duração. Já os colonos queriam que a guerra continuasse pois ela significava dinheiro, honrarias, terras e escravos. Os levantes Cariris prosseguiram até o início do século XVIII. A partir de 1720 não havia mais sinais de levantes indígenas naquela região.

Com a terra livre da ameaça indígena, os sertões nordestinos passaram para o controle luso-brasileiro e expandiram-se as fazendas de gado. Os colonos receberam terras e escravos, o que acabou se tornar motivo para discórdias e novos conflitos. Muitos bandeirantes acabaram por se fixar na região onde receberam extensas sesmarias e exploravam a pecuária. Os novos proprietários entram em atrito com os antigos sesmeiros e moradores pela divisão das terras e posse dos escravos. Outro conflito ocorreu entre bandeirantes e missionários pelo controle da mão de obra indígena. Os bandeirantes não hesitavam em invadir aldeamentos para capturar índios já convertidos e vendê-los como escravos. O desdobramento desses conflitos avançou no tempo compondo o quadro sangrento da ocupação dos sertões nordestinos.

3. A LAVOURA AÇUCAREIRA

Na sua faixa litorânea, o Nordeste representou o primeiro centro de colonização e de urbanização da nova terra. A atual situação do Nordeste não é fruto da fatalidade, mas de um processo histórico. Até meados do século XVIII, a região nordestina, que era designada como o "Norte", concentrou as atividades econômicas e a vida social mais significava da Colônia; nesse período, o Sul foi uma área periférica, menos urbanizada, sem vinculação direta com a economia exportadora. Salvador foi a capital do Brasil até 1763 e, por muito tempo, sua única cidade importante. Embora não haja dados de população seguros até meados do século XVIII, calcula-se que tinha 14 mil habitantes em 1585, 25 mil em 1724 e cerca de 40 mil em 1750, a metade dos quais eram escravos. Esses números podem parecer modestos, mas têm muita significação quando confrontados com os de outras regiões: São Paulo, por exemplo, tinha menos de 2 mil habitantes em 1600.

A empresa açucareira foi o núcleo central da ativação socioeconômica do Nordeste. O açúcar tem uma longa e variada história, tanto no que se refere a seu uso como à localização geográfica. No século XV, era ainda uma especiaria utilizada como remédio ou condimento exótico. Livros de receitas do século XVI indicam que estava ganhando lugar no consumo da aristocracia europeia. Logo passaria de um produto de luxo para o que hoje chamaríamos de um bem de consumo de massa.

Sob o aspecto geográfico, a cana-de-açúcar teve um grande deslocamento no espaço. Originária da Índia, alcançou a Pérsia e dali foi levada pelos conquistadores árabes à costa oriental do Mediterrâneo. A seguir, os árabes a introduziram na Sicília e na península Ibérica. Já em 1300, vendia-se em Brugues (Bélgica) o açúcar produzido na Espanha. No século XV, a produção das várzeas irrigadas de Valência e do Algarve (Sul de Portugal) era comercializada no Sul da Alemanha, nos Países Baixos e na Inglaterra. Vimos como a produção açucareira foi dominante nas ilhas do Atlântico, onde se fez um verdadeiro ensaio do que viria a ser o empreendimento implantado no Brasil.

Não se conhece a data em que os portugueses introduziram a cana-de-açúcar no Brasil. Foi nas décadas de 1530 e 1540 que a produção se estabeleceu em bases sólidas. Em sua expedição de 1532, Martim Afonso trouxa um perito na manufatura do açúcar, bem como portugueses, italianos e flamengos com experiência na atividade açucareira na ilha da Madeira. Plantou-se cana e construíram-se engenhos em todas as capitanias, de São Vicente a Pernambuco.

Em conformidade com sua ação exploratória, Portugal viu na produção do açúcar uma grande possibilidade de ganho comercial. A ausência de metais preciosos e o anterior desenvolvimento de técnicas de plantio nas Ilhas do Atlântico ofereciam condições propícias para a adoção dessa atividade.

A economia açucareira no Brasil corresponde ao período colonial do século XVI. O açúcar representou a primeira riqueza produzida no país, acompanhada da ocupação dele. Deu origem às três primeiras capitanias: Pernambuco, Bahia e São Vicente. Localizadas nas costas litorâneas do território, fizeram com que o Brasil se tornasse o maior produtor e exportador de açúcar da época. Pernambuco era a capitania mais rica, tinha as maiores fazendas e era a mais poderosa. Desse estado saiu a maior produção de açúcar do mundo.

O pacto colonial assegurava que tudo que fosse produzido no Brasil seria comercializado com a metrópole portuguesa e assim foi estabelecido um monopólio comercial dos portugueses que puderam comercializar com outros países europeus e ficar com a maior parte dos lucros. Ou seja, a colônia produzia, entregava sua produção a preços baixos e comprava os escravos a preços altos. Portugal sempre ficava ganhando em qualquer negociação.

Os grandes centros açucareiros na Colônia foram Pernambuco e Bahia. Fatores climáticos, geográficos, políticos e econômicos explicam essa localização. As duas capitanias combinavam, na região costeira, boa qualidade de solos e um adequado regime de chuvas. Estavam mais próximas dos centros importadores europeus e contavam com relativa facilidade de escoamento da produção, na medida em que Salvador e Recife se tornaram portos importantes.

3.1 A Mão de Obra Escrava

As razões da opção pelo escravo africano foram muitas, formadas por um conjunto de fatores. A escravização do índio chocou-se com uma série de inconvenientes, tendo em vista os fins da colonização. Os índios tinham uma cultura incompatível com o trabalho intensivo e regular e mais ainda compulsório, como pretendido pelos europeus. Não eram vadios ou preguiçosos. Apenas faziam o necessário para garantir sua subsistência, o que não era difícil em uma época de peixes abundantes, frutas e animais. Muito de sua energia e imaginação era empregada nos rituais, nas celebrações e nas guerras. As noções de trabalho contínuo ou do que hoje chamaríamos de produtividade eram totalmente estranhas a eles.

Podemos distinguir duas tentativas básicas de sujeição dos índios por parte dos portugueses. Uma delas, realizada pelos colonos segundo um frio cálculo econômico, consistiu na escravização pura e simples. A outra foi tentada pelas ordens religiosas, principalmente pelos jesuítas, por motivos que tinham muito a ver com suas concepções missionárias. Ela consistiu no esforço em transformar os índios, por meio do ensino, em "bons cristãos", reunindo-os em pequenos povoados ou aldeias. Ser "bom cristão" significava também adquirir os hábitos de trabalho dos europeus, com o que se criaria um grupo de cultivadores indígenas flexível às necessidades da Colônia.

As duas políticas não se equivaliam. As ordens religiosas tiveram o mérito de tentar proteger os índios da escravidão imposta pelos colonos, nascendo daí inúmeros atritos entre colonos e padres. Mas estes não tinham também qualquer respeito pela cultura indígena. Ao contrário, para eles chegava a ser duvidoso que os índios fossem pessoas. Padre Manuel da Nóbrega, por exemplo, dizia que "índios são cães em se comerem e matarem, e são porcos nos vícios e na maneira de se tratarem".

Os índios resistiram às várias formas de sujeição, pela guerra, pela fuga, pela recusa ao trabalho compulsório. Em termos comparativos, as populações indígenas tinham melhores condições de resistir do que os escravos africanos. Enquanto estes se viam diante de um território desconhecido onde eram implantados à força, os índios se encontravam em sua casa.

Outro fator importante que colocou em segundo plano a escravização dos índios foi a catástrofe demográfica. Esse é um eufemismo erudito para dizer que as epidemias produzidas pelo contato com os brancos liquidaram milhares de índios. Eles foram vítimas de doenças como sarampo, varíola, gripe, para as quais não tinham defesa biológica. Duas ondas epidêmicas se destacaram por sua violência entre 1562 e 1563, matando mais de 60 mil índios, ao que parece, sem contar as vítimas do sertão. A morte da população indígena, que em parte se dedicava a plantar gêneros alimentícios, resultou em uma terrível fome no Nordeste e em perda de braços.

Não por acaso, a partir da década de 1570 incentivou-se a importação de africanos, e a Coroa começou a tomar medidas por meio de várias leis, para tentar impedir o morticínio e a escravidão desenfreada dos índios. As leis continham ressalvas e eram burladas com facilidade. Escravizavam-se índios em decorrência de "guerras justas", isto é, guerras consideradas defensivas, ou como punição pela prática de antropofagia. Escravizava-se também pelo resgate, isto é, a compra de indígenas prisioneiros de outras tribos, que estavam para ser devorados em ritual antropofágico. Só em 1758 a Coroa determinou a libertação definitiva dos indígenas. Mas, no essencial, a escravidão indígena fora abandonada muito antes pelas dificuldades apontadas e pela existência de uma solução alternativa.

Ao percorrer a costa africana no século XV, os portugueses haviam começado o tráfico de africanos, facilitando pelo contato com sociedades que, em sua maioria, já conheciam o valor mercantil do escravo. Nas últimas décadas do século XVI, não só o comércio negreiro estava razoavelmente montado como vinha demonstrando sua lucratividade.

Os colonizadores tinham conhecimento das habilidades dos negros, sobretudo por sua rentável utilização na atividade açucareira das ilhas do Atlântico. Muitos escravos provinham de culturas em que trabalhos com ferro e a criação de gado eram usuais. Sua capacidade produtiva era assim bem superior à do indígena. É possível que, durante a primeira metade do século XVII, nos anos de apogeu da economia do açúcar, o custo de aquisição de um escravo negro era amortizado entre treze e dezesseis meses de trabalho e, mesmo depois de uma forte alta nos preços de compra de cativos após 1700, um escravo se pagava em trinta meses.

Os africanos foram trazidos para o Brasil em um fluxo de intensidade variável. Os cálculos sobre o número de pessoas transportadas como escravos variam muito. Estima-se que entre 1550 e 1855 entraram pelos portos brasileiros 4 milhões de escravos, na sua grande maioria jovens do sexo masculino.

A região de proveniência dependeu da organização do tráfico, das condições locais na África e, em menor grau, das preferências dos senhores brasileiros. No século XVI, a Guiné (Bissau e Cacheu) e a Costa da Mina, ou seja, quatro portos ao longo do litoral do Daomé, forneceram o maior número de escravos. Do século XVII em diante, as regiões mais ao sul da costa africana – Congo e Angola – tornaram-se os centros exportadores mais importantes, a partir dos portos de Luanda, Benguela e Cabinda. Os angolanos foram trazidos em maior número no século XVIII, correspondendo, ao que parece, a 70% da massa de escravos trazidos para o Brasil naquele século.

Costuma-se dividir os povos africanos em dois grandes ramos étnicos: os sudaneses, predominantes na África ocidental, Sudão egípcio e na costa norte do golfo da Guiné e os bantos, da África equatorial e tropical, de parte do golfo da Guiné, do Congo, Angola e Moçambique. Essa grande divisão não nos deve levar a esquecer que os negros escravizados no Brasil provinham de muitas tribos ou reinos, com suas culturas próprias. Por exemplo: os iorubas, jejes, tapas, hauçás, entre os sudaneses; e os angolas, bengalas, monjolos, moçambiques, entre os bantos.

Os grandes centros importadores de escravos foram Salvador e depois o Rio de Janeiro, cada qual com sua organização própria e fortemente concorrentes. Os traficantes baianos utilizaram-se de uma valiosa moeda de troca no litoral africano, o fumo produzido no Recôncavo. Estiveram sempre mais ligados à Costa da Mina, à Guiné e ao golfo de Benim, neste último caso após meados de 1770, quando o tráfico da mina declinou. O Rio de Janeiro recebeu sobretudo escravos de Angola, superando a Bahia com a descoberta das minas de ouro, o avanço da economia açucareira e o grande crescimento urbano da capital, a partir do início do século XIX.

Seria errôneo pensar que, enquanto os índios se opuseram à escravidão, os negros a aceitaram passivamente. Fugas individuais ou em massa, agressões contra senhores, resistência cotidiana fizeram parte das relações entre senhores e escravo, desde os primeiros tempos. Os quilombos, ou seja, estabelecimentos negros que escapavam à escravidão pela fuga e recompunham no Brasil formas de organização social semelhantes às africanas, existiram às centenas no Brasil colonial. Palmares – uma rede de povoados situada em uma região que hoje corresponde em parte ao Estado de Alagoas, com vários milhares de habitantes – foi um desses quilombos e certamente o mais importante. Formado no início do século XVII, resistiu aos ataques de portugueses e holandeses por quase cem anos, vindo a sucumbir, em 1695, às tropas sob o comando do bandeirante Domingos Jorge Velho.

Admitidas as várias formas de resistência, não podemos deixar de reconhecer que, pelo menos até as últimas décadas do século XIX, os escravos africanos ou afro-brasileiros não tiveram condições de desorganizar o trabalho compulsório. Bem ou mal, viram-se obrigados a se adaptar a ele. Dentre os vários fatores que limitaram as possibilidades de rebeldia coletiva, lembremos que, ao contrário dos índios, os negros eram desenraizados de seu meio, separados arbitrariamente, lançados em levas sucessivas em território estranho.

Por outro lado, nem a Igreja nem a Coroa se opuseram à escravidão do negro. Ordens religiosas como a dos beneditinos estiveram mesmo entre os grandes proprietários de cativos. Vários argumentos foram utilizados para justificar a escravidão africana. Dizia-se que se tratava de uma instituição já existente na África e assim apenas transportavam-se cativos para o mundo cristão, onde seriam civilizados e salvos pelo conhecimento da verdadeira religião. Além disso, o negro era considerado um ser racialmente inferior. No decorrer do século XIX, teorias pretensamente científicas reforçaram o preconceito: o tamanho e a forma do crânio dos negros, o peso de seu cérebro etc. demonstravam que se estava diante de uma raça de baixa inteligência e emocionalmente instável, destinada biologicamente à sujeição.

4. AS INSTITUIÇÕES ECLESIÁSTICAS

Ao falar no contexto do período colonial brasileiro, automaticamente fala-se em Igreja Católica. O catolicismo, nos primeiros séculos de formação da sociedade brasileira, assumiu um caráter obrigatório. Viver na América portuguesa sem pertencer à religião Católica era uma tarefa das mais difíceis, o indivíduo deveria no mínimo demonstrar um certo respeito pelo credo romano. Mas só o respeito não serviria muito.

Por conta da Reforma Protestante e devido aos desdobramentos produzidos pelas ideias de Lutero, a Igreja Católica colocou em prática as definições adotadas no Concílio de Trento. O Concílio de Trento teve suas atividades iniciadas em 13 de dezembro de 1545, buscando reafirmar os preceitos da religião Católica Apostólica Romana, num momento importante para a história da Igreja, devido à necessidade de reformas, impostas pelo movimento protestante e, a reabilitação do clero perante a sociedade cristã. Tais modificações tinham em vista o fortalecimento dos sacramentos e exaltação do papel da Igreja e de seus representantes perante a sociedade.

As duas instituições básicas que, por sua natureza, estavam destinadas a organizar a colonização do Brasil foram o Estado e a Igreja católica. Embora se trate de instituições distintas, naqueles tempos uma estava ligada à outra. Não existia na época, o conceito de cidadania, de pessoa com direitos e deveres com relação ao Estado, independentemente da religião. A religião do Estado era a católica e os súditos, isto é, os membros da sociedade, deviam ser católicos.

Em princípio, houve uma divisão de trabalho entre as duas instituições. Ao Estado coube o papel fundamental de garantir a soberania portuguesa sobre a Colônia, dotá-la de uma administração, desenvolver uma política de povoamento, resolver problemas básicos, como o da mão de obra, estabelecer o tipo de relacionamento que deveria existir entre Metrópole e Colônia. Essa tarefa pressupunha o reconhecimento da autoridade do Estado por parte dos colonizadores que se instalariam no Brasil, seja pela força, seja pela aceitação dessa autoridade, ou por ambas as coisas.

Nesse sentido, o papel da Igreja se tornava relevante. Como tinha em suas mãos a educação das pessoas, o "controle das almas" na vida diária, era um instrumento muito eficaz para veicular a ideia geral de obediência e, em especial, a de obediência ao poder do Estado. Mas o papel da Igreja não se limitava a isso. Ela estava presente na vida e na morte das pessoas, nos episódios decisivos do nascimento, casamento e morte. O ingresso na comunidade, o enquadramento nos padrões de uma vida descente, a partida sem pecado deste "vale de lágrimas" dependia de atos monopolizados pela Igreja: o batismo, a crisma, o casamento religioso, a confissão e a extrema-unção na hora da morte, o enterro em um cemitério designado pela significativa expressão "campo-santo".

Na história do mundo ocidental, as relações entre Estado e Igreja variaram muito de país a país e não foram uniformes no âmbito de cada país, ao longo do tempo. No caso português, ocorreu uma subordinação da Igreja ao Estado por meio de um mecanismo conhecido como padroado real. O padroado consistiu em uma ampla concessão da Igreja de Roma ao Estado português, em troca da garantia de que a Coroa promoveria e asseguraria os direitos e a organização da Igreja em todas as terras descobertas. O rei de Portugal ficava com o direito de recolher o tributo pelos súditos da Igreja conhecido como dízimo, correspondente a um décimo dos ganhos obtidos em qualquer atividade. Cabia também à Coroa criar dioceses e nomear os bispos.

Muitos dos encargos da Coroa resultavam, pelo menos em teses, em maior subordinação da Igreja, como é o caso da incumbência de remunerar o clero e construir e zelar pela conservação dos edifícios destinados ao culto. Para supervisionar todas essas tarefas, o governo português criou uma espécie de departamento religioso do Estado: a Mesa da Consciência e Ordens.

O controle da Coroa sobre a Igreja foi em parte limitado pelo fato de que a Companhia de Jesus até a época do marquês de Pombal (1750-1777) teve forte influência na Corte. Na Colônia, o controle sofreu outras restrições. De um lado, era muito difícil enquadrar as atividades do clero secular – aquele que existe fora das ordens religiosas –, disperso pelo território; de outro, as ordens religiosas conseguiram alcançar maior grau de autonomia. A maior autonomia das ordens dos franciscanos, mercedários, beneditinos, carmelitas e principalmente jesuítas resultou de várias circunstâncias. Elas obedeciam a regras próprias de cada instituição e tinham uma política definida com relação a questões vitais da colonização, como a indígena. Além disso, na medida em que se tornaram proprietárias de grandes extensões de terra e empreendimentos agrícolas, as ordens religiosas não dependiam da Coroa para sua sobrevivência.

A vida cristã do povo passava por dois caminhos: aquele ligado ao grupo dos organizadores, ou seja, o do clero propriamente dito, e o outro, junto àqueles que viviam o cristianismo concretamente, o povo.

O comportamento do clero diante da população deveria refletir uma cultura de salvação que chegava para subjugar outra, considerada periférica e pagã. O processo de evangelização no Brasil foi pautado por esta visão maniqueísta de civilização e fé, validada no Concílio de Trento, admitindo a diferença entre uma elite esclarecida representada pelos pensadores da Igreja e uma massa ignorante como os plebeus.

No entanto, o povo tinha uma postura diferente dos organizadores, que manipulavam as cenas da vida: Batismo, Missa, Igreja, Santos, Festas, Santuários, símbolos dos mais diversos. O Bem Viver neste período era condicionado aos ditames da Igreja, mas o povo dava vida a esta trama, que obedecia a outro ritmo que não era aquele que o clero pretendia implantar, a população dava seus significados aos símbolos que a instituição conservava, criando um cotidiano mais profano. O Tribunal do Santo Ofício teve grande participação na manutenção da ordem social nas terras portuguesas de além-mar. A Inquisição foi um dos instrumentos usados pela Coroa portuguesa para manter os colonos nas "rédeas" da Sé romana. De uma certa maneira, ela ajudou a formar a consciência católica no Brasil, deixando passar a impressão de que todos os católicos seguiam fielmente as deliberações eclesiásticas. O catolicismo é o "cimento" que une a nação, o "laço" que prende a todos, o lugar da confraternização entre as mais diversas raças.

Ao medo provocado pelas visitações da Inquisição instauradas em algumas localidades da Colônia, os brasileiros reagiram, inovando a celebração da "Santa Religião Católica", criando um catolicismo ostensivo, evidente aos olhos de todos, praticado em lugares públicos, cheio de invocações ortodoxas a Deus, a Nossa Senhora e aos Santos. A partir daí, nasceu todo o formalismo do catolicismo brasileiro, que o Santo Ofício relevou muito em alguns casos, devido a sua forma de praticá-lo, que fugia aos moldes da Igreja europeia.

O primeiro período colonial brasileiro foi marcado por um Episcopado inexpressivo, que sofreu com a falta de Bispos para ocuparem seus cargos e exercerem suas funções, com uma imensa extensão territorial, uma realidade complexa e uma cultura local completamente diferente de tudo, esses clérigos conheciam. Sua influência neste período foi mínima. Além dessas dificuldades para implementar seu trabalho evangelizador, havia a dependência do Padroado Régio, que se efetivava através da Mesa da Consciência e Ordens.

O distanciamento do povo pela Igreja oficial favoreceu o surgimento de inúmeras formas de expressar a religiosidade de alguns grupos, dentro do quadro das fórmulas católicas. Os cultos africanos sobreviveram à repressão graças aos artifícios dos funcionários coloniais, que tratando as religiões africanas como folclore, ajudavam a manter as visitações do Santo Ofício longe. Mas isso não pode ser entendido como o abandono da luta da Coroa portuguesa contra esse tipo de manifestação religiosa, em tudo divergente dos ditames da religião oficial.

Todos esses condicionamentos, de alguma forma, explicam atitudes do Episcopado no começo da colonização do Brasil. As vacâncias tornaram-se comuns nas Paróquias, Prelazias, Bispados e Arcebispados, o que se devia em grande parte ao próprio status de funcionário público imposto ao clero na colônia, embora isso não tivesse qualquer relação com a administração do culto, interferia nele, uma vez que estes cargos permaneceram abandonados por longos períodos. Em outros casos, os padres eram esquecidos pela Coroa, passando muito tempo sem receber suas côngruas, ou ordenados, que deveriam ser pagos pelas redízimas – retorno do dízimo cobrado pela Coroa –, que deveriam ser repassadas às paróquias para sua sobrevivência. As redízimas eram muitas vezes desviadas para fazer em face de outras despesas da Fazenda régia, o que obrigava os religiosos a usarem expedientes pouco convencionais, inclusive atuando como comerciantes para garantir o sustento de sua paróquia e o seu próprio.

O catolicismo no Brasil colonial não perdeu a sua originalidade e continuou bem estabelecido na vida pública graças às irmandades, modelo associativo de fiéis surgido e difundido no contexto da reforma tridentina, cujos objetivos, tais como: a valorização da religiosidade laica, a difusão do culto aos santos e os esforços missionários destinados a assegurar a perenidade da evangelização das populações mais distantes, possibilitaram a ereção de várias dessas associações no solo colonial.

As Irmandades e Confrarias formadas por leigos no Brasil, além de promoverem o culto a seus patronos celestes, tinham outras atribuições como prover de assistência os seus integrantes, intervindo também no âmbito econômico para auxiliar suas famílias a livrarem-se da miséria, a exemplo daquelas com invocação a Nossa Senhora do Rosário, a mais popular devoção.

5. A SOCIEDADE COLONIAL

A sociedade colonial dos séculos XVI e XVII típica da região pernambucana era composta, basicamente, por dois grupos. O dos proprietários de escravos e de terras compreendia os senhores de engenho e os plantadores independentes de cana. Estes não possuíam recursos para montar um engenho para moer a sua cana e, para tal, usavam os dos senhores de engenho. O outro grupo era formado pelos escravos, numericamente muito maior, porém quase sem direito algum. Entre esses dois grupos existia uma faixa intermediária: pessoas que serviam aos interesses dos senhores como os trabalhadores assalariados (feitores, mestres-de-açúcar, artesãos) e os agregados (moradores do engenho que prestavam serviços em troca de proteção e auxílio). Ao lado desses colonos e colonizados situavam-se os colonizadores: religiosos, funcionários e comerciantes.

Os escravos eram trazidos da África através de navios negreiros, chegando em péssimas condições, doentes ou resultando na morte de alguns. As condições climáticas favoreceram o cultivo de cana e as regiões em que essa cultura se desenvolveu proporcionaram praticidade para o transporte desses seres humanos.

Nesse sistema também havia trabalhadores livres que tinham salários. Eles eram especialistas na produção do açúcar. Outro assalariado era o feitor-mor que era um empregado de confiança do senhor de engenho e cumpria a função de delegar tarefas aos outros trabalhadores e administrar a produção do açúcar.

Os donos das pequenas terras também podiam plantar cana e vender para os grandes proprietários de engenho. Acabavam sempre ficando dependentes de quem possuía grandes posses uma vez que não tinham o mecanismo para produzir o açúcar em si, nem a mão de obra. Alguns senhores eram apenas proprietários de escravos e vendiam aos grandes senhores, ou os deixavam plantar em sua propriedade e como forma de pagamento ficava com uma porcentagem dos lucros.

A sociedade açucareira era patriarcal. A maior parte dos poderes se concentrava nas mãos do senhor de engenho. Com autoridade absoluta, submetia todos ao seu poder: mulher, filhos, agregados e qualquer um que habitasse seus domínios. Cabia-lhe dar proteção à família, recebendo, em troca, lealdade e deferência. Essa família podia incluir parentes distantes, de status social inferior, filhos adotivos e filhos ilegítimos reconhecidos. Seu poder extrapolava os limites de suas terras, expandindo-se pelas vilas, dominando as Câmaras Municipais e a vida colonial. A casa grande foi o símbolo desse tipo de organização familiar implantado na sociedade colonial. Para o núcleo doméstico convergia a vida econômica, social e política da época.

A partir do século XVII a economia açucareira entra em declínio devido à expulsão dos holandeses no Norte do Brasil e à tomada de posse novamente do lugar que os portugueses ocuparam. Os holandeses começaram a plantar e comercializar cana de açúcar em suas colônias nas Antilhas, fato que contribuiu para uma forte concorrência com os europeus deixando a preferência do açúcar brasileiro de lado. Embora a produção não tenha parado, ela diminuiu bastante, e os colonos começaram a se voltar a outras culturas e posteriormente para o ouro. Isso ocorreu dentro do contexto da União Ibérica.

6. CRISE DA LAVOURA CANAVIEIRA

Não é exato falar de um ciclo histórico da produção açucareira, como foi tradicional entre os historiadores. "Ciclo" dá ideia de surgimento, ascensão e fim de uma atividade econômica, o que certamente não foi o caso do açúcar ou de outros produtos, como o café. O avanço da exploração do ouro no século XVIII, por exemplo, não significou o fim da economia açucareira. É mais adequado falar em conjunturas, ou seja, fases melhores ou piores, embora possamos dizer que, em meados do século XIX, o açúcar deixou de cumprir papel dominante na economia do país.

Sem entrar nas minúcias dos vaivéns do negócio açucareiro, podemos distinguir algumas fases básicas de sua história no período colonial, demarcadas pelas guerras, invasões estrangeiras e pela concorrência. Entre 1570 e 1620 houve uma conjuntura de expansão, dado o crescimento da demanda na Europa e por não haver praticamente concorrência. A partir daí, os negócios se complicaram como consequência do início da Guerra dos Trinta Anos o continente europeu (1618) e, depois, por causa das invasões holandesas no Nordeste.

As invasões tiveram em geral um efeito muito negativo, embora seja necessário fazer algumas distinções. A ocupação de Salvador em 1624-1625 foi desastrosa para a economia açucareira do Recôncavo Baiano, mas não para Pernambuco. Por sua vez, enquanto Pernambuco sofria as consequências das lutas resultantes de uma nova invasão holandesa entre 1630 e 1637, a Bahia beneficiou-se da escassez do produto no mercado internacional e da consequente elevação dos preços.

Na década de 1630, surgiu a concorrência. Nas pequenas ilhas das Antilhas, a Inglaterra, a França e a Holanda iniciaram o plantio em grande escala, provocando uma série de efeitos negativos na economia açucareira do Nordeste. A formação de preços fugiu ainda mais das mãos dos comerciantes portugueses e dos produtores coloniais no Brasil. A produção antilhana, também com base no trabalho de escravos, gerou uma elevação do preço destes e incentivou a concorrência de holandeses, ingleses e franceses no comércio negreiro da costa africana. Nunca mais a economia açucareira do Brasil voltaria aos "velhos bons tempos".

Mas no período colonial a renda das exportações do açúcar sempre ocupou o primeiro lugar. Mesmo no auge da exportação do ouro, o açúcar continuou a ser o produto mais importante, pelo menos no comércio legal. Assim, em 1760 correspondeu a 50% do valor total das exportações e o ouro a 46%. Afora isso, no fim do período colonial a produção teve um novo alento, não só na área nordestina. Medidas tomadas pelo marquês de Pombal e uma série de acontecimentos internacionais favoreceram a expansão. Dentre esses acontecimentos, devemos destacar a grande rebelião de escravos ocorrida em 1791 em São Domingos, colônia francesa nas Antilhas (Haiti). Durante dez anos de guerra, São Domingos – grande produtor de açúcar e café – saiu da cena internacional. No início do século XIX, produziam açúcar, por ordem de importância, a Bahia, Pernambuco e o Rio de Janeiro. São Paulo começava a despontar, mas ainda como modesto exportador.

É difícil não chamar de crise a situação que viveu a economia açucareira da capitania de Pernambuco na segunda metade do século XVII. Apesar de poucos anos após a Restauração boa parte dos engenhos ser reativada e a produção voltar a um nível razoável, a conjuntura econômica para o açúcar já era outra. Desalojados de Pernambuco, os holandeses aportam nas Antilhas, passando não só a controlar o comércio como também a produção do açúcar. Dessa forma, o açúcar antilhano produzido pelos holandeses entrou como concorrente do produto pernambucano, afetando sua colocação no mercado europeu. Para um observador contemporâneo o primeiro grande problema se dava justamente por conta dessa concorrência estrangeira. A causa da diminuição e total ruína em que se acha o comércio dos frutos do Brasil não procedem de se obrar mal, senão de ser muito o que dele – das Barbadas e da Índia – vai à Europa. A Inglaterra, por exemplo, que antes se abastecia em Portugal passou a receber regularmente das Barbadas quarenta navios com quatro milhões de arrobas de açúcar. Ao mesmo tempo, outra questão também é pertinente no entendimento da dita crise. Por conta da debilidade do sistema de frotas, demorava-se a embarcar o açúcar para o Reino, transcorrendo por vezes dois anos entre a fabricação e o comércio do produto na Europa. De tal forma que o produto chegava já "velho" para o comércio, perdendo muito de sua qualidade, já que se o mais fino e seco, com bom sol, tem quebrado muita parte da bondade, que será em dois anos.

Tais problemas parecem manter relações com outras questões. Na verdade, a maior parte do problema esteve ligado às eventuais mudanças na dinâmica do mercado atlântico na segunda metade do século XVII. O açúcar de Pernambuco e Bahia, por ser de melhor qualidade, continuou mantendo seus consumidores na Europa mesmo com a concorrência antilhana. O que ocorreu, foi uma baixa geral nos preços, afetando inclusive a produção nas Antilhas. A produção continuava razoavelmente próspera, os tempos é que eram outros, agora não tão favoráveis ao comércio do açúcar. Assim, a crise da economia açucareira não pode ser condicionada, em si, à concorrência dos novos produtos antilhanos. A própria natureza da plantation e da comercialização do açúcar, a partir de 1640, tendia à ampliação da produção, que, se não ocorresse nas Antilhas, ocorreria no Brasil.

Some-se a isso uma epidemia de varíola que atingiu em cheio a produção de açúcar, já que as principais vítimas da doença foram os escravos negros das lavouras e dos engenhos, deixando a produção seriamente prejudicada. Pela grande mortandade de escravos, alguns engenhos chegaram a parar de moer, interrompendo a produção Por essas e outras os preços do açúcar despencaram: em Lisboa, o açúcar custava 3.500 réis a arroba em 1650, enquanto em 1668 caiu para 2.400 réis e em 1688 despencou para 1.300 réis. Já em Amsterdã custava 0,67 florins a arroba do açúcar branco em 1650, descendo para 0,28 florins em 1672.

Se há uma crise do açúcar no século XVII, ela se inicia por volta de 1666 e se estende à década de noventa deste mesmo século. Em Amsterdã, entre 1666 e 1690, os preços estavam em baixa, em torno de 1690 tais preços apresentam uma sensível melhora, situação que se estenderia até meados da segunda década do século XVIII, quando teria tido início outra depressão que se entenderia por cerca de meio século. Apesar de alguns picos de alta, entre os anos de 1660 e 1680 o valor do contrato apresenta os valores mais baixos de toda a segunda metade do século XVII. Já entre 1680 e 1702, descontando algumas poucas baixas, os valores são em geral altos, alcançando entre 1701 e 1702 o maior pico no valor da arrematação.

Independentemente dos anos em que houve melhoras ou baixas na economia açucareira do período, o que sabemos é que o contexto geral de dificuldades econômicas trouxe consigo um dos mais sérios problemas para o funcionamento dos engenhos: o endividamento dos produtores, ou seja, senhores de engenho e lavradores de canas. Neste período, o endividamento chegou a níveis alarmantes. Sem meio circulante disponível, os produtores apelavam aos financiamentos de entressafra para conseguir comprar os produtos vindos do Reino. Isso significava que a safra era vendida antecipadamente por um preço bem abaixo do usual. Ou, para atividades de manutenção do engenho e reposição de mão de obra, faziam vultosos empréstimos dando também como garantia as safras vindouras. Nesse esquema de constantes endividamentos, muitos se viam ameaçados de perder seus bens e seus próprios engenhos. Segundo um observador da época, "a necessidade sujeita os compradores e por isso são todos empenhados quanto a Vossa Excelência consta e se vê nas contínuas execuções com que são compostos e destruídos." Assim, "todas essas coisas têm os homens do Brasil para se acharem sempre empenhados e deverem mais do que possuem."

Através principalmente da Câmara de Olinda, senhores e lavradores recorriam diretamente à Coroa para impedir que seus bens fossem sequestrados para saldar as dívidas.

Alegavam uma série de dificuldades financeiras na capitania, pedindo que não fossem executados nas suas fazendas, propriedades e fábricas, mas sim nos seus rendimentos. A Coroa, neste caso particular, dava certa proteção aos senhores de engenho. Em alvará de 1663, proibiu-se a arrematação de engenhos para cobrança de dívidas. A mesma proibição foi imposta por provisão de 1676 por tempo de 6 anos. Em 1683, a Coroa, "sensibilizada" pelos apelos dos produtores de Olinda, mais uma vez concede a mesma provisão por 6 anos. As provisões da Coroa impedindo o sequestro de bens e propriedades dos produtores foram prorrogadas repetidas vezes ao longo do século XVII e nas primeiras décadas do século XVIII.

Após um curto período de recuperação conjuntural entre 1690 e 1710, sucedem-se vários anos de dificuldades e problemas. Em torno de 1710, os engenhos da capitania exportavam cerca de 12.300 caixas de açúcar, que eram exportadas ao preço médio de 960 a 1120 réis a arroba. Ao longo do século a tendência foi de permanência das dificuldades, exportando-se em 1750 apenas 5.500 caixas do produto. Por estes mesmos anos, os engenhos produziam, um total de 240.000 arrobas, bem abaixo de 1710, quando se produziam 403.500 arrobas. A situação viria a melhorar em 1761, quando sob a atuação da Companhia de Comércio de Pernambuco e Paraíba, o açúcar conseguiu uma melhor colocação no mercado europeu, o que estimulou a produção e a exportação, que chegou em torno de 7.200 caixas. Na mesma época, a capitania possuía (juntamente com Paraíba e Rio Grande) 309 engenhos que produziam 8.209 caixas ao ano.

O abastecimento de escravos para os engenhos e lavouras passava por problemas, já que a constante procura por escravos em Minas Gerais fez com que esta região fosse o mercado preferido na venda de escravos, pois aí se alcançavam melhores preços.

Em 1719, a Câmara de Olinda reclamava do lastimoso estado a que se tem reduzidas aquelas capitanias por falta de escravos de Angola e Costa (da Mina). Isso ocorria, segundo a câmara, porque muitos escravos que desembarcavam em Pernambuco eram remetidos para as Minas, pois sempre naquela praça estão de quantidade de pessoas que vivem de os comprar para elas e os pagavam por preços tão exorbitantes que nenhum morador os podia chegar a igualar.

Situação também percebida e relatada pela Câmara do Recife, que comentava sobre o alto preço dos escravos: "havendo-os tido em outro tempo por quarenta até cinquenta mil réis, hoje os tem por cento e setenta e cento e oitenta mil réis." Por conta disso, pedia à Câmara de Olinda que ordenasse que os escravos que viessem de Angola e da Costa da Mina não pudessem ser remetidos para o Rio de Janeiro, nem por mar nem por terra.

Os problemas decorrentes do sistema de frotas, relatado por um observador em fins do século XVII, como vimos mais acima, parecem ter persistido nas primeiras décadas do século XVIII, trazendo complicações para os negócios do açúcar na capitania. Sebastião de Castro e Caldas, governador de Pernambuco, em 1708, dizia ao rei D. João V que a frota de Pernambuco deveria entrar e sair do porto no verão sem dependência das outras frotas, pois de outra maneira ficariam a praça e os moradores em total ruína. Certamente tal proposição do governador está ligada à necessidade de dar uma saída mais rápida ao açúcar, evitando que o produto ficasse armazenado durante muito tempo nos armazéns prejudicando a qualidade do produto. Percebe-se, assim, que o próprio sistema de frotas, idealizado pela Coroa portuguesa para dar mais segurança e controle aos navios carregados de açúcar no Atlântico, era mais um fator que trazia consequências negativas para o bom andamento do funcionamento dos engenhos.

A julgar pelos clamores dos produtores, os engenhos viviam tempos de grandes dificuldades. Entre 1711 e 1725, os senhores de engenho e lavradores de canas através da Câmara de Olinda fizeram nada menos que 10 pedidos de provisão à Coroa para que seus bens não fossem executados pelas dívidas. Os produtores através da câmara se queixavam continuamente do "miserável estado da terra por falta de cabedal" ou das "calamidades do tempo", o que trazia consigo as execuções de bens, nas quais senhores e lavradores perdiam bois e escravos, impossibilitando-os de produzir canas e açúcares. O tom dos seus clamores dá uma medida do "desespero" dos produtores: "tornamos a pedir a Vossa Majestade que ponha os olhos de sua real clemência e piedade nestes seus humildes vassalos, porque a sua extrema necessidade os faz dignos da real compaixão de Vossa Majestade." O "pesadelo" com as dívidas só teve um alívio maior em 1725 quando a Coroa, depois de passar várias provisões temporárias, deu uma resolução definitiva à questão, declarando que se deveria passar provisão sem limitação de tempo para que os senhores de engenho e lavradores de canas de Pernambuco não fossem executados nos seus bens.

Da segunda década do século XVIII até pelo menos a sexta década deste século, seguiu-se uma segunda depressão, terrível por sua intensidade e extensa em sua duração. Assim como os depoimentos do Marquês de Angeja, Vice-rei do Brasil, que também se mostram em consonância com o que relatavam os produtores. No entanto, também podemos analisar uma cronologia diferente para uma crise do açúcar na primeira metade do século XVIII. Entre 1700 e 1730 teria havido uma fase de prosperidade nos negócios do açúcar em Pernambuco, atestada pelos bons valores alcançados no contrato do imposto dos dízimos, que incidia diretamente sobre a produção açucareira. Prosperidade essa apenas brevemente interrompida por conturbações políticas como a Guerra dos Mascates, ou por breves períodos de seca, mas que não afetariam estruturalmente os bons ventos produtivos do açúcar. É na década de 30 que os índices de produção de açúcar atestam sensíveis baixas, portanto apenas a partir daí poderíamos falar em depressão na economia açucareira em Pernambuco.

No entanto, é necessário considerar que, durante esses 30 anos de suposta prosperidade, houve momentos de evidentes dificuldades para o açúcar, a exemplo dos anos entre 1724 e 1726. Em 1724, se dizia que havia dois anos que não se arrematavam os dízimos por não haver quem o quisesse arrematar, cobrando-se o tributo pela Fazenda Real. No ano seguinte o mesmo contrato também não foi arrematado, segundo o provedor João do Rego Barros, devido à "esterilidade", cobrando-se mais uma vez pela Fazenda Real. Em 1726, o contrato foi finalmente arrematado, mas, para isso, teve que ficar em praça mais do que o tempo normal, pois não apareciam lançadores.

Em 1707, os dízimos reais alcançaram o pico em torno de 32 contos de réis, enquanto em 1742 chegavam a sua maior baixa com o valor por volta de 11 contos. Se fizéssemos uma média para o período entre 1707 e 1759, os dízimos andariam em torno do valor de 20 contos de réis. Percebe-se, assim, a partir do autor, que, da década de 30 até 1750, os índices que indicam a produção de açúcar estavam em níveis bastante baixos, indicando um período de dificuldades econômicas.

Assim, a economia açucareira caracterizou-se em Pernambuco, com seus altos e baixos, mas marcando em definitivo e contribuindo enormemente para/com o desenvolvimento da história deste estado maravilhoso!

7. CONFLITOS EM PERNAMBUCO NO PERÍODO COLONIAL

As invasões holandesas que ocorreram no século XVII foram o maior conflito político-militar da Colônia. Embora concentradas no Nordeste, elas não se resumiram a um simples episódio regional. Ao contrário, fizeram parte do quadro das relações internacionais entre os países europeus, revelando a dimensão da luta pelo controle do açúcar e das fontes de suprimento de escravos.

A resistência às invasões representou um grande esforço financeiro e militar com base em recursos não só externos como locais. Foi um indício das possibilidades de ação autônoma da gente da Colônia, embora estivesse ainda longe a existência de uma identidade separada da Metrópole. A guerra foi uma luta pelo açúcar e, sobretudo em seu último período, sustentada pelo açúcar, por meio dos impostos cobrados pela Coroa.

A história das invasões liga-se à passagem do trono português à Coroa espanhola, como resultado de uma crise sucessória que pôs fim à dinastia de Avis (1580). Na medida em que havia um conflito aberto entre a Espanha e os Países Baixos, o relacionamento entre Portugal e Holanda iria inevitavelmente mudar. Sobretudo, os holandeses não poderiam mais continuar a exercer o papel predominante que tinham na comercialização do açúcar.

Eles iniciaram suas investidas pilhando a costa africana e a cidade de Salvador. Mas a Trégua dos Doze Anos entre a Espanha e os Países Baixos (1609-1621) deixou Portugal em situação relativamente calma. O fim da trégua e a criação da Companhia Holandesa das Índias Ocidentais marcam a mudança do quadro. Formada com capitais do Estado e de financistas particulares, a companhia teria como seus alvos principais a ocupação das zonas de produção açucareira na América portuguesa e o controle do suprimento de escravos.

As invasões começaram com a ocupação de Salvador, em 1624. Os holandeses levaram pouco mais de 24 horas para dominar a cidade, mas praticamente não conseguiram sair de seus limites. Os chamados homens bons refugiaram-se nas fazendas próximas à capital e organizaram a resistência, chefiada por Matias de Albuquerque, novo governador por eles escolhido, o pelo bispo dom Marcos Teixeira. Utilizando-se da tática de guerrilhas e com reforços chegados da Europa, eles impediram a expansão dos invasores. Uma frota composta de 52 navios e mais de 12 mil homens juntou-se, a seguir, às tropas combatentes. Depois de duros combates, os holandeses se renderam, em maio de 1625. Tinham permanecido na Bahia por um ano.

O ataque a Pernambuco se iniciou em 1630, com a conquista de Olinda. A partir desse episódio, a guerra pode ser dividia em três períodos distintos:

- Entre 1630 e 1637, travou-se uma guerra de resistência, que terminou com a afirmação do poder holandês sobre toda a região compreendida entre o Ceará e o rio São Francisco. Nesse período, destacou-se de forma negativa, a figura de Domingos Fernandes Calabar. Perfeito conhecedor do terreno onde se travavam os combates, Calabar passou das forças luso-brasileiras para as holandesas, tornando-se um eficaz colaborador destas, até ser preso e executado.
- O segundo período, entre 1637 e 1644, caracteriza-se por relativa paz, relacionada com o governo do príncipe holandês Maurício de Nassau, o qual foi o responsável por uma série de importantes iniciativas políticas e realizações administrativas. Por causa de desavenças com a Companhia das Índias Ocidentais, Nassau regressou à Europa em 1644.
- O terceiro período de guerra, entre 1645 e 1654, se define pela reconquista. O fim da dominação espanhola em Portugal, com a ascensão de d. João IV ao trono português, não pôs fim à guerra. O quadro das relações entre Portugal e Holanda havia se modificado. O principal centro da revolta contra a presença holandesa localizou-se em Pernambuco, onde se destacaram as figuras de André Vidal de Negreiros e João Fernandes Vieira. A eles se juntaram o negro Henrique Dias e o índio Filipe Camarão. Depois de alguns êxitos iniciais dos luso-brasileiros, a guerra entrou em um impasse, prolongando-se por vários anos. Enquanto os revoltosos dominaram o interior, Recife permanecia em mãos holandesas. O impasse foi quebrado na Batalha dos Guararapes, dentro da Insurreição Pernambucana (ou Guerra da Luz Divina).

7.1 Insurreição Pernambucana (1645-1654)

Após a partida de Nassau, abria-se o capítulo final desta guerra, com a insurreição do povo pernambucano. D. João IV, secretamente, apoiou o movimento, até ver fracassado o objetivo de reconquista rápida de Recife. Os insurretos prosseguiram então a luta, desamparados e em desobediência à Metrópole. Com sacrifícios indescritíveis e usando processos de combate inusitados, genuinamente brasileiros, criaram condições para a recuperação de Pernambuco e de Angola para Portugal, além de preservarem a unidade física e cultural do Brasil

A Insurreição Pernambucana é, portanto, episódio da maior relevância para a formação da nacionalidade brasileira e as origens do Exército. Em 1945, a Força Expedicionária Brasileira, ao retornar vitoriosa da Itália, depositou os louros da vitória no campo de batalha dos Guararapes e seu comandante, o General Mascarenhas de Morais, proferiu estas palavras: "Nestas colinas sagradas, na batalha vitoriosa contra o invasor, a força armada do Brasil se forjou e alicerçou para sempre a base da Nação brasileira".

Entre as causas que determinaram a insurreição, destaca-se a insolvência das dívidas de luso-brasileiros e holandeses, decorrência do fracasso da lavoura canavieira, por circunstâncias adversas de toda a ordem, determinando a queda das ações da Companhia das Índias Ocidentais, do valor nominal de 100 para 33.

Agravaram da situação especulações extorsivas praticadas por comerciantes estrangeiros de Recife, que operavam em mercado paralelo à Companhia e fora do controle desta.

Daí a hostilidade entre moradores luso-brasileiros e holandeses, reduzidos os primeiros à condição de escravos econômicos da Companhia e de comerciantes de Recife.

Por outro lado, o expansionismo da Holanda ultrapassou os limites do próprio poderio, ameaçando conquistar todo o Brasil e domínios de Portugal na África, em desrespeito ao tratado celebrado e aproveitando-se da fraqueza militar portugueses em guerra contra a Espanha. A ambição excessiva suscitou reações adversas que uma política moderada teria evitado.

Contribuiu ainda para determinar a insurreição o antagonismo religioso entre católicos e calvinistas, exacerbado após a partida de Nassau. Governante equilibrado e hábil, o príncipe soubera praticar uma tolerância religiosa que aliviava o peso do jugo estrangeiro.

As incompatibilidades temporariamente arrefecidas ressurgiram graças ao desrespeito do invasor pelos valores luso-brasileiros, ao seu desprezo pela fé católica, pelas imagens de santos e padres e pelos sentimentos de honra pessoal e familiar da população local.

Mais ainda contribuiu para tornar inviável o governo de ocupação o hábito dos invasores de quebrar sistematicamente a palavra em assuntos políticos, negando a prometida participação dos pernambucanos nos governos locais e incentivando a inimizade entre índios e luso-brasileiros, que atingiu, em 1645, proporções de ódio racial, quando da abolição da escravatura dos índios, artifício para atraí-los à aliança militar.

Essas causas predisponentes tornaram-se determinantes desde o momento em que as tendências insurrecionais tomaram corpo diante do exemplo da restauração do Maranhão. Muito animou os revoltosos, também, a constatação da fraqueza militar do invasor em Pernambuco, reduzido em seus efetivos, em consequência de armistícios e compressão de despesas.

Para responder à astúcia do conquistador, Portugal e patriotas elaboraram um plano secreto, que objetivava a conquista rápida de Recife, com a finalidade de expulsar os holandeses que, sem desrespeitar o tratado, continuavam expandindo suas conquistas no Brasil e na África.

Segundo o plano, deveria fazer-se prevalecer por todos os meios a impressão de que a insurreição era uma iniciativa particular dos patriotas de Pernambuco. À revelia de Portugal e da Bahia. Se fosse descoberto o apoio e incentivo de D. João IV, ficava em perigo a própria independência de Portugal.

Uma esquadra sob o comando do General Salvador Correia de Sá e Benevides foi enviada para as águas de Recife, simulando intenção de auxiliar os holandeses a debelar a insurreição, mas, na realidade, para favorecer a causa dos insurgentes. Enquanto isto, Portugal, através de manobras diplomáticas Habilidosas, procuraria mostrar inocência na intervenção, para evitar abrir simultaneamente uma frente de luta com a Holanda, pois já guerreava com a Espanha.

O governo da Bahia, por seu lado, enviou o Sargento-Mor Antônio Dias Cardoso para, em seis meses, antes do início da insurreição, organizar e treinar o exército dos patriotas na Mata do Brasil, em colaboração com o líder civil do movimento em Pernambuco, João Fernandes Vieira. A região compreendia os atuais municípios de Vitória de Santo Antão, São Lourenço e Nazaré da Mata, onde era explorado o pau-brasil sob a direção e controle de Fernandes Vieira.

Reforçou-se o apoio externo pela remessa para Pernambuco das tropas de Filipe Camarão e de Henrique Dias, simulando-se que o primeiro se havia rebelado e que o segundo fora mandado em seu encalço para prendê-lo e recambiá-lo à Bahia. Finalmente, para completar o apoio, foram enviados por mar, na flotilha de Serrão de Paiva, protegida pela esquadra portuguesa de Salvador de Sá, dois terços de infantaria ao comando de André Vidal de Negreiros e Martim Soares Moreno, divulgando-se a falsa explicação de que vinham prender João Fernandes Vieira, debelar a insurreição e obrigar os pernambucanos a cumprir o tratado Holanda-Portugal.

A atuação dos pernambucanos na preparação da revolta deu-se principalmente em três campos:

- Compromisso assinado entre os moradores mais influentes no sentido de empenhar seus recursos financeiros e dar apoio de toda ordem para a restauração da liberdade.
- Reunião de homens do povo para constituírem o exército de libertação a ser formado e treinado secretamente por Antônio Dias Cardoso.
- Organização de depósitos secretos de armas, munições e alimentos na Mata do Brasil, destinados ao apoio logístico dos insurretos.

Combinou-se dar início à insurreição no dia 24 de junho de 1645, durante o casamento simulado entre familiares de dois líderes insurrecionais, João Fernandes Vieira e Antônio Cavalcanti.

No decorrer da cerimônia seriam aprisionadas as mais altas autoridades holandesas, civis e militares, que só seriam postas em liberdade mediante entrega da base naval de Recife.

A data escolhida, dia de São João, era homenagem ao líder civil do movimento – João Fernandes Vieira, – e ao Rei D. João IV de Portugal, e coincidia com época das chuvas, que dificultariam o movimento de tropas inimigas.

Ao primeiro sinal de insurreição, Amador de Araújo e seu assessor militar, Capitão Agostinho Fernandes, sitiariam Ipojuca e Cabo, para fixarem importantes efetivos do invasor ao sul de Pernambuco, ou mesmo atraírem sobre si as forças da Companhia das Índias Ocidentais.

Nas demais localidades, os insurgentes, após imobilizarem as guarnições holandesas, procurariam junção com Antônio Dias Cardoso para formarem o exército libertador e ocuparem Recife.

O plano previa a adesão à causa de dois destacados militares holandeses: Dirck Hoogstraten, comandante da Fortaleza de Nazaré, ponto essencial para os luso-brasileiros receberem apoio externo, e Gaspar Van der Ley, comandante da tropa de milicianos holandeses ao sul de Pernambuco. O primeiro era católico e o segundo havia-se unido com uma brasileira, filha de prestigiosa família local. Ambos, por dedicarem-se à plantação de cana-de-açúcar, tornaram-se devedores insolventes, como a totalidade dos engajados neste ramo de atividade. Os dois foram absorvidos pela cultura luso-brasileira. A vitória da insurreição representaria uma solução para os seus problemas.

Ao primeiro sinal de insurreição, deviam os insurretos locais organizar grupos de emboscadas para, sucessivamente imobilizar, sitiar e obrigar à rendição as diversas guarnições e fortes inimigos espalhados no Rio Grande do Norte, na Paraíba, em Sergipe e nas Alagoas.

Os insurgentes adotaram para designá-los o termo "Independentes", como senha a palavra "Açúcar" e como lema a expressão "Restauração da Liberdade Divina e da Pátria Independentes", para demonstrar o desejo de se tornarem livres da Holanda, a qual tinham sido submetidos pela conquista, consolidada através de um tratado com Portugal. A senha "Açúcar" estava relacionada com a maior riqueza da terra. O lema continha as duas ideias-forças capazes de motivar todos à luta; a primeira representava o ideal coletivo de restabelecer em Pernambuco o predomínio católico, sob séria ameaça dos reformista, um e outro defrontando-se na Europa numa das guerras mais sangrentas da humanidade – a Guerra dos Trinta Anos; a segunda representava o anseio de restabelecimento da Pátria que aglutinava diversas gerações de brasileiros, brancos, negros, índios, mulatos, caboclos e de muitos portugueses que vieram para ficar. A maioria já considerava Pernambuco como pátria, com significado análogo ao do Brasil de hoje.

A insurreição, para a parte mais prestigiosa dos luso-brasileiros, devia ser conduzida dentro dum contexto nativista. Isto é provado com o termo compromisso assinado pelos patriotas. A Portugal, dentro do quadro estratégico mundial, interessava a conquista rápida de Recife. Uma luta prolongada era altamente inconveniente e perigosa para seu destino como nação independente. Isto é essencial para o perfeito entendimento desta guerra.

No ano de 1641, logo após a restauração de Portugal, patriotas de Pernambuco enviaram, através de emissário especial, proposta a D. João IV, no sentido de promover a devolução de Pernambuco a Portugal. À custa de recursos de seus moradores, desde que auxiliados externamente pela Metrópole. O Rei português, sem comprometer-se ostensivamente, encarregou, no entanto, o Governador-Geral Antônio Teles da Silva de incentivar, apoiar e coordenar secretamente a insurreição.

Teles, que via próxima a tentativa expansionista para a Bahia, combinou o plano com André Vidal de Negreiros. A partida de Nassau, o caos econômico, a fraqueza militar de Pernambuco, o êxito na restauração do Maranhão, o retorno do clima de intolerância religiosa e a execução violenta de dívidas dos moradores, permitida pela junta de comerciantes que substituíram Nassau, criaram o momento psicológico ideal para a Insurreição Pernambucana.

André Vidal de Negreiros, a 18 de setembro de 1642, esteve em Recife, em missão diplomática. Encontrou-se secretamente com João Fernandes Vieira, com quem acertou os detalhes. A 27 de agosto de 1644 desembarcou naquela cidade com carta em que fingia ir despedir-se de seus pais na Paraíba por ter de seguir para outra missão.

A permanência de Vidal de Negreiros foi de importância decisiva para planejar o movimento restaurador. Vidal, após coordenar com João Fernandes Vieira o plano de apoio externo com o esquema local de insurreição, retornou à Bahia depois de mais de um mês de intensa conspiração.

Com Vidal de Negreiros desembarcara o padre Inácio, da Ordem de São Bento, trazendo aos conspiradores a promessa de auxílio à insurreição, da parte de D. João IV.

Vidal era portador de uma mensagem real ao Conselho Holandês do Recife, em que, para desviar suspeitas, o Rei dizia ter sido informado por Frei Estêvão de Jesus de que os católicos eram muito bem tratados no Brasil, o que o enchia de satisfação. Frei Estêvão, na verdade, havia sido mandado junto ao Rei para anunciar-lhe o propósito de insurreição e pedir-lhe apoio (obtida resposta positiva, embarcou, mas morreu em viagem, sendo substituído por Frei Inácio).

Ao retornar à Bahia, Vidal de Negreiros prestou contas de sua missão ao Governador e Capitão General do Estado do Brasil, Antônio Teles da Silva, que lhe ordenou procurasse um chefe competente, discreto e conhecedor de Pernambuco para ali ser enviado com a incumbência de organizar e treinar secretamente os insurretos, em ligação com João Fernandes Vieira, líder civil de pouca experiência militar. O indicado foi o Capitão Antônio Dias Cardoso, que atuaria dentro do quadro de uma missão hoje reservada a forças especiais.

Dias Cardoso era bravo e experimentado militar, veterano das lutas do período 1624-1641. Possuía excepcional folha de serviços, aliada à reputação de mestre na arte de guerra de emboscadas. Profundo conhecedor da região, era estimado e respeitado por Vidal de Negreiros, Camarão e Henrique Dias e pelo próprio Fernandes Vieira.

Para ajudar na missão de Dias Cardoso, Vidal de Negreiros forneceu-lhe uma carta em que dizia ir ele fugido para Pernambuco por ter desrespeitado ordem de seu General. Assim, se caísse prisioneiro do invasor, sua vida poderia ser poupada.

Dias Cardoso partiu através de 100 léguas de sertão em terreno difícil, passando muitas dificuldades e perigos de vida ao cruzar territórios hostis, dominados por quilombos ou por índios rebeldes, e ao atravessar a nado rios caudalosos para não ser pressentido pelos holandeses ou moradores. Chegando a Pernambuco transmitiu a João Fernandes Vieira as ordens que recebera de Vidal e do Governador-Geral e as informações sobre o dispositivo inimigo ao longo do itinerário percorrido. Deu cumprimento às ordens que possuía, com fervor necessário a tão importante missão, começou a atrair e adestrar militarmente o povo para a insurreição em diversos lugares, despendendo com isto sete meses, todos passados nas matas ao rigor do tempo, para fugir ao inimigo que se pôs a buscá-lo, colocando em grande perigo sua vida.

A 3 de agosto de 1645 travou-se no Monte das Tabocas o primeiro encontro entre um contingente do Exército holandês a serviço da Companhia das Índias Ocidentais ao comando do Coronel Hendrick van Hans e o exército dos patriotas, constituído principalmente de civis pernambucanos. Ao perceber a aproximação do adversário, Dias Cardoso despachou em sua direção pequena força de cobertura, ao comando do Capitão João Nunes da Mata, com a finalidade de atraí-lo para o Monte.

O inimigo bateu e dispersou esta força, prosseguindo até a margem do rio Tapacurá, quando carregou com enorme algazarra e estrondo sobre a vegetação da margem, ao imaginar que ali existissem emboscadas. A vanguarda atravessou o rio e Dias

Cardoso foi ao seu encontro, a fim de jogá-la nas emboscadas que preparara Capitão Domingos Fagundes, no comando de 40 homens.

Após oferecer alguma resistência, esta fração foi obrigada a retrair, através de uma única passagem no áspero e impenetrável tabocal que corria na base da elevação, envolvendo-a pelo oeste e sul. O inimigo atravessou o rio e entrou em formação de combate, numa larga campina entre a margem e o tabocal. A seguir, com um flanco apoiado em cada lado, progrediu em direção à passagem do tabocal, de onde saíra novamente Fagundes em seu encontro.

Os holandeses tinham caído na armadilha de Dias Cardoso, constituída de três emboscadas. A primeira, sob a direção do Capitão João Gomes de Melo, num total de 25 tiros, foi disparada à queima-roupa, sobre a retaguarda adversária, causando-lhe muitas baixas. Com o prosseguimento da força, foi disparada a segunda emboscada, de igual valor, ao comando do Capitão Jerônimo Cunha do Amaral. A vanguarda inimiga continuou a adiantar-se e, quando se aproximava da passagem do tabocal, Dias Cardoso ordenou o acionamento da última, sob a chefia do Capitão João Paes Cabral – foram 40 tiros desferidos contra a testa adversária.

Após muita resistência, a vanguarda inimiga obrigou Agostinho Fernandes a retrair e infiltrar-se no tabocal. Parte do corpo de batalha conseguiu penetrar na passagem a, por cuja posse se travou luta feroz e demorada, sob a direção de Dias Cardoso, que mandou substituir os combatentes mais cansados e repeliu o atacante.

A tentativa de envolvimento foi evitada pela segurança da retaguarda e por um atirador isolado da proteção de flanco, que atingiu, mortalmente, o comandante da vanguarda holandesa – Capitão Falloo.

Após reorganizar-se, o inimigo partiu para outro ataque em toda a frente, visando a penetrar ao longo da linha do tabocal. Progrediu e conseguiu, após muita luta, introduzir-se em diversos pontos da linha de resistência, isolando e fixando seus defensores, inclusive Dias Cardoso.

Fixada parte das tropas dessa linha, o inimigo começou a adiantar-se em direção ao alto da elevação, onde se encontrava a reserva constituída pelo povo, desarmada, sob a direção do Capitão Padre Simão de Figueiredo, e do próprio líder da insurreição, João Fernandes Vieira.

Na iminência do perigo, Vieira conclamou o povo ao esforço derradeiro e prometeu liberdade a 50 servos de sua guarda pessoal se se mostrassem valorosos no combate. Os escravos desceram o monte em duas partes, armados com arcos, flechas, lanças e facões, tocando flautas, atabaques e buzinas. Na esteira destes bravos veio todo o povo, com os mais variados tipos de armas, a maioria instrumentos de trabalho. O contra-ataque transformou-se num corpo a corpo, feroz e desordenado, com patriotas a surgir de todas as direções, lançando-se aos magotes sobre o inimigo, obrigando-o a bater em retirada. Venceram os insurretos.

Após quatro horas de peleja o inimigo abandonou, no campo de luta, mais de 100 mortos e grande quantidade de munição e armamento. Fez transportar numerosos feridos para Recife e com 450 homens retirou-se para Casa Forte. Entre os patriotas registraram-se 63 baixas: 33 mortos e 30 feridos.

João Fernandes Vieira, líder da insurreição, reconheceu que o mérito da vitória coube a Dias Cardoso, ao certificar em documento revelado por Gonsalves de Melo Neto: "Graças ao Sargento-Mor Antônio Dias Cardoso e, mediante favor divino, alcançamos vitória, tudo alcançado por Deus, pela boa ordem com que Dias Cardoso dispôs a batalha, dando a todos os oficiais muito exemplo com sua militar doutrina e conhecido esforço que, em quatro horas de batalha mostrou sem descansar, acudindo em todas as partes com bravo ânimo".

A primeira Batalha dos Guararapes foi notável feito de armas. Estudada no quadro de sua época e guardadas as proporções, foi um acontecimento militar digno de figurar com realce entre os que deram renome de insignes capitães a Gustavo Adolfo, Turenne e outros chefes militares do século XVII. Realmente, desde os preliminares até os últimos instantes, os brasileiros foram sempre superiores aos holandeses, quer em espírito ofensivo, quer na própria direção e coordenação dos combates.

É necessário ressaltar que a firme determinação daqueles homens de travar batalha decisiva era ideia revolucionária na época, tanto que os próprios chefes holandeses, portadores da mais aperfeiçoada instrução do tempo, não tinham outras preocupações que não fossem os objetivos geográficos ou as praças-fortes. Ao saírem de Recife, buscavam apoderar-se de Muribeca ou do cabo de Santo Agostinho, com a intenção de cortarem as comunicações e os recursos dos patriotas concentrados no Arraial e na Várzea. Agiam dentro das ideias estratégicas vigentes no século XVII. Os brasileiros, entretanto, pela sua admirável intuição, mostravam-se avançados de mais um século em relação às ideias militares contemporâneas.

Não menos inovadora foi a escolha, pelos chefes luso-brasileiros, de um campo de batalha adequado às armas e ao modo de pelejar dos soldados. Não se preocuparam em tomar posse dos montes que dominavam a planície e os alagados, ao sul. O que lhes interessava, primeiro, era esconder a importância ou o valor dos seus efetivos para conseguir uma surpresa sobre o inimigo; segundo, atrair os holandeses para a luta em terreno estreito, entre os montes e os brejos, onde perdessem a vantagem da superioridade numérica e de armas de fogo. Com o seu modo de combater, em pequenos grupos separados, e de preferência com arma branca, avançando e recuando, armando ciladas, o exército luso-brasileiro foi senhor de todas as ações no dia 19. Aproveitando a surpresa obtida tanto pelos seus efetivos – avaliados em 3 mil homens por Von Schkoppe – como pelo terreno alagadiço e inseguro, não foi difícil a Barreto de Menezes, Dias Cardoso, Vieira, Vidal de Negreiros, Henrique Dias e Camarão investirem confiantes sobre os adversários com o propósito de lançá-los e destruí-los de encontro aos brejos.

No que respeita à direção da luta, os documentos oficiais estabelecem a prioridade de Barreto de Menezes. Ele acompanhou com atenção todas as ações que se desenvolviam tanto na baixada como nos montes e, por três vezes, pelo menos, interveio oportuna e sabiamente; primeiro, quando empregou sua reserva inicial para reforçar e apoiar Henrique Dias, o que não deu resultado por motivo alheio à vontade; segundo, ao reunir elementos dispersos e retirantes da frente de luta para organizar com eles nova reserva a fim de atender às circunstâncias; terceiro, para decidir o curso da batalha lançou essa última tropa contra os regimentos flamengos, já em plena desordem e confusão, no terreno alagadiço, onde foram massacrados. O caminho estaria aberto para a vitória das forças luso-brasileiras em relação à expulsão definitiva dos holandeses.

Com a Segunda Batalha dos Guararapes (1649), a vitória veio por completo e os holandeses se retiraram do Brasil.

7.2 A Guerra dos Mascates (1710-1711)

Esta luta envolveu os senhores de engenho que viviam em Olinda e os comerciantes de Recife. Os primeiros queriam impedir a autonomia de Recife em relação a Olinda, destruindo o Pelourinho erguido, símbolo dessa autonomia. No alvorecer da segunda década do século XVIII, eclode em Pernambuco um conflito explosivo entre as cidades de Olinda e Recife. A primeira, dominada em grande parte por uma elite latifundiária, tinha sua principal atividade baseada na produção e venda de açúcar. O declínio desse produto resultou na crescente dependência, por parte dessa elite, em relação aos comerciantes do Recife que, em sua maioria portugueses, estavam engajados em atividades mercantis realizando empréstimos com juros altos.

Dado o desenvolvimento econômico paulatino do Recife, os comerciantes, que também eram intitulados "mascates", recorreram à Coroa portuguesa solicitando sua emancipação e o título de Vila, pois até ali eram um povoado periférico à Olinda, principal cidade pernambucana.

A Coroa concedeu o pedido autorizando a criação de uma Câmara Municipal em Recife que, em 1710, foi inaugurada junto ao Pelourinho, elevando-a à condição da cidade e, por conseguinte, oficializando a separação de Olinda. A situação não foi bem recebida pelos senhores de engenho olindenses que, revoltados com a elevação do Recife e temendo a perda de sua condição de superioridade política em Pernambuco, invadiram a localidade depredando tanto a Câmara quanto o Pelourinho.

A destruição dos prédios e a invasão do Recife ocorreram quando forças lideradas pelo Capitão-mor Pedro Ribeiro da Silva, organizados em Vitória de Santo Antão, se somaram às que se encontravam em Afogados, vindas de São Lourenço e Olinda, sob liderança de Bernardo Vieira de Melo e seu pai, o coronel Leonardo Bezerra Cavalcanti.

Além de destruir os símbolos da cidade, tinham como objetivo perseguir e prender os aliados do governador Sebastião de Castro Caldas Barbosa, visto por eles como aliado dos mascates e sendo considerado contrário aos nobres da terra, como os senhores rurais de Olinda se reconheciam. Durante o conflito, o governador foi ainda alvo de um atentado, na tarde de 17 de outubro de 1710, quando se encaminhava para o palácio do governo após a ladainha dos sábados na igreja do convento da Penha. Foi surpreendido na rua das Águas Verdes por três homens emboscados que dispararam cerca de cinco ou seis tiros, que não atingiram seus órgãos vitais. Soldados saíram na busca, mas não alcançaram os responsáveis.

Não houve respostas oficiais quanto ao autor intelectual do atentado, mas a hipótese levantada foi a de que Leonardo Bezerra, que se encontrava preso, mas não conseguia ser solto pelos meios ordinários da justiça, mandou que atentassem contra o governador. O ato não foi apenas uma atitude desesperada do coronel, mas também uma tentativa frustrada de afastar o governador do poder. Ciente dos riscos, Castro e Caldas se encaminhou para a Bahia, deixando o poder nas mãos do bispo Manuel Álvares da Costa.

Esses episódios ocorreram em 1710. O contra-ataque dos mascates aconteceria no ano seguinte, em 1711, com a invasão da cidade de Olinda e destruição de algumas Vilas, plantações e engenhos da região. Diante desses conflitos, a Coroa começou a temer por uma desestabilização de seu poder e enviou um novo responsável para a ocupação do cargo de governador: Félix José de Mendonça, considerado de atitudes mais equilibradas e capaz de superar o impasse entre mascates e nobreza. Também foram mandados o ouvidor geral, Dr. João Marques Bacalhau, e o juiz de fora, Dr. Paulo de Carvalho, além de tropas para contenção da revolta.

Naquele momento, antes mesmo de encontrar os responsáveis pelas sublevações, era necessário resolver os conflitos. Dois dos principais objetivos dos recém enviados eram exigir dos recifenses a entrega de uma das fortalezas e, dos olindenses, a cessação do cerco à Recife. Buscava-se repor as coisas da maneira em que se encontravam antes do levante da nobreza e da fuga de Castro e Caldas. O governador e sua comitiva não conseguiram contornar as exigências, visto que os olindenses reivindicavam que o governo ficasse sob responsabilidade do prelado, enquanto os mascates apoiavam a entrega da cidade ao governador Félix Mendonça.

Recife permaneceu sitiada por meses e o clima de tensão era pesado. Com a prisão dos líderes e a consolidação da autonomia de Recife em relação à Olinda o conflito acabou. Em 1712, Recife foi elevada à sede-administrativa de Pernambuco, sua Câmara e Pelouro foram reconstruídos e os sediciosos da nobreza de Olinda receberam perdão concedido pelo bispo. No ano de 1714, D. João V concedeu anistia a todos os envolvidos na sublevação. Além disso, concedeu ainda aos senhores de engenho de Olinda o privilégio da manutenção de suas plantações e perdão de suas dívidas, em troca de paz.

Fica evidenciado que o conflito marcou nitidamente a conquista política da mascataria em contraponto aos nobres da terra. O Governador Félix José Machado ficou no governo até 1715, passando o cargo a D. Lourenço de Almeida. Feito isso, Pernambuco viveu tempos de relativa paz, até a conspiração dos Suassunas, que ocorreria em 1801.

8. PERNAMBUCO NO CONTEXTO DA INDEPENDÊNCIA DO BRASIL

8.1 A Revolução Pernambucana

A presença da Corte no Rio de Janeiro contribuiu para dar à Independência o caráter de uma transição sem grandes saltos. Seria engano supor, porém, que os atritos entre a gente da Metrópole e da Colônia tenham desaparecido porque, por algum tempo, a Colônia se vestiu de Metrópole. Ao transferir-se para o Brasil, o Coroa não deixou de ser portuguesa e favorecer os interesses portugueses no Brasil. Um dos principais focos de descontentamento estava nas forças militares. Dom João chamou tropas de Portugal para guarnecer as principais cidades e organizou o Exército, reservando os melhores postos para a nobreza lusa. O peso dos impostos aumentou, pois agora a Colônia tinha de suportar sozinha as despesas da Corte e os gastos das campanhas militares que o rei promoveu no rio da Prata.

Acrescente-se a isso o problema da desigualdade regional. O sentimento imperante no Nordeste era o de que, com a vinda da família real para o Brasil, o domínio político da Colônia passara de uma cidade estranha para outra igualmente estranha, ou seja, de Lisboa para o Rio de Janeiro. A revolução que estourou em Pernambuco em março de 1817 fundiu esse sentimento com vários descontentamentos resultantes das condições econômicas e dos privilégios concedidos aos portugueses. Ela abrangeu amplas camadas da população: militares, proprietários rurais, juízes, artesãos, comerciantes, e um grande número de sacerdotes, a ponto de ficar conhecida como "a revolução dos padres". Chama a atenção a presença de grandes comerciantes brasileiros ligados ao comércio externo, os quais começavam a concorrer com os portugueses, em uma área até então controlada, em grande medida, por esses.

Outro dado importante da Revolução de 1817 se encontra no fato de que ela passou do Recife para o sertão, estendendo-se a Alagoas, Paraíba e Rio Grande do Norte. O desfavorecimento regional, acompanhado de um forte antilusitanismo, foi o denominador comum dessa espécie de revolta geral de toda a área nordestina. Não devemos imaginar, porém, que os diferentes grupos tivessem os mesmos objetivos. Para as camadas pobres da cidade, a independência estava associada à ideia de igualdade, uma igualdade mais para cima do que para baixo. Uma curiosa carta, escrita no Recife pouco após o fim da revolução, descreve como "os cabras, mulatos e crioulos andavam tão atrevidos que diziam que éramos todos iguais e não haviam de casar senão com brancas das melhores". Os boticários, cirurgiões e sangradores davam-se ares de importância e até os barbeiros recusavam-se a fazer a barba das pessoas, alegando que estavam "ocupados no serviço da pátria".

Para os grandes proprietários rurais, tratava-se de acabar com a centralização imposta pela Coroa e tomar em suas mãos o destino, se não da Colônia, pelo menos do Nordeste. Aquele era, aliás, um momento economicamente difícil, combinando a queda do preço internacional do açúcar e do algodão com a alta do preço dos escravos. Mais uma vez, não devemos supor que, em quaisquer circunstâncias, as posições radicais fossem assumidas pelos mais pobres e as conservadoras pelos ricos. Por exemplo, um dos membros radicais do levante, defensor da abolição da escravatura, era o comerciante Domingos José Martins.

Em maio de 1817, um misterioso personagem percorria as ruas batidas pelo vento frio da primavera na cidade de Filadélfia, a antiga capital dos EUA. O comerciante Antônio Gonçalves Cruz, o Cabugá, era o agente secreto de uma conspiração em andamento em Pernambuco. Levava na bagagem 800 mil dólares, quantia assombrosa para a época. Ao chegar aos Estados Unidos, Cabugá tinha três missões. A primeira era comprar armas para combater as tropas do rei D. João VI. A segunda, convencer o governo americano a apoiar a criação de uma república independente no Nordeste brasileiro. O terceiro e mais espetacular de todos os objetivos era recrutar alguns antigos revolucionários franceses exilados em território americano para, com a ajuda deles, libertar Napoleão Bonaparte, prisioneiro dos ingleses na Ilha de Santa Helena, no Atlântico Sul, desde a derrota na Batalha de Waterloo. Pelo plano de Cabugá, Napoleão seria retirado da ilha na calada da noite e transportado ao Recife, onde comandaria a revolução pernambucana para, em seguida, retornar a Paris e reassumir o trono de imperador da França.

Cruz Cabugá é hoje o nome de uma das principais artérias viárias do bairro de Santo Amaro, no Recife. Por ali todos os dias milhares de motoristas passam apressados, em direção a Olinda ou ao centro da capital pernambucana, provavelmente sem se darem conta de quem foi esse personagem. Em 1817, os planos de Cabugá eram mirabolantes, mas estavam condenados ao fracasso antes ainda de serem colocados em prática. Quando chegou aos EUA, com dinheiro arrecadado entre senhores, produtores de algodão e comerciantes favoráveis à república, os revolucionários pernambucanos já estavam sitiados pelas tropas leais à monarquia portuguesa. A rendição era inevitável. Sem saber de nada disso, Cabugá conseguiu recrutar quatro veteranos do exército de Napoleão. Eles chegaram ao Brasil muito depois de terminada a revolução e foram presos antes de desembarcar.

Mesmo derrotado, o movimento pernambucano custou caro aos planos da corte portuguesa no Brasil. Os revolucionários ficaram no poder menos de três meses, mas conseguiram abalar a confiança na construção do império americano sonhado por D. João VI. Também contribuíram para acelerar o processo de independência do Brasil em relação a Portugal. Embora a crise de 1817 não tenha produzido nenhuma consequência imediata e visível no Brasil e em Portugal, na realidade ela afetou as fundações do sistema vigente. A estrutura da autoridade entrou em colapso porque os elementos da sociedade mais identificados com a Coroa tinham colaborado ativamente com o movimento rebelde. Por essa razão a Coroa nunca mais estaria segura de que seus súditos eram imunes à contaminação das ideias responsáveis pela subversão da antiga ordem na Europa.

Esse movimento pode ser considerado como o primeiro movimento genuinamente republicano do Brasil e também a mais espontânea, a menos desorganizada e a mais simpática das nossas numerosas revoluções.

No começo do século XIX, Olinda e Recife, as duas maiores cidades pernambucanas, tinham juntas cerca de 40 mil habitantes. Era muita gente, considerando que o Rio de Janeiro, capital da colônia, tinha 60 mil. O porto do Recife, um dos mais movimentados do Brasil, escoava a produção de açúcar de centenas de engenhos da Zona da Mata, a faixa úmida do litoral nordestino que vai da Bahia ao Rio Grande do Norte. O segundo produto mais exportado era o algodão. Além de sua importância econômica e política, os pernambucanos ganharam fama pelas lutas libertárias. A primeira e mais importante tinha sido a expulsão dos holandeses, em 1654. Meio século depois, na Guerra dos Mascates, aventou-se até a possibilidade de proclamar a independência de Olinda. Pernambuco era a capitania onde mais pronunciadas e enraizadas eram as antigas rivalidades entre os colonos nascidos no Brasil e os nascidos em Portugal.

A revolução estourou em Pernambuco, mas refletia o descontentamento de todas as províncias com os aumentos de impostos para financiar as despesas da corte portuguesa no Rio de Janeiro. Havia um sentimento de insatisfação generalizado no ar, especialmente nas províncias do Norte e do Nordeste, as mais prejudicadas pela voracidade fiscal de D. João VI. Pagava-se em Pernambuco um imposto para a iluminação das ruas do Rio de Janeiro, quando as do Recife ficam em completa escuridão. Os salários dos numerosos funcionários públicos eram baixos e mal garantiam a sobrevivência das famílias. Consequentemente, o peculato, a corrupção e outros delitos são frequentes e quase sempre escapam à punição.

O povo do Recife e de suas vizinhanças havia-se embebido de algumas das noções de governo democrático através de seus antigos dominadores holandeses. Por seus próprios sacrifícios, sem qualquer auxílio do governo, havia expulsado estes conquistadores e restituído à Coroa a parte norte de seu mais rico domínio. Estava, portanto, inclinado a ser particularmente invejoso das províncias do sul, especificamente do Rio, que considerava mais favorecidas. Estava aborrecido com os pagamentos das taxas e contribuições das quais nunca se havia beneficiado e que só serviam para enriquecer os favoritos da corte, enquanto grassavam enormes abusos.

Além do aumento dos impostos, Pernambuco, em particular, passava por um momento difícil devido a uma conjunção de três fatores que afetaram profundamente sua economia. O primeiro tinha sido o aumento da produção mundial do açúcar, principal item de sua economia. Simultaneamente, a crescente pressão dos abolicionistas na Europa, vinha criando restrições gradativas ao tráfico de escravos, que se tornava mão de obra cada vez mais cara. A escravidão era nessa época o motor de toda a economia agrária pernambucana. O terceiro fator, que havia contribuído par agravar muito a situação, foi a seca devastadora que atingiu o sertão nordestino em 1816.

A crise econômica e o descontentamento com a administração portuguesa fizeram com que as ideias liberais francesas e americanas encontrassem em Pernambuco um campo fértil. Um exemplo era o próprio Cruz Cabugá, próspero comerciante, ávido leitor de obras dos filósofos franceses que tinha se tornado propagandista das teses liberais e republicanas. Despachado para os EUA logo nos primeiros dias da revolta, voltou praticamente de mãos vazias. Cabugá chegou a se encontrar com o secretário de Estado, Richard Rush, a quem solicitou o envio de tropas e armas para a revolução. Tudo que conseguiu foi o compromisso de que, enquanto durasse a rebelião, os EUA autorizaram a entrada de navios pernambucanos em águas americanas mesmo contra a vontade de D. João VI. Também aceitariam os asilos ou abrigos a eventuais refugiados, em caso de fracasso do movimento.

Embora tivesse inaugurado a primeira grande república moderna, os americanos estavam, nessa época, mais interessados em fazer acordos comerciais com Portugal e a Inglaterra. Portanto, não queriam se envolver com a causa republicana no Brasil para não desagradar a Coroa portuguesa e seus aliados ingleses. Esse mesmo comportamento os EUA teriam sete anos mais tarde, ao recusar ajuda aos revolucionários da Confederação do Equador, liderada pelo carmelita Frei Caneca.

Os revolucionários ocuparam Recife em 6 de março de 1817. No regimento de artilharia, situado no bairro de Santo Antônio, um dos líderes da conspiração, o capitão José de Barros Lima, conhecido como Leão Coroado, reagiu à voz de prisão e matou a golpes de espada o comandante Barbosa de Castro. Em seguida, na companhia de outros militares rebelados, tomou o quartel e ergueu trincheiras nas ruas vizinhas para impedir o avanço das tropas fiéis à monarquia. O governador Caetano Pinto de Miranda Montenegro refugiou-se no Forte do Brum, junto ao porto. Cercado, acabou se rendendo.

Com a prisão de Caetano Pinto, os revolucionários constituíram um governo provisório, que se apossou do tesouro da província e proclamou a república. Depois de três semanas, no dia 29 de março, foi anunciada a convocação de uma assembleia constituinte, formada por representantes eleitos em todas as comarcas da província. Uma nova lei orgânica estabeleceu a separação entre os poderes Legislativo, Executivo e Judiciário. O catolicismo foi mantido como religião oficial, mas as demais igrejas cristãs seriam toleradas. Por fim, proclamava a liberdade de imprensa. A escravidão era mantida, para não ferir os interesses dos senhores de engenho, adeptos do movimento. Foram abolidos os impostos sobre o comércio. Os militares receberam aumento nos soldos. Os que tinham participado da rebelião foram beneficiados com promoções-relâmpago. Domingos Teotônio, um dos chefes da nova junta de governo, promoveu a si próprio de capitão a coronel.

Desenhou-se a uma nova bandeira, com as cores azul-escura, branca, amarela e vermelha. Na parte superior foi desenhado um arco-íris com uma estrela em cima e o Sol embaixo, representando a união de todos os pernambucanos. No interior, uma cruz vermelha simbolizava a fé na justiça e no entendimento. Embora a revolução tenha fracassado, essa é ainda hoje a bandeira do Estado de Pernambuco, adotada oficialmente em 1917 pelo governador Manoel Antônio Pereira Borba. É também, na simbologia e na elegância visual, um dos mais bonitos entre os estandartes dos 27 estados brasileiros.

Além dessas medidas republicanas, os revolucionários tomaram algumas decisões pitorescas. Uma delas foi a abolição de todos os pronomes de tratamento que indicassem hierarquia ou autoridade de uma pessoa sobre a outra, como "vossa excelência" ou "sua senhoria". A expressão "senhor" foi substituída por "patriota".

O novo governo republicano permaneceu no poder até o dia 20 de maio. Durante esse período, todas as tentativas de obter apoio das províncias vizinhas fracassaram. Na Bahia, o enviado da revolução, José Inácio Ribeiro de Abreu de Lima, o Padre Roma, foi preso ao desembarcar e imediatamente fuzilado por ordem do governador, o conde dos Arcos. No Rio Grande do Norte, o movimento conseguiu a adesão do proprietário de um grande engenho de açúcar, André de Albuquerque Maranhão. Depois de prender o governador, José Inácio Borges, e mandá-lo escoltado para Recife, Maranhão ocupou a vila de Natal e formou uma junta governativa, que não despertou o menor interesse da população. Foi apeado do poder em poucos dias.

Na Inglaterra, os revolucionários tentaram obter o apoio do jornalista Hipólito José da Costa, fundador do Correio Braziliense, oferecendo-lhe o cargo de ministro plenipotenciário da nova república. Hipólito recusou. Sem que os pernambucanos soubessem, a Coroa portuguesa havia feito um acordo secreto com o dono do Correio em 1812, que previa a compra de um determinado número de exemplares do jornal e um subsídio para o próprio jornalista, em troca de moderação nas suas críticas contra a monarquia. A reação portuguesa foi imediata e violenta. Da Bahia, tropas enviadas pelo conde dos Arcos avançaram pelo sertão pernambucano, enquanto uma força naval, despachada do Rio de Janeiro, bloqueava o porto do Recife. Em poucos dias, um total de 8 mil homens cercou a província rebelada. No interior, a batalha decisiva foi travada na localidade de Ipojuca, hoje sede do município em que está a Praia de Porto de Galinhas. Derrotados, os revolucionários tiveram de recuar em direção a Recife. Frei Caneca, o futuro líder da Confederação do Equador, participou dessa batalha.

No dia 19 de maio, dois meses depois de iniciada a rebelião, tropas portuguesas entraram no Recife. Encontraram a cidade abandonada e sem defesa. Isolado, o governo provisório se rendeu no dia seguinte. A repressão, como sempre, foi implacável. A sentença contra os revoltosos determinava que, "depois de mortos, serão cortadas as mãos, e decepadas as cabeças e se pregarão em postes e os restos de seus cadáveres serão ligados às caudas de cavalos e arrastados até o cemitério". Como punição adicional, a Capitania de Pernambuco foi desmembrada da Comarca de Alagoas, cujos proprietários rurais haviam se mantido fiéis à Coroa e, como recompensa, ganharam o direito de constituir uma província independente.

As notícias sobre Pernambuco causaram grande apreensão no Rio de Janeiro e obrigaram D. João a mudar o cronograma de alguns dos atos mais grandiosos que havia planejado para sua temporada brasileira. Um deles foi a sua própria sagração oficial como rei do Brasil, Portugal e Algarves. Pelos planos originais, a coroação deveria ocorrer após um ano de luto pela rainha D. Maria I, falecida em março de 1816. Depois da revolução pernambucana, D. João decidiu adiá-la por mais um ano. Não queria passar ao mundo a imagem de um rei coroado enquanto o seu poder estava sendo contestado e dividido. Pela mesma razão, pensou-se em adiar o casamento de D. Pedro. Isso só não aconteceu porque, quando as notícias da agitação pernambucana chegaram à Europa, a noiva, futura imperatriz Leopoldina, já havia casado por procuração em Viena e embarcado para o Brasil.

Sufocada a rebelião, era hora de celebrar. Em 6 de fevereiro de 1818, um decreto real punha fim às investigações sobre a rebelião. Quatro líderes revoltosos já haviam sido executados, mas todos os demais foram anistiados, num gesto de concórdia e magnanimidade do novo soberano. Entre os perdoados pelo rei estava Cabugá, o agente dos revolucionários nos Estados Unidos. Começava ali a etapa mais gloriosa e festiva dos treze anos em que a corte portuguesa viveu no Brasil. Seriam dois anos de celebrações, pompa e exibição de poder como nunca o Rio de Janeiro havia presenciado.

8.2 Confederação do Equador

Dissolvendo a Constituinte e decretando a Constituição de 1824, o imperador deu uma clara demonstração de seu poder aos burocratas e comerciantes, muitos deles portugueses, que faziam parte de seu círculo íntimo.

Em Pernambuco, esses atos discricionários puseram lenha em uma fogueira que não deixara de arder desde 1817 e mesmo antes. A propagação das ideias republicanas, antiportuguesas e federativas (opostas à centralização do poder) ganhou ímpeto com a presença no Recife de Cipriano Barata, vindo da Europa, onde representara a Bahia nas Cortes. É importante ressaltar, de passagem, o papel da imprensa na veiculação de críticas e propostas políticas, nesse período em que ela própria estava nascendo. Os Andradas, que tinham passado para a oposição depois das medidas autoritárias de D. Pedro, lançaram seus ataques por meio de 'O Tamoio'; Cipriano Barata e frei Caneca combateram a monarquia centralizada, respectivamente, na Sentinela da Liberdade e no Tífis Pernambucano.

A atividade de Cipriano, em Pernambuco, não demorou muito. Após a dissolução da Constituinte, foi preso e enviado para o Rio de Janeiro, onde ficaria detido até 1830. Como figura central das críticas ao Império, passou então a destacar-se frei Joaquim do Amor Divino – o frei Caneca –, que participara ativamente da insurreição de 1817. O apelido indicava origem humilde, como vendedor de canecas, quando garoto, nas ruas do Recife. Educado no Seminário de Olinda, centro de difusão das ideias liberais, converteu-se em intelectual erudito e homem de ação.

A contrariedade provocada na província pela nomeação de um governador não desejado abriu caminho para a revolta. Seu chefe ostensivo, Manuel de Carvalho, proclamou a Confederação do Equador, em 2 de julho de 1824. Carvalho foi uma figura curiosa, casado com uma americana e grande admirador dos EUA. No dia da outorga da Constituição de 1824, antes pois da rebelião, enviou ofício ao Secretário de Estado americano, solicitando a remessa de uma pequena esquadra ao porto do Recife, para contrabalancear as ameaças à liberdade resultantes da presença de navios de guerra ingleses e franceses. No ofício, invocava a recente doutrina fixada pelo presidente Monroe, contrária à intervenção de potências europeias nas Américas.

A Confederação do Equador deveria reunir sob forma federativa e republicana, além de Pernambuco, as províncias da Paraíba, Rio Grande do Norte, Ceará e, possivelmente, o Piauí e o Pará. O levante teve conteúdo acentuadamente urbano e popular, diferenciando-se da ampla frente regional, com a liderança de proprietários rurais e alguns comerciantes, que caracterizara a Revolução de 1817.

Uma viajante inglesa, Maria Graham, que esteve no Recife tentando alcançar um acordo entre as partes, comparou, guardadas as devidas proporções, o ambiente do palácio governamental ocupado pelos rebeldes ao da Convenção Nacional, na Revolução Francesa. Viu as dependências palacianas ocupadas por elementos populares – verdadeiros sans culottes – de olhos arregalados e ouvidos à escuta, à espera de traições e ciladas.

Apesar de seu conteúdo nacionalista, diríamos melhor antilusitano, a rebelião contou com a presença de vários estrangeiros. Entre eles, destacou-se a figura de um liberal português, filho de polonês, chamado João Guilherme Ratcliff.

A Confederação do Equador não teve condições de se enraizar e de resistir militarmente às tropas do governo, sendo derrotada nas várias províncias do Nordeste, até terminar por completo em novembro de 1824. A punição dos revolucionários foi além das expectativas. Um tribunal manipulado pelo imperador condenou à morte, entre outros, frei Caneca, Ratcliff e o major de pretos Agostinho Bezerra Cavalcanti. Os próprios adversários, entre eles comerciantes portugueses, enviaram ao rei pedidos de clemência em favor do último, que evitara excessos e mortes. Mas não foram ouvidos. Levado à força, frei Caneca acabou sendo fuzilado diante da recusa do carrasco em realizar o enforcamento.

As marcas da revolução de 1824 não se apagariam facilmente. De fato, ela pode ser vista como parte de uma série de rebeliões e revoltas ocorridas em Pernambuco entre 1817 e 1848, que fizeram da província um centro irradiador de muitas insatisfações do Nordeste.

8.3 A Revolução Praieira de 1848

Pernambuco tinha longa tradição revolucionária e liberal, como a Revolução de 1817 e a Confederação do Equador em 1824. A Praieira, a mais espetacular das revoluções do período, embora não tenha acontecido nos marcos cronológicos da Regência, é considerada como tal, pois traz a marca da luta entre centralismo *versus* descentralização.

Os problemas econômicos faziam de Pernambuco uma espécie de "purgatório" para os que não fossem ricos proprietários rurais ou comerciantes. No campo, dos engenhos existentes, um terço pertencia à família Cavalcanti e os outros dois terços estavam concentrados nas mãos de uns poucos proprietários, contando com legiões de escravos e agregados. Nas cidades, o comércio era monopolizado por portugueses e ingleses. Tal situação provocava a ira dos brasileiros que exigiam o fim da imigração portuguesa e a nacionalização do comércio. Diante desse cenário, em 1842 foi fundado o Partido da Praia, assim chamado o Partido Liberal, devido à Rua da Praia, onde ficava a tipografia do jornal do partido, o Diário Novo.

Os "praieiros", defendiam o liberalismo e eram compostos por intelectuais e membros das camadas médias urbanas, que insuflavam as camadas inferiores da população, discriminadas social e politicamente, à terra e ao trabalho. Combatiam o domínio dos Cavalcanti e o monopólio comercial estrangeiro.

As origens da praieira remontam à época do governo provincial do liberal Chichorro da Gama, quando foi empreendida uma política lusofóbica e antilatifundiária. Sob gritos de "mata marinheiro", comerciantes portugueses eram espancados e mortos. No campo, a cena não foi menos violenta. Os praieiros exigiam da Assembleia Provincial a adoção de medidas, como a expulsão dos portugueses solteiros, a convocação de uma assembleia constituinte e a realização de reformas sociais.

Após a demissão de Chichorro da Gama, o governo passou também a intervir de forma a eliminar os funcionários públicos simpatizantes dos praieiros, porém esses continuavam atuando e não acatavam os novos governantes. Os revoltosos se armaram em Olinda, Igaraçu e outras localidades, marchando para a capital.

Durante a Revolução Praieira, os revoltosos formularam o Manifesto ao Mundo. Nota-se nele, reivindicações de caráter liberal, socialista, antiabsolutistas e descentralizadoras dado o contexto internacional da Primavera dos Povos na Europa.

Reivindicações do movimento expressas no Manifesto:

- Voto livre e universal do povo brasileiro;
- Liberdade de expressão e de imprensa;
- Trabalho como garantia de vida para o cidadão brasileiro;
- Comércio a retalho para os cidadãos brasileiros;
- Independência dos poderes;
- Extinção do poder Moderador;
- Federalismo;
- Reforma judicial;
- Garantia das liberdades individuais;
- Extinção do atual sistema de recrutamento (obrigatório).

A interiorização do movimento integrou lideranças populares. Merece destaque, como líder popular, o capitão Pedro Ivo, que comandou um exército de cinco mil homens, composto por arrendatários, boiadeiros, mascates e negros. A superioridade militar do Império reprimiu os "valentes 5 mil". Pedro Ivo foi preso, julgado e condenado à prisão perpétua.

O movimento, duramente reprimido, apresentou um programa reivindicatório que contemplava o pensamento liberal da época e também de reformas sociais, excluindo os escravos das reivindicações. A revolução foi mais um exemplo dos problemas sociais não resolvidos à época da independência e que afloraram com maior intensidade durante a Regência.

Politicamente, esse foi o último dos movimentos com características que lembrar as rebeliões regenciais: uma luta pela descentralização no momento em que eram aprovadas medidas centralizadoras, regressistas.

9. O TRÁFICO TRANSATLÂNTICO DE ESCRAVOS PARA TERRAS PERNAMBUCANAS

A escravidão é um tema que perpassa toda a história humana. No Brasil, esteve presente no período colonial adentrando pelo imperial, e reverbera em muitas questões até os dias atuais. Foi um tema que encantou historiadores, havendo disponível uma bibliografia extensa e de qualidade. Mas, a historiografia brasileira ainda é carente de trabalhos que tratem do fiscalismo ou tributação, consumo, comércio, monopólios, contratos e de negociantes em vários aspectos e, de forma específica, quanto ao que correspondeu à mercancia de gente. A historiografia que trata da escravidão em Pernambuco é tímida, não avançando muito no tema.

Outrossim, o que se sabe é que o porto de Pernambuco figura entre o terceiro e o quarto lugar dentre aqueles que na América mais recebeu cativos. Curiosamente posta esta situação, pois sabe-se da importância de Pernambuco no século XVI e XVII em relação à produção do açúcar, o que é quase automática a simultânea epopeia do ouro branco e da mão de obra escrava. Sabe-se que a partir de 1570, a escravização indígena para as tarefas que envolviam a produção açucareira, começaram a diminuir e com isso, entra em cena o escravizado africano.

O comércio atlântico de escravos foi um dos mais complexos negócios conhecidos e envolveu a maior migração transoceânica na história até aquele momento. Ao todo, embarcaram em navios negreiros mais de 12,5 milhões de africanos, aproximadamente 5 milhões destes com destino ao Brasil. Esse tráfico movimentava, entre outras atividades, a indústria naval e o sistema financeiro e creditício europeus, além da indústria armamentista francesa, que era completamente dependente do comércio africano durante épocas de paz na Europa.

No período de vigência do tráfico no Brasil (1560-1856), desembarcaram 4.864.374 africanos no país, 853.833 deles em Pernambuco. No Brasil, 2.054.725, ou 42%, desembarcaram no período de 1801 a 1850. Em Pernambuco, 259.054, ou 30%, desembarcaram entre 1801 e 1850, perfazendo uma média de 5 mil desembarcados por ano.

Comparativamente, nos séculos XVII e XVIII, a média era de 2.500 e 3.300 ao ano, respectivamente. O fato de o volume de importação de escravos em Pernambuco ser bem mais expressivo no século XIX que nos séculos anteriores sugere que as atividades econômicas nesta região estavam aquecidas.

A primeira entrada de africanos que consta em estudos recentes, foi do ano de 1576. Tratava-se de um desembarque de 80 escravos vindos em um navio despachado da ilha de São Tomé. No entanto, não será exagerado supor que esses escravos tenham sido em verdade congos. Basta apenas atentar para o que a Coroa portuguesa determinara ao permitir que os colonos do Brasil importassem escravos africanos. Diante da demanda por mão de obra africana dos colonos do Brasil, em 1559, a rainha regente de Portugal assinou um decreto real autorizando o governador de São Tomé a vender até 120 escravos do Congo para cada senhor de engenho que apresentasse um alvará emitido no Brasil. Dessa forma, a Coroa atendia os rogos dos colonos do Brasil; em particular aos de Duarte Coelho, primeiro donatário de Pernambuco, que pelo menos desde 1542 reclamava à Coroa por escravos negros.

Esse registro deve ter sido antecedido por, pelos menos, mais dois, pois em 1575 Pedro de Noronha era ressarcido em 284 mil-réis erroneamente ou ilegalmente cobrados ao introduzir 142 escravos de São Tomé na alfândega da vila de Olinda. Aparentemente, sob a mesma circunstância, Francisco Mendes e Garcia Mendes, residentes no Porto, eram ressarcidos por dividendos cobrados erroneamente ou ilegalmente ao introduzirem na alfândega de Olinda 48 escravos despachados de São Tomé.

Já se assinalou que São Tomé serviu de base para muito do que se desenvolveu no Brasil, por isso a constante referência à ilha como porto provedor de escravos para a colônia portuguesa na América não deve ser vista com desdém. Em verdade, a ilha havia criado intimidade com a costa africana desde fins do século XV. Em 1499, por exemplo, os comerciantes de São Tomé já enviavam navios aos rios do Benim para comprar escravos com a finalidade de trocá-los por ouro na Costa da Mina. Com o desenvolvimento da plantação e comércio do açúcar durante o século XVI, a ilha passou a concentrar ao seu redor não apenas os mercados negreiros do Benim, mas os do Congo também. Em pouco tempo, São Tomé tornou-se o maior porto traficante de escravos. Deste modo, a ilha oferecia condições excelentes de fornecer escravos africanos para os engenhos que floresciam no Brasil. Ao cabo do século XVI, Pernambuco, assim como a Bahia, contavam com escravos africanos junto a indígenas nas suas plantações de cana-de-açúcar. Em 1577, por exemplo, o Engenho São Pantaleão do Monteiro, situado na várzea do rio Capibaribe, em Olinda, possuía 15 escravos da África em seu plantel de 40 cativos.

À lenta transição da mão-de-obra indígena para a africana seguiu o rápido desenvolvimento da produção açucareira, e em consequência o do tráfico de africanos. Os números que podem dar uma noção dessa produção para Pernambuco referentes ao século XVI são bem conhecidos. A primeira notícia de açúcar pernambucano entrando em Lisboa data entre 1516 e 1526, produzido aparentemente de modo artesanal por um certo capitão Pero Capico. Em 1542, surge o primeiro engenho-de-açúcar próximo a Olinda de nome Engenho Nossa Senhora da Ajuda, que pertencia a Jerônimo de Albuquerque, cunhado de Duarte Coelho. No entanto, ao findar esse ano, Duarte Coelho informou ao rei que Pernambuco já possuía dois engenhos. Oito anos depois, cinco engenhos operavam na capitania e, em cerca de 1570, Pero de Magalhães Gândavo informava que nela havia "vinte e três engenhos-de-açúcar, dos quais três ou quatro ainda não estariam completos". Por volta de 1587, de acordo com Gabriel Soares de Souza, o número de engenhos subiu para 50, os quais rendiam uma dízima de "dezenove mil cruzados todo ano". Finalmente, no ocaso do século XVI, Domingos de Abreu de Brito declarava ter Pernambuco 63 engenhos.

O aumento da produção açucareira demandava cada vez mais braços africanos, que por sua vez expandiam as fronteiras dos engenhos de cana-de-açúcar. Estima-se que no início do século XVII, Pernambuco já possuía 120 engenhos, e ao tempo que os holandeses chegaram, em 1630, tinha mais de 160, dos quais 60 foram logo queimados durante a guerra de ocupação (1630 e 1637). A esse ponto, dados com relação ao número de escravos importados são escassos. Todavia, o desenvolvimento da indústria açucareira sugere que o tráfico de cativos deva tê-la acompanhado. Desse modo, podemos imaginar que a introdução acelerada de africanos iniciada no século passado foi temporariamente interrompida com a chegada dos holandeses.

No entanto, a partir de 1637, tudo parece se normalizar novamente, mas dessa vez sob a direção de Maurício de Nassau (1637-1644). A produção açucareira voltou a prosperar e consequentemente mais escravos eram necessários para levar a cabo a empresa holandesa, que nesse tempo inspirava confiança aos agentes da WIC, uma vez que além de Pernambuco, as praças de El Mina e Luanda, principais portos fornecedores de escravos na África, foram igualmente subtraídas aos portugueses; em 1637 e 1641 respectivamente. Em 1641, Pernambuco exportava cerca de 448 mil arrobas de açúcar, contra 66 mil em 1637. Esse ânimo na exportação de açúcar estimulou o tráfico de escravos que só veio a dar uma reposta efetiva a partir de 1642 com a introdução de 2.400 escravos na capitania. No ano seguinte, a importação de africanos atingiu o ápice durante o período de ocupação holandesa. Em 1643, Pernambuco recebia cerca de 5 mil escravos, ou seja, quase o triplo da média para os anos entre 1637 e 1642 (1.674). No total, de acordo com as estimativas, o Brasil holandês recebeu cerca de 26.929 escravos entre 1636 e 1651, isto é, uma média de 1.795 cativos por ano.

Porém, a relativa prosperidade que os holandeses gozavam em Pernambuco não durou muito tempo. Em 1645, a população luso-brasileira que habitava a capitania antes da ocupação holandesa e de seus arredores reagiram à presença dos invasores expulsando-os de vez do nordeste brasileiro em 1654. Consequentemente, os números acerca da exportação de açúcar e da importação de escravos para o Brasil holandês caem simultaneamente.

A restauração de Pernambuco à Coroa portuguesa afetou a organização socioeconômica da capitania, que dará sinais de instabilidade em fins do século XVII e início do seguinte, retratada no conflito que ficou conhecido como a "guerra dos mascates". Com respeito especificamente ao tráfico de africanos, podemos observar que se durante o século XVI até a invasão holandesa Pernambuco recebia escravos, ou com navios remetidos de Portugal, ou com embarcações da própria capitania, durante a era do Brasil holandês, Pernambuco passou a receber escravos somente com navios originariamente dos Países Baixos. Em outras palavras, apesar de El Mina e Luanda terem sido capturadas com armadas enviadas de Recife, a direção da WIC parecia exercer grande controle sobre as atividades econômicas de Pernambuco.

Contudo, a base do tráfico de escravos para a capitania mudou novamente após 1654, quando os batavos foram expulsos. A partir de então, a capitania não demorou em organizar o comércio e exercer definitivamente o papel de base do tráfico de africanos. No entanto, com relação ao período anterior à ocupação batava, dessa vez há uma diferença na organização do tráfico. Após os holandeses terem deixado Pernambuco, os senhores de engenho e lavradores de cana-de-açúcar não retomaram as atividades comerciais da capitania. Ao invés, dedicaram-se exclusivamente à produção açucareira, deixando as atividades comerciais a cargo de imigrantes recém-chegados de Portugal.

Da escassa documentação que se tem conhecimento, o que se tem visão acerca da situação no século XIX, é de que, por conta da significativa recuperação da lavoura açucareira no período, estima-se que até 1850, quando ainda era permitido o comércio transatlântico de escravizados, houve um também significativo aumento no número, acredita-se que devido às necessidades decorrentes da produção açucareira.

10. COTIDIANO E FORMAS DE RESISTÊNCIA ESCRAVA EM PERNAMBUCO

Sabe-se que, durante o período áureo da exploração do açúcar em Pernambuco, a grande aplicação da mão de obra escrava foi em função da produção do "ouro branco". Entre lavradores e todas as outras funções envolvidas com o engenho propriamente dito, dentro das etapas da produção do açúcar, estima-se que trabalhavam entre 60 a 70 escravizados. Mas uma parte considerável dos escravizados acabava se envolvendo com as tarefas da "Casa-grande", como arrumadeiras, lavadeiras, amas de leite, e outras tantas funções.

Ao que se percebe, uma mudança nos ares em torno da transição do trabalho escravo para o trabalho assalariado, vê-se também um incremento em relação às atividades econômicas desenvolvidas nas áreas urbanas de Pernambuco. Muitas das atividades desenvolvidas pelos escravizados eram semelhantes à época da produção do açúcar, mas algumas atividades eram "novas", se considerarmos as mudanças no padrão da sociedade pernambucana.

Voltando-se às cidades do interior do estado, na segunda metade do século XIX, no primeiro censo brasileiro, verificamos paróquias, freguesias e cidades com perfis econômicos variados, mudando a velha perspectiva histórica de que em Pernambuco teve uma escravidão branda, concentrando-se de maneira quase única na produção açucareira, consequentemente de escravos de profissão lavradores.

Compreende-se, cada vez mais, que a escravidão estava onipresente, dentro de toda a produção de bens de consumo, há muito já institucionalizada nesta província de antiga colonização. A lista de profissões encontradas no senso nas cidades rurais era composta por: artistas, as vezes denominado unicamente assim, as vezes considerados como artesões de madeira, metais, edificações, vestuários, calçados, chapeleiros, marítimos, tecidos, jornaleiros, criados, serviço doméstico, lavradores, pescadores e sem profissão. Em sua maioria lavradores, sem profissão, domésticos e criados, constantes em todas as vilas e cidades.

De acordo com o mesmo recenseamento, comparando as províncias, coloca-se que só 105 homens escravos e 52 mulheres escravas, em toda a província de Pernambuco, sabiam ler e escrever. Um número alto se compararmos ao Rio Grande do Norte, que no total registrou-se 4 homens e 3 mulheres, porém altíssimo quando a capital do império, Rio de Janeiro, só possuía 79 homens e 28 mulheres registradas como capaz de ler e escrever.

Em cidades como Nazareth da Mata, localizada na Zona da Mata Norte, caracterizada tipicamente com a roupagem da zona açucareira, manteve-se com o número mais alto de matrículas de escravos durante os levantamentos de 1872, 1875, 1876 e 1878, possuía o maior número de escravos na zona rural, enquadrados como lavradores (1927), só perdendo em número de escravos gerais, neste ano específico para o Cabo (3533) e Escada (4050), dois outros centros de produção da zona da mata sul.

De fato, na região da zona da mata pernambucana se concentrava a maioria dos escravos da província, porém não exclusivamente na produção da cana. O município do Cabo, por exemplo, possuía um número significativo de escravos trabalhando em outras áreas profissionais como: calçados e chapéus (132), jornaleiros e criados (1532), empregados domésticos (zona rural – 1632) e lavradores (560). E por fim, o mais curioso, o registro de (833) escravos enquadrados como "sem profissão".

A princípio observamos que o trabalho escravo no Cabo era utilizado em manufatura de calçados e chapéus, que deveriam ser até quiçá vendidos na capital da província, e que seu perfil agrícola só fica possível na vaga conotação que o termo "sem profissão" trás, em número tão elevado como 833 escravos.

Na capital da província de Pernambuco, Recife, antes mesmo de 1830 a maioria dos trabalhadores alforriados eram mulheres negras e mulatas. Mulheres essas que se apropriavam, ou não, das vantagens que tinham, perante os escravos homens, obtinham mais cedo a alforria. Sua vantagem consistia na proximidade dos senhores, e de agrados que poderiam dar e receber. Eram elas, amas de leite, cozinheiras, engomadeiras, faxineiras. E estavam onipresentes na sociedade escravista. Difícil dizer o que o luxo da escravidão não poderia oferecer aos senhores de conforto e serviços. De pentear o cabelo, a limpar a calçada da casa. Sabe-se que mesmo sendo submetidas a humilhações, assédios e estupros por seus senhores e ódio de suas patroas, era melhor que trabalhar nas ruas, local que era sinônimo de insegurança, morte, prostituição e fome.

De perto as luzes das cidades nada mais eram do que fogo, e fogo é sinônimo de perigo. A cidade do século XIX era barulhenta, suja, confusa e bastante perigosa. Ninguém poderia ser negro – preto ou pardo – livre ou liberto, em segurança, numa sociedade em que escravizar ao arrepio das leis vigentes se fizera direito senhorial costumeiro. Todavia com a diversidade de situações jurídicas nelas existentes, e as ligações sociais que nelas eram possíveis fazer - diferente dos Engenhos - uma sociedade sobrevivente paralela ia se formando. E o caminho para começar a participar dela começava por se tornar um escravo de profissão. Isto é, um escravo de ganho, que rendendo o bastante, poderia até tentar negociar sua alforria e de seus familiares. Em verdade tudo era mais possível na cidade.

Outra profissão importante dentro da zona urbana pernambucana eram os canoeiros responsáveis pelo movimento do transporte fluvial nos rios que cruzam a cidade. Eles exerciam um emaranhado de funções sociais: passagem de informações, contatos entre os Engenhos, transporte de água limpa para consumo, e de pessoas.

Já em relação às formas de resistência à escravidão, por mais que alguns procedimentos fossem considerados minúsculos, movimentos estes tecidos entre os escravizados, individual ou coletivamente, os escravos processaram uma teia de artimanhas que, devido a seu pendor natural para ludibriar aquele que o subjuga, moldavam suas vidas aos limites impostos pela opressão do cativeiro.

A resistência contra a escravidão foi cotidiana. Havia diversas maneiras de lutar por uma vida menos dura. Fugas, ataques e rebeliões são bastante lembradas. Além dessas, existiam outras práticas que nem sempre foram percebidas como formas de resistência. Para amenizar o sofrimento do cativeiro, por exemplo, era comum o fingimento de doenças e a quebra de instrumentos de trabalho.

Além disso, muitos cativos "matavam o trabalho", ou seja, demoravam a cumprir seus afazeres. Era uma maneira de diminuir a intensidade da labuta e causar certo prejuízo aos senhores. Esses, porém, viam a "enrolação" dos negros como mera preguiça. Podem ser citados ainda abortos e suicídios. Esses atos violentos que os cativos cometiam contra si indiretamente afetavam os senhores, já que os escravos eram vistos como propriedades.

Uma forma bastante conhecida de resistência foi a formação de quilombos. A palavra "quilombo" significa acampamento na maioria das línguas bantas da África Central e Centro-Ocidental. No Brasil, os quilombos tornaram-se locais de habitação e subsistência de escravos foragidos.

Pernambuco foi palco de inúmeros movimentos políticos revolucionários onde aconteceram muitas rebeliões que tinham como um de seus principais objetivos a reivindicação da liberdade. Considerado o quilombo pernambucano mais importante do século passado, o quilombo do Catucá resultou da luta dos escravos pela liberdade durante o caos político vivido em Pernambuco de 1817 até o final da década de 1830.

Os quilombolas que moravam perto do Recife elaboraram inúmeras estratégias de sobrevivência contando com a colaboração tanto da população negra livre quanto dos escravos de engenhos próximos. Eles se tratavam reciprocamente por "malungos", nome usado pelos negros que saiam da África no mesmo navio, que significa camarada, companheiro.

Além destas, percebe-se ainda que a resistência à escravidão envolve também aspectos da cultura africana. Nas Irmandades, por meio do sincretismo religioso, já que a religião original era combatida pelos portugueses. Outra manifestação cultural de resistência era a capoeira, luta que envolve movimentos de braços e pernas, embalados por um ritmo musical entoado por atabaques e berimbaus, chocalhos e pandeiros, mas mais que uma simples dança (como é considerada para alguns), é uma arte marcial.

As festas tinham um importante papel na construção da liberdade, por proporcionar a sociabilização e o divertimento, no dia a dia inexistente. Também traziam à tona, brigas entre grupos rivais, que antecediam sua vinda da África. Todavia esquecido, pela consciência de fazerem parte do mesmo grupo social, se recorriam nestas horas para criação de estratégias. Criando um mundo paralelo na escravidão aonde o negro, era livre para decidir um destino melhor. Afinal a alforria não era a real resposta que traria a liberdade para um escravo, era quase que inconsciente na maioria deles, a liberdade só aconteceria se fosse para todos.

11. A PARTICIPAÇÃO DOS POLÍTICOS PERNAMBUCANOS NO PROCESSO DE ABOLIÇÃO DA ESCRAVATURA

A escravidão, enquanto regime de produção, vinha sendo discutida e combatida desde que o país adotou a legislação que proibia o tráfico negreiro. Era considerada o maior motivo que proibia o tráfico negreiro. Era considerada o maior motivo de impedimento à imigração para o país, que cresceu de forma considerável após a Lei Áurea.

A extinção da escravatura foi encaminhada por etapas até o final, em 1888. A maior controvérsia quanto às medidas legais não ocorreu em 1888, mas quando o governo imperial propôs a chamada Lei do Ventre Livre, em 1871. A proposta declarava livres os filhos de mulher escrava nascidos após a lei, os quais ficariam em poder dos senhores de suas mães até a idade de oito anos. A partir dessa idade, os senhores podiam optar entre receber do Estado uma indenização ou utilizar os serviços do menor até completar 21 anos. O projeto partiu de um gabinete conservador, presidido pelo visconde do Rio Branco, arrebatando desse modo a bandeira do abolicionismo das mãos dos liberais.

Em 1885, uma nova legislação entrou em vigor, a Lei Saraiva-Cotegipe, mais conhecida como Lei dos Sexagenários. Os escravos com idade igual ou superior a 60 anos seriam reconhecidos como livres, devendo, no entanto, trabalhar até completarem 65 anos. Nesse caso, os proprietários não seriam indenizados, o que causou grande celeuma entre os aristocratas escravistas.

As discussões sobre a abolição circulavam com maior vigor nos meios urbanos: o trabalho escravo negativizava e degradava o trabalho manual. Com base nessa ideia, criou-se uma interpretação que inquieta a sociedade até os dias de hoje: a visão de que o negro é indolente, pouco amante do trabalho, conceito que justificava a escravidão ao empregar a força para pressioná-lo a trabalhar. É esse que se considera imprestável e não o regime de trabalho a que estava submetido. A imigração europeia seria um antídoto a esse mal que acometia a sociedade brasileira, branqueando a sociedade e introduzindo valores civilizatórios como o progresso e o amor ao trabalho.

Alguns abolicionistas defendiam a necessidade de integrar os ex-escravos à sociedade por meio de medidas educativas, integrando-os ao mundo livre, ao mundo assalariado. Esses grupos viam a necessidade de mantê-los como trabalhadores, porém sob nova forma de dominação. Havia também os que defendiam indenizar os escravos, como os que defendiam indenizar os proprietários aristocratas. Não havia consenso sobre a forma de conduzir o abolicionismo.

Neste longo processo, uma das figuras mais representativas foi o pernambucano Joaquim Nabuco. Diplomata, político, historiador, jurista, orador e jornalista formado pela Faculdade de Direito do Recife, foi um dos fundadores da Academia Brasileira de Letras. Foi um dos grandes diplomatas do Império do Brasil, além de orador, poeta e memorialista. Além da obra "O Abolicionismo", e "Minha Formação", "A escravidão" figura como importante obra de memórias, onde se percebe o paradoxo de quem foi educado por uma família escravocrata, mas optou pela luta em favor dos escravos. Joaquim Nabuco previu que a escravidão permaneceria por muito tempo como a característica nacional do Brasil.

Nabuco se opôs de maneira veemente à escravidão, contra a qual lutou tanto por meio de suas atividades políticas, quanto de seus escritos. Fez campanha contra a escravidão na Câmara dos Deputados em 1878 e em legislaturas posteriores, quando liderou a bancada abolicionista naquela Casa, e fundou a Sociedade Antiescravidão Brasileira, sendo o responsável, em grande parte, pela abolição da escravidão no Brasil, em 1888.

Ele era um monarquista e conciliava essa posição política com sua postura abolicionista. Atribuía à escravidão a responsabilidade por grande parte dos problemas enfrentados pela sociedade brasileira, defendendo, assim, que o trabalho servil fosse suprimido antes de qualquer mudança no âmbito político. A abolição da escravatura, no entanto, não deveria ser feita de maneira abrupta, ou violenta, mas assentada numa consciência nacional dos benefícios que tal resultaria à sociedade brasileira.

Também não creditava a movimentos civis externos ao parlamento o papel de conduzir a abolição. Essa só poderia se dar no parlamento, no seu entender. Fora desse âmbito cabia somente assentar valores humanitários que fundamentariam a abolição quando instaurada. Criticou também a postura da Igreja Católica em relação ao abolicionismo, chamando-a de "a mais vergonhosa possível", pois ninguém jamais a viu tomar partido dos escravos. Para ele, "a Igreja Católica, apesar do seu imenso poderio em um país ainda em grande parte fanatizado por ela, nunca elevou no Brasil a voz em favor da emancipação". Após a derrubada da monarquia brasileira, Nabuco retirou-se da vida pública por algum tempo.

Outra personalidade envolvida no processo emancipatório dos escravos, foi o abolicionista Tobias Barreto, que apesar de não ser pernambucano, estudou Direito na Faculdade do Recife e se transformou no principal teórico brasileiro à testa do movimento renovador das ideias da denominada Escola de Recife, que ainda hoje repercute no Brasil e em algumas partes do mundo civilizado. Tobias Barreto de Menezes chegou ao Recife em 1862. Formado em Direito vai advogar na Comarca de Vitória, fixando-se no termo de Escada, por motivos de família.

O movimento em defesa da liberdade dos negros escravos pode ser dividido em três fases distintas, cada uma com sua importância. A primeira delas, eminentemente literária, constou de um engajamento intelectual principalmente no Nordeste brasileiro, com ênfase para Pernambuco, tendo como maior expoente o poeta baiano Castro Alves. Seus poemas arrebatados de humanidade, ecoavam como disparos destinados a sacudir a consciência escravocrata dominante. Nos saraus, nas récitas, nas páginas soltas dos bandos e nos livros, as vozes poéticas dos primeiros abolicionistas abriam caminho para uma luta mais ampla em defesa da liberdade.

A partir de 1879, Joaquim Nabuco detonou uma movimentação enorme de imediata repercussão social, em defesa da liberdade dos cativos. A imprensa passava a ter, muito mais que antes, o papel de tribuna permanente da discussão em torno da questão servil e da abolição da escravatura. Muitos vultos surgiram no cenário do combate, dentre eles André Rebouças, que aprofundava o estudo da abolição para desdobrá-la num projeto de longo alcance, segundo o modelo francês das fazendas centrais. Ao mesmo tempo em que tomava dimensão nacional a luta, eram criadas as Sociedades abolicionistas, eram fundados os jornais que nas Províncias sustentavam o fogo, em defesa da liberdade dos negros. Era a vibração da segunda e mais ruidosa fase do movimento abolicionista.

A terceira fase, voltada para a libertação dos escravos e para a organização da sociedade pela via econômica do trabalho livre, tem em Tobias Barreto a sua maior liderança. É nesta fase, como se verá adiante, que a campanha abolicionista dilata seu alcance para uma ampla crítica social, através da atuação, algumas vezes até panfletária, de Tobias Barreto, na tentativa de levar o povo à consciência da cidadania.

Tobias Barreto em sua última fase criadora, como professor da Faculdade de Direito e como líder de um movimento fecundo, de grande repercussão nacional, conhecido sob a denominação de Escola do Recife. Pernambuco estabelecia, no nordeste, o compromisso engajado da sua Faculdade de Direito, em contraponto ao descompromisso da Faculdade de Direito de São Paulo, onde uma geração de poetas abstraía a realidade de uma sociedade em formação para intimidar seus sentimentos e suas perplexidades. Mais uma vez Pernambuco evoca para si os vínculos com a nacionalidade, com as causas sociais, com o futuro, desta feira tendo à frente a figura ativa de Tobias Barreto.

Como muitos poetas do seu tempo, Tobias Barreto também engajou a sua poesia na defesa da liberdade dos negros. E o fez de três formas: exaltando a morena, mestiça brasileira, deplorando a escravidão, de forma explícita, e inflamando as massas em torno das ideias de liberdade.

Outras personalidades não pernambucanas, mas que estudaram na Escola de Direito de Recife, também participaram ativamente na campanha e no processo abolicionista: Plínio de Lima, Castro Alves, Rui Barbosa, Aristides Spínola, Regueira Costa, entre outros. Juntos, fundaram uma associação abolicionista formada por alunos daquela escola.

Na mesma turma de Joaquim Nabuco, forma-se outro abolicionista Pernambuco: José Mariano Carneiro, fundador do jornal abolicionista A Província. Assim como Joaquim Nabuco, Barras Sobrinho, João Ramos, Alfredo Pinto, Phaelante da Câmara, Vicente do Café e Leonor Porto, José Mariano era membro da associação emancipatória Clube do Cupim, fundado em 1884, que alforriava, defendia e protegia os escravos.

12. PERNAMBUCO SOB A INTERVENTORIA DE AGAMENON MAGALHÃES

12.1 Voto de Cabresto e Política dos Governadores

A formação da República Oligárquica, após a transição dos governos militares do marechal Deodoro da Fonseca e do marechal Floriano Peixoto, velhas tradições políticas, com raízes no período regencial, afloraram e persistiram em grande parte dos mandatos dos 11 presidentes desse período da história do Brasil. Esse modelo, conhecido como coronelismo, formado na criação da Guarda Nacional em 1831, ganhava força novamente agora, a partir de 1894, remontando ao domínio das oligarquias regionais sobre os poderes Executivo e Legislativo. A compreensão do fenômeno político do coronelismo remete à análise social, econômica e política do Brasil durante esse período da República Velha. A maioria da população vivia no campo, desprovida de terras e de amparo legal para sua sobrevivência, além da precariedade do Estado na prestação de serviços essenciais e de cidadania, como saúde e educação. O "coronel" era em geral um latifundiário, assumia o papel vago do Estado, "dando" proteção, assistência médica, jurídica, empregando gente nas fazendas, apadrinhando casamentos e batizados, sendo o juiz conciliador de casamentos e benfeitor da paróquia da cidade.

A manutenção dessa prática passou pela construção de elementos sólidos de controle político local, como as eleições do cacete, em que os coronéis exerceram coerção física ao voto, pressionando os eleitores a votar em seus candidatos, sob pena de violência. Tal sistema funcionava com a manutenção do voto aberto ou descoberto.

Outro elemento de controle do sistema eleitoral foi a criação dos currais eleitorais, baseados na troca de favores entre os fazendeiros e seus eleitores, formando, assim, grupos de eleitores fiéis a determinados coronéis locais. Vale ressaltar que, para se prevenir de possíveis capangas de grupos políticos adversários, por vezes, no dia das eleições, eram preparados festejos nas fazendas, para os quais eleitores eram convidados a participar. Posteriormente, eram levados em bloco para o exercício eleitoral, evitando, dessa forma, a perda de votos.

Em complemento aos dois modelos, houve também o sistema de voto de cabresto, criado pela falta de indivíduos aptos ao exercício eleitoral, já que o principal elemento para esse fim era a alfabetização. Para solucionar esse problema, os coronéis tornavam alguns indivíduos, em geral seus funcionários, "alfabetizados", que ao menos conseguiam desenhar seus nomes, para serem aceitos como eleitores e, claro, inseridos nos sistemas anteriores, o curral eleitoral e as eleições do cacete.

Outro sistema foi criado sobre todas as estruturas já descritas, as recorrentes fraudes dos mais variados tipos. Entre elas, a compra de votos, a compra de mesários das paróquias e mesmo os da contagem, indivíduos que utilizavam identidades de eleitores falecidos, substituição de urnas, atas já prontas com os resultados, entre tantos outros sistemas ilegais, que tinham por finalidade a manutenção dos coronéis no poder com seus privilégios políticos. Estava criado um sistema de dominação local que ao menos pelos próximos 36 anos controlaria o cenário político nacional.

A força das oligarquias estaduais advinha, porém, do controle exercido sobre os grandes coronéis municipais, manipuladores e condutores da massa eleitoral, incapacitada e desorganizada para participar do processo político que lhes fora aberto com o regime representativo de voto pela Constituição de 1891.

Os coronéis, ao despejarem os votos nos candidatos governistas nas eleições estaduais e federais, garantiam para si "recompensas" especiais pela fidelidade do voto, consolidando seu poder no interior. Esses grupos municipais só sobreviveriam se estivessem ligados ao poder estadual e em nome da oligarquia instaurada no respectivo estado.

Em uma escala de crescente de influência, os coronéis vinculavam-se a outros de cidades maiores, criando uma influência regional e, entre esses, os mais consolidados tornavam-se os líderes partidários estaduais, formando as oligarquias estaduais, que controlavam o governo.

Durante a presidência de Campos Sales, o segundo presidente civil, formulou-se a política dos governadores, uma transação que ele preferia chamar de política dos estados. O esquema de funcionamento iniciava-se na Comissão de Verificação de Poderes, órgão criado pelo Congresso Nacional e responsável por diplomar deputados, senadores, presidente e vice-presidente da República, função da Justiça Eleitoral atualmente. O partido que fizesse maioria no Congresso dominaria a Comissão de Verificação de Poderes e decidiria sobre a diplomação dos candidatos eleitos. No governo Campos Sales, a Comissão passou por uma reformulação: seriam diplomados somente os candidatos eleitos pelos partidos da situação, ou seja, candidatos do governo, no poder dos seus respectivos estados que apoiavam o presidente da República. Os demais oposicionistas seriam "degolados".

A partir daí, deputados e senadores garantiam a si próprios mandatos sólidos e intermináveis no Congresso e, a seu partido, longo domínio do poder no estado. Iniciou-se a implantação das oligarquias estaduais, cujo poder se fecharia às tentativas conquistadoras das oposições que surgissem. Instituía-se a norma básica da "política dos governadores" que deveria propiciar ao regime federativo o equilíbrio procurado.

Esse processo durou até 1930, quanto a Aliança Liberal mobilizou-se de modo a tentar liquidar de uma vez por todas, o domínio político institucional da sistemática política conhecida como "Política do Café com Leite".

12.2 Pernambuco Sob a Interventoria de Agamenon Magalhães

Neste cenário político no qual a República brasileira passava pelas mudanças do final da República Oligárquica e o início da Era Vargas (1930-1945), temos a figura de Agamenon Magalhães. Agamenon Sérgio de Godoy Magalhães, nasceu em Serra Talhada a 5 de novembro de 1893 e faleceu em Recife em 24 de agosto de 1952. Foi um promotor de direito, geógrafo, professor de Geografia e político brasileiro, mais exatamente como deputado estadual (1918), federal (1924, 1928, 1932, 1945), governador de estado (1937, 1950) e ministro (Trabalho e Justiça).

Em 1918 foi eleito deputado estadual com apoio da agremiação político partidária governista estadual (Partido Republicano Democrata) e, em 1924, tornou-se deputado federal, reeleito quatro anos depois. Contudo, em 1930, rompendo com os governos estadual e federal, aderiu à Aliança Liberal formada em torno da candidatura de Getúlio Vargas. Após a revolução, apoiou o interventor Carlos de Lima Cavalcanti e ajudou a articular no estado o Partido Social-Democrata (de sustentação ao Governo Provisório), pelo qual elegeu-se deputado constituinte em 1932.

A atuação de Agamenon Magalhães na Constituinte de 1933 foi pautada na defesa do regime parlamentarista, na qual não teve apoio nem do governo nem dos demais parlamentares. Apesar disso, em 1934, foi convidado pelo presidente Getúlio Vargas para a pasta do Trabalho, Indústria e Comércio.

Nesse período, deu apoio à criação da Justiça do Trabalho, ampliou a rede de apoio aos trabalhadores urbanos, e utilizou a arregimentação sindical para combater a infiltração comunista no movimento operário, principalmente após a Intentona Comunista de 1935. Para isso, defendeu a intensificação do controle sobre os sindicatos e o aceno com novas leis sociais para os trabalhadores. Em 1937, após a demissão de Vicente Rao, passou a acumular também as funções da pasta da Justiça.

Aliado fiel de Vargas, Agamenon Magalhães entrou em choque com o interventor Lima Cavalcanti, que tendia a apoiar a candidatura oposicionista de Armando de Sales Oliveira para a sucessão presidencial de 1938. Por este motivo, em novembro de 1937, após a decretação do Estado Novo, Agamenon Magalhães foi nomeado interventor federal em Pernambuco, substituindo seu antigo aliado e opositor. A interventoria de Agamenon Magalhães coincidiu ainda com os anos da presença militar norte-americana no Recife, em virtude das alianças em torno da Segunda Guerra. Esse período foi marcado por transformações não apenas no cenário político, mas também no plano cultural.

A partir de sua nomeação para o cargo de interventor no estado de Pernambuco, ele buscou em suas escolhas para os cargos de poder em todo o estado sujeitos com perfil claramente alinhado ao seu, devendo todos, subserviência aos seus comandos em nome de um alinhamento e obediência ao chefe da nação, Getúlio Vargas.

O estímulo à construção de prédios altos com elevadores e ao consumo de produtos elétricos durante o governo de Novaes Filho encontrou apoio dadas a expansão do envio de luz elétrica. Água e esgoto eram tidos como necessidades, mas os enlevos e as aspirações dos urbanistas convergiam para a energia elétrica e a iluminação, símbolos de progresso em associação direta com o maquinismo. A substituição do gás pela energia elétrica e ampliação da eletricidade em áreas públicas se deu em apoio da Pernambuco Tramwaysand Power Company.

Assim como essas ações, a ponte Duarte Coelho (1942) e a construção da Praça 13 de Maio (1939) foram também de seu mandato, sendo símbolos especiais do seu governo e da interventoria de Agamenon Magalhães, juntamente com a construção da Dantas Barreto.

Analisando-se arquitetonicamente as preocupações da época, percebemos a presença constante do concreto aparente, da fachada limpa, a preferência pelas ruas largas e retas, o acesso direto entre elas e as demais ruas, promovendo um fluxo dos transportes e o privilégio que eles teriam na orientação do projeto urbanístico na cidade. É importante salientar que tal dinâmica trazia em si uma lógica de hierarquização das residências e espaços da cidade que já era conhecida. Nota-se que as próprias notícias da época a ênfase na retirada dos moradores de mocambo para áreas mais afastadas, as áreas suburbanas que estavam agora sendo "colonizadas", e a escolha de tais terrenos para essas moradias deve ser entendida não só diante dos menores custos dos terrenos ou mesmo graças à expansão das linhas de bonde e demais transportes: há em tal lógica a preservação dessa antiga hierarquia, em que as famílias mais tradicionais moram próximas aos rios e os subalternos devem ir para os fundos da cidade.

Os esforços realizados por Agamenon Magalhães em mostrar o centro da cidade como alinhado às tendências modernas de arquitetura, orgulhando-se dos prédios altos que aos poucos iam marcando presença na cidade, estão inseridos em um conjunto de simbolismos que deveriam estar claros no cotidiano dos moradores, informando que o progresso e a modernidade tinham chegado. Havia urgência em combater-se a todo custo o atraso, o provincianismo, a falta de higiene repugnante que existia nas ruas e residências. O estado miserável em que muitos se encontravam era mascarado pelos prédios de vidros reluzentes e elevadores fascinantes, assim como também se esforçavam em demonstrar os jornais e os discursos do interventor.

É em nome do combate a "mentalidade retrógrada" que Agamenon Magalhães e seu prefeito destruíram grande parte do conjunto arquitetônico do centro do Recife. É em nome também da ordem e da disciplina que as ruas e becos estreitos e tortos darão lugar às avenidas largas e retas, higienizadas. O Folha da Manhã, sob comando de Magalhães, tratava de alimentar o imaginário coletivo da população com notícias diversas sobre a degradação e sujeira dessas antigas áreas, verdadeiros locais de "malassombros", locais sem higiene, conforto ou moralidade algumas e onde circulavam todo tipo de gente má. No início de sua campanha, o interventor assumiu o compromisso não só com as questões sociais, mas com a recuperação econômica e moral do estado. A falta de autoridade de disciplina e de confiança, o desânimo das forças produtoras, o comunismo e o integralismo em ação proporcionaram uma decomposição. Para promover a reestruturação da ordem no estado, promoveu-se diversas ações – principalmente na saúde. A família, como estrutura base da nação, fonte de equilíbrio em diversos sentidos, também precisava de cuidados. Ela é instituição de equilíbrio e resistência nas épocas de crise social, é a instituição que resume a vida moral das nações e assegura sua continuidade por meio dos tempos. O Estado não pode ser mais indiferente aos problemas morais. Há um mínimo de felicidade que ele é obrigado a assegurar.

A preocupação do poder oficial sobre o cotidiano domiciliar está inserida em um projeto maior, na execução do poder soberano sobre a vida que habita nos corpos dos possíveis cidadãos. Doutrinar a estrutura familiar em seus diversos âmbitos tinha como consequência o controle da vida deles como um todo.

A família operária é trazida como o exemplo do ideal do Estado Novo: trabalhadora, honesta, cristã e que honra e colabora com seu esforço e imagem para o progresso da nação, estando presente nos eventos do estado – razão de grande orgulho ao interventor. A melhoria das condições de renda do brasileiro era elemento-chave de sua proposta e fundamental para o sucesso da empreitada social, e os que até então estavam conseguindo maior melhoria era essa classe proletária que precisava ser salva com urgência da má habitação do mocambo; insistindo-se que, antes mesmo da construção de vilas operárias, deveria ser realizado o aumento salarial, para que proporcionasse melhor poder de compra e consumo.

13. MOVIMENTOS SOCIAIS E REPRESSÃO DURANTE A DITADURA CIVIL-MILITAR (1964-1985) EM PERNAMBUCO

Os anos 1960 sem sombra de dúvidas seriam marcados por uma série de agitações em vários aspectos. No que tange ao aspecto político e ao aspecto social, sabe-se que foi um período em que a questão que dinamizou as movimentações em torno das medidas adotadas pelos novos dirigentes do país, pairou principalmente sobre os enfrentamentos colocados em prática pelos movimentos sociais. O Regime Militar faz parte desse de conjunto, no qual, práticas políticas que se encontraram, para aquilo que boa parte da história nos mostrou, com medidas arbitrárias, acabaram desencadeando movimentos de resistência ao regime.

De modo geral, em todo o Brasil, diversos foram os movimentos, como, por exemplo, o movimento estudantil, o movimento das mulheres, o movimento das classes dominantes, entre outros. De toda sorte, alguns movimentos que nos chamam a atenção estão em uma região do nosso país que mantém uma importante relação com o passado colonial e imperial do território brasileiro.

Sobre os movimentos sociais que ocorreram durante o período de 1964 a 1985, podem-se destacar alguns movimentos importantes no combate ao regime militar, e que por sua vez tiveram grande parcela de contribuição. Assim o movimento estudantil teve um êxito muito significativo. Já em relação ao movimento dos intelectuais, sobretudo o movimento artístico, esse também merece destaque.

Os movimentos sociais podem ser compreendidos a partir de duas situações distintas, associadas às relações que estabelecem com o Estado no período recente de nossa história. O primeiro momento é relativo ao período ditatorial em que as relações entre governantes e governados se davam de maneira opressiva e distante de qualquer ordenamento além daquele formalizado pelo aparato jurídico e militar de repressão às demandas populares. Ainda nessa visão, foi o momento heroico, centrado na espontaneidade dos movimentos pelo fato de serem uma quebra dentro do sistema político, de surgirem alguma coisa nova que, de certa maneira, iria substituir os instrumentos de participação até então disponíveis como partidos, associações e outros. As associações que emergiram no final dos anos 70 e, principalmente, na década de 80, por exemplo, na cidade de São Paulo, em grande parte foram impulsionados pela atuação da Igreja Católica empolgada pela opção pelos pobres naquilo que ficou conhecido como teologia da libertação.

A conquista da cidadania por meio dos movimentos sociais seria um exercício da plenitude de direitos, de tal modo que a realização pessoal e comunitária dos indivíduos seja considerada um valor acima do Estado. Os movimentos sociais são, por sua própria natureza social, organismos da sociedade civil. Entendemos aqui por sociedade civil a esfera das relações – entre pessoas, grupos, movimentos e classes sociais – que se desenvolvem de modo autônomo frente às relações de poder próprias das instituições estatais. A sociedade civil é a base da qual emanam os conflitos, as reivindicações e as denúncias que o sistema político deve responder. Portanto, nela estão incluídas as várias formas de mobilização, associação e organização das forças sociais que tendem à conquista do poder político. A sociedade civil é o espaço das relações do poder de fato, enquanto o Estado é o espaço das relações do poder de direito. Nos últimos trinta anos, a sociedade civil latino-americana fortaleceu-se pela multiplicidade de movimentos sociais criados.

Sob as ditaduras militares, a dificuldade de atuação por meio de movimentos legais – muitos deles suprimidos ou cerceados pela repressão – estimulou o surgimento de movimentos legitimados pela própria força e significado das demandas populares assumidas por eles. Exemplo disso foram as oposições sindicais, as pastorais populares, as associações de moradores, os grupos de defesa dos direitos humanos, mulheres, negros e índios, sem-terra e sem-teto, entre outros. Na defesa de seus direitos e interesses, as classes populares respaldaram também movimentos de perfis mais específicos, como saúde, carestia, apoio jurídico, reforma agrária, ecologia etc. Toda essa teia emergiu como parcela representativa da sociedade civil, por ser mais organizada e consciente, embora inserida numa conjuntura adversa, tanto do ponto de vista político (hegemonia das classes dominantes), quanto do ponto de vista econômico (relações capitalistas de produção). Tal contradição deu ao caráter reivindicativo de muitos desses movimentos um objetivo estratégico comum: a guerra de posições, pela conquista de espaços políticos inclusive dentro da máquina estatal, visando fortalecer o poder da classe trabalhadora e de todas as vítimas da exclusão social, tendo em vista a construção de uma futura sociedade mais justa.

Representado por diversos líderes o movimento da Igreja teve seu apogeu em Pernambuco na pessoa de Dom Hélder Câmara. No dia 12 de março de 1964 foi designado para ser arcebispo de Olinda e Recife, Pernambuco, múnus que exerceu até 2 de abril de 1985. Instituiu um governo colegiado nesta diocese, organizada em setores pastorais. Criou o Movimento Encontro de Irmãos, o Banco da Providência e a Comissão de Justiça e Paz daquela diocese. Fortaleceu as comunidades eclesiásticas de base.

Estabeleceu uma clara resistência ao regime militar. Tornou-se líder contra o autoritarismo e pelos direitos humanos. Não hesitou em utilizar todos os meios de comunicação para denunciar a injustiça. Pregava no Brasil e no exterior uma fé cristã comprometida com os anseios dos empobrecidos. Foi perseguido pelos militares por sua atuação social e política, sendo acusado de comunismo. Foi chamado de "Arcebispo Vermelho". Foi-lhe negado o acesso aos meios de comunicação social após a decretação do AI-5, sendo proibido inclusive qualquer referência a ele.

Desconhecido da opinião pública nacional, fez frequentes viagens ao exterior, onde divulgou amplamente suas ideias e denúncias de violações de direitos humanos no Brasil. Foi adepto e promotor do movimento de não-violência ativa. Em 1984, ao completar 75 anos, apresentou sua renúncia. Em 15 de julho de 1985, passou o comando da Arquidiocese a Dom José Cardoso Sobrinho. Continuou a viver em Recife, nos fundos da Igreja das Fronteiras, onde vivia desde 1968. Morreu aos 90 anos em Recife no dia 27 de agosto de 1999.

Ainda no sentido dos movimentos considerados como heroicos, devemos considerar que a repressão logo após o golpe, esfacelou os movimentos sociais e políticos no campo e nas cidades brasileiras. Em Pernambuco, a repressão recaiu sobre dois movimentos sociais significativos: as Ligas Camponesas e os Sindicatos Rurais, os quais foram desarticulados. As Ligas Camponesas que surgiram em Pernambuco em 1955, foram postas na ilegalidade e destruídas. Já os sindicatos, embora poupados enquanto instituição, foram repensados e repostos a funcionamento sob um rígido controle estatal.

Para entender a ação das Ligas Camponesas é necessário entender o contexto no qual elas surgiram. No plano da sociedade, houve um avanço dos movimentos sociais e o surgimento de novos atores. Os setores esquecidos do campo – verdadeiros órfãos da política populista – começaram a se mobilizar. O pano de fundo dessa mobilização parece se encontrar nas grandes mudanças estruturais ocorridas no Brasil entre 1950 e 1964, caracterizadas pelo crescimento urbano e uma rápida industrialização. Essas mudanças ampliaram o mercado para os produtos agrícolas e a pecuária, levando a uma alteração nas formas de posse da terra e de sua utilização. A terra passou a ser mais rentável do que no passado, e os proprietários trataram de expulsar antigos posseiros ou agravar suas condições de trabalho, o que provocou forte descontentamento entre a população rural. Além disso, as migrações aproximaram campo e cidade, facilitando a tomada de consciência de uma situação de extrema submissão, por parte da gente do campo.

O movimento rural de destaque do período foi o das Ligas Camponesas, tendo como líder ostensivo uma figura da classe média urbana – o advogado e político pernambucano Francisco Julião. Julião promoveu as Ligas à margem dos sindicatos e tratou de organizar os camponeses, isto é, aquela parcela da população rural proprietária de um pedaço de terra ou com algum controle sobre ela como arrendatário, meeiro, entre outros. Ele acreditava que era mais viável atrair os camponeses do que os assalariados rurais para um movimento social significativo. As Ligas começaram a surgir em fins de 1955, propondo-se entre outros pontos defender os camponeses contra a expulsão da terra, a elevação do preço dos arrendamentos, a prática do "cambão", pela qual o colono deveria trabalhar um dia por semana de graça para o dono da terra.

Julião procurou dar às Ligas uma organização centralizada e estabeleceu suas sedes na capital de um Estado, ou no núcleo urbano mais importante de uma região. Justificava essa estratégia a partir da convicção de que na grande cidade estavam as classes e grupos aliados dos camponeses – os operários, os estudantes, os intelectuais revolucionários, a pequena burguesia – e havia aí uma Justiça menos reacionária.

Surgiram Ligas em vários pontos do país, sobretudo no Nordeste. A luta simbolicamente mais importante se deu em Pernambuco, pela posse do Engenho Galileia, situado no município de Vitória de Santo Antão. A propriedade era um engenho desativado para a produção de açúcar e tinha sido arrendada aos camponeses, na forma de pequenos sítios. Sob a ameaça de expulsão das terras porque o proprietário queria retomá-las, aparentemente para destiná-las à pecuária, os posseiros resistiram por meios legais durante mais de cinco anos.

Em novembro de 1961, realizou-se em Belo Horizonte o I Congresso Nacional dos Trabalhadores Agrícolas, que expressou as várias linhas propostas para a organização da massa rural. A reunião foi planejada conjuntamente por Julião e outros membros das Ligas e pelos dirigentes comunistas, cuja base maior se encontrava entre os assalariados agrícolas de São Paulo e do Paraná. No encontro, as duas correntes se dividiram. Enquanto os líderes das Ligas sustentavam que a primeira demanda da gente do campo deveria ser a expropriação de terras sem indenização prévia, os comunistas preferiam se concentrar nos objetivos de promover a sindicalização rural e a extensão da legislação trabalhista ao campo. Desse modo, os comunistas que eram minoritários na reunião, defenderam uma linha de reivindicações mais integrada no sistema legal do que os seguidores de Julião e setores católicos mais radicais.

Com o golpe e a perseguição política e a violenta repressão dele advindas, pulverizou-se os sonhos e lutas camponesas. As ligas foram exterminadas e a experiência sindical rural foi redefinida. Nessa redefinição, a estrutura sindical passou ao controle do Estado sob a administração do clero, e assumiu o papel de mediador. Tornou-se um veículo de legitimação das ações governamentais e um órgão primordialmente apaziguador de tensões e de colaboração com o Estado. Fato que, inicialmente, parecia se adequar aos planos do clero, centrado na pacificação das tensões sociais no campo nas relações capital e trabalho, e no conceito "cristão" de colaboração entre classes como fundamento da paz e da harmonia sociais.

A necessidade de poupar a instituição sindical provinha do fato de a estrutura sindical brasileira já conter em sua legislação as formas de sua submissão ao controle, fiscalização e condicionamento estatal. Precisando apenas de ajustes para tornar a legislação sindical brasileira em uma das mais arbitrárias do mundo.

A legislação sindical tornou-se um aparelho de coerção, e os sindicatos veículos manipuláveis para uma possível legitimação passiva, tanto quanto agenciadores da economia política do Estado junto aos trabalhadores. Aos sindicatos estaria destinado o papel de "agente mediador" entre Estado e trabalhadores.

A ação de mediação é exercida por meio dos mecanismos de persuasão, coerção e manipulação das reivindicações e lutas dos trabalhadores, cabendo aos sindicatos a busca de manutenção da ordem às bases. O que os fazia agir no sentido de esvaziar pressões coletivas, encobrindo sua função como órgão de representação dos trabalhadores. Em troca dessa mediação, o Estado se comprometia a concretizar programas de ação de cunho assistencial destinados aos trabalhadores.

O Estado assumia algumas reivindicações caras ao movimento, por meio do controle da instituição sindical e pela ação de mediação a ela conferida nessa troca. Ao assumi-las e transformá-las, as remetia aos trabalhadores via sindicatos, de forma paternalista, como forma de amainar tensões sociais. A rede sindical servia como agente apaziguador de tensões e de um veio de ação estatal. Ao se comprometer com o movimento sindical conclamando a participarem juntos na reformulação de reformas sociais, entre elas a reforma agrária, fica estabelecida uma contradição. O movimento sindical rural como colaborador e agente do Estado, junto as suas bases, e como fonte de pressão para execução pelo Estado dos compromissos assumidos de reformas sociais.

Na Zona da Mata, essa contradição se esclarece pelo envolvimento do clero católico com o movimento sindical rural, nos anos que antecederam o golpe militar, e pela participação do clero no conjunto de forças envolvidas no golpe. Nesse enlace, o clero pôde desenvolver um movimento de reação às ligas camponesas e ao movimento sindical rural de esquerda, que se iniciava e se desenvolvia em Pernambuco.

A entrada do clero no campo foi equipada por estudos, assistência técnica e política no intento de possibilitar um projeto coerente e contrário aos movimentos presentes, e como uma alternativa a proposta política das ligas de uma reforma agrária na lei ou na marra. Os estudos sobre a questão agrária e a reforma agrária do IBAD (Instituto Brasileiro de Ação Democrática) e do IPES (Instituto de Pesquisa e Estudos Sociais) e o Sindicalismo Rural foram reforços significativos à expansão do movimento sindical rural católico e de sua plataforma política em Pernambuco.

O principal eixo da construção política da plataforma sindical do clero se assentava na ideia de colaboração entre classes. Colaboração baseada em garantias junto ao patronato e ao Estado de cumprimento e legalização dos direitos do trabalhador rural. Essa ideia de direitos permearia, após o golpe, toda a estratégia organizativa da estrutura sindical rural em Pernambuco, seja no apoio ao golpe, seja no processo de cisão e cobranças do sindicalismo e do clero ao Estado e ao patronato pelo não cumprimento do conjunto de garantias motivadoras da aliança e compromisso com o estado autoritário no país.

Após 1964, uma parte do clero foi indicada para administrar o movimento sindical rural em Pernambuco, e procurou amainar a repressão patronal aos trabalhadores, sobretudo os ligados ao movimento sindical e pressionar o governo para a implantação das reformas sociais para o campo. A intransigência do patronato em não permitir a mediação sindical nas questões do trabalho rural, e reprimir violentamente qualquer mobilização dos seus trabalhadores e perseguir as lideranças sindicais a partir da base, associada ao clima de insegurança vivido pelos sindicatos e sindicalistas, fragiliza ainda mais a estrutura sindical e afasta os trabalhadores do movimento.

A crise periódica da agroindústria em Pernambuco complicava, também, a vida dos trabalhadores, com o atraso do pagamento dos salários por meses a fio, associado ao impedimento do plantio de lavoura de subsistência e a uma política de expulsão dos trabalhadores permanentes.

Esses fatores em conjunto dificultavam as relações de trabalho no campo, e complicavam as relações entre sindicato e igreja, e as relações entre os trabalhadores e a estrutura sindical. Essas dificuldades e complicações faziam com que a estrutura sindical rural vivesse uma ambivalência nas suas ações e atitudes: amedrontar-se e buscar desestimular ações reivindicativas de suas bases, e/ou procurar meios de comprometer o Estado à execução dos compromissos com as reformas sociais no campo. Essa ambiguidade se ampliava ainda, na medida em que a luta pela aplicação do Estatuto da Terra e do Estatuto do Trabalhador Rural significava, também, a transformação paulatina da mão de obra permanente em temporária, e a expulsão dos trabalhadores permanentes para a periferia das cidades.

Sem força política e poder de representação, sobrava aos sindicatos sobreviver à sombra desta ambiguidade, aumentando o distanciamento dos trabalhadores sujeitos ao desmando do patronato. Aos sindicatos e à estrutura sindical restavam os mecanismos de apaziguamento e controle de tensões, sob promessas de resoluções encaminhadas via Estado. Órgão de mediação entre trabalhadores e o Estado, o sindicalismo rural entrava em contradição consigo mesmo. Contradição não resolvida, de ser "em tese" órgão de representação dos trabalhadores, e ser "na prática" um órgão de controle das aspirações desta mesma classe. Contradição acentuada quando os compromissos assumidos pelo Estado tendiam a ser desrespeitados e engavetados, tornando-se fontes de tensão e pressão para a sua legislação e execução.

As pressões pelo cumprimento do Estatuto da Terra, ou pela execução da lei dos dois hectares, bem como as reivindicações trabalhistas que, de uma forma ou de outra, chegavam aos sindicatos rurais, mediando-as por meio da burocracia jurídica, podem ser exemplos desta contradição vivida pela estrutura sindical no campo. O caso exemplar pode ser visualizado na atuação do sindicato dos trabalhadores rurais do município do Cabo, na Zona da Mata Sul, o qual trouxe a si as reivindicações trabalhistas e sociais vindas da base e abrigou movimentos de greve, cuja face potencialmente política se manifestou na greve geral dos trabalhadores do Cabo no ano de 1968.

Quando existiam pressões dos trabalhadores para uma ação de defesa das reivindicações e dos direitos trabalhistas e de permanência na terra, a função de colaboração e de órgão apaziguador de tensões se tornava mais visível. Enfatizava a contradição da estrutura sindical ao não encontrar soluções do Estado para as situações que levaram a mobilização dos trabalhadores, o sindicalismo buscava a desmobilização, ou pressionar o Estado para apresentar alternativas que pudessem acalmar os ânimos, dizendo-se sem forças para contenção sozinho das bases.

Em 1965 uma grande crise na agroindústria de Pernambuco levou a maior parte dos seus municípios a decretarem situação de calamidade pública pelos meses de atraso no pagamento dos salários dos trabalhadores, que ameaçavam invadir as cidades em busca de comida. Ao lado do esmorecimento do comércio local pela não circulação dos salários nos armazéns e lojas. Hordas de desvalidos perambulavam pelos municípios da região movidos pela fome e pela ampliação do desemprego rural. Com a desculpa da crise, o patronato pressionava o governo para novas verbas e, ao mesmo tempo, usando o mesmo argumento da crise expulsava grande contingente de "permanentes" dos engenhos e usinas.

Os sindicatos da região, pressionados pelos acontecimentos, solicitam apoio da Federação dos Trabalhadores na Agricultura de Pernambuco (Fetape). A Fetape por sua vez, por meio de um memorial escrito sob a supervisão do Serviço de Orientação Rural de Pernambuco (Sorpe) e enviado ao presidente Castelo Branco, segundo o Diário de Pernambuco, de 15 de novembro de 1965, alerta para a gravidade da crise e solicita ajuda para contornar o mais rapidamente possível a situação em que se encontravam os trabalhadores dos municípios atingidos, sob o perigo de ser decretada uma greve geral na agroindústria açucareira do Estado.

Esta situação, a dos problemas referentes aos trabalhadores rurais, perdurou durante um bom tempo, no interior do Regime Militar, que de certa maneira soube se articular junto à contraditória estrutura comando dos movimentos sociais em Pernambuco, servindo de certa forma como exemplo de tentativas entre erros e acertos, nas quais quem mais foi prejudicado, sem dúvidas foi o trabalhador rural.

14. HERANÇA AFRODESCENDENTE EM PERNAMBUCO

A história de Pernambuco é permeada por vários fatores extremamente importantes, que deixaram o seu legado, cada qual à sua maneira. Em se tratando de legado, com relação à herança afrodescendente no Estado possui papel vital dentro do aspecto cultural das várias atividades que marcam a diversidade e graciosidade das manifestações artísticas e culturais como um todo. Em Pernambuco existem várias práticas e representações que se desenvolveram em torno das heranças culturais deixadas pelos afrodescendentes.

14.1 Capoeira

A capoeira – jogo, dança, luta – foi praticada em quase todo o Brasil, onde a escravidão teve papel significativo na vida econômica e social. Quase sempre que se praticava a capoeira, havia conflitos de rua com mortos e feridos, de certa forma por ser uma das manifestações de resistência à escravidão. Também por ocasião da realização de festas e da apresentação de folguedos populares, era comum a presença de capoeiras e a ocorrência de conflitos.

Expressão cultural brasileira que foi inventada por escravos africanos, percebido pelos instrumentos musicais (tambor e berimbau), pelos ritmos, pelas letras das canções, pela formação em roda e pelos passos de dança. Há atualmente dois gêneros:

- Capoeira regional: o jogo entre duas pessoas acontece em uma roda, na qual todos cantam. Os adversários dão golpes com as pernas, a cabeça, as mãos, os cotovelos e os joelhos. O objetivo, no entanto, não é atingir o oponente, mas sim demonstrar a superioridade em termos de habilidade. Costuma-se simular os golpes sem completá-los.
- Capoeira de Angola: O jogo de Angola é facilmente identificado: é um jogo cadenciado, mais lento, mas nem por isso deixa de ser uma luta, tem seus momentos de puro perigo, embora essa demonstração de violência sempre ficou implícita somente aos que entendem os sinais nas rodas de capoeira, enquanto na regional e contemporânea, muitas vezes é explícita.

Nos primeiros tempos da República, a repressão se tornou sistemática e permanente. Pela simples prática do desporto, numerosos capoeiras foram presos e deportados para o arquipélago de Fernando de Noronha, sob a acusação de vadiagem, sem comprovação de outros crimes ou contravenções.

Foi por isso que a capoeira entrou em declínio e desapareceu, ao final da primeira década do século XX, em Belém, São Luís, no Recife e no Rio de Janeiro, restando apenas marcas da sua influência no passo do frevo do Recife, nas danças do bumba meu boi e na pernada carioca.

Na Bahia, a capoeira sobreviveu em academias. A imigração de pessoas naturais da Bahia para o Rio de Janeiro acabou por fazer ressurgir a capoeira nessa cidade, de onde o desporto tornou a se difundir para outras cidades, inclusive o Recife.

14.2 Passo do Frevo

A música do frevo foi uma evolução das marchas e dos dobrados executados pelas bandas musicais, especialmente as bandas militares, ao modo das bandas de música europeias. Porém, a coreografia da dança do frevo – chamada "passo" – é considerada uma evolução dos movimentos dos praticantes da capoeira, que se exibiam à frente das bandas e ao seu ritmo.

Essa é a tradição do 'passo' como dança afro-brasileira em Pernambuco. Ordinariamente, o passista de rua utiliza como adereço um guarda-chuva (guarda-sol) aberto.

Nas últimas décadas do século XX, passou a ser modificado: o guarda-sol foi substituído por sombrinha de tamanho reduzido, é "ensinado" em academias de ginástica e danças contemporâneas onde foi desenvolvida uma modalidade de "frevo aeróbico". Na realidade, o tradicional passo do frevo é uma dança em acelerado processo de extinção.

14.3 Forró

Forró é denominação de festa originalmente rural do Nordeste, em que estão presentes os ritmos do baião, coco, xaxado e xote.

Baião, conhecido também como "baiano" (do qual é uma variante), é dança e música populares no Nordeste do Brasil já no século XIX. Nos anos quarenta do século XX, ao ganhar projeção na radiofonia e no disco, teve a música modificada sob a influência dos sambas e de ritmos provenientes do Caribe. O baião foi popularizado pelo cantor e sanfoneiro Luiz Gonzaga (1912–1989), que divulgou, também, o coco, o xote e o xaxado.

Com inúmeras variantes, o coco é uma das danças mais tradicionais de Pernambuco. De dança rural, com características ameríndias – fileira e roda – e figurações africanas – como a umbigada –, ganhou os subúrbios e os salões das cidades, aparecendo tanto isoladamente quanto em folguedos, como pastoris e mamulengos e em rituais de cultos afro-indígenas.

O coco ocorre em todo o litoral de Pernambuco, na Zona da Mata e em localidades do Agreste e do Sertão onde há manifestações de cultura negra, especialmente quilombos contemporâneos.

No começo dos anos cinquenta do século XX, o cantor e compositor Jackson do Pandeiro (1919–1982) introduziu no rádio a música do coco, em apresentações ao vivo. Logo em seguida vieram as gravações em disco.

Os artistas populares rurais, hoje em dia, continuam a criar composições ao ritmo do coco. Por outro lado, artistas consagrados da música popular brasileira (Alceu Valença, Gilberto Gil, Gal Costa, Lenine, João Bosco, Geraldo Azevedo, Genival Lacerda, Zé Ramalho, Tom Zé, Chico César, Leila Pinheiro e Chico Buarque) prosseguem regravando os cocos de Jackson do Pandeiro e de novos compositores.

Música e dança com características de culturas indígenas, o xaxado, ao que tudo indica originário dos sertões pernambucanos do rio Pajeú e do rio Moxotó (Pernambuco). A sua divulgação inicial se deveu aos bandoleiros de Lampião, ficando por isso associado ao cangaço.

A dança era exclusivamente masculina. O canto, em quadras e refrão; o ritmo marcado pelo arrastar das alpercatas e a pancada das coronhas dos rifles no chão. As letras eram satíricas e agressivas.

O xaxado, em 1930, já estava popularizado fora da região e em 1935 figurava em programas radiofônicos, chegando ao auge no período de 1946-1956, com a divulgação pelo cantor Luiz Gonzaga.

Em Serra Talhada, terra do nascimento de Virgulino Ferreira, o Lampião (1898–1938), foram criados grupos de danças que introduziram variações coreográficas no xaxado e produziram adereços e vestuário a partir da recriação da roupagem usada pelos cangaceiros.

14.4 Bumba Meu Boi

É uma espécie de teatro, típico das regiões Nordeste e Norte do país, o qual muito provavelmente teve origem em Pernambuco. Suas apresentações ocorrem principalmente na época das festas juninas. Na maioria das encenações, o bumba meu boi conta a história trágica e cômica, ao mesmo tempo, de um escravo negro que mata o boi preferido do patrão para satisfazer a vontade de sua mulher de comer a língua do animal.

Encrencado, o escravo precisa ressuscitar o boi. O que consegue por meio da ajuda de um índio feiticeiro. O bumba meu boi era encenado, inicialmente, pelos europeus, que desejavam catequizar negros e indígenas. Essa tradição incorporou elementos dessas duas culturas, dando origem a uma nova manifestação cultural. Dos afrodescendentes, o bumba herdou personagens, alguns instrumentos e o ritmo.

14.5 Maracatu

O maracatu é uma manifestação cultural pernambucana bastante influenciada pela cultura africana. Trata-se da encenação de um cortejo real acompanhado pela percussão de tambores, que hoje acontece no período do Carnaval. Acredita-se que sua origem esteja relacionada às festas de coroação de reis e rainhas congos, negros que, na época colonial, eram escolhidos como líderes dentro das comunidades católicas.

Atualmente, os grupos de maracatu saem pelas ruas com pessoas vestidas de personagens nobres, como reis, rainhas, embaixadores, entre outros. Elas tocam instrumentos de percussão enquanto percorrem a cidade e são acompanhadas por milhares de pessoas. Grupos que reúnem gente de uma mesma comunidade são chamados de maracatunação.

Vários deles têm ligações com religiões afro-brasileiras. Há também outra modalidade de maracatu chamada de maracatu rural (ou maracatu de baque solto). Perseguido no passado, o maracatu é hoje um símbolo da identidade pernambucana e da cultura afro-brasileira.

14.6 Catimbó

O termo "catimbó" era utilizado para designar as práticas religiosas dos negros em Pernambuco. Essa expressão era utilizada, geralmente, para indicar as religiões que em suas sessões ocorressem à possessão espiritual. Dessa forma, várias religiões afro eram facilmente identificadas como catimbó, isso tornava complexo realizar distinções entre tais religiões.

Os terreiros eram frequentados por motivos diferentes. Uns buscavam consolo para seu sofrimento na religião, outros, cura para alguma enfermidade, tinha aqueles que desejavam reconquistar a pessoa amada ou simplesmente afastar um pretendente de perto do seu cônjuge.

No catimbó as cerimônias são comumente chamadas de "Gira", as sessões são entoadas por batuques de tambores. Os integrantes da gira compunham uma roda, em que passavam a tocar e dançar para as entidades aguardando que elas "baixassem". As pessoas lá ficavam maravilhadas esperando que fosse dada a resposta ou o conselho tão desejado.

15. PROCESSO POLÍTICO EM PERNAMBUCO

A Estado de Pernambuco tem uma história política composta por uma grande variedade de acontecimentos. Agitada desde o período colonial e entremeada ao aspecto econômico, essa unidade da federação passou por episódios singulares que de certa maneira, cada qual ajudou a construir a atual realidade pernambucana. Desde as invasões holandesas no século XVII, permeada pelo grande desenvolvimento econômico, proporcionado pelo açúcar, atravessa por conflitos de grande importância como a Guerra dos Mascates, a Conspiração dos Suassunas, a Revolução Pernambucana, a Confederação do Equador e a Revolução Praieira, até as questões mais importantes ao longo dos séculos XX e XXI, Pernambuco apresenta um processo político em muitas vezes, alinhavado com o contexto nacional.

A análise desta aula recairá sobre o processo político, considerando o período da abertura democrática em diante, analisando as principais ações dos governadores de Estado, ou seja, os chefes do Poder Executivo que marcaram o processo político em Pernambuco.

15.1 Roberto Magalhães (1983-1986)

Em 1978 elegeu-se pela via indireta vice-governador na chapa da Aliança Renovadora Nacional (Arena), encabeçada por Marco Maciel, sendo empossado em março de 1979. Em novembro, com a extinção do bipartidarismo e a consequente reformulação partidária, filiou-se ao Partido Democrático Social (PDS).

Em maio de 1982 lançou-se candidato a governador pelo PDS expondo um programa administrativo voltado para a viabilização econômica da região semiárida pernambucana. Vitorioso contra o candidato do Partido do Movimento Democrático Brasileiro (PMDB), Marcos Freire formou uma equipe de governo com representantes de todas as correntes do partido que o haviam apoiado, lideradas pelos então senadores Marco Maciel e Nilo Coelho, e pelo vice-governador Gustavo Krause.

Ao tomar posse prometeu criar uma Comissão de Controle das Entidades Estatais encarregada de fiscalizar a aplicação do dinheiro nas repartições públicas, observando que "não adianta o governo federal liberar dinheiro para os estados nordestinos, se eles não pararem de empregar funcionários". Um ano depois, quando já era considerado o governador mais impopular e um dos mais conservadores do partido, segundo pesquisas do Instituto Gallup, lançou o projeto Mandacaru, que previa o repasse direto de recursos às prefeituras para aplicação em pequenas obras de interesse local imediato.

Favorável à emenda Dante de Oliveira, que previa o restabelecimento das eleições diretas para presidente da República em novembro de 1984, afinal rejeitada na Câmara por insuficiência de votos, Roberto Magalhães distinguiu-se dos demais governadores do Nordeste, partidários da candidatura do ministro Mário Andreazza, condecorando os governadores Tancredo Neves (MG), Gonzaga Mota (CE) e Esperidião Amin (SC). No Colégio Eleitoral reunido em 15 de janeiro de 1985, Tancredo foi eleito pela Aliança Democrática, uma união do Partido do Movimento Democrático Brasileiro (PMDB) com a dissidência do PDS abrigada na Frente Liberal, derrotando o candidato do regime, Paulo Maluf. Doente, não chegou a ser empossado na presidência, vindo a falecer em 21 de abril de 1985. Seu substituto foi o vice José Sarney, que já vinha exercendo interinamente o cargo desde 15 de março.

Filiado ao Partido da Frente Liberal (PFL), deixou o governo do estado em 1986, e foi substituído pelo vice, Gustavo Krause. Candidato ao Senado pelo PFL, durante campanha eleitoral definiu-se como presidencialista, embora criticando a soma de poderes que se atribuía ao presidente da República, e contra os níveis de estatização alcançados pela economia brasileira, a seu ver superiores aos de "economias socializadas".

Apontado pelas pesquisas eleitorais como favorito, em novembro de 1986 perdeu para o seu correligionário Mansueto de Lavor e para Antônio Faria — lançado pelo Partido Municipalista Brasileiro (PMB), com apoio de Miguel Arrais, eleito governador.

Ardoroso defensor do rompimento da aliança entre o PFL e o PMDB — pacto que chegou a comparar ao "casamento do jacaré com a cobra d'água" — em novembro de 1987 resolveu deixar o "partido de Sarney", alegando que preferia "passar um bom tempo do lado da maioria do povo brasileiro, que não tinha partido nenhum". De fato, Roberto Magalhães só se filiou ao Partido Trabalhista Brasileiro (PTB) em março de 1988, assumindo a presidência do seu diretório estadual. Em maio do ano seguinte, retornou ao magistério, lecionando direito comercial na Faculdade de Direito da UFPE. Na ocasião, quando já se esboçavam as articulações em torno das candidaturas para presidente da República na eleição direta de outubro de 1989, defendeu a união do PTB com o Partido Democrático Trabalhista (PDT) numa chapa encabeçada por Leonel Brizola.

15.2 Gustavo Krause

Em maio de 1986, assumiu o governo de Pernambuco, no lugar de Roberto Magalhães, que se lançara na disputa a uma vaga no Senado nas eleições de novembro de 1986. O PFL foi derrotado nas urnas pelo PMDB, que elegeu Miguel Arrais governador e, juntamente com um partido aliado, garantiu as duas vagas para o Senado. Krause deixou o governo de Pernambuco ao final do mandato, em março de 1987, dedicando-se à reconstrução do PFL no seu estado. Nas eleições municipais de novembro do ano seguinte, elegeu-se como vereador mais votado do Recife. Assumiu a sua cadeira na Câmara Municipal em janeiro de 1989. Integrou-se à Comissão de Orçamento e Finanças e foi o relator do projeto da lei orgânica municipal. Teve aprovados projetos que tratavam de questões financeiras referentes ao regime tributário das micro e pequenas empresas e o que estabelecia limites financeiros para as despesas de publicidade da Prefeitura.

No pleito de outubro de 1990, elegeu-se deputado federal por Pernambuco, novamente na legenda do PFL. Em fevereiro do ano seguinte, assumiu sua cadeira na Câmara. Integrou-se à Comissão de Viação e Transportes, Desenvolvimento Urbano e Interior, foi relator da Lei do Inquilinato e não acompanhou a liderança do PFL na votação da maioria das medidas provisórias do governo do presidente da República Fernando Collor de Melo. Em dezembro de 1991, licenciou-se do mandato para assumir o cargo de secretário de Fazenda de Pernambuco, no governo do seu correligionário Joaquim Francisco (1991-1995), sendo substituído por João

Colaço. À testa da secretaria, ampliou a cobrança de impostos aos sonegadores e implementou uma política de saneamento do Banco do Estado de Pernambuco (Bandepe). Neste mesmo ano, desempenhou as atividades de professor de direto tributário e de política fiscal da Universidade Católica de Pernambuco.

Seguindo os passos do governador Joaquim Francisco, Gustavo Krause foi uma das lideranças que mais se destacaram a favor do rompimento do PFL pernambucano com o presidente Fernando Collor de Melo (1990-1992), no momento em que uma CPI organizada na Câmara dos Deputados apresentava as primeiras provas da ligação do presidente da República com um esquema de corrupção e tráfico de influência liderado pelo ex-tesoureiro de sua campanha presidencial, Paulo César Farias. Próximo da votação da abertura do processo de impeachment na Câmara dos Deputados, Krause deixou o cargo de secretário e reassumiu o mandato de deputado federal, a tempo de estar entre os 441 parlamentares que votaram pela abertura do processo de impeachment de Collor, em 29 de setembro de 1992. Afastado da presidência logo após a votação da Câmara, Fernando Collor renunciou ao mandato em 29 dezembro de 1992, pouco antes da conclusão do processo pelo Senado Federal, sendo efetivado na presidência da República o vice Itamar Franco, que já vinha exercendo o cargo interinamente desde 2 de outubro.

Em outubro de 1992, após uma série de indecisões entre os partidos que apoiavam Itamar Franco sobre quem iria assumir o comando da área econômica, Gustavo Krause aceitou o convite do presidente para assumir o Ministério da Economia, Fazenda e Administração, substituindo Marcílio Marques Moreira. A escolha de Krause causou surpresa no meio político, empresarial e financeiro, tendo repercutido na oscilação do índice Bovespa, que na data de sua posse fechou o pregão em queda de 7,9%. A responsabilidade pela condução da política econômica no primeiro ministério do governo Itamar Franco, no entanto, dividiu-se entre Krause e o ministro do Planejamento, Paulo Haddad.

À frente da pasta, Krause defendeu a prática de um "ensaio parlamentarista" para as resoluções governamentais. Entre suas primeiras ações, propôs um acordo político contra a recessão e a negociação de um projeto de emergência para política fiscal com presidentes e líderes dos partidos. A sua proposta baseou-se na criação do imposto sobre transações financeiras, na redução do limite de isenção do imposto de renda para pessoas físicas e no reforço da fiscalização fazendária. Preocupado em combater a desobediência fiscal, Krause reuniu-se com o presidente do Supremo Tribunal Federal (STF) para discutir o andamento de ações que tramitavam no Judiciário contra o pagamento de impostos. Enfatizou a cobrança e o possível bloqueio das contas bancárias de empresas estatais, estados e municípios que devessem ao Tesouro Nacional e não renegociassem as suas dívidas. Aprovou um programa de saneamento econômico, financeiro e estrutural da Caixa Econômica Federal e apresentou propostas de linhas de crédito no Banco do Brasil com juros inferiores aos do mercado para estimular a produção e a retomada do crescimento.

Todavia, apesar de inicialmente apresentar um discurso contra a recessão, acabou por manter a política de juros altos praticada por seu antecessor e descartou a redução de impostos. Afirmou como prioridade da sua gestão a aprovação de uma reforma fiscal, desejando antecipar a reforma constitucional para maio de 1993. Em dezembro, defendeu a implantação de programas sociais compensatórios para amenizar os efeitos da recessão.

No pleito de outubro de 1994, candidatou-se ao cargo de governador de Pernambuco, pela legenda do PFL. Foi derrotado por Miguel Arrais, do Partido Socialista Brasileiro (PSB).

15.3 Miguel Arrais (1987-1990)

Em meio ao processo da abertura democrática, Miguel Arrais foi o 3° governador de Pernambuco eleito pelo voto direto. Sua história política vincula-se à história de Pernambuco a partir da segunda metade do século XX. Não foi a primeira vez em que ele assumiu o governo do Estado. Elegeu-se governador em 1962, com 47,98% dos votos, pelo Partido Social Trabalhista (PST), apoiado pelo Partido Comunista Brasileiro (PCB) e setores do Partido Social Democrático (PSD), derrotando João Cleofas (UDN) – representante das oligarquias canavieiras de Pernambuco. Seu governo foi considerado de esquerda, pois forçou usineiros e donos de engenho da Zona da Mata do Estado a estenderem o pagamento do salário-mínimo aos trabalhadores rurais (o Acordo do campo) e deu forte apoio à criação de sindicatos, associações comunitárias e às ligas camponesas.

Nas eleições de 15 de novembro de 1986, concorreu à sucessão de Gustavo Krause, do PFL, no governo estadual, com o apoio da Frente Popular de Pernambuco, formada pelo PMDB, ex-malufistas egressos do PDS, o PCB, o Partido Comunista do Brasil (PCdoB) e o PSB, além de agremiações menores. Seu companheiro de chapa, o deputado federal Carlos Wilson, serviu de elo com os setores mais conservadores do estado, graças à sua passagem pela Aliança Renovadora Nacional (Arena), partido de sustentação ao regime militar, em cuja legenda se iniciara na política. Os votos conservadores foram obtidos também graças ao apoio do Partido Municipalista Brasileiro (PMB), segmento mais à direita da frente, que funcionava como linha auxiliar do PMDB no estado. Embora as pesquisas de intenção de voto indicassem um equilíbrio entre seu nome e o do usineiro e ex-secretário de Transportes José Múcio Monteiro Filho, do PFL, Arrais acabou sendo eleito com 1.587.679 votos (50,3% do total), quinhentos mil a mais do que o total recebido por seu adversário.

Ainda na condição de governador eleito, participou de reunião do PMDB com ministros da área econômica e defendeu o endurecimento da posição do governo federal em face dos credores internacionais, bem como a suspensão do pagamento da dívida externa brasileira. Assumiu o cargo em 15 de março de 1987, em meio a grande festa popular, mas enfrentou desde o início graves problemas salariais com o funcionalismo público estadual. Durante dois anos e meio, seu governo seria marcado pela falta de recursos, crises com o Legislativo e o Judiciário, e sucessivas greves, como a dos professores, que durou 51 dias, e a da Polícia Civil, a primeira da categoria registrada em Pernambuco.

Arrais dirigiu para os segmentos mais pobres da população pernambucana os principais projetos de seu governo, como a expansão do sistema hídrico e do crédito rural no Sertão, a distribuição de sementes no Agreste, a política de desapropriação de terras e de preservação do emprego durante a entressafra da cana-de--açúcar na Zona da Mata e programas alternativos de habitação e expansão dos serviços de saúde, educação, documentação e transporte na Região Metropolitana de Recife. Projetou, também, estimular a interiorização das indústrias e apoiar os pequenos e médios empresários, bem como recuperar empresas estatais em crise, como o Banco do Estado de Pernambuco (Bandepe), o Laboratório Farmacêutico do Estado de Pernambuco (Lafepe), a Companhia Integrada de Serviços Agropecuários de Pernambuco (Cisagro) e o Instituto de Pesquisas Agropecuárias (IPA).

Em sua gestão, implantou projetos como o "Vaca na corda", que financiava a compra de uma vaca, o "Chapéu de palha", que contratava canavieiros na entressafra para trabalhar em pequenas obras públicas, e o "Água na roça", que oferecia financiamento para a compra de um motor-bomba para irrigação. Esses projetos, que seus adversários classificaram de coronelistas e assistencialistas, lhe granjearam grande popularidade junto à população pobre do interior do estado.

Durante os trabalhos da Assembleia Nacional Constituinte, iniciados em 1º de fevereiro de 1987, Arrais procurou influenciar os congressistas no sentido da fixação do mandato presidencial em quatro anos e da realização de eleições diretas para presidente em 1988. Em janeiro de 1988 declarou que o adiamento das eleições diretas ameaçaria a estabilidade institucional do país, pois o prolongamento do mandato de Sarney poderia gerar uma polarização social, levando a classe média, pressionada pelos problemas de sobrevivência material, a descrer nos políticos e "sair em busca de um salvador". Em declarações à imprensa, advertiu que a situação de elevada inflação e a dificuldade de colocação das exportações brasileiras no mercado americano criavam um quadro mais grave do que aquele que, em 1964, levara à deposição do presidente João Goulart pelos militares, já que, no seu modo de ver, o governo Sarney tinha uma base de apoio mais reduzida. Para evitar o golpe, entendia que era necessário definir o mandato de Sarney em quatro anos e formar uma frente nacional, com o PMDB e os partidos de esquerda, para eleger um presidente da República capaz de manter o povo esperançoso pela adoção de uma política econômica favorável às atividades produtivas e à resolução do problema da dívida externa do país.

Em março de 1988 esteve em Brasília onde, no dia 17, se encontrou com o ministro do Exército, general Leônidas Pires Gonçalves. Ao retornar, manifestou novamente preocupação com a saúde institucional do país. Em Recife, pronunciou um discurso em que denunciava a afixação de cartazes nas ruas da cidade em homenagem ao movimento político-militar de 1964: "Isso pode ser uma articulação golpista. O povo tem que comandar o processo e conduzir o país a uma direção nova, contrária ao interesse de grupos que não querem que a democracia avance". Alguns dias depois, o Jornal do Brasil (24/3/1988) publicou reportagem denunciando que a Constituinte aprovara a manutenção do presidencialismo e o prazo de cinco anos para o mandato de Sarney sob a ameaça de golpe militar. O texto final da nova Constituição seria promulgado em 5 de outubro de 1988.

O governador Arrais enfrentou em 1988 uma difícil situação estadual, abalada por greves em vários segmentos do funcionalismo público — incluindo médicos, professores e advogados —, pela seca, pelo desemprego no campo e por saques em cidades do interior. Para tentar restabelecer o fluxo de recursos federais para Pernambuco, em junho de 1988 se reaproximou do presidente José Sarney, com o qual rompera em maio do ano anterior, quando da nomeação do deputado pernambucano Joaquim Francisco (PFL) para o Ministério do Interior. Simultaneamente, procurou reforçar o "grupo histórico" do PMDB, visando a obter o controle do partido. Em julho, tornou-se líder da ala "progressista" do partido, por indicação informal dos governadores Wellington Moreira Franco (RJ), Tasso Jereissati (CE) e Geraldo Melo (RN).

15.4 Carlos Wilson Campos (1990-1991)

Com a decisão de Miguel Arrais de candidatar-se a deputado federal e a obrigatoriedade de desincompatibilização do cargo, Carlos Wilson assumiu o governo de Pernambuco em 2 de abril de 1990. Sua primeira vitória foi o fim da greve de professores que já durava 29 dias. Os grevistas não foram atendidos em nenhuma das reivindicações salariais, mas voltaram ao trabalho diante da promessa de algumas medidas, como a criação de uma comissão paritária, com representantes do governo e sindicalistas, para estudar, entre outras questões, a mudança do estatuto do magistério. Em junho de 1990, criou uma loteria instantânea, "a raspadinha estadual", para arrecadar recursos destinados a obras sociais. Ao final de seu mandato, em 15 de março de 1991, foi substituído pelo governador eleito Joaquim Francisco Cavalcanti.

15.5 Joaquim Francisco Cavalcanti (1991-1995)

No início de 1990, Joaquim Francisco desincompatibilizou-se do cargo de prefeito para concorrer ao governo pernambucano no pleito de outubro de 1990, na legenda do PFL, contando com o apoio explícito do presidente Collor. Vencendo as eleições no primeiro turno, com 1.238.061 votos, assumiu o cargo em janeiro do ano seguinte.

Considerado um político de linhagem conservadora, o governador eleito de Pernambuco surpreendeu ao entregar cargos importantes no segundo escalão do seu governo a ex-militantes de esquerda. Definindo-se como um político que valorizava a competência como critério para a formação dos quadros administrativos, Joaquim Francisco justificou a presença de muitos antigos comunistas em sua equipe argumentando que "essa gente que estava perdida desde a queda do muro de Berlim poderia trazer uma grande contribuição, ao complementar a eficiência do liberalismo com os ideais de solidariedade do socialismo".

Em agosto de 1992, à medida que se avolumaram as suspeitas de envolvimento de Fernando Collor com o esquema de corrupção e tráfico de influência liderado pelo seu ex-tesoureiro Paulo César Farias, no decorrer das investigações da chamada "CPI do PC", Joaquim Francisco rompeu politicamente com o presidente, pedindo a sua renúncia e tendo afirmado: "A história não perdoa aqueles que se afastam da linha ética de conduta." Essa postura provocou um distanciamento entre o governador pernambucano e o PFL, que naquele momento servia de base de sustentação ao governo. No mês seguinte, tornando-se um defensor inflamado do impeachment de Fernando Collor, Joaquim Francisco manifestou seu apoio ao vice-presidente Itamar Franco.

Na montagem do governo Itamar, que assumiu interinamente a presidência da República após a Câmara dos Deputados ter acatado a abertura do processo de afastamento do presidente Collor, em 29 de setembro de 1992, Joaquim Francisco indicou o nome do seu ex-secretário de Fazenda, Gustavo Krause, para o Ministério da Fazenda, pedindo o apoio de seu partido ao novo presidente. No entanto, a indefinição do PFL em colocar-se a favor de Itamar Franco levou-o a deixar esta agremiação em outubro daquele ano. Cogitado para ingressar no Partido da Social-Democracia Brasileira (PSDB), após ter sido contatado por Tasso Jereissati, Joaquim Francisco não se definiu por esta legenda devido às dificuldades regionais — os tucanos eram aliados do prefeito de Recife, Jarbas Vasconcelos (PMDB), seu maior adversário político em Pernambuco. Após permanecer um certo período sem partido, voltou a integrar os quadros do PFL.

15.6 Miguel Arrais (1995-1999)

Na condição de governador eleito, Arrais divulgou, na primeira semana de dezembro, um documento intitulado "Proposta para a Zona da Mata" para o desenvolvimento da agroindústria açucareira. O documento despertou pronta reação da Federação dos Trabalhadores da Agricultura de Pernambuco (Fetape), segundo a qual as propostas serviam apenas aos interesses dos usineiros e donos de engenhos, ignorando as necessidades dos trabalhadores e da população em geral, especialmente a reforma agrária. A crise no relacionamento de Arrais com os canavieiros coincidiu com sua aliança eleitoral com os empresários rurais e abalou seu prestígio junto à população pobre do campo.

Empossado em 1º de janeiro de 1995 pela terceira vez no governo de Pernambuco — fato inédito na história política do estado —, fez um discurso de posse em que ressaltou o isolamento a que, a seu ver, o Nordeste vinha sendo relegado. Afirmou que a região, embora abrigasse 26,7% da população brasileira, só recebia 8,5% dos investimentos feitos no país. Criticou ainda as políticas econômica e social do país, cuja meta era a estabilidade monetária, afirmando que, ao lutar contra a crise, "a voz de todos os nordestes espalhados pelo Brasil" não buscava a "estabilidade pela estabilidade": "A estabilidade que queremos é a que consolida uma nação onde brasileiros não sejam tratados como estrangeiros", como ocorria por força do modelo econômico então vigente. Atacou também o projeto social-liberal defendido pelo governo federal, que, segundo ele, permitia que partes do país se descolassem de outras, encontrando formas particulares de internacionalização. Advertiu que o processo de globalização da economia, "sobre o qual não temos domínio", podia levar à "fragmentação do nosso território". A defesa da unidade nacional, afirmou, era o caminho para superar o que classificou de "apartheid social".

Junto com Lula (PT) e Leonel Brizola (PDT), liderou a criação em 17 de maio da Frente Brasil Soberano, com o objetivo de evitar mudanças na Constituição que viabilizassem o fim do monopólio no petróleo e nas telecomunicações. No interior do PSB, contudo, a posição em relação às reformas não era consensual. O diretório nacional fechou questão contra todas as propostas de reforma constitucional que o governo estava propondo, mas dois deputados — José Chaves e João Colaço, ambos empresários de Pernambuco — votaram a favor das reformas que decretaram o fim do monopólio dos governos estaduais na distribuição do gás canalizado e a reformulação do conceito de empresa nacional, assim como da que extinguiu o monopólio da União no serviço de telecomunicações. A comissão executiva, presidida por Arrais, recebeu representação contra os dois pedindo sua expulsão do partido e decidiu formalizar o processo.

Arrais integrou o bloco dos governadores — a maioria nordestinos — contrários a muitas das medidas de estabilização financeira adotadas pelo governo federal. A principal delas foi a prorrogação do Fundo Social de Emergência (FSE) até 1998, o que acarretaria perda de receita para os estados. Segundo seus cálculos, Pernambuco teria deixado de receber 208 milhões de reais desde a criação do fundo, em 1994. Embora o discurso oficial garantisse que a reforma não traria perdas para os estados, os governadores acusavam o governo federal de estar exigindo que renunciassem a recursos num momento em que suas administrações enfrentavam graves dificuldades econômicas e financeiras.

Arrais integrou, também, o bloco dos governadores que defenderam a redução dos pagamentos das dívidas estaduais. Essa reivindicação contrariava a principal exigência do governo para prestar socorro financeiro aos estados, mas os governadores entendiam que as contas estaduais podiam ameaçar a estabilidade da economia. Reeleito presidente da executiva nacional do PSB em novembro de 1995, Arrais considerava que as condições impostas pelo governo federal para que os estados tivessem acesso ao programa de ajuste fiscal atentavam contra a soberania das unidades da Federação e discordava de exigências como a demissão de servidores e a venda de patrimônio público. Em dezembro, o governo de Pernambuco enfrentava graves dificuldades financeiras e não dispunha de recursos para pagar o 13º salário dos seus 184 mil servidores, que já haviam recebido os vencimentos do mês anterior em duas parcelas. Da arrecadação de cerca de 130 milhões de reais por mês do estado, 109 milhões de reais eram gastos com a folha de pagamento do funcionalismo, o que representava 83% do total.

Nessas circunstâncias, Arrais participou, ainda em dezembro, juntamente com outros seis governadores nordestinos, da elaboração de um conjunto de dez propostas essenciais para a região no curto prazo, visando a adequar a realidade de cada estado ao plano de estabilização econômica e ao plano de ajuste fiscal do governo federal. O documento, que seria enviado ao presidente Fernando Henrique Cardoso, pedia que o governo federal financiasse a privatização de empresas estaduais e permitisse que parte das receitas estaduais, comprometida com a amortização das dívidas, fosse aplicada em investimentos prioritários e financiamentos para programas de demissões voluntárias e de empregos no setor privado. O documento reivindicava, ainda, que o governo federal devolvesse recursos retirados aos estados em decorrência do FSE. Outras medidas pleiteadas pelos governadores nordestinos eram a admissão de limites extras de endividamento para a tomada de empréstimos de longo prazo a fontes externas e ajustes na reforma fiscal da União, de modo que os investimentos no Nordeste não fossem reduzidos. Em troca, os governadores se comprometiam a limitar os reajustes salariais ao efetivo aumento das receitas estaduais e a suspender o pagamento de excessos de remuneração de servidores estaduais.

Iniciada nessa época a discussão da proposta de emenda constitucional que permitia a reeleição de chefes de executivo, Arrais pronunciou-se contra a reeleição de prefeitos, governadores e presidente da República, porque não fazia parte das "tradições republicanas". Essa declaração foi feita em outubro de 1996, durante reunião com outros sete chefes de Executivo estaduais realizada em Vitória. Fortalecido pela boa performance do PSB nas eleições, Arrais trabalhou pela articulação de uma frente contra a tese da reeleição, dispondo-se a "fazer alianças táticas e circunstanciais" para reunir forças políticas diferentes. Em novembro, a comissão executiva do PSB recomendou voto contrário à emenda que permitia a candidatura do presidente Fernando Henrique Cardoso à reeleição. Arrais evitou que o PSB fechasse questão, o que obrigaria todos os parlamentares da legenda a votar contra a emenda: "Precisamos unificar o partido pelo convencimento. A minha expectativa é que ninguém vote a favor", disse. Em janeiro de 1997, participou, em Brasília, com representantes de partidos contrários à aprovação da emenda da reeleição, de ato público que reuniu cerca de quinhentas pessoas. Na ocasião, expressou a opinião de que a continuidade de Fernando Henrique no governo significaria "manter a crise dissimulada pelo controle da inflação". No dia seguinte, contudo, o deputado federal pernambucano Fernando Lira, do próprio PSB, votou a favor da emenda da reeleição na comissão especial da Câmara. Embora contrário ao governo nessa questão, Arrais procurou manter-se, no início da legislatura de 1997, fora do bloco de oposição formado pelo PT, o PDT e o PCdoB. Os três partidos, juntos, constituíram a quarta maior bancada na Câmara dos Deputados, mas, se recebessem a adesão do PSB, formariam a terceira força na casa.

15.7 Jarbas Vasconcelos (1999-2006)

Em outubro de 1998 disputou o governo de Pernambuco à frente de uma coligação que reunia o PMDB, o PFL, o Partido Progressista Brasileiro (PPB) e outras agremiações menores, denominada "União por Pernambuco". Elegeu-se já no primeiro turno da disputa com cerca de 65% dos votos válidos, derrotando o governador Miguel Arrais, que tentava a reeleição, por uma diferença de mais de um milhão de votos. Em janeiro do ano seguinte, tomou posse no governo pernambucano, em uma cerimônia que não contou com a presença do ex-governador para lhe passar o cargo.

Durante seu primeiro ano de governo, Jarbas Vasconcelos dedicou-se especialmente a reajustar as contas do estado, a realizar obras de infraestrutura para atrair investimentos e a concluir o processo de privatização da Companhia Elétrica de Pernambuco (CELPE), iniciado durante o governo de Miguel Arrais. Em fevereiro de 2000, a CELPE foi leiloada e gerou recursos da ordem de 1 bilhão de dólares para os cofres do estado de Pernambuco, o que permitiu dar início a uma série de obras de infraestrutura, destacando-se as obras em barragens e adutoras no interior do estado e a duplicação da BR 232, estrada federal de ligação entre Recife e Caruaru, que foi a maior e mais visível obra do primeiro mandato do governo Jarbas Vasconcelos.

Em julho de 2000, foi implantado em Recife o Porto Digital, que consistia em um polo de desenvolvimento de softwares reconhecido como o maior parque tecnológico do Brasil, em termos de faturamento e número de empresas.

Na área social implantou o Programa Governo nos Municípios, que permitiu às lideranças da sociedade civil, dentro de cada uma das 12 microrregiões em que o estado foi dividido, participar da definição das ações e das obras consideradas estratégicas para o desenvolvimento local. Durante este seu primeiro mandato, o Programa Governo nos Municípios priorizou, especialmente, a realização de obras de infraestrutura para o desenvolvimento regional. Outro programa que se destacou na área social foi o Projeto Renascer, voltado para o combate à pobreza rural, tendo como principal estratégia incentivar e empreender a concepção do desenvolvimento local, com o objetivo de superar a vulnerabilidade dos segmentos mais pobres da zona rural pernambucana.

Após declinar do convite para compor a chapa do tucano José Serra à Presidência da República como seu vice, nas eleições de 2002, Jarbas Vasconcelos optou por disputar a reeleição ao cargo. Foi reeleito ainda no primeiro turno, com 60,41% dos votos válidos, contra os 34,1% dos votos obtidos por Humberto Sérgio Costa Lima (PT), segundo candidato mais votado, e deu início ao novo mandato em janeiro de 2003. Dentre as principais iniciativas do seu segundo governo, esteve a complementação das obras de infraestrutura no complexo industrial portuário de Suape, destacando-se, em 2005, o início das obras de construção da Refinaria General José Inácio Abreu e Lima, resultado de uma parceria entre a Petrobras e a Petróleos da Venezuela S. A. (PDVSA), tendo em vista a construção da primeira refinaria do país projetada para processar petróleo pesado, com capacidade para gerar 200 mil barris de petróleo por dia. Além disso, os investimentos no porto de Suape viabilizaram outros dois grandes empreendimentos: a construção do estaleiro Hemisfério Sul e do Pólo de Poliéster. Na área social, deu continuidade às realizações dos programas Governo nos municípios e Renascer.

Em março de 2006, renunciou ao cargo, que passou a ser ocupado pelo então vice-governador Mendonça Filho (PFL), para se candidatar ao Senado Federal nas eleições de outubro daquele ano. Elegeu-se senador pelo estado de Pernambuco, na legenda do PMDB, e tomou posse do cargo em fevereiro de 2007. Apesar do PMDB integrar a base governista do segundo Governo Luís Inácio Lula da Silva (2007-2011), Vasconcelos caracterizou-se por assumir uma postura independente em relação às decisões do Executivo e do seu partido.

15.8 José Mendonça Filho (2006-2007)

No mês de março de 2006 Mendonça Filho assumiu o governo de Pernambuco após Jarbas Vasconcelos deixar o cargo para concorrer a um mandato de senador nas eleições de outubro. Nesse mesmo ano, Mendonça Filho decidiu disputar o pleito para o governo do estado. Apoiado pela coligação que reunia, além do PMDB e do PFL, as legendas do Partido da Social-Democracia Brasileira (PSDB), do Partido Trabalhista Nacional (PTN), do Partido Popular Socialista (PPS) e do Partido Humanista da Solidariedade (PHS), Mendonça Filho perdeu as eleições no segundo turno. Apesar de ter recebido na primeira etapa uma votação maior do que a do adversário Eduardo Campos, do Partido Socialista Brasileiro (PSB), isto é 39,31% contra 33,18% dos votos, a situação se reverteu no segundo turno. Eduardo Campos conseguiu 65,36% dos votos e venceu as eleições com ampla vantagem.

15.9 Eduardo Campos (2007-2014)

Em 2005, foi eleito para o cargo de presidente do PSB, após a morte de seu avô e então presidente do Partido, Miguel Arraes. No início de 2006, Campos se licenciou da presidência nacional do PSB para concorrer ao governo do estado de Pernambuco pela Frente Popular de Pernambuco.

Ainda em 2006, o nome de Eduardo Campos foi associado à "Máfia das Sanguessugas" por meio de denúncias do deputado federal Fernando Gabeira, do Partido Verde (PV-RJ), sub-relator da CPI que investigava o caso. Segundo a denúncia, na época em que era ministro de Ciência e Tecnologia do governo Lula, Campos teria compactuado com irregularidades nas licitações para compra de ônibus para o programa de inclusão digital. Campos contestou as acusações e afirmou acreditar que se tratava de uma tentativa de prejudicá-lo nas eleições para o governo de Pernambuco.

No pleito realizado em outubro daquele ano, venceu a disputa no 2º turno com um total de 65,36% dos votos, contra os 34,64% obtidos pelo então governador Mendonça Filho, candidato à reeleição pelo Partido da Frente Liberal (PFL). Tomou posse em janeiro de 2007. Em 2008, Eduardo Campos foi reeleito para o cargo de presidente do Partido Socialista Brasileiro (PSB).

No decorrer de seu mandato frente ao governo pernambucano deu ênfase à reformulação dos serviços de saúde pública e à gestão de projetos de qualificação profissional. Durante sua gestão destacam-se a criação de programas sociais como o "Pacto pela Vida", promovido pela Secretaria Estadual de Segurança com vistas à redução dos índices de violência, que alcançou queda de 39% no índice de homicídios; e o programa "Mãe Coruja Pernambucana", criado para diminuir a taxa de mortalidade infantil, mais tarde condecorado pela Organização das Nações Unidas (ONU) e posteriormente agraciado com o Prêmio Interamericano da Inovação para a Gestão Pública Efetiva. No âmbito econômico, Pernambuco registrou índices de crescimento maiores que a média nacional, tendo por base a aplicação de políticas incentivos fiscais visando atrair novos negócios para o estado.

Chegando ao término de seu mandato como governador de Pernambuco, Eduardo Campos decidiu lançar-se como candidato à reeleição no pleito eleitoral de outubro de 2010, para o que contou com o apoio do então presidente da República Luís Inácio Lula da Silva. Primeira eleição sem a participação direta de Lula desde 1989, este pleito foi vencido por sua ex-ministra-chefe da Casa Civil, Dilma Rousseff, à frente de uma coligação que reuniu 10 partidos, incluindo o PSB de Campos: Partido dos Trabalhadores-PT; PMDB; Partido Democrático Trabalhista-PDT; Partido Comunista do Brasil-PCdoB; Partido Republicano Brasileiro-PRB; Partido da República-PR; Partido Trabalhista Nacional-PTN; Partido Social Cristão-PSC e Partido Trabalhista Cristão-PTC. Nas disputas estaduais, a grande surpresa foi o ótimo desempenho do PSB, que conquistou seis governos entre eles Pernambuco: Campos foi reeleito já no primeiro turno, com 3.450.874 votos, referentes a 82, 84% dos votos válidos, contra Jarbas Vasconcelos, do PMDB, que recebeu a preferência de 525.724 (14, 05%) dos eleitores.

Eduardo Campos tomou posse do segundo mandato em janeiro do ano seguinte. Durante essa gestão novamente se destacaram o crescimento do PIB e a redução dos índices de violência. Em junho de 2012, os projetos "Todos por Pernambuco" e "Chapéu de Palha Mulher", realizados pelo governo estadual, foram condecorados com o Prêmio de Serviço Público das Nações Unidas (UNPSA). O primeiro consistia em promover, por meio de seminários, a consulta da população sobre temas prioritários ao governo; o segundo priorizava a assistência à mulher trabalhadora rural, promovendo sua capacitação ao mercado de trabalho e auxiliando no período de entressafra.

Em julho de 2013 uma pesquisa da Confederação Nacional da Industria (CNI) em parceria com o IBOPE apontou o governo de Eduardo Campos como o mais popular entre os 11 demais estados pesquisados. De acordo com os dados divulgados na ocasião, 76% dos eleitores pernambucanos aprovavam sua maneira de governar e 68% da população do estado teria dito confiar no governador, cuja gestão foi considerada ótima ou boa por 58% dos entrevistados.

Em virtude do lançamento de sua pré-candidatura à presidência da República, em abril de 2014 Eduardo Campos se desligou do governo de Pernambuco, passado ao vice João Lyra Neto, também do PSB. Candidatou-se à presidência do Brasil em chapa constituída com Marina Silva, recém-filiada ao PSB, candidata a vice. No mês de maio, segundo pesquisa realizada pelo Datafolha, Campos estava em terceiro lugar entre os pré-candidatos à presidência, com 10% das intenções de voto, atrás de Aécio Neves, do Partido da Social-Democracia Brasileira (PSDB), que somava 16% das intenções e de Dilma Rousseff, candidata à reeleição, com 38% da preferência do eleitorado pesquisado.

Eduardo Campos faleceu aos 49 anos na cidade de Santos (SP), no dia 13 de agosto de 2014, em decorrência de um acidente aéreo enquanto viajava do Rio de Janeiro ao Guarujá no meio da campanha presidencial.

15.10 João Lyra (2014-2015)

Ao lado de Eduardo Campos, foi eleito vice-governador em 2006. Em 2008, assumiu a Secretaria de Saúde. Comandou o processo de mudança de gestão da pasta em Pernambuco, cuidando particularmente da regionalização da Saúde. João Lyra também coordenou duas outras áreas, Segurança e Educação. Após a renúncia de Campos, em abril de 2014 para concorrer à presidência da república, João Lyra assumiu o comando do estado.

15.11 Paulo Câmara (2015-2018)

Paulo Câmara era estreante na política, filiado ao PSB desde outubro de 2013. Foi indicado para concorrer à sucessão estadual, que tinha como integrantes da chapa o deputado federal Raul Henry do PMDB, como vice, e o ex-ministro da Integração Nacional, Fernando Bezerra Coelho do PSB, para concorrer ao Senado. Naquele ano foi o candidato a governador mais bem-votado do país, ele obteve 68% dos votos em Pernambuco, deixando para trás o então candidato do PTB, Armando Monteiro, que ficou com um pouco mais de 31% dos votos válidos. Foi eleito governador de Pernambuco no primeiro turno, com mais de 3.000.000 votos. Carregava o peso de dar continuidade ao governo de seu padrinho político, Eduardo Campos.

CONHECIMENTOS DE GEOGRAFIA

1. CONSTRUÇÃO ESPAÇO-TEMPORAL DO TERRITÓRIO PERNAMBUCANO

O Nordeste é uma das cinco macrorregiões geográficas do IBGE ao lado de Centro-Oeste, Sul, Sudeste e Norte. Nele, o estado de Pernambuco ocupa a porção Oriental, sendo banhado pelo Oceano Atlântico.

Sua configuração geográfica longitudinal, ou seja, alongado no destino ocidental-oriental (Leste-Oeste), faz com que o litoral pernambucano seja um dos menores do país e da região, com 187 quilômetros, e o deixa totalmente situado na zona Tropical, visto que seus pontos extremos norte e sul são 7°15' S e 9° 27' S, respectivamente. Já na direção Leste-Oeste, as distâncias são muitos maiores. Os pontos extremos longitudinais do estado são 34°48' e 41°19'; isso faz com que popularmente muito se diga que o estado de Pernambuco é uma "espinha de peixe! ".

A composição territorial pernambucana se alonga no sentido Leste-Oeste e faz com que as distâncias nesse sentido sejam enormes. Por exemplo, é muito mais longa uma viagem entre Recife e Petrolina, realizada inteiramente no território de Pernambuco (770 km), do que uma viagem Recife-Natal, em que se cortam territórios de três estados, Pernambuco, Paraíba e Rio Grande do Norte (295 km).

Fonte: BASE CARTOGRÁFICA: Arquivo Gráfico Municipal (Agência CONDEPE/ FIDEM - FIAM - IBGE, 1998) - BASE TEMÁTICA: Labora tório de Meteorologia de Pernambuco - LAMEPE)

Pernambuco faz divisa com vários estados nordestinos, exceto Sergipe, Rio Grande do Norte e Maranhão. Ao norte faz divisa com Ceará e Paraíba, ao leste com o Oceano Atlântico, ao Sul com Alagoas e Bahia e a oeste com Piauí.

1.1 Localização de Pernambuco no Nordeste

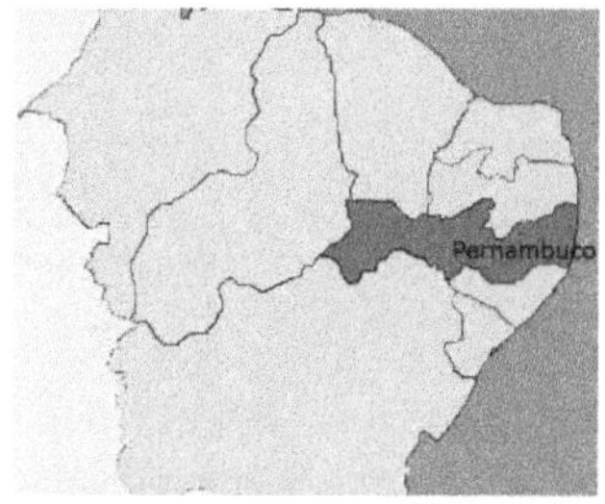

Fonte: http://centros.bvsalud.org/public/presentation/images

De onde vem Pernambuco?

A origem do nome Pernambuco é controversa. Para alguns estudiosos, o nome vem do tupi-guarani "paranambuco", junção de para'nã (rio caudaloso) e pu'ka (arrebentar, furar, romper), e seu significado é o de "buraco no mar", pois os índios usavam o termo em relação aos navios que furavam a barreira de recifes.

Outros estudiosos, no entanto, afirmam que esse era a nome que os indígenas locais, na época do descobrimento, davam ao pau-brasil. Outra explicação presente, publicada no site Memorial Pernambuco, diz que a palavra indígena Paranãpuka, que significa "buraco no mar", era a forma como os índios conheciam a foz do rio Santa Cruz, que separa a ilha de Itamaracá do continente, ao norte do Recife, tendo caminhado daí para suas formas primitivas Perñabuquo e Fernambouc.

"Em o meio desta obra alpestre, e dura, Uma bôca rompeu o Mar inchado,

Que na língua dos bárbaros escura, Paranambuco, de todos é chamado. De Parana que é Mar, Puca rotura, Feita com fúria dêsse Mar salgado, Que sem no derivar, cometer míngua, Cova do Mar se chama em nossa língua.

Bento Teixeira, Prosopopeia, 1601.

1.2 Formação Territorial de Pernambuco

Em consequência da configuração espacial que apresenta e do processo de povoamento que ocorreu, o espaço pernambucano oferece, do litoral para o interior, uma sucessão de paisagens diferenciadas, marcadas por uma grande diversidade de ecossistemas.

Em março de 1534, o Brasil foi dividido em Capitanias Hereditárias, que tinham como objetivo povoar a colônia e proteger as terras recém-descobertas de possíveis invasores. As Capitanias Hereditárias foram formadas por faixas lineares de terra, indivisíveis e inalienáveis.

A capitania de Pernambuco, inicialmente chamada de Nova Lusitânia, foi criada por decreto do Rei Dom João III, em setembro de 1534, que transferiu para Duarte Coelho Pereira esse território. Ela compreendia a porção litorânea que ia da foz do rio Santa Cruz, na ilha de Itamaracá até a foz do rio São Francisco.

Capitanias hereditárias

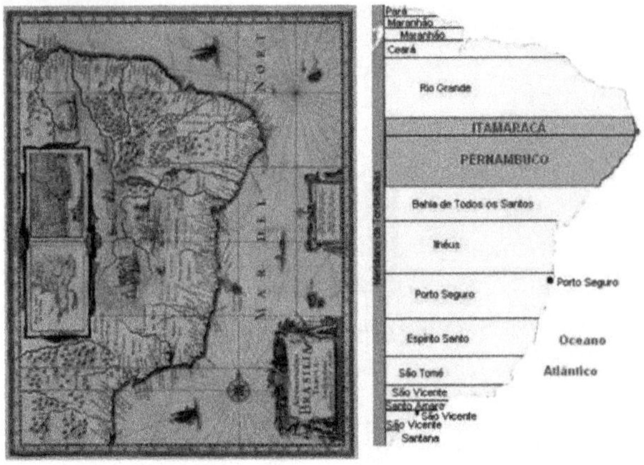

Fonte: Mapa de 1649, Cartógrafo Henricus Hondius. 01b – Itamara cá e Pernambuco.

Na região litorânea das capitanias de Itamaracá e Pernambuco, desenvolveram-se povoados, e hoje formam um grande aglomerado urbano. Em 1537, Olinda surgiu da necessidade de um local privilegiado na defesa contra invasores, já que ela se localizava em uma colina e de lá se tinha uma visão dos deltas dos rios Capibaribe e Beberibe, e tornou-se a capital da Capitania. Recife foi fundado pelos portugueses e posteriormente dominado pelos holandeses. No período holandês, a cidade passou por muitas transformações em seu espaço físico e passa a ser de fato capital de Pernambuco.

Itamaracá se estendia por trinta léguas de terras, da foz do rio Santa Cruz até a baía da Traição, onde se confrontava com a capitania do Rio Grande.

A delimitação da capitania ocorreu antes de seu povoamento, o que não é exclusividade dessa capitania, e o processo de ocupação alterou a configuração da capitania. O povoamento se iniciou logo após a chegada do donatário, que se limitou a estabelecer pontos povoados por brancos no litoral e a dominar os índios até as margens do São Francisco, onde foi fundada a vila de Penedo, de vez que o povoamento baiano logo atingiria o território sergipano e se instalaria na cidade de São Cristóvão.

São Cristóvão, a primeira capital de Sergipe foi fundada por Cristóvão de Barros, que chegou à região em 1589 com o objetivo de conquistar o território sergipano. Em 1º de janeiro de 1590, o conquistador venceu uma batalha contra piratas franceses, construiu um forte e fundou uma povoação com o nome de São Cristóvão, que depois seria a primeira capital do Estado de Sergipe. São Cristóvão é considerada a quarta cidade mais antiga do Brasil foi palco de várias batalhas.

Ao norte do território, os donatários não conseguiram efetivar o povoamento, exceto em Itamaracá, onde antes da implantação da capitania, já existiam feitorias, uma delas a de Conceição, atual Vila Velha, que se tornou capital do território de Pero Lopes.

Para a conquista do território, ameaçado por ataques nativos, o Governo Geral bancou expedições à região, hoje paraibana, consolidando a conquista em 1585, quando foi fundada Filipeia de Nossa Senhora das Neves, atual João Pessoa, capital paraibana.

O avanço para o norte prosseguiu e, em 1598, era ocupada a foz do rio Potengi, implantando o forte dos Reis Magos, inaugurando a cidade de Natal.

Filipeia e Natal foram inauguradas como cidades, enquanto Olinda continuava a ser uma vila, porque elas foram edificadas em capitanias da Coroa, enquanto Olinda está em capitania de donatário. A capitania da Parayba foi formulada com o desmembramento da porção norte de Itamaracá e da porção Sul da capitania do Rio Grande.

O avanço pernambucano continuou pelo Litoral Norte. Em 1603, era tentada a implantação da capitania do Ceará e, em 1614, as forças partidas de Olinda eram enviadas ao território maranhense para acabar com a França Equinocial.

Denomina-se França Equinocial aos esforços franceses de colonização da América do Sul, em torno da linha do Equador no século XVII. O estabelecimento da chamada França Equinocial iniciou-se em março de 1612, quando uma expedição francesa partiu do porto de Cancale, na Bretanha, sob o comando de Daniel de La Touche.

Em seguida as forças vitoriosas no Maranhão foram enviadas à foz do rio Tocantins, no delta do Amazonas, e lá fundaram o forte do Presépio e a cidade de Santa Maria de Belém do Pará.

No século XVI, a formação da capitania de Pernambuco ou Nova Lusitânia e a expansão em direção ao norte, conquistando terras aos indígenas e aos franceses; nos meados do século XVII, garantiu a Pernambuco uma hegemonia/supremacia sobre as capitanias da região norte.

Pernambuco só deixou de ser capitania hereditária após a expulsão dos holandeses, e passou a ser administrada diretamente pela Coroa. No século XVIII, algumas capitanias foram absorvidas por outras ou desmembradas de outras e o território passou a ser dividido em capitanias gerais e capitanias subalternas. Pernambuco, nesse contexto, devido à suas extensões territoriais, era uma Capitania Geral, enquanto Ceará, Itamaracá, Rio Grande e Paraíba eram subalternas.

O território do Piauí, que teve sua formação realizada por movimentos que partiram da Bahia e subiram os rios da vertente Atlântica, e em seguida, o São Francisco e seus afluentes da margem esquerda, ficou dependente de Pernambuco até 1745, quando passou a fazer parte da jurisdição maranhense. Itamaracá foi anexada ao de Pernambuco em 1763. O Ceará e a Paraíba foram tutelados por Pernambuco até 1799, quando foram desmembrados e o estado do Rio Grande ficou sob o domínio pernambucano até 1808.

A chegada dos holandeses no Brasil não se constituiu em fato isolado da História mundial. A conquista de Pernambuco e outras cinco capitanias do Nordeste açucareiro com o fim de diminuir a capacidade econômica da monarquia ibérica e incrementar o seu domínio das rotas comerciais do Atlântico foi uma realidade que até os dias atuais deixou marcas na história do estado.

Em 1630, a capitania foi invadida pela Companhia das Índias Ocidentais. Por ocasião da União Ibérica (1580 a 1640), a então chamada República Holandesa, antes dominados pela Espanha, tendo depois conseguido sua independência através da força, viu em Pernambuco a oportunidade para impor um duro golpe na Espanha, ao mesmo tempo em que tirariam o prejuízo do fracasso na Bahia, uma vez que Pernambuco era o principal centro produtivo da colônia.

Entre 1630 e 1654, Recife passa por inúmeras transformações em seu espaço físico, mangues são aterrados, pontes são construídas, camboas são drenadas e com todas estas melhorias empregadas. Recife passa a ser de fato a Capital de Pernambuco. Olinda é destruída por um incêndio em 1630.

Com a chegada do conde alemão, João Maurício de Nassau--Segem, em janeiro de 1637, aconteceram os primeiros melhoramentos no porto e a execução do primeiro plano urbanístico da cidade do Recife. O arquiteto Pieter Post foi o responsável pelo traçado da nova cidade e de edifícios como o palácio de Freeburg, sede do poder de Nassau na Nova Holanda, e do prédio do observatório astronômico, tido como o primeiro do Novo Mundo.

Conde Maurício de Nassau.

Neste momento, o governo passou a residir no Recife, onde estava sendo erguida a cidade Mauricéa (Mauritzstadt), segundo os moldes norte-europeus, sobre a então chamada ilha de Antônio Vaz (atual bairro de Santo Antônio e uma parte do bairro de São José). A Ilha era basicamente guarnecida por duas fortalezas: ao Norte pelo forte Ernesto e ao Sul pelo forte das Cinco Pontas.

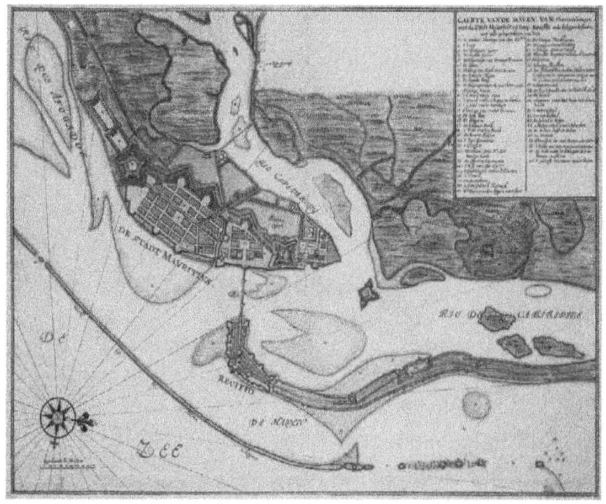

Fonte: upload.wikimedia.org/wikipedia/commons/9/96/Recife -Map1665.jpg

Em 28 de fevereiro de 1644, o Recife (atualmente o Bairro do Recife) foi ligado à Cidade Maurícia com a construção da primeira ponte da América Latina.

Ponte Maurício de Nassau, Recife.

Durante o governo de Nassau, Recife foi considerada a mais cosmopolita cidade das Américas, e tinha a maior comunidade judaica de todo o continente, que construiu, à época, a primeira sinagoga do Novo Mundo, a Kahal Zur Israel. O Governo de Nassau urbanizou o Recife, providenciou a construção de pontes e de obras sanitárias, dotou a cidade de um jardim botânico, de um jardim zoológico e de um observatório astronômico. Nesse período, a Companhia das Índias Ocidentais concedeu crédito aos senhores de engenho, destinado ao reaparelhamento dos engenhos, à recuperação dos canaviais e à compra de escravos.

No Palácio de Friburgo, sede do poder de Nassau na Nova Holanda, foi construído o primeiro observatório astronômico do Continente Americano. Por diversos motivos, sendo um dos mais importantes a exoneração de Maurício de Nassau do governo da capitania pela Companhia Holandesa das Índias Ocidentais, o povo de Pernambuco se rebelou contra o governo, juntando -se à fraca resistência ainda existente, num movimento denominado Insurreição Pernambucana.

Insurreição Pernambucana

Em maio de 1645, reunidos no Engenho de São João, os principais líderes pernambucanos assinaram compromisso para lutar contra o domínio holandês na capitania.

Nós abaixo-assinados nos conjuramos e prometemos, em serviço da liberdade, não faltar a todo o tempo que for necessário, com toda a ajuda de fazendas e pessoas, contra qualquer inimigo, em restauração da nossa pátria; para o que nos obrigamos a manter todo o segredo que nisto convém; sob pena de quem o contrário fizer ser tido por rebelde e traidor e ficar sujeito ao que as leis em tal caso permitam. E debaixo deste comprometimento nós assinamos, em 23 de Maio de 1645". Assinam: João Fernandes Vieira, António Bezerra, António Cavalcanti, Padre Diogo Rodrigues da Silva e mais 14 conjurados.

Fonte: cvc.instituto-camoes.pt/eaar/coloquio/comunicacoes/jose_gerardo

1.3 Ataque e Tomada de Olinda e do Recife Pelos Holandeses

Pernambuco, desde o período dos conflitos com os Holandeses, demonstrou um espírito rebelde autônomo, e suas lideranças admitiam que, tendo os brasileiros expulsados os holandeses em 1654, não deviam obediência total ao rei de Portugal.

"Combateremos até o fim e somente após expulso o invasor estrangeiro, iremos a Portugal receber o castigo pela nossa desobediência".

Pernambuco passou ao longo de sua construção histórico-espacial por inúmeras insurreições e revoltas. Entre elas podemos destacar:

- Guerra dos Mascates (1710-1714): A Guerra dos Mascates foi uma rebelião de caráter nativista, ocorrida em Pernambuco entre os anos de 1710 e 1711, que envolveu as cidades de Olinda e Recife. Com a expulsão dos holandeses do Nordeste, a economia açucareira sofreu uma grave crise. Mesmo assim, a aristocracia rural (senhores de engenho) de Olinda continuava controlando o poder político na capitania de Pernambuco. Por outro lado, Recife se descolava deste cenário de crise graças à intensa atividade econômica dos mascates (como eram chamados os comerciantes portugueses na região). Outra fonte de renda destes mascates eram os empréstimos, a juros altos, que faziam aos olindenses. Entre as causas da Guerra dos Mascates, destacamos a disputa entre Olinda e Recife pelo controle do poder político em Pernambuco, a crise econômica na cidade de Olinda, o favorecimento da coroa portuguesa aos comerciantes de Recife, o forte sentimento antilusitano, principalmente entre a aristocracia rural de Olinda e a conquista da emancipação de Recife, através de Carta Régia de 1709, que passou a ser vila independente, conquistando autonomia política com relação à Olinda.
- Conspiração dos Suassunas (1801): Em 1798, o padre Arruda Câmara fundou uma sociedade secreta chamada Areópago de Itambé, provavelmente ligada à Maçonaria, que tinha por finalidade tornar conhecido o Estado Geral da Europa e o enfraquecimento dos governos absolutos, devido às ideias democráticas que afloravam à época. Em 1801, influenciados pelos ideais republicanos, os irmãos Suassuna, Francisco de Paula, Luís Francisco e José Francisco de Paula Cavalcante de Albuquerque, proprietários do Engenho Suassuna lideraram uma conspiração que se propunha a elaborar um projeto de independência de Pernambuco. Os conspiradores foram denunciados e presos e, mais tarde, libertados por falta de provas.
- Revolução Pernambucana (1817): A Revolu ção Pernambucana ou Revolução Republicana foi o último movimento de revolta anterior à Independência do Brasil. O movimento conseguiu ultrapassar a fase conspiratória e atingir a etapa do processo revolucionário de tomada do poder. As causas da Revolução pernambucana estão intimamente relacionadas ao estabelecimento e permanência do governo português no Brasil (1808-1821). Quando a Corte portuguesa abandonou Portugal e estabeleceu-se no Brasil, fugindo da invasão napoleônica, adotou uma série de medidas econômicas e comerciais que geraram crescente insatisfação da população colonial. A implantação dos novos órgãos administrativos governamentais e a transmigração da Corte e da família real portuguesa exigiram vultosas somas de recursos financeiros. Para obtê-las, a Coroa lusitana rompeu com o pacto colonial, concedendo inúmeros privilégios à burguesia comercial inglesa, e criou novos impostos e tributos que oneraram as camadas populares e os proprietários rurais brasileiros. Em nenhuma outra região, a impopularidade da Corte portuguesa foi tão intensa quanto em Pernambuco. Outrora um dos mais importantes e prósperos centros da produção açucareira do Nordeste brasileiro, Pernambuco estava atravessando uma grave crise econômica em razão do declínio das exportações do açúcar e do algodão. Além disso, a grande seca de 1816 devastou a agricultura, provocou fome e espalhou a miséria pela região. O governo provisório durou 75 dias, os revolucionários pernambucanos foram derrotados. As lideranças do movimento revolucionário tinham como projeto político o estabelecimento de uma República e a elaboração de uma Constituição, norteadas pelos princípios e ideais franceses de igualdade e liberdade para todos. Apesar do seu fracasso, entrou para a história como o maior movimento revolucionário do período colonial.

Revolta da Junta de Goiana (1821): Em 29 de agosto de 1821, na vila de Goiana, região norte da Província de Pernambuco, um segmento das elites pernambucanas — a um só tempo liderança econômica e militar do Norte de Pernambuco —, aliado a alguns antigos participantes do movimento de 1817, instalaram uma Junta Governativa Provisória com o objetivo de aderir à política das Cortes Constitucionais Portuguesas e desautorizar o governo do representante maior do monarca em Pernambuco, o governador e capitão-general português Luiz do Rego Barreto. A partir de então, durante quase um mês, a Junta de Goiana coexistiu com o Conselho Governativo do Recife – presidido pelo general Rego Barreto. Essas duas representações disputaram a exclusividade no controle do governo da província de Pernambuco até finais de outubro de 1821.

- Confederação do Equador (1824): O movimento começou com uma reação à Constituição outorgada por dom Pedro I no mesmo ano, que mantinha o Brasil a um governo centralizador e dava margem à grande submissão aos portugueses. Iniciado em Pernambuco, o movimento se alastrou rapidamente para outras províncias da região, como a Paraíba, o Ceará e o Rio Grande do Norte. Ficou conhecido por esse nome, Confederação do Equador, devido à proximidade da região do conflito com a linha do equador.

A conquista do território pernambucano foi feita por determinações e por interesses econômicos. Os portugueses, após o início do povoamento, passaram a fundar vilas e engenhos de açúcar, tornando este o principal produto da Colônia, na região úmida próxima ao litoral.

As condições naturais impediram o cultivo da cana de açúcar nas partes interiores do estado, que foi gradativamente sendo ocupado pela pecuária. O gado era usado tanto para o abastecimento da área canavieira e o fornecimento de animais de tração, como também, em menor escala, para a produção do couro.

A penetração no interior pernambucano margeou o Rio São Francisco (margem esquerda, sobretudo), contornando o Planalto da Borborema. A penetração iniciou-se pelo Sertão e depois chegou ao Agreste pernambucano, apesar de este ser mais próximo do litoral.

As condições naturais, a posição geográfica e a formação econômico-social modelaram o território pernambucano e determinaram sua divisão em mesorregiões: Litoral-Mata, Agreste e Sertão, que por sua vez se subdividem.

2. AS REGIÕES DE PERNAMBUCO

"Salve! Oh terra dos altos coqueiros!
De belezas soberbo estendal! Nova Roma de bravos guerreiros Pernambuco, imortal! Imortal!"

(Trecho do Hino de Pernambuco)

Contemplar determinado ambiente significa descobrir paisagens! No trecho do hino de Pernambuco, de 1908, obra de Oscar Brandão da Rocha, o autor exalta as belezas naturais e destaca o papel do nativo na construção socioespacial de Pernambuco, que apresenta inúmeras paisagens. Uma forma muito eficaz de percepção da paisagem é a observação. Basta observar o próprio entorno para percebermos diversos "retratos" construídos ao longo dos tempos, com componentes e objetos naturais e sociais. Porém, é preciso contemplar tais paisagens com cuidado, sem pressa. A simples observação não nos revela as funções das edificações, da organização dos sistemas produtivos e de tecnologias empregadas. As paisagens geográficas envolvem não somente os aspectos naturais, mas também os aspectos visíveis da cultura das sociedades. É necessária uma investigação detalhada para compreendermos as paisagens, tanto as naturais como as culturais, afinal, boa parte das paisagens são mutáveis em função das diversas formas de produção do espaço pelas atividades humanas.

Por intermédio das paisagens pernambucanas, é possível fazer uma leitura do espaço geográfico do estado de Pernambuco e perceber sua heterogeneidade. Ao considerarmos os elementos naturais, as funções dos espaços construídos, as relações e as estruturas econômicas, sociais e políticas, faremos uma análise do espaço geográfico pernambucano.

No estado do Pernambuco, um conjunto de 185 municípios, apresenta as marcas do tempo histórico, destacando uma enorme heterogeneidade de paisagens rurais e urbanas. O espaço de cada um desses municípios foi sendo ocupado e construído pelos grupos sociais, que criaram, modelaram, destruíram e recriaram esse espaço geográfico pernambucano, modelando-o muitas das vezes ao seu modo de organização social e outras, por influências de grupos dominantes, por meio do desenvolvimento do trabalho e das técnicas.

Pernambuco é um dos menores estados do país, compreendendo uma área de 98.149, 119 Km², sendo o 5º maior estado da região Nordeste do Brasil, atrás de Bahia, Maranhão, Piauí e Ceará, e à frente dos menores Alagoas, Sergipe, Rio Grande do Norte e Paraíba. A maior parte da área do estado situa-se na zona semiárida nordestina, em virtude de condições climáticas dominantes.

Situado na parte centro-leste da Região Nordeste brasileira, o estado de Pernambuco ocupa área de 98.281 km2. O estado limita-se ao norte com os estados da Paraíba (maior divisa) e do Ceará; a leste com o oceano Atlântico; ao sul com os estados de Alagoas e Bahia; e a oeste com o estado do Piauí (menor divisa). Tem seu extremo norte a 7°15'45" lat. S. tendo, na foz do Rio Goiana, limite com a Paraíba, 7°28'16" lat. S. Extremo sul a 9°28'18" lat. S. tendo, na foz do rio Persinunga, limite com Alagoas, 8°56'10" lat. S. (Galvão, 1921). De leste a oeste, estende-se de 34°48'33" long. W. Greenwich e 41°19'54" long. W. Greenwich.

2.1 Mesorregiões Pernambucanas

A mesorregião é uma subdivisão dos estados brasileiros que agrupa diversos municípios de uma determinada área geográfica com similaridades econômicas e sociais. Esse conceito foi introduzido pelo IBGE. Por suas características fisiográficas, Pernambuco possui três Mesorregiões (Mata, Agreste e Sertão) como mostra a figura abaixo:

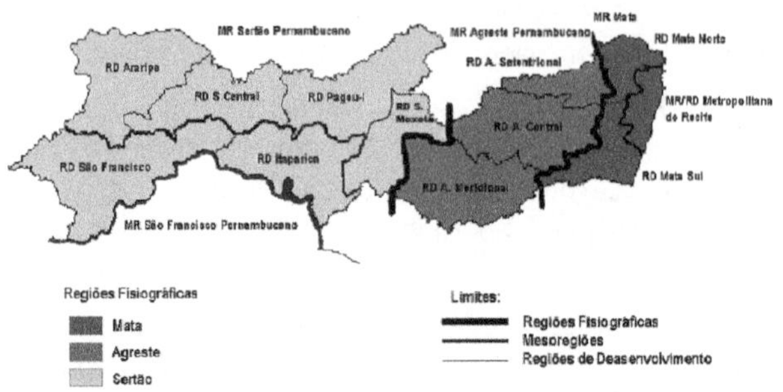

As três Regiões Fisiográficas do estado estão divididas, para fins de planejamento, em 12 Regiões de Desenvolvimento (RD).

2.2 Mata

A Região em questão ocupa uma área de 8.432,40 Km² ou 8,6% do território do estado de Pernambuco e tem os seguintes limites: ao Norte: Paraíba; ao Sul: Alagoas; Leste: Oceano Atlântico e mesorregião Metropolitana do Recife; Oeste: mesorregião do Agreste Pernambucano e a Paraíba.

A Zona da Mata Pernambucana é composta, atualmente, de 43 municípios e três microrregiões. São elas: Mata Setentrional, Vitória de Santo Antão e Mata Meridional.

Fonte: www.bahia.ws/guia-turismo-zona-da-mata-pernambuco/.

A maior parte dos municípios dessa Região depende primordialmente da economia do cultivo da cana-de-açúcar. Essa dependência não é recente, mas sim, fruto de uma formação histórica vinda desde o período colonial e que se reflete até os dias atuais. Apesar da importância histórica da cana-de-açúcar, a realidade contemporânea aponta para uma maior dinâmica econômica na região como afirma o professor e autor universitário, ex-diretor de Políticas e Estudos Macroeconômicos do IPEA, João Sicsú (2000): "O estado de Pernambuco, originalmente, tinha uma economia que girava em torno da cana-de-açúcar, especialmente na região da Zona da Mata. Com o passar do tempo e, principalmente, com a mudança na política de subsídios e abertura econômica, alternativas estão sendo buscadas em virtude da queda acentuada dessa atividade econômica."

Essa cultura foi implantada objetivando atender a uma demanda do mercado mundial e, com isso, foi implantada em extensas áreas latifúndios. Para a implantação dessa cultura, os colonizadores degradaram parte expressiva de nossa fauna e flora, em especial a Mata Atlântica (segundo a Organização Não Governamental, SOS Mata Atlântica, hoje restam menos de 3% da sua formação original no estado).

Moenda típica dos engenhos de Pernambuco, século XVII

A faixa da Zona da Mata possui elevadas taxas pluviométricas anuais (1800mm/ano) e temperaturas médias anuais de 24°C. É o lugar onde se encontrava a Mata Atlântica original e atualmente encontramos apenas algumas ilhas remanescentes. Esse bioma foi, inclusive, o responsável pela denominação "Mata" da Região. No entanto, grande parte dessa vegetação original foi substituída pela cana-de-açúcar, por imposição dos colonizadores europeus ainda no século XVI. Destaca-se, na região, a presença de colinas convexas que aparecem predominantemente nos terrenos cristalinos do leste do estado.

→ A mata pernambucana divide-se em três subzonas:

- mata úmida;
- mata seca;
- matas serranas.

Nos dois primeiros casos, baseia-se esta divisão, como indicam os adjetivos na maior ou menor exuberância da vegetação, motivadas pela maior ou menor umidade ambiente, bem como altitude, permeabilidade do solo e proximidade da zona da caatinga.

A mata úmida, perenifólia, é exuberante, de folhagem verde-escura, rica em cipós. As árvores têm diâmetro do caule maior em relação ao comprimento.

Na mata seca, caducifólia, há um maior número de indivíduos arbóreos por área, os caules são relativamente longos e o número de cipós vigorosos é menor.

As matas serranas são perenifólias e encimam muitas das serras dos três-quartos ocidentais do estado.

A mata úmida é formada de maneira integral ou parcial pelos seguintes municípios: Goiana, També, Nazaré da Mata, Igarassu, Paulista, Olinda, Recife, Pau d'Alho, São Lourenço da Mata, Moreno, Vitória de Santo Antão, Cabo, Gravatá, Ipojuca, Escada, Amarají, Bezerros, Cortês, Bonito, Glória do Goitá, Jaboatão, Ribeirão, Sirinhaém, Rio Formoso, Gameleira, Joaquim Nabuco, Palmares, Lagoa dos Gatos, Cupira, Barreiros, Água Preta, Maraial, Panelas, Jurema, Quipapá, Canhotinho, Angelim, Palmeirinha, Garanhuns, Correntes e Bom Conselho.

Em parte dos municípios de Vicência, Macaparana, São Vicente Férrer, Orobó e Bom Jardim, motivada pela presença de serras, ocorre uma disjunção da mata úmida, reparada da porção principal pela subzona da mata seca.

Embora haja variações de algumas espécies de uma área para outra, principalmente quando comparadas áreas do norte do estado com outras do sul, há, na subzona da mata úmida de Pernambuco, um grande número de espécies que são bem características para o conjunto. Serão citadas, a seguir, aquelas que ocorrem com mais frequência, especialmente as arbóreas, pelo seu maior valor econômico.

Na subzona da mata úmida, está localizada, por excelência, a indústria açucareira de Pernambuco. A exploração de madeiras tem dilapidado grandemente as reservas florestais do estado. Ainda podem ser encontradas algumas maiores reservas nos municípios de Amarají, Cortês, Joaquim Nabuco, Barreiros, Água Preta, Palmares e Quipapá.

Na subzona da mata seca destacamos de maneira integral ou parcial os seguintes municípios: També, Timbaúba, Aliança, Goiana, Vicência, Bom Jardim, São Vicente Férrer, Orobó, Surubim, Nazaré da Mata, Igarassu, Pau d'Alho, Carpina, Glória do Goitá, Vitória de Santo Antão e Gravatá. Nesta subzona, já bastante devastada em sua cobertura arbórea, localiza-se também parte da lavoura canavieira pernambucana. A agricultura de cereais é igualmente explorada.

2.3 Agreste Pernambucano

A mesorregião do Agreste Pernambucano é uma das mesorregiões do estado, formada pela união de 71 municípios distribuídos nas seguintes microrregiões:

Microrregião do Vale do Ipanema – Formada por seis municípios: Buíque, Águas Belas, Itaíba, Tupanatinga, Pedra e Venturosa, conta com uma população estimada em 180.000 habitantes, que ocupam uma área de 5.326 km^2;

Microrregião do Vale do Ipojuca – Formada por 17 municípios: Alagoinha, Belo Jardim, Bezerros, Brejo da Madre de Deus, Cachoeirinha, Capoeiras, Caruaru, Gravatá, Jataúba, Pesqueira, Gravatá, Poção, Riacho das Almas, Sanharó, São Bento do Una, São Caetano e Tacaimbó, com uma população estimada em 910.000 habitantes, que ocupam uma área de 7.200, 99km^2, onde merece destaque a cidade de Caruaru, com aproximadamente 350.00 habitantes;

Fonte: familysearch.org/learn/wiki/pt/Caruaru,_Pernambuco

Caruaru é considerado o maior centro de arte figurativa da América e destaca-se pela produção de artesanato e pelos festejos juninos, disputando com Campina Grande, na Paraíba, o título de maior São João do planeta.

Microrregião do Alto Capibaribe – Formada por 9 municípios: Casinhas, Frei Miguelinho, Santa Cruz do Capibaribe, Santa Maria do Cambucá, Surubim, Taquaritinga do Norte, Toritama, Vertente do Lério e Vertentes, com uma população estimada em 275.000 habitantes, ocupa uma área de aproximadamente 1.780 km^2;

Microrregião de Garanhuns – É composta por dezenove municípios: Angelim, Bom Conselho, Brejão, Caetés, Calçado, Canhotinho, Correntes, Garanhuns, Iati, Jucati, Jupi, Jurema, Lagoa do Ouro, Lajedo, Palmeirina, Paranatama, Saloá, São João e Terezinha, conta com uma população de 460.000 habitantes, aproximadamente tem mais de 5% da área estadual [5.183 km^2].

Praça do Relógio, Garanhuns (PE). Fonte: www.mundoduintaojardim.blogspot.com/garanhuns.html

Microrregião do Brejo Pernambucano – É composta por 11 municípios, abrangendo uma área de 2.462 km2, equivalente a 2,6% do território do estado: Agrestina, Altinho, Barra de Guabiraba, Bonito, Camocim de São Félix, Cupira, Ibirajuba, Lagoa dos Gatos, Panelas, Sairé e São Joaquim do Monte, com uma população estimada em 225.000 habitantes;

Microrregião do Médio Capibaribe – É composta por dez municípios: Bom Jardim, Cumaru, Feira Nova, João Alfredo, Limoeiro, Machados, Orobó, Passira, Salgadinho e São Vicente Férrer, apresenta uma população de aproximadamente 260.000 habitantes distribuídas numa área de 1.753 km^2;

Vista aérea de São Vicente Férrer (PE)

O Agreste estende-se por uma área aproximada de 24.400 km^2, inserida entre a Zona da Mata e o Sertão. Representa 24,7% do território pernambucano e conta com uma população de cerca de 1,8 milhão de habitantes (um quarto da população do estado).

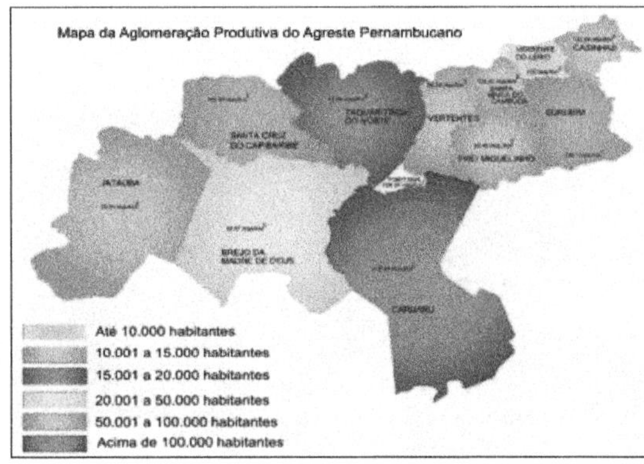

É a zona de transição entre Mata e Sertão, de clima mais seco, tropical semiárido, sujeito a secas periódicas. No Agreste, pratica-se uma agricultura mais diversificada, além da pecuária leiteira.

Geologicamente, a região está situada sobre o Planalto do Borborema em uma altitude média entre 400 a 800 metros, sendo que, em alguns pontos, como nas microrregiões de Garanhuns e do Ipojuca, as altitudes podem chegar 1000 metros.

A região está inserida na área de abrangência do Polígono das Secas, mas apresenta um tempo de estiagem menor que a do Sertão, devido a sua proximidade do litoral. Os índices pluviométricos podem variar em cada microrregião.

A região está situada em parte no planalto da Borborema, o que confere à região um clima mais ameno em relação ao semiárido e com maior índice pluviométrico. A região apresenta estações do ano bem definidas, em comparação ao litoral e ao oeste pernambucano.

Perfil Esquemático do Planalto da Borborema

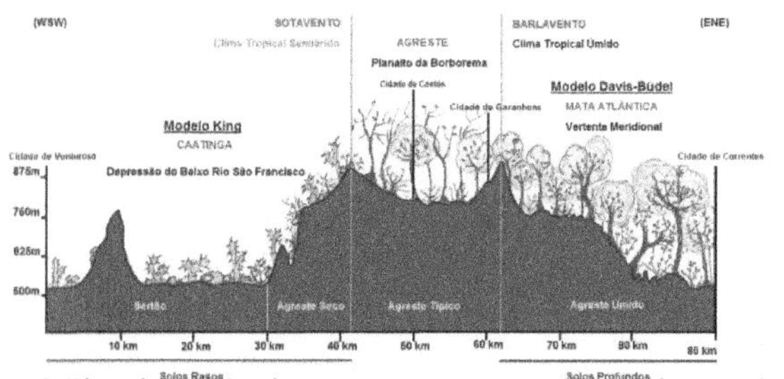

O Planalto da Borborema encontra-se a leste do estado de Pernambuco e as áreas mais elevadas atingem até 1000m de altitude. Apesar da presença de segmentos de topos mais retilinizados, o modelo dominante apresenta formas convexas esculpidas em litologia do cristalino representado por rochas intrusivas e metamórficas de idades diferentes, ao longo do Pré-Cambriano.

O índice pluviométrico, a temperatura e a umidade relativa do ar ficam a cargo do relevo, pois o Agreste é a transição entre a Zona da Mata e o Sertão, as chuvas são mal distribuídas em grande parte da região. A umidade relativa do ar fica entre 10% a 100%; as chuvas são frequentes entre abril a junho; e o período chuvoso é entre setembro a janeiro, com chuvas não ultrapassando os 295 mm na estação chuvosa e 25 mm os estação seca.

O Festival de Inverno de Garanhuns é um evento cultural que mistura diversos estilos musicais rock, MPB, blues, jazz, forró e música instrumental, para citar alguns -, teatro, cinema, circo, gastronomia, folguedos populares e outras formas de manifestação cultural. A cada ano, o festival atrai mais pessoas de todo o país. Além dos shows, oficinas culturais, exposições de arte, apresentações circenses, manifestações hip-hop (dança, grafitagem) e festival de cinema também atraem públicos de todos os gêneros e de todas as idades.

2.4 Sertão Pernambucano

A subzona do Sertão ocupa uma área de 32.450 km^2 e é a maior mesorregião do estado de Pernambuco. Essa mesorregião é a menos densamente habitada de Pernambuco. Suas maiores cidades são Serra Talhada, Araripina e Arcoverde.

Fonte: www.socicam.com.br

A mesorregião é cortada por rios abundantes, como rio Pajeú, rio Brígida e o rio Moxotó. Além de as nascentes do rio e Ipojuca se localizar em uma serra do município de Arcoverde.

A mesorregião do Sertão Pernambucano é formada pela união de 50 municípios distribuídos em quatro microrregiões:

Microrregião de Araripina – A mesorregião de Araripina é formada por 10 municípios: Araripina, Bodocó, Exu, Granito, Ipubi, Moreilândia, Ouricuri, Santa Cruz, Santa Filomena, Trindade, com uma população estimada em 322.000 habitantes. Nessa região destaca-se o Polo Gesseiro de Araripe, que compreende os municípios de Araripina, Ibupi, Trindade, Ouricuri e Bodocó;

Fonte: http://www.norteandovoce.com.br/hotel-disponibiliza passeio-a-terra-natal-de-luiz-gonzaga/

Exu é um dos municípios da mesorregião do Sertão Pernambucano, composta pelo distrito sede e pelos povoados de Tabocas, Timorante, Viração e Zé Gomes, São Felix e União São Bento. A cidade localiza-

-se na divisa entre os estados de Pernambuco e Ceará. É grande destaque no Nordeste brasileiro por ser um polo cultural, devido ao seu filho mais ilustre, Luís Gonzaga, Rei do Baião.

Microrregião de Salgueiro – A microrregião de Salgueiro é uma microrregião da mesorregião do Sertão Pernambucano. Localiza-se na região central do estado e possui uma área de 8.834 km^2. Formada por 7 municípios: Cedro, Mirandiba, Parnamirim, Salgueiro, São José do Belmonte, Serrita e Verdejante, onde vivem aproximadamente 169.000 habitantes;

Tradiconal Missa do Vaqueiro, no município de Serrita.

Microrregião do Pajeú – A Microrregião do Pajeú, ao norte do estado de Pernambuco, é composta por dezessete municípios: Afogados da Ingazeira, Brejinho, Calumbi, Carnaíba, Flores, Iguaraci, Ingazeira, Itapetim, Quixaba, Santa Cruz da Baixa Verde, Santa Terezinha, São José do Egito, Serra Talhada, Solidão, Tabira, Triunfo e Tuparetama, onde vivem aproximadamente 326.000 habitantes;

Cidade de Triunfo, Pernambuco, o ponto mais alto do estado.

Microrregião do Sertão do Moxotó – A microrregião do Sertão do Moxotó é formada por 7 municípios: Arcoverde, Betânia, Custódia, Ibimirim, Inajá, Manari e Sertânia, que ocupa uma área de aproximadamente 9.000 km^2 e apresenta uma população de 225.000 habitantes;

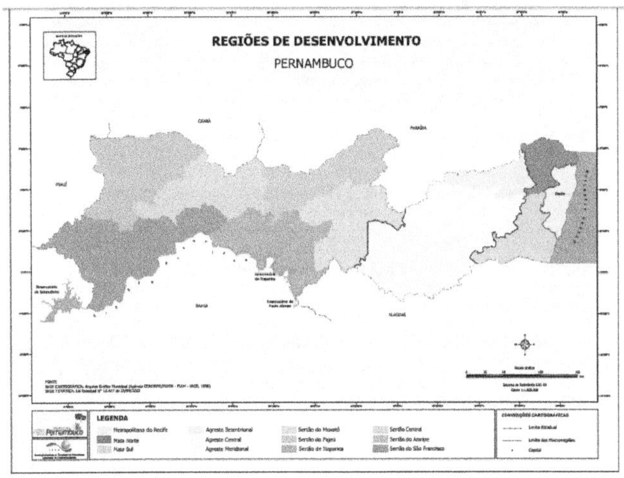

REGIÕES DE DESENVOLVIMENTO DO ESTADO DE PERNAMBUCO

AGRESTE CENTRAL
1. Agrestina
2. Alagoinha
3. Altinho
4. Barra de Guabiraba
5. Belo Jardim
6. Bezerros
7. Bonito
8. Brejo da Madre de Deus
9. Cachoeirinha
10. Camocim de São Félix
11. Caruaru
12. Cupira
13. Gravatá
14. Ibirajuba
15. Jataúba
16. Lagoa dos Gatos
17. Panelas
18. Pesqueira
19. Poção
20. Riacho das Almas
21. Sairé
22. Sanharó
23. São Bento do Una
24. São Caetano
25. São Joaquim do Monte
26. Tacaimbó

AGRESTE MERIDIONAL
1. Águas Belas
2. Angelim
3. Bom Conselho
4. Brejão
5. Buíque
6. Caetés
7. Calçado
8. Canhotinho
9. Capoeiras
10. Correntes
11. Garanhuns
12. Iati
13. Itaíba
14. Jucati
15. Jupi
16. Jurema
17. Lagoa do Ouro
18. Lajedo
19. Palmeirina
20. Paranatama
21. Pedra
22. Saloá
23. São João
24. Terezinha
25. Tupanatinga
26. Venturosa

AGRESTE SETENTRIONAL
1. Bom Jardim
2. Casinhas
3. Cumaru
4. Feira Nova
5. Frei Miguelinho
6. João Alfredo
7. Limoeiro
8. Machados
9. Orobó
10. Passira
11. Salgadinho
12. Sta. Cruz do Capibaribe
13. Sta. Maria do Cambucá
14. São Vicente Férrer
15. Surubim
16. Taquaritinga do Norte
17. Toritama
18. Vertente do Lério
19. Vertentes

MATA NORTE
1. Aliança
2. Buenos Aires
3. Camutanga
4. Carpina
5. Chã de Alegria
6. Condado
7. Ferreiros
8. Glória do Goitá
9. Goiana
10. Itambé
11. Itaquitinga
12. Lagoa do Carro
13. Lagoa do Itaenga
14. Macaparana
15. Nazaré da Mata
16. Paudalho
17. Timbaúba
18. Tracunhaém
19. Vicência

MATA SUL
1. Água Preta
2. Amaraji
3. Barreiros
4. Belém de Maria
5. Catende
6. Chã Grande
7. Cortês
8. Escada
9. Gameleira
10. Jaqueira
11. Joaquim Nabuco
12. Maraial
13. Palmares
14. Pombos
15. Primavera
16. Quipapá
17. Ribeirão
18. Rio Formoso
19. São Benedito do Sul
20. São José da Coroa Grande
21. Sirinhaém
22. Tamandaré
23. Vitória de Santo Antão
24. Xexéu

RMR – NÚCLEO CENTRO
1. Camaragibe
2. Fernando de Noronha
3. Olinda
4. Recife

RMR – NÚCLEO NORTE
1. Abreu e Lima
2. Araçoiaba
3. Igarassu
4. Itamaracá
5. Itapissuma
6. Paulista

RMR – NÚCLEO OESTE - SUL
1. Cabo do Sto. Agostinho
2. Ipojuca
3. Jaboatão dos Guararapes
4. Moreno
5. São Lourenço da Mata

SERTÃO DO ARARIPE
1. Araripina
2. Bodocó
3. Exu
4. Granito
5. Ipubi
6. Moreilândia
7. Ouricuri
8. Santa Cruz
9. Santa Filomena
10. Trindade

SERTÃO CENTRAL
1. Cedro
2. Mirandiba
3. Parnamirim
4. Salgueiro
5. São José do Belmonte
6. Serrita
7. Terra Nova
8. Verdejante

SERTÃO DE ITAPARICA
1. Belém de S. Francisco
2. Carnaubeira da Penha
3. Floresta
4. Itacuruba
5. Jatobá
6. Petrolândia
7. Tacaratu

SERTÃO DO MOXOTÓ
1. Arcoverde
2. Betânia
3. Custódia
4. Ibimirim
5. Inajá
6. Manari
7. Sertânia

SERTÃO DO PAJEÚ
1. Afogados da Ingazeira
2. Brejinho
3. Calumbi
4. Carnaíba
5. Flores
6. Iguaraci
7. Ingazeira
8. Itapetim
9. Quixaba
10. Sta. Cruz da Baixa Verde
11. Santa Terezinha
12. São José do Egito
13. Serra Talhada
14. Solidão
15. Tabira
16. Triunfo
17. Tuparetama

SERTÃO DO SÃO FRANCISCO
1. Afrânio
2. Cabrobó
3. Dormentes
4. Lagoa Grande
5. Orocó
6. Petrolina
7. Santa Maria da Boa Vista

3. QUADRO NATURAL DO ESTADO DE PERNAMBUCO

3.1 O Clima de Pernambuco Caracterização Geográfica

O Estado de Pernambuco localiza-se no Nordeste brasileiro, entre as latitudes 07°32'00" S e 08°55'30" S e longitudes 34°48'35" O e 41°19'54"O, e apresenta um território de 98.938 km^2, o que corresponde a 6,3% da Região Nordeste.

O território pernambucano é influenciado pela presença da Zona de Convergência Intertropical (ZCIT), de baixa pressão atmosférica, originada pela convergência dos ventos alísios dos dois hemisférios e a formação de massa de ar que ocasionam chuvas. O estado de Pernambuco já registrou a presença de 427 enxurradas e mais de 60 registros de inundações no território, o que provocou diversos desastres, como os ocorridos no ano de 2010, que afetaram dezenas de cidades e milhares de cidadãos pernambucanos.

As perdas e os danos da época atingiram, em valores, um montante superior a 2 bilhões de reais de prejuízos para os moradores e o Estado. Em termos relativos, os municípios menores foram mais atingidos por essas enxurradas e inundações.

O estado de Pernambuco possui boa parte de sua área inserida no Polígono das Secas, região definida pela SUDENE, delimitada pela isoieta de 800mm/ano e, frequentemente, atingida por severas estiagens.

Mapa das Isoietas de Pernambuco

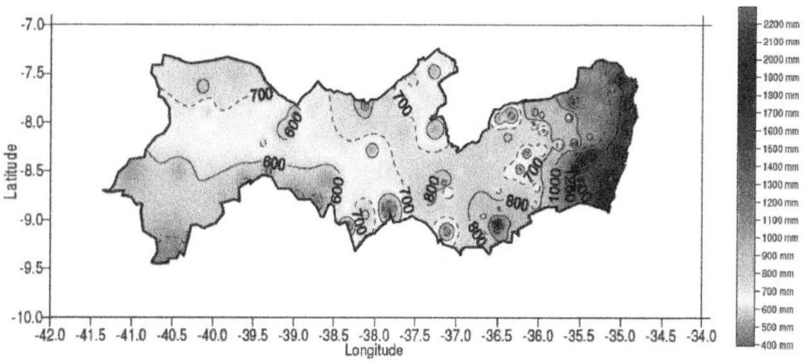

Fonte: PERH, 1998.

Isoietas são as linhas de igual precipitação (mm). Assim como em um mapa topográfico as curvas de nível representam regiões de mesma cota (altitude em relação ao nível do mar), as isoietas são curvas que delimitam uma área com igual precipitação (quantidade de chuva que cai, medida em mm).

A volume das precipitações pluviométricas no Estado de Pernambuco declina à medida que, para o interior, a exposição aos ventos alísios de sudeste se torna menor. O decréscimo das quotas é influenciado pela presença da serra da Borborema, que interfere parcialmente na chegada das correntes úmidas. Devido a sua extensão territorial leste-oeste e sua proximidade com o Oceano Atlântico, Pernambuco apresenta quatro tipos diferentes de clima.

3.2 Tipos Climáticos de Pernambuco

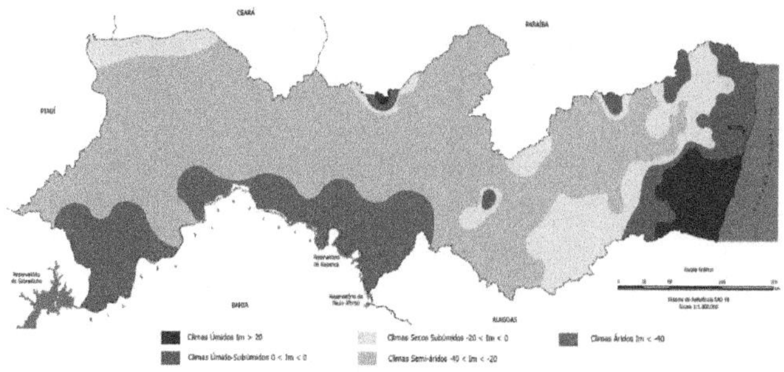

Fonte: BASE CARTOGRÁFICA: Arquivo Gráfico Municipal (Agência CONDEPE/ FIDEM - FIAM - IBGE, 1998) - BASE TEMÁTICA: Laboratório de Meteorologia de Pernambuco - LAMEPE)

No Sertão, predominam os climas árido e semiárido, pois os volumes de chuvas são reduzidos e há uma irregularidade em sua distribuição. As chuvas se concentram entre os meses de janeiro/ abril e fevereiro/ maio. Nessa região, o fenômeno da estiagem deixa suas marcas seculares, e ocorre quando existem atrasos superiores a quinze dias do início da temporada chuvosa e quando as médias pluviométricas não ultrapassam 60% das médias já registradas. Dos 184 municípios do estado, 172 são frequentemente atingidos por estiagens. A Zona da Mata pernambucana e a RMR (Região Metropolitana do Recife) são as áreas menos atingidas pelas estiagens.

A seca é considerada um fenômeno social, pois caracteriza uma situação de pobreza e estagnação econômica, advinda do impacto desse fenômeno meteorológico adverso ampliado pelas relações de produção que existem no sertão pernambucano e nordestino.

Além de fatores climáticos de ação global, como o El Niño e La Niña, as características geoambientais podem ser elemento condicionante na frequência e intensidade desse fenômeno.

O problema não é novo, nem exclusivo do Nordeste Brasileiro, nem do estado de Pernambuco. Ocorre com frequência, apresenta uma relativa periodicidade e pode ser previsto com uma certa antecedência. A seca incide no Brasil, assim como pode atingir a África, a Ásia, a Austrália e a América do Norte. No Nordeste e no Sertão pernambucano, de acordo com registros históricos, o fenômeno aparece com intervalos próximos a dez anos, podendo se prolongar por períodos de três, quatro e, excepcionalmente, até cinco anos. As secas são conhecidas, no Brasil, desde o século XVI.

Os dados quantitativos referentes as 124 secas registradas no semiárido do nordeste do Brasil no século XVI derivam de informações diversas, as mais antigas advêm de dados do Padre João de Azpilcuetta Navarro padre da Companhia de Jesus, dos primeiros a serem catequistas no Brasil, e de Fernão Garmin. O primeiro registro de seca na história do Brasil foi feito por Fernão Garmin, que registrou oficialmente a primeira seca durante o Período Colonial.

Embora as secas tenham registros desde o descobrimento, a primeira seca historicamente constatada foi em Pernambuco em 1583. Seguiram-se posteriore quatorze secas no Século XVIII, doze no Século XIX e dezoito no Século XX.

Na região do Agreste pernambucano, predominam os climas tropical semiárido e tropical subúmido. Nessa região, as chuvas concentram-se nos meses de março/ junho e abril/julho; destacam-se algumas áreas mais úmidas, os brejos, que apresentam uma pluviometria mais intensa. Os brejos constituem paisagens de exceção, que, de acordo com Ab´Saber (2003), "constituem fatos isolados, de diferentes aspectos físicos e ecológicos inseridos no corpo geral das paisagens habituais."

Os brejos são considerados subespaços úmidos que apresentam formas diversificadas de uso que as diferenciam das dominantes, no interior das quais se encontram situados. Muitos deles se situam próximos da Serra da Borborema.

A produção agrícola no semiárido de Pernambuco é fortemente dependente da precipitação pluviométrica, e sua alteração provoca graves prejuízos à agricultura do Estado. Alguns autores afirmam que esse período pode chamar-se "seca na chuva".

Gráfico da Quantidade de dias Secos dentro do Período Chuvoso no Sertão de Pernambuco.

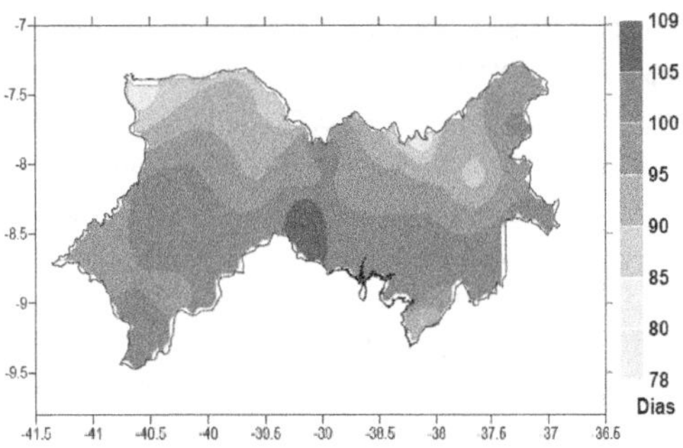

Fonte: http://www.revista.ufpe.br/revistageografia/index.php

As áreas onde há uma maior quantidade de dias sem chuva no período chuvoso estão localizadas nas proximidades do Rio São Francisco, na porção sul do Sertão, diminuindo gradativamente para o norte.

Para o Sertão Pernambucano, o número de veranicos por estação chuvosa tende a se relacionar de maneira inversamente proporcional com a duração destes veranicos, ou seja, quanto mais veranicos ocorrerem em um determinado ano, menores eles serão, enquanto que, se ocorrerem poucos veranicos em um determinado ano, estes terão períodos longos de duração.

Perfil Esquemático dos Brejos de Altitude no Nordeste Brasileiro

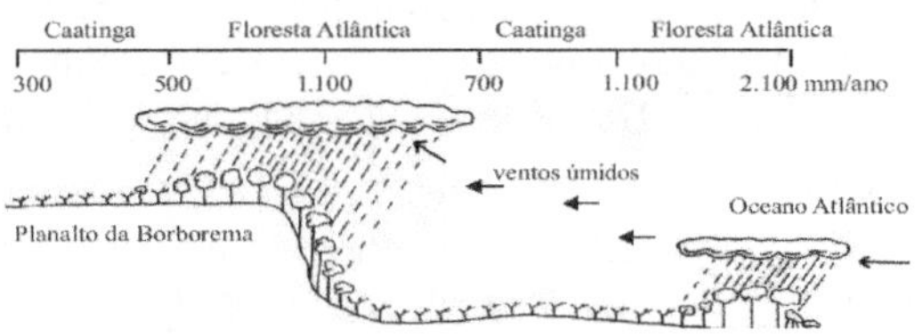

Fonte: Brejos de altitude em Pernambuco e Paraíba: história natural, ecologia e conservação. Kátia C. Porto, Jaime J. P. Cabral e Marcelo Tabarelli. — Brasília : Ministério do Meio Ambiente, 2004. 324p. : il. ; 23 cm. — (Série Biodiversidade, 9).

Brejo de Madre de Deus (PE)

Na região da Zona da Mata e na área litorânea, o clima predominante é o tropical litorâneo ou tropical úmido e/ou subúmido, e o principal período chuvoso ocorre entre os meses de março a agosto, as chamadas chuvas de outono-inverno. A maior incidência de chuvas entre os meses de maio e julho no Nordeste brasileiro pode ser explicada pela ocorrência de alguns fenômenos atmosféricos, como a atuação dos ventos alísios e a ação de frentes frias.

3.3 Veranicos em Pernambuco

Uma outra adversidade climática do estado de Pernambuco são os veranicos, que se caracterizam por períodos com sucessivos dias sem chuva, normalmente 5 ou mais dias, apresentando, em média, valores baixos de umidade relativa do ar, bem como elevação das temperaturas médias do ar.

Os veranicos prolongados costumam causar sérios prejuízos à agricultura, sendo um dos principais fatores na quebra das safras agrícolas, principalmente para as culturas do milho e feijão, o que provoca impactos à vida econômica e social da população.

3.4 Hidrografia

Quadro Natural de Pernambuco Hidrografia

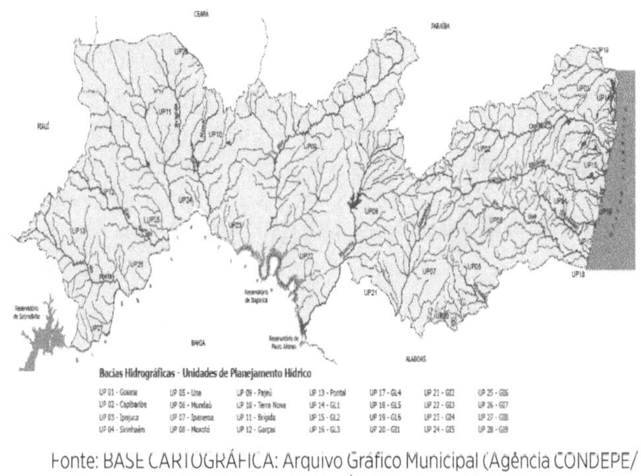

Fonte: BASE CARTOGRÁFICA: Arquivo Gráfico Municipal (Agência CONDEPE/FIDEM – FIAM – IBGE, 1998) – BASE TEMÁTICA: Laboratório de Meteorologia de Pernambuco – LAMEPE)

A rede hidrográfica do Estado de Pernambuco é composta por um sistema de bacias hidrográficas principais, bacias secundárias e microbacias. As bacias principais são representadas pelos rios perenes: São Francisco (no sertão do Estado) e os rios Capibaribe, Ipojuca e Una (nas zonas do Litoral e Mata), que nascem na região do Agreste e compõem o sistema de drenagem secundário juntamente com os rios Sirinhaém, Pirapama, Jacuípe e o Goiana.

O rio São Francisco (Velho Chico), perene, apresenta-se como o mais importante do sistema de drenagem do Estado, tanto pela extensão quanto pelo volume d'água, constituindo-se num alto potencial energético e de irrigação, e tem sido de suma importância para o desenvolvimento da fruticultura irrigada na região de Petrolina e Santa Maria da Boa Vista.

3.5 Bacia do São Francisco

O rio São Francisco, eixo principal da bacia, é o maior rio totalmente brasileiro, com 2.700 km de extensão. Por essa razão, é denominado rio genuinamente brasileiro.

Sua bacia ocupa 631.133 km² (7,4% do território nacional), unindo as terras do Sudeste e do Nordeste do país, daí a denominação de rio da unidade nacional.

O velho Chico, como é conhecido, não é nordestino, ainda que ele percorra grandes extensões nessa região de secas. Ele nasce na Serra da Canastra em Minas Gerais e deságua no Atlântico, na divisa entre Alagoas e Sergipe, depois de percorrer longo trecho do sertão nordestino. Corre no sentido geral norte-sul. Possui declives acentuados em trechos próximos à nascente ou à foz, o que confere a posição de segunda bacia em produção hidrelétrica do Brasil.

3.6 Polêmica Rota da Transposição

Em agosto de 2016, a obra de integração das bacias hidrográficas nordestinas a partir do desvio de água do rio São Francisco completa nove anos. Estão previstos dois eixos principais. O eixo norte que levará água de Cabrobó (PE) para os Sertões Pernambucano, Cearense e Potiguar. Já o eixo leste colherá água em Petrolândia (PE) para as áreas mais próximas do litoral nos estados da Paraíba e de Pernambuco.

Mapa da Integração de Bacias do Semiárido

Fonte: www.estado.com.br

Transposição ou Integração?

AS ÁGUAS DO RIO NÃO SÃO A PANACEIA PARA OS PROBLEMAS DO SEMIÁRIDO."Nas discussões que ora se travam sobre a questão da transposição das águas do Rio São Francisco para o setor norte do Nordeste seco, existem alguns argumentos tão fantasiosos e mentirosos que merecem ser corrigidos em primeiro lugar. Referimo-nos ao fato de que a transposição das águas resolveria os grandes problemas sociais existentes na região semiárida do Brasil. Trata-se de um argumento completamente infeliz. O Nordeste seco, delimitado pelo espaço até onde se estendem as caatingas e os rios intermitentes, sazonários e exorréicos (que chegam ao mar), abrange um espaço fisiográfico socioambiental da ordem de 750 mil quilômetros quadrado, enquanto a área que pretensamente receberá grandes benefícios abrange dois projetos lineares que somam apenas alguns milhares de quilômetros nas bacias dos rios Jaguaribe [Ceará] e Piranhas/Açu, no Rio Grande do Norte.

Um problema essencial na discussão das questões envolvidas no projeto de transposição de águas do São Francisco para os rios do Ceará e Rio Grande do Norte diz respeito ao equilíbrio que deveria ser mantido entre as águas que seriam obrigatórias para as importantíssimas hidrelétricas já implantadas no médio/baixo vale do rio – Paulo Afonso, Itaparica, Xingó. Devendo ser registrado que as barragens ali implantadas são fatos pontuais, mas a energia ali produzida, e transmitida para todo o Nordeste, constitui um tipo planejamento da mais alta relevância para o espaço total da região. De forma que o novo projeto não pode, em hipótese alguma, prejudicar o mais antigo, que reconhecidamente é de uma importância areolar. Mas parece que ninguém no Brasil se preocupa em saber nada de planejamentos pontuais, lineares e areolares.

A quem vai servir a transposição das águas? Os "vazanteiros", que fazem horticultura no leito dos rios que perdem fluxo durante o ano, serão os primeiros prejudicados. A eles se deve conceder a prioridade em relação aos espaços irrigáveis que viessem a ser identificados e implantados. De imediato, porém, serão os pecuaristas da beira alta e colinas sertanejas que terão água disponível para o gado nos meses em que s rios da região não correm. Sobre a viabilidade ambiental pouca coisa se pode adiantar a não ser a falta de conhecimentos sobre a dinâmica climática e periodicidade do rio que vai perder água e dos rios intermitentes-sazonários que vão receber filetes das águas transpostas. Um projeto inteligente e viável sobre a transposição de águas, captação e utilização de águas das estações chuvosas e multiplicação de poços ou cisternas têm de envolver obrigatoriamente conhecimento sobre a dinâmica climática regional do Nordeste. No caso de projetos de transposição de águas, há de se ter consciência de que o período se maior necessidade será aquele em que os rios sertanejos intermitentes perdem a correnteza por cinco a sete meses. Trata-se, porém do mesmo período em que o São Francisco se torna menos volumoso. Entretanto, é nessa época do ano em que haverá maior necessidade de reservas de água para hidrelétricas regionais. Trata-se de um impasse paradoxal, do qual, até agora, não se falou. Por outro lado, se essa água tiver que ser elevada ao chegar à região final do seu uso, para desde um ponto mais alto descer e promover alguma irrigação por gravidade, o processo todo aumentará ainda mais a demanda regional por energia. E, ainda noutra direção, como se evitará uma grande evaporação dessa água que atravessará o domínio da caatinga, onde o índice de evaporação é o maior de todos? Eis outro ponto obscuro, não tratado pelos arautos da transposição. A afoiteza com que se está pressionando o governo para se conceder grandes verbas para o início das obras de transposição das águas do São Francisco terá consequências imediatas para os especuladores de todos os naipes. O risco final é que, atravessando acidentes geográficos consideráveis, como a elevação da escarpa sul da Chapada do Araripe com grande gasto de energia, a transposição acabe por significar apenas um canal tímido de água, de duvidosa validade econômica e interesse social, de grande custo, e que acabaria por movimentar o mercado especulativo da terra e da política. No fim, tudo apareceria como o movimento de transformar todo o espaço em mercadoria"

AZIZ NACIB AB'SABER, foi professor emérito da FFLCH/USP e professor honorário do Instituto de Estudos Avançados/USP.

3.7 Quadro Natural – Geologia e Relevo

→ Aspectos Positivos

- > Aumento da água disponível e diminuição da perda devido aos reservatórios.
- > Aumento a renda e o comércio das regiões atingidas.Redução de problemas trazidos pela seca.
- > Irrigação de áreas abandonadas e criação de novas fronteiras agrícolas.
- > Redução de doenças e óbitos gerados pelo consumo de água contaminada ou pela falta de água.
- > Obras de revitalização do rio.

→ Aspectos Negativos

- > Benefícios ao grande empresário (carcinicultor, flores, frutas) e outras atividades agrícolas.
- > Não haverá a socialização da água.
- > Haverá canalizações indevidas.
- > Incorporação de terra pelos latifundiários.
- > Impacto na produção de energia (Diminuição da vazão do rio).
- > Água de má qualidade (80% da população não possuem saneamento básico e despejam todo seu esgoto na água do rio).
- > Dúvidas custo benefícios.
- > Impactos Ambientais dos mais diversos.

Na região semiárida, os principais rios que compõem a bacia do São Francisco são: Pajeú, Brígida, Moxotó, Ipanema e Garça, responsáveis pelo abastecimento d'água da região através de barragens e açudes, que também contribuem com uma parcela d'água para pequenos projetos de irrigação da área.

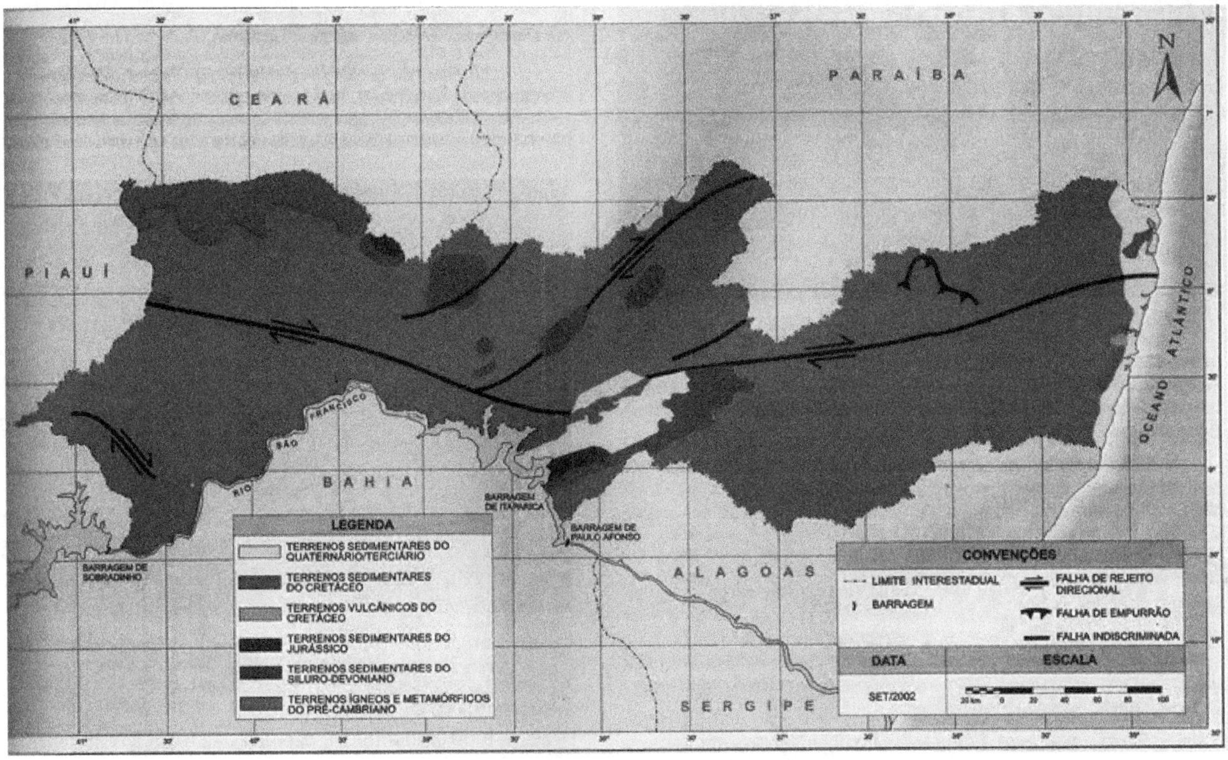

Fonte: ANDRADE, Manuel Correia de Oliveira. Atlas Geográfico de Pernambuco: Espaço Geo-Histórico e Cultural. 2ª Ed. João Pessoa:

A maioria do território de Pernambuco é composta por rochas cristalinas e metamórficas do embasamento Pré-Cambriano. Fazem parte desses terrenos, dentre outros, os seguintes tipos de rochas: gnaisses, migmatitos, granitos, quartzitos, sienitos, calcários cristalinos e filitos. Em diversos trechos do estado, essas estruturas aparecem bastante falhadas e dobradas, revelando, assim, um passado geológico bastante conturbado, do ponto de vista tectônico.

Locais de Ocorrências de Sismos em Pernambuco

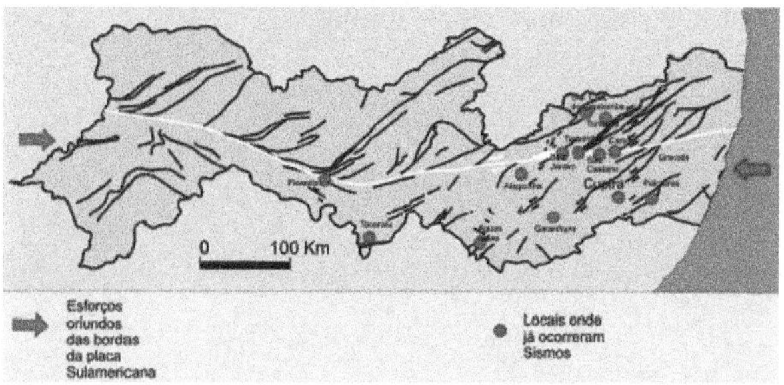

Na porção leste do estado, existem grandes áreas de rochas graníticas, como, por exemplo, no município de Jaboatão, Moreno, Rio Formoso e Barreiros, e extensos trechos ocupados por migmatitos e gnaisses.

Em Garanhuns, aparece uma ampla área onde despontam quartzitos. Essa manifestação de rochas desse tipo compõe o que os geólogos denominam "Unidade Quartzítica da Região de Garanhuns". Os afloramentos dessas rochas metamórficas podem ser identificados nos municípios de Triunfo, Serra Talhada e Salgueiro. Esses corpos rochosos definem um tipo de relevo conhecido como "maciço residual", que será abordado mais adiante.

Maciços Residuais, Triunfo (PE). Fonte: http://opiniaotriunfodigital.blogspot.com.br/2012/12/vista-panoramica-da-vila-jerico.html

Os terrenos sedimentares verificados em Pernambuco dispõem-se nas bacias sedimentares interiores e nas bacias costeiras. As bacias interiores englobam as seguintes bacias: do Jatobá, do Araripe e de Mirandiba. As bacias costeiras estão representadas pelas bacias de Pernambuco-Paraíba e Sergipe-Alagoas. Esses terrenos sedimentares apresentam idades geológicas diferentes, variando entre Paleozóico e o Cenozóico. As rochas sedimentares mais antigas são encontradas na bacia do Jatobá.

A bacia do Jatobá é uma das bacias sedimentares interiores situada na porção Centro-Sul de Pernambuco, abrangendo uma área de aproximadamente 6200 km^2. Engloba os municípios de Inajá, Buíque, Ibimirim etc. é composta por rochas sedimentares do tipo arenito, siltitos, argilitos e folhelhos. Além de terrenos paleozóicos, encontram-se nessa bacia terrenos mesozóicos.

A bacia do Araripe ocupa área dos estados de Pernambuco, Ceará e Piauí. Nela estão presentes, de forma predominante, rochas sedimentares de idades jurássica e cretácica. As rochas sedimentares diversificadas na bacia do Araripe são: arenitos, folhelhos, siltitos, margas e gipsita.

A bacia de Mirandiba situa-se no município homônimo. Possui rochas sedimentares que têm a idade siluro-denoviana, jurássica e cretácica. Ocorrem nessa unidade geológica as seguintes rochas sedimentares: arenito, siltitos e folhelhos.

As bacias costeiras possuem rochas e sedimentos do Mesozóico e Cenozóico, bem como rochas vulcânicas do Cretáceo. Nas bacias costeiras de Pernambuco, duas faixas de terrenos merecem destaque: os terrenos vulcânicos e os terrenos sedimentares do Grupo Barreiras. Ao sul do recife, nos Municípios de Cabo de Santo Agostinho e Ipojuca, é possível encontrar inúmeras evidências de atividades vulcânicas ocorridas, durante o Cretáceo.

Promontório do Cabo de Santo Agostinho com indícios de escoada de lavas de rochas basálticas consolidadas. Fonte: natalgeo. blogspot.com.br

Os terrenos sedimentares mais recentes, encontrados em Pernambuco, correspondem aos sedimentos incoerentes dispostos na área costeira, que são as areias de praia. Além destes, são identificadas as aluviões ao longo dos vales de alguns rios. Todos esses sedimentos são da idade quaternária. As mais significativas áreas de aluviões quaternárias são observadas nos vales dos rios São Francisco, Pajeú, Riacho do Navio e Moxotó.

O Estado de Pernambuco possui uma grande variedade de bens minerais dispostos tanto nos terrenos pré-cambrianos quanto nos depósitos sedimentares. As atividades extrativas minerais mais intensos se verificam na bacia do Araripe e nas bacias costeiras do estado. Essas atividades, contudo, são pouco expressivas quando comparada com as que ocorrem em outros estados do país.

Os principais recursos minerais explorados em Pernambuco são: argila, caulim, calcário, ferro, gipsita, areias quartzosas e ouro.

3.8 Relevo de Pernambuco

A geomorfologia e o relevo do Estado de Pernambuco podem ser compartimentados nas seguintes estruturas:

→ Faixa sedimentar litorânea;
- Níveis cristalinos;
- Depressão periférica do São Francisco;
- Bacia do Jatobá;
- Bacia de Mirandiba;
- Bacia de São José do Belmonte;
- Bacia de Fátima;
- Bacia de Betânia;
- Bacia do Araripe;

Faixa Sedimentar Litorânea

Caracteriza-se, principalmente, por uma maior largura ao norte do Recife (60 km). Seu estreitamento (3 a 7 km) ao sul por vezes chega a desaparecer quase que totalmente, sobretudo na altura do Cabo de Santo Agostinho.

Terrenos Sedimentares Quartzólicos em Dunas.

Essa área que acompanha o sentido norte-sul do estado pode ser subdividida em:

Baixada Litorânea: compreende os terrenos mais recentes relacionados ao Quaternário, que acompanham a orla marítima e, por vezes, penetra alguns quilômetros na direção do interior do Estado, ocupando os terraços fluviais. É constituída por planícies litorâneas de origem mista: fluviais, flúvio-marinhas ou marinhas. Em geral, está representada por praias, recifes, restingas, dunas, lagoas e mangues, quando predomina a influência marítima; ou por terraços fluviais, várzeas, planícies aluviais ou colúvio-aluviais, quando predomina a ação dos agentes continentais. As praias distribuem-se ao longo da orla marítima e são considerados os primeiros níveis continentais emersos.

Os recifes constituem verdadeiros quebra-mares naturais e se originam de antigas praias consolidadas, geralmente de areias, cascalhos, calhaus e restos de conchas que se consolidam devido o carbonato de cálcio depositado pelas algas marinhas.

Suas atribuições verificam-se no litoral mais para o sul do Estado, podendo formar duas ou três faixas paralelas equidistantes das praias. As areias, sob forma de restingas, influem sobre a rede hidrográfica, chegando, por vezes, a entulhar as pequenas rias encontradas na área. As dunas constituem acúmulos de areias formadas pela ação dos ventos e não representam destaque na costa pernambucana. As lagoas e lagunas distribuem-se indistintamente ao longo do litoral.

Os mangues encontram-se nos cursos inferiores dos rios, onde se verifica uma mistura das águas dos rios e do mar.

Mangue do Capibaribe.

Baixos Platôs Costeiros: compreende a área ocupada pelos sedimentos do Grupo Barreiras, referidos ao Terciário, assentados dominantemente sobre o embasamento cristalino. Sua faixa mais larga está ao norte do paralelo recifense e poucas áreas em faixas estreitas são verificadas litoral sul. O relevo varia de plano a suave ondulado, com declives de 0 a 6% e altitudes com cotas de 50 a 150 metros. Próximo às linhas de drenagem, o relevo pode apresentar-se ondulado a forte ondulado.

Níveis cristalinos/Borborema: compreende áreas com predominância do relevo forte ondulado situadas na zona da Mata, com altitudes variando de 10 a 350 metros. Aparecem como a transição entre a Faixa Sedimentar Costeira e a Borborema (Maciço da Borborema) propriamente dita.

Escarpas da Borborema em Belo Jardim (PE)

Depressão Periférica do São Francisco: o Sertão de Pernambuco está dominantemente representado na estrutura geológica do Pré-Cambriano, com algumas áreas de recobrimento sedimentar no extremo oeste (tabuleiros interioranos), proveniente de materiais que descem da Borborema e da Chapada do Araripe na direção da grande calha do rio São Francisco, que constitui o grande canal natural que comanda toda a rede de drenagem desta região.

Bacia do Jatobá: situa-se na porção centro-sul do Estado, com início a cerca de 8 km a sudoeste de Arcoverde, e compreende parte dos municípios de Petrolândia, Inajá, Buíque, Ibimirim, etc. Apresenta extensão máxima de 155 km e largura de 15 km, cobrindo uma área aproximadamente 6.200 km2.

Bacia de Mirandiba: está localizada no município de Mirandiba, onde o relevo predominante é o suave ondulado com vales abertos e secos. Apresenta um aquífero subterrâneo muito bom, o qual representa uma fonte potencial para irrigação e suprimento d'água para as comunidades locais.

Bacia de São José do Belmonte: sua ocorrência se faz presente, principalmente, em torno de São José do Belmonte, através do Silúrio-Devoniano, Formação Tacaratu. Apresenta comprimento de aproximadamente 45 km na direção leste-oeste e uma largura média da ordem de 20 km. Predomina nesta bacia o relevo suave ondulado, com vales abertos e secos. Deve-se destacar, nesta bacia, o grande potencial hídrico subterrâneo, que já está sendo utilizado para pequenos projetos de irrigação com culturas como tomate, milho e feijão, etc., além de fornecer água potável para as comunidades locais.

Mapa Geológico Simplificado da Bacia do Araripe

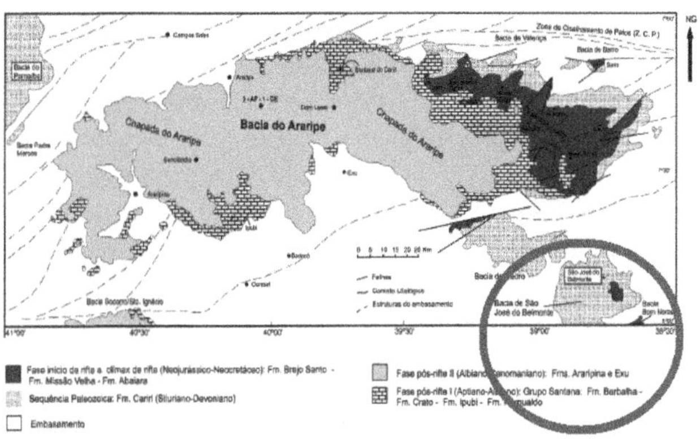

Fonte: http://ppegeo.igc.usp.br/scielo.php?pid=S1519-874X2013000400001&script=sci_arttext

Bacia de Fátima: compreende uma área aproximada de 260 km2 que se estende na porção central do Semiárido Pernambucano, no sentido norte/sul entre as cidades de Afogados da Ingazeira e Sítio dos Nunes. Está diretamente relacionada com os arenitos da Formação Tacaratu, Grupo Jatobá.

Bacia de Betânia: constitui uma bacia sedimentar de pequena extensão, totalmente inserida na porção central do Semiárido do estado de Pernambuco, situada a oeste e noroeste da cidade de Betânia, entre os riachos São Domingos e Quixaba. Relaciona-se, também, com os arenitos da Formação Tacaratu, Grupo Jatobá do Silúrio/Devoniano. Apesar de restrita, afigura-se com perspectiva de abastecimento de núcleos habitacionais, com água potável de boa qualidade, através de poços.

Bacia do Araripe: a Bacia do Araripe é representada pela Chapada do Araripe. Ocupa parte dos Estados do Ceará, Pernambuco e Piauí. Constitui-se num grande divisor de águas entre as bacias hidrográficas do rio São Francisco, ao sul, Jaguaribe, ao norte, e Parnaíba, a oeste. O relevo predominante no topo é plano e suave ondulado; enquanto nas encostas predominam os relevos forte ondulado, montanhoso e/ou escarpado. A Bacia do Araripe apresenta um potencial aquífero muito bom, principalmente no lado cearense, onde podem ser constatada a presença de diversas nascentes no sopé da chapada.

Fonte: atoandonet.blogspot.com.br/2013/08/

3.9 Quadro Natural – Vegetação

Dentre as formações vegetais de Pernambuco, merecem destaque, pelas áreas que ocupam, as caatingas nas zonas fisiográficas do Sertão e Agreste, e as florestas que têm como habitat principal a zona fisiográfica do Litoral e Mata, parte da Chapada do Araripe, e partes úmidas que ocorrem nos conhecidos "brejos de altitude".

De forma sucinta, a vegetação do Estado está apresentada no esquema seguinte no quadro:

Formações Florestais	Floresta perenifólia de restinga Floresta perenifólia de várzea Floresta subperenifólia Floresta subcaducifólia Floresta caducifólia
Manguezais	
Vegetação de transição	Floresta/caatinga/cerrado (carrasco) Floresta subcaducifólia/cerrado
Caatingas Cerrados	Floresta caducifólia/caatinga hipoxerófila Hipoxerófila Hiperxerófila
Campos e outras formações	Formações das praias Campos de restingas Campos de várzeas Formações rupestres (rupícolas) Formações acaatingadas das dunas

3.10 Formações Florestais

Formação Perenifólia de Restinga: corresponde à vegetação de mata de restinga e floresta estacional perenifólia de restinga e terraços litorâneos. Sua localização diz respeito aos terraços arenosos holocênicos da baixada litorânea. Relativamente pouco densa, é uma formação com árvores em torno de 10 a 12 metros de altura, troncos finos, ramificação geralmente baixa, caules às vezes tortuosos e copas irregulares. Tem sido devastada principalmente para fins imobiliários.

Formação Perenifólia de Várzea: esta formação praticamente não mais existe, cedendo lugar às culturas diversas. É encontrada nas margens de alguns cursos de água, periferia de brejos, bem como em baixadas úmidas, até mesmo em áreas alagadas temporariamente. Também é conhecida sob as designações de floresta ciliar, floresta galeria e floresta ribeirinha. É uma formação higrófila, densa, de porte médio, que se relaciona, principalmente, com os Solos Aluviais da zona do Litoral e Mata.

Floresta Subperenifólia: é uma formação densa, alta (20 a 30m), rica em espécies vegetais, e da qual são encontrados remanescentes tanto na zona úmida costeira como em alguns brejos de altitude. Cada vez mais cedendo lugar a culturas diversas, esta vegetação avança de leste para sudoeste, paralelamente a uma outra faixa com florestas subcaducifólia e subperenifólia alcançando por uma região de cotas elevadas, o município de Correntes e com pequenas descontinuidades, alcança a cidade de Garanhuns. É uma vegetação sempre verde, onde raramente as culturas necessitam de alguma irrigação complementar.

Formação Subcaducifólia: corresponde, em parte, à "mata seca" e em parte, à "floresta estacional caducifólia costeira". Quase que totalmente substituída pela cana-de-açúcar e culturas diversas, pode-se verificar, pelos poucos remanescentes, que esta formação ocupou grande parte do setor nordeste do Estado, principalmente no sentido Itambé, Aliança, Nazaré da Mata e Carpina. Formação com porte em torno de 20 metros (estrato mais alto), que apresenta como característica importante, uma razoável perda de suas folhas no período seco, notadamente no estrato arbóreo. Na época chuvosa, a sua fisionomia confunde-se com a da floresta subperenifólia, no entanto, no período seco, nota-se a diferença entre elas. Em áreas situadas mais para o interior tal formação aparece ocupando as partes mais elevadas dos conhecidos "brejos de altitude" já referidos anteriormente.

Formação Caducifólia: atualmente, esta formação florestal encontra-se bastante devastada. Algumas espécies comuns às caatingas também lhe dizem respeito. Alguns e limitados remanescentes são encontrados em torno da cidade de Timbaúba. Entre as cidades de Sanharó, São Bento do Una e Cachoeirinha, ocorrem algumas áreas chamadas vulgarmente de Chãs, como a Chã da Borrachinha, com floresta caducifólia, e outras com floresta e, ou, caatinga hipoxerófila.

Manguezais: A vegetação dos mangues teve sua área bastante reduzida por aterros diversos, bem como os coqueirais e a vegetação da restinga praticamente desapareceram, cedendo lugar para edificações diversas. Pela dificuldade na determinação de alguns tipos de vegetação, algumas áreas foram reconhecidas como formações transicionais, como exemplos: transição floresta subcaducifólia/caatinga hipoxerófila, floresta/caatinga/cerrado (carrasco), floresta caducifólia e, ou, caatinga hipoxerófila, entre outros. Essa formação recebe a denominação de Floresta de alagados litorâneos.

Vegetação de Transição Caatinga/ Cerrado/ Floresta: trata-se de uma vegetação, praticamente caducifólia, em princípio, que ocupa a parte central e oeste da Chapada do Araripe. É uma formação arbóreo-arbustiva, densa, com presença de espécies espinhosas, mas com poucas cactáceas e localmente denominada de carrasco. Sua fisionomia, à primeira vista, parece uma caatinga; no entanto, atentando-se melhor para sua composição florística, trata-se mais de uma área de tensão entre as formações caatinga, floresta e o cerrado. Merecem destaque as espécies vulgarmente conhecidas por visgueiros do Araripe, faveira, pau-d'óleo, mangabeira, amarelo, angelim, sete cascas, catingueiras, sabiá, jurema, canafístula, cidreira, lagarteiro, banha, guabiraba, cambuí e araçádeveado.

Floresta subcaducifólia/cerrado (carrasco): constitui uma vegetação que compreende espécies das formações básicas referentes à floresta subcaducifólia e ao cerrado. Ocorre na parte leste da Chapada do Araripe.

Floresta caducifólia/caatinga hipoxerófila (carrasco): trata-se de uma formação que compreende espécies das formações básicas referentes à floresta caducifólia e à caatinga hipoxerófila. Sua distribuição geográfica se destaca na parte ocidental da Chapada do Araripe.

Caatingas: Do tupi "Mata Branca", (kaa=mata, tinga = branca), esse bioma enquadra-se nas formações arbustivas, com árvores pequenas e arbustos espaçados, em que é comum a presença de cactáceas. As caatingas compreendem diferentes tipos de associações vegetais que formam matas secas e campos. A caatinga é propriamente uma mata seca caducifólia. Somente o juazeiro (destacado a seguir), que possui raízes muito profundas para capturar água do subsolo, e algumas palmeiras não perdem as folhas. Por ser definida pela escassez de água, a Caatinga apresenta espécies xerófitas, isto é, adaptadas à seca: elas perdem as folhas a fim de diminuir a transpiração e, com isso, protegerem-se da falta de água. Em áreas próximas das serras, onde ocorrem chuvas de relevo ou orográficas, existem verdadeiros "oásis de fertilidade", chamados brejos pé-de-serra, em que são produzidos alimentos e frutas. Encontram-se também alguns brejos nos topos das serras, bem como nas encostas expostas ao vento denominados, respectivamente, brejos de altitude e de exposição.

No Estado de Pernambuco, estas formações vegetais ocupam, aproximadamente, 5/6 da superfície do Estado onde as famílias das leguminosas, cactáceas, malváceas, bromeliáceas e euforbiáceas parecem ter maior ocorrência.

Caatinga hipoxerófila: apresenta caráter xerófilo menos acentuado quando relacionado com a hiperxerófila. Seu limite aproximado é a zona fisiográfica do Agreste. Ocorre ainda na zona fisiográfica do Sertão, como no sopé da Chapada do Araripe e na região limítrofe com o Estado da Paraíba, como as partes elevadas de Ingazeira, Sta. Teresinha e Brejinho. A quase totalidade das espécies da caatinga hipoxerófila é comuns à caatinga hiperxerófila e vice-versa. Grande é a variação de espécies nestas formações.

Caatinga Hiperxerófila: é a caatinga característica da região semiárida da zona fisiográfica do Sertão, com xerofitismo mais acentuado, e ocorre em áreas com maiores irregularidades de chuvas, em relação às áreas ocupadas pela caatinga hipoxerófila. Esta vegetação ocupa grandes extensões no Sertão de Pernambuco, estendendo-se dos municípios de Arcoverde e Águas Belas para oeste, tomando a quase totalidade da parte ocidental do Estado. Embora em alguns pontos esta caatinga seja encontrada com porte arbóreo (verdadeira floresta caducifólia espinhosa), existe uma faixa mais ou menos paralela ao rio São Francisco, abrangendo partes dos municípios de Floresta, Belém de São Francisco, Cabrobó e Santa Maria, onde esta formação parece ser mais seca.

Cerrados: ocorre nos Tabuleiros Costeiros, atualmente, já bastante misturada com outras formações e em áreas erodidas, como no município de Garanhuns, onde já aparecem pequenos núcleos possivelmente do tipo cerrado. Os cerrados no Estado caracterizam-se por um manto herbáceo, com predominância de gramíneas, onde se intercalam árvores tortuosas.

Formações das Praias: é uma vegetação rasteira, frequentemente rala e mais ou menos uniforme, que ocorre nas áreas próximas ao mar, limite com as Areias Quartzosas Marinhas.

Canavalia Marítima. Fonte: http://www.serc.si.edu/labs/animal_ plant_interaction/ Trail/English/Galleries/Galleryimages/Plants/ OtherPlants/OtherPlants-01fFS.html

Campo de Restinga: aparece logo após as formações das praias, e com elas, por vezes, confunde-se. É arbustiva de densidade variável, tendo nas áreas mais abertas algumas espécies comuns aos cerrados dos tabuleiros costeiros. Sua largura é variável e chega mesmo, às vezes, a desaparecer, quando da presença das falésias. Outro traço marcante de sua fisionomia é a ocorrência de moitas densas e baixas, intercaladas com área de vegetação rasteira.

Campos de Várzea: ocorrem nas várzeas úmidas e alagadas, em periferias de cursos d'água e lugares úmidos onde, de certo modo, existe acúmulo das águas dos rios, riachos e de chuvas.

Formações Rupestres: São formações dos lajeados de granitos, migmatitos e outras rochas que constituem os afloramentos rochosos da área. Compõem estas formações, principalmente, espécies de baixo porte pertencentes às famílias das Cactáceas e Bromeliáceas.

Formações acaatingadas de dunas: é uma formação aberta de pequeno porte, até os 4 a 5 metros de altura, e foi designada de "Formações acaatingadas das dunas". Apresentam um limitado número de espécies.

4. INDICADORES SOCIAIS E POPULAÇÃO EM PERNAMBUCO

O conhecimento dos dados demográficos de um estado é fundamental para que ele seja melhor administrado. Programas de saúde, educação, trabalho, etc., devem ser adequados ao perfil da população em questão. No Brasil, o Instituto Brasileiro de Geografia e Estatística (IBGE) realiza diferentes levantamentos que auxiliam os governos na gestão das políticas públicas.

A região Nordeste do Brasil possui uma densidade demográfica de 36,39 hab./km², a terceira menor do país, apresentando a terceira menor taxa de crescimento do país, com 11,18% em média, de acordo com os últimos dados do IBGE 2015. O estado de Pernambuco, com uma população de 9.390.452 habitantes, apresenta uma densidade demográfica bem superior à nordestina, são aproximadamente 95,5 hab./km², e a capital Recife apresenta um dado que revela a macrocefalia urbana exercida pela metrópole, com mais de 7000 hab./km².

Evolução Demográfica de Pernambuco (1872-2010)

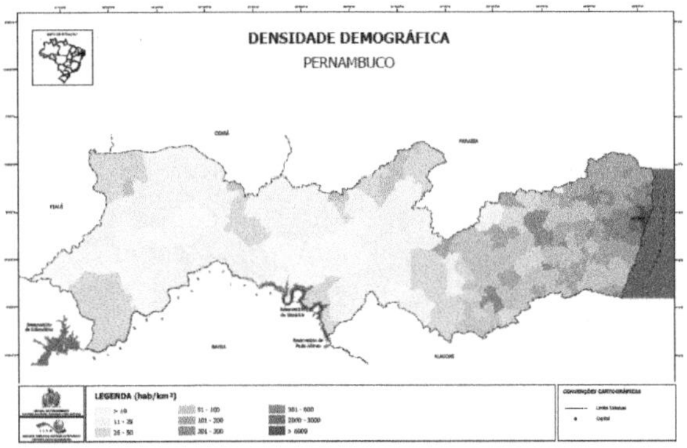

Fonte: Fonte: BASE CARTOGRÁFICA: Arquivo Gráfico Municipal (Agência CONDEPE/FIDEM - FIAM - IBGE, 1998) - BASE TEMÁTICA: Laboratório de Meteorologia de Pernambuco - LAMEPE)

A população de Pernambuco é predominantemente urbana, cerca de 81% do total.

4.1 Crescimento Populacional

O IBGE 2015 apontou que a população residente em Pernambuco era de 9.390.452 habitantes, o que representa a 7ª população do país.

Ranking das Unidades Federativas

Estado	População
São Paulo	44.396.484
Minas Gerais	20.869.101
Rio de Janeiro	16.550.024
Bahia	15.203.934
Rio Grande do Sul	11.247.942
Paraná	11.163.018
Pernambuco	9.390.452
Ceará	8.904.459
Pará	8.175.113

Fonte: IBGE, Estimativa populacional IBGE 2014

Segundo dados do IBGE, a população pernambucana cresceu numa velocidade acelerada nos últimos censos. Para explicar esse crescimento populacional, algumas variáveis são fundamentais: taxa de natalidade, taxa de mortalidade e taxa de fecundidade. O aumento da população é chamado crescimento demográfico ou populacional. Para obter esse número relativo do crescimento demográfico, deve-se somar o número de nascimentos com as migrações e subtrair o número de óbitos.

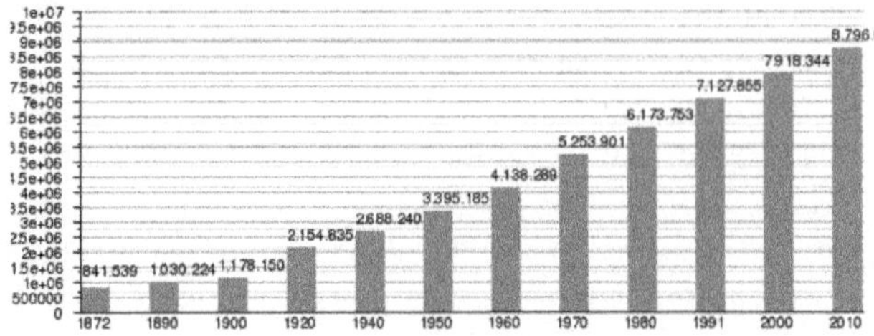

Fonte: https://pt.wikipedia.org/wiki/Demografia_de_Pernambuco

As cinco cidades mais populosas do estado de Pernambuco são: Recife (1,536,9340), Jaboatão dos Guararapes (644,699), Olinda (375,559), Caruaru (314,951) e Paulista (300,611), segundo dados do IBGE, 2010.

Segundo o IBGE, o crescimento contínuo da população pernambucana é devido à queda nas taxas de mortalidade após os anos 70 e também aos altos níveis de fecundidade desse período até os anos 2000. No entanto, a taxa de crescimento vem passando por um momento de desaceleração, a partir dos anos 1990, quando os níveis de fecundidade começaram a apresentar reduções mais significativas.

Taxa Bruta de Natalidade (TBN) e Taxa Bruta de Mortalidade (TBM) - 2000/2030

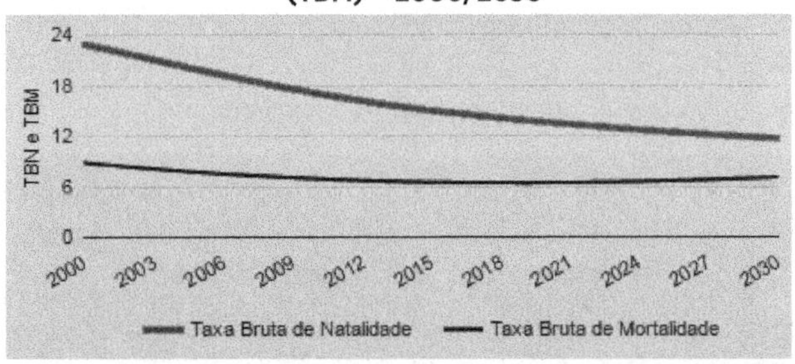

Fonte: http://www.ibge.gov.br/apps/populacao/projecao/

4.2 Estrutura da População

A estrutura etária das populações no Brasil e em Pernambuco apresentam dinâmicas semelhantes. Nos anos 80 a parcela de população jovem (0-14 anos) tanto no Brasil com em Pernambuco era de aproximadamente 40% do total das populações. Em 2010, esse percentual caiu para algo próximo de 25% dessas populações, evidenciando a transição demográfica vivida tanto no país como no estado de Pernambuco.

O número relativo de idosos na população total, vem aumentando significativamente. Nos anos 80, as pessoas com 60 anos ou mais representavam algo próximo de 5% do total das populações brasileira e pernambucana, hoje em dia esse número aproxima-se de 11% nos dois casos.

Enquanto isso o grupo dos adultos aparece como a maior parcela da população brasileira e pernambucana. Nos anos 80 esse número representava 54% aproximadamente do total na população pernambucana e nos dias de hoje ele representa cerca de 70% do total da população do estado como podemos observar na pirâmide etária abaixo:

Pirâmide Etária de Pernambuco (2016)

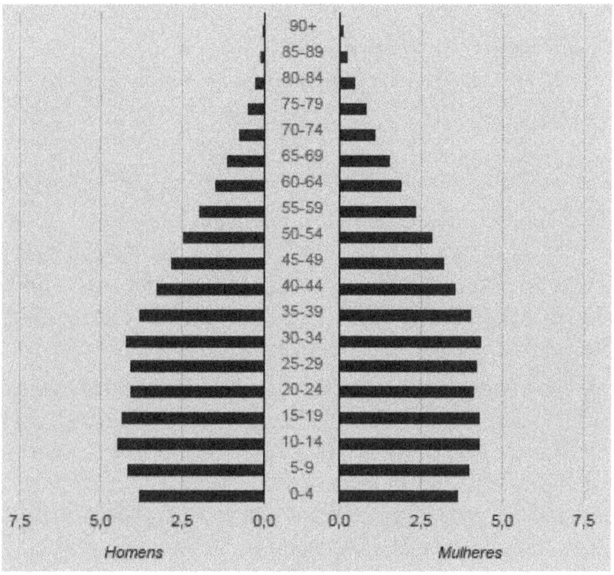

Fonte: http://www.ibge.gov.br/apps/populacao/projecao/

4.3 Taxa de Fecundidade em Pernambuco

Os resultados da Pesquisa Nacional por Amostra de Domicílios (Pnad) mostram que Pernambuco está envelhecendo. A taxa de fecundidade da população em 2016, de menos dois nascimentos por mulher, é a menor já registrada pelo IBGE, caindo próximo ao nível do limite da reposição. Assim como o número de filhos e a parcela mais jovem da população apresentaram queda, a faixa de pessoas com 60 anos ou mais cresceu.

A tendência de queda no número de filhos vem sendo observada desde a década de 1990. Na época, a taxa de fecundidade era de 3,3 nascimentos por mulher, pouco acima do registrado nas duas décadas anteriores. Já em 1970, a taxa de fecundidade no estado caiu para 6,8 filhos por mulher e, dez anos depois, para 4,1. Em 1991 e 2000, as taxas foram de 2,9 e 2,3, respectivamente.

Taxa de Fecundidade Total – 200-/2030 (Brasil e Pernambuco)

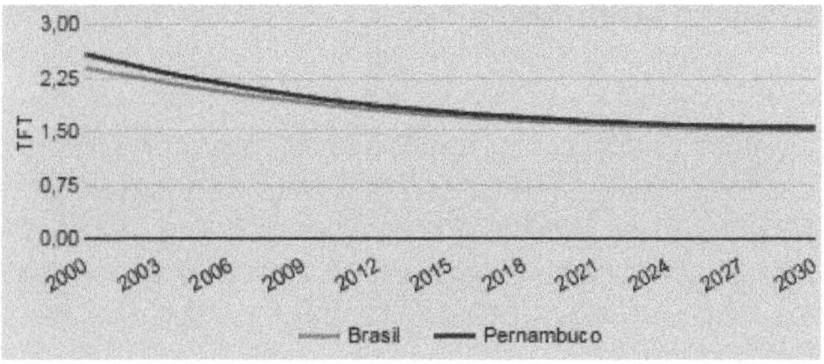

Fonte: http://www.ibge.gov.br/apps/populacao/projecao/

4.4 Gênero

Como se pode observar na pirâmide etária, e com base nos dados do Censo de 2010, há uma pequena predominância de mulheres sobre os homens. A população feminina é maior do que a população masculina devido à maior expectativa de vida das mulheres. De acordo com os dados do Censo de 2010, os homens somavam 4.229.879 habitantes e as mulheres somavam 4.566.135 habitantes no estado nordestino. A população feminina em Pernambuco só é menor que a do Rio de Janeiro e do Distrito Federal que lideram o ranking das unidades federativas com maior número de mulheres. Os homens representam 48, 1% da população do estado enquanto as mulheres respondem por 51,9 desse total.

Os homens era maioria até os 19 anos, mas a partir dos 20 anos a relação se invertia e as mulheres predominavam entre a população adulta e idosa.

Relação da Quantidade de Homens e Mulheres

Fonte: http://www.atitudeto.com.br/ibge-diz-esta-sobrando -mulher-nordeste-e--tocantins-sobram-homens/

4.5 Composição Étnica

Os indígenas, os negros e os brancos formam os três grupos básicos que compõem a população pernambucana. A intensa miscigenação ou mestiçagem originou mulatos, cafuzos e caboclos, que o IBGE resume em um único grupo, pardos.

Os povos e a diversidade caminham de mãos dadas desde o início da formação do Estado de Pernambuco. Heterogeneidade é a palavra que melhor descreve o povo pernambucano. Na sua formação, o Estado teve um elevado número de imigrantes. São portugue ses, italianos, espanhóis, árabes, judeus, japoneses, alemães, holandeses e ingleses. Além das fortes influências africana e, claro, indígenas, um verdadeiro caldeirão étnico-cultural de riqueza ímpar.

Conforme dados do IBGE, a composição étnica da população pernambucana é constituída por pardos (55,2%), brancos (37,9%), negros (6,3%) e índios (0,6%), de acordo com o Censo 2010 do IBGE.

Atualmente, segundo a Fundação nacional do índio (Funai), vivem em Pernambuco um total de 25.726 remanescentes dos povos indígenas que primitivamente habitavam o estado, que conta com 11 etnias indígenas:

> Pankararu 4.062 integrantes;
> Kambiwá 1.400 integrantes;
> Atikum 4.506 integrantes;
> Xucuru 8.502 integrantes;
> Fulniô 3.048 integrantes;
> Truká 2.535 integrantes;
> Tuxá 47 integrantes;
> Kapinawá 1.035 integrantes;
> Pipipãs 591 integrantes.

Os Pipipã formam uma das etnias historicamente habitantes da Serra Negra, grupo dissidente Kambiwá que teve os estudos para Identificação iniciados em 2005. O Território Pipipã sofre com impactos das obras do eixo leste do projeto de Transposição do Rio São Francisco, que corta seu território ao meio e com o fato da Serra Negra ser Reserva Biológica, o que gera vários problemas para o povo como o monitoramento pelo ICMBio do uso dos índios da serra, por exemplo no ritual do "auricuri".

4.6 Indicadores Sociais Básicos

Déficit habitacional

O déficit habitacional engloba as moradias sem condições de serem habitadas, em razão da precariedade das construções ou do desgaste da estrutura física em áreas urbanas e/ou rurais. No estado de Pernambuco, o déficit habitacional é de aproximadamente 130.000 domicílios, dos quais 60% em áreas urbanas e 40% nas áreas rurais. Esse déficit está intimamente ligado às deficiências dos estoques de moradias. Inclui a necessidade de incremento do estoque, em função da coabitação familiar forçada, dos moradores de baixa renda com dificuldade de pagar aluguel e dos que vivem em casas e apartamentos alugados com grande densidade.

Em relação ao resto que de domicílios particulares permanente do estado de Pernambuco, o déficit corresponde a 10,6%, que aparece abaixo do número regional e acima do número nacional.

Escolaridade

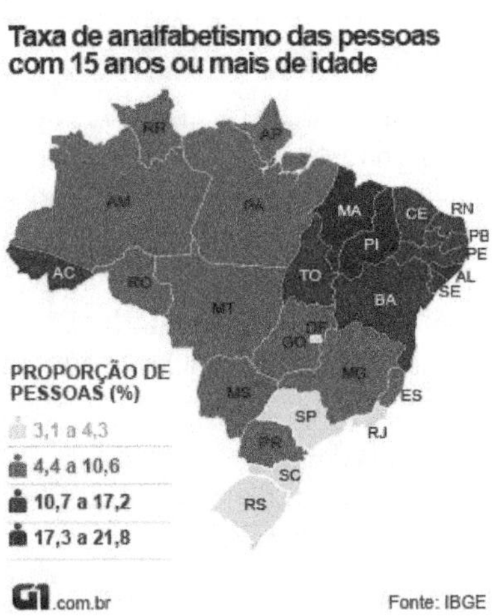

A média de anos de estudo do segmento etário que compreende as pessoas acima de 25 anos ou mais de idade revela a escolaridade de uma sociedade segundo os dados de IBGE (2010). A taxa de analfabetos de Pernambuco chega a 20,8% da população local, que indica ser um dos menores da região Nordeste. Os analfabetos funcionais representam 13,2.

Esperança de Vida ao Nascer

A expectativa de vida do brasileiro ao nascer aumentou 12,4 anos entre 1980 e 2013, segundo dados divulgados Instituto Brasileiro de Geografia e Estatística (IBGE). Se a expectativa de vida era 62,5 anos há 34 anos, no ano passado de 2013 passou a ser 74,9 anos, de acordo com a Tábua Completa de Mortalidade para o Brasil – 2013.

A expectativa de vida em Pernambuco aumentou para 73 anos, mas ainda é menor que a média nacional dos brasileiros, de 75 anos e dois meses (75,2), em 2014, de acordo com o Instituto Brasileiro de Geografia e Estatística (IBGE).

Em Pernambuco, a expectativa de vida dos homens era de 53,5 anos em 1980, e a das mulheres, 59,9. Em 2013, a dos homens era 68,5, e a das mulheres, 76,7. O aumento foi de 15,0 para eles e 16,8 para elas. Esse aumento da longevidade do brasileiro e do pernambucano pode ser explicada principalmente pelas reduções da mortalidade infantil e das mortes dos idosos com mais de 70 anos. Essas duas faixas etárias foram as que apresentaram mais ganhos no período citado.

A probabilidade de um bebê morrer antes de completar um ano de vida caiu de 69,1 por mil em 1980 para 15 por mil em 2013. A melhoria do indicador pode ser explicada por avanços no saneamento básico, aumento da cobertura vacinal, programas de atenção pré-natal e de aleitamento materno e iniciativas governamentais, segundo o IBGE.

Taxa de mortalidade infantil (TMI) – 2000/2030

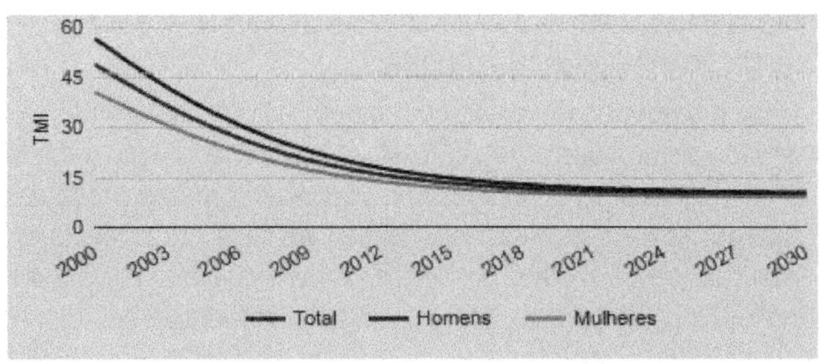

Fonte: http://www.ibge.gov.br/apps/populacao/projecao/

IDH de Pernambuco

O Índice de Desenvolvimento Humano Municipal (IDH-M) de Pernambuco passou de 0.440, em 1991, para 0.673, em 2010. A melhora no indicador fez com que o Estado, que tinha o indicador classificado muito baixo, tivesse o seu status elevado para médio. De acordo com o Atlas do Desenvolvimento Urbano no Brasil, elaborado pelo Programa das Nações Unidas para o Desenvolvimento (Pnud), Pernambuco ocupa a 19ª posição no ranking nacional no que diz respeito ao IDH-M.

Os municípios que registraram os melhores desempenhos foram Fernando de Noronha (0.788), Recife (0.772) e Olinda (0.735). Já os que apresentaram os piores desempenhos foram

Manari (0.487), Jurema (0.509) e Itaíba (0.510). Manari, no Sertão do Estado, conseguiu deixar para trás o triste título de detentora do pior IDH-M do país, mas apesar disto os indicadores do município são os piores de todo o Estado.

No ranking divulgado pelo Índice de Desenvolvimento Humano Municipal (IDH-M), Recife aparece como a melhor capital nordestina quando o assunto é qualidade de vida. Nos dados, a capital pernambucana, com aproximadamente 1,5 milhão de habitantes, apresenta IDHM de 0,772.

Para o ranking, são levados em conta três itens: vida longa e saudável (longevidade), acesso ao conhecimento (educação) e padrão de vida (renda). Nos últimos dois levantamentos – em 1991 e em 2000 –, o Recife tinha o índice de 0,576 e 0,660, respectivamente.

Ranking do IDH entre as Capitais Nordestinas

CAPITAIS (UF)	IDH-M
Recife (PE)	0,722
Aracaju (SE)	0,770
São Luís (MA)	0,768
João Pessoa (PB)	0,763
Natal (RN)	0,763
Salvador (BA)	0, 759
Fortaleza (CE)	0,754
Teresina (PI)	0, 751
Maceió (AL)	0, 721

Fonte: IBGE, PNAD.

A Região Metropolitana do Recife, na mesma pesquisa, aparece na décima quinta colocação do ranking do IDH (Índice de Desenvolvimento Humano) das metrópoles do país. A RMR ficou atrás, por exemplo, de outras capitais do Nordeste, como São Luiz (MA) e Salvador (BA). No Brasil, ocupa a 15ª colocação geral. A atualização ontem incluiu Maceió (AL), Baixada Santista (SP), Campinas (SP) e Vale do Paraíba/ Litoral Norte (SP). Entre os bairros do Recife, aparecem com maiores índices de desenvolvimento Espinheiro, Jaqueira, Tamarineira e Casa Amarela, todos com 0,955, seguidos de Graças e Aflitos (0,952) e a orla de Boa Viagem (0,951). Na base do índice, estão a área rural de Ipojuca (0,523) e Jussaral, no Cabo (0,559).

IDH – M (Pernambuco – 2010)

Posição	Municípios	IDH-M	Nível
1º	Fernando de Noronha	0,788	Alto IDH
2	Recife	0,722	Alto IDH
3	Olinda	0,735	Alto IDH
4	Paulista	0,732	Alto IDH
5	Javotão dos Guararapes	0,717	Alto IDH
6	Petrolina	0,697	Médio IDH
7	Camaragibe	0,686	Médio IDH
8	Cabo Santo Agostinho	0,686	Médio IDH
9	Carpina	0,680	Médio IDH
10	Abreu e Lima	0,679	Médio IDH
11	Caruaru	0,677	Médio IDH
12	Triunfo	0,670	Médio IDH
13	Salgueiro	0,669	Médio IDH
14	Arcoverde	0,667	Medio IDH
15	Igarassu	0,665	Médio IDH
16	Garanhus	0,664	Médio IDH
17	Limoneiro	0,663	Médio IDH
18	Nazaré da Mata	0,6621	Médio IDH
19	Serra Talhada	0,661	Médio IDH
20	Afogados da Ingazeira	0,657	Médio IDH

Mapa do IDH-M Pernambuco

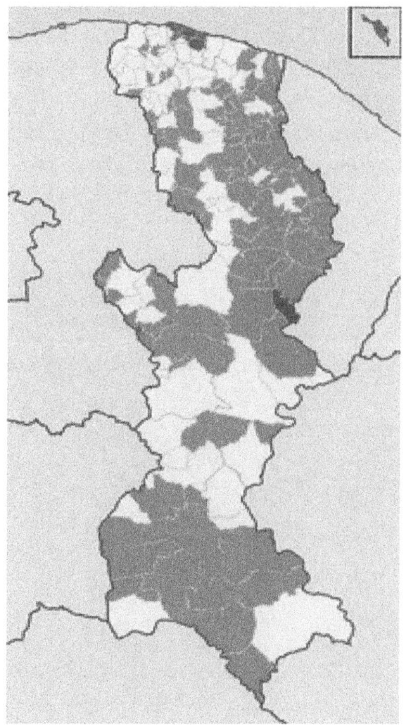

Fonte: IBGE, PNAD

5. A ECONOMIA DE PERNAMBUCO

5.1 O Mercado Importador e Exportador

O estado de Pernambuco apresentou, ao longo de seu desenvolvimento histórico, momentos diferenciados de desenvolvimento econômico, passando por períodos de grande dinamismo, seguidos de outros de enorme estagnação.

No início do processo colonial, o período áureo do ciclo açucareiro fez com que Pernambuco tivesse o maior crescimento do então "Brasil Colônia". No entanto, a partir das décadas finais do século XVII até o início do século XIX, a economia açucareira mergulhou em estagnação e crise.

"A monocultura da cana no Nordeste acabou separando o homem da própria água dos rios; separando-o dos próprios animais – 'bichos do mato' desprezíveis ou então considerados no seu aspecto único de inimigos da cana, que era preciso conservar à distância dos engenhos (como os próprios bois que não fossem os de carro). E não falemos aqui da distância social imensa que a monocultura aprofundou, como nenhuma outra força, entre dois grupos de homens os que trabalham no fabrico do açúcar e os que vivem mal ou voluptuosamente dele".

FREYRE, Gilberto. O Nordeste. 4. ed. São Paulo: Editora José Olympio, 1967. Rio de Janeiro: Nova Fronteira; Brasília: INL, 1984.

Na metade do século XIX, uma recuperação leve alavanca novamente a economia do estado, marcada ainda pelo crescimento da economia açucareira, que, no fim do século, sofre com uma nova oscilação orquestrada pelo mercado externo e traz novos problemas para o "açúcar" que, diante disso, volta-se ao mercado interno como forma de amenizar a crise.

Uma nova expansão da economia articulada à agroindústria açucareira criou em Pernambuco uma atividade industrial fornecedora de insumos e equipamentos para essa própria indústria (que, na atualidade, é a agroindústria com a maior/melhor infraestrutura no Nordeste), principalmente no setor metalmecânico, bem como no têxtil. Este último tem por base o algodão nordestino e o mercado regional, então protegido por barreiras de custos de transporte, ao tempo em que o Brasil vai adotando o modelo de industrialização substitutiva.

Essas condições permitiram ao estado de Pernambuco assumir uma posição de destaque no contexto nordestino, mesmo que a base econômica fosse muito concentrada no entorno da capital e muito dependente do setor açucareiro.

5.2 O Início do Século XX e os "Barões" do Açúcar

O governo, no início do século XX, de maneira indireta, contribuiu consideravelmente com os famosos "barões do açúcar" na região Nordeste e no estado de Pernambuco. Na década de 1930, a agricultura canavieira paulista começou a competir com a nordestina, devido a sua modernização e ampliação de base técnica. O governo criou, nesse contexto, o IAA (Instituto do Açúcar e do Álcool), com o objetivo de criar cotas de produção de açúcar entre os estados brasileiros e garantir um preço mínimo para o produto. Assim, o IAA garantia uma parcela do mercado açucareiro aos produtores da Zona da Mata nordestina, com destaque para Pernambuco, além de garantir preços compatíveis com seus custos.

IAA
INSTITUTO DO AÇÚCAR E DO ÁLCOOL

Durante longa data, o IAA contribuiu para a presença do açúcar nordestino no mercado nacional. Porém, com o passar dos anos, a estratégia e a instituição mostraram-se ineficientes e retrógradas. Em 1990, o IAA foi extinto e fez com que as perdas dos produtores nordestinos frente à produção paulista.

Esse contexto de maior exposição à concorrência levou ao fechamento de várias usinas industriais e a elevados índices de desemprego. Mesmo assim, deve-se ter em consideração que, em termos absolutos, a indústria de transformação de Pernambuco tem ainda peso significativo no contexto nordestino. Entretanto, no setor agrícola pernambucano, a participação desproporcional da cana-de-açúcar em seu todo mostra a importância histórica da cana nesse estado, tendo esta atividade pouco mais de 43% do produto agrícola estadual.

Participação Percentual dos Principais Produtos Agrícolas no Valor Bruto da Produção de Pernambuco

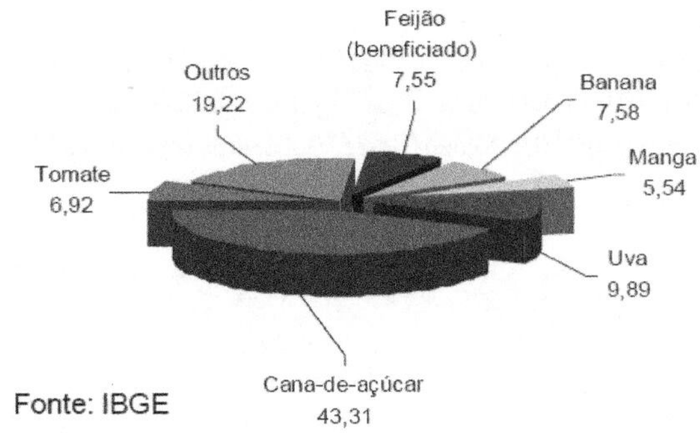

Fonte: IBGE

Diante da retração no setor industrial, no final do século XX, a economia de Pernambuco sustentou suas baixas taxas de crescimento do PIB graças ao setor terciário. Nele, o peso maior foi dado pelo segmento de transporte, armazenagem e comunicações, particularmente este último ramo, tendo ainda os setores primário e terciário apresentado desempenho muito aquém dos anos anteriores.

Taxa de Crescimento Total e Setorial do PIB

(Pernambuco – 2001-2003)

Ano	Primário	Secundário	Terciário	Total
2001	3,2	1,7	2,6	1,8
2002	16,6	0,12	1,6	2,3
2003	9,7	1,1	0,2	1,2

Fonte: CONDEPE/FIDEM

Seguindo a tendência nacional, a economia pernambucana apresenta um peso bem maior do terciário em seu conjunto de atividades. Assim, a dinâmica da economia pernambucana termina sendo muito influenciada pelo setor serviços e esta já se apresenta com uma participação muito elevada para sustentar o crescimento, apesar de contar com alguns segmentos representativos do chamado terciário moderno, que consegue maior valor agregado em suas atividades. Nos últimos anos, o setor terciário vem sendo dinamizado pelas ampliações nos serviços de telefonia fixa e celular e outros sub-ramos das comunicações.

5.3 A Sudene e a Industrialização

Na segunda metade do século XX, com os incentivos fiscais e demais instrumentos da política regional adotada com a criação da Sudene, a economia pernambucana conseguiu atrair boa parte dos projetos de investimento apoiados nesse esquema e, assim, atingiu um patamar mais elevado de diversificação industrial, mesmo que ainda muito localizado na Região Metropolitana do Recife.

Superintendência do Desenvolvimento do Nordeste
Sudene

A criação da Sudene modificou inteiramente o direcionamento das políticas de desenvolvimento do Nordeste e de Pernambuco. A lei que criou a Sudene delimitou também a área de atuação da agência, que não coincide com os limites do Nordeste. Essa agência atua além do Nordeste, nos estados de Minas Gerais e Espírito Santo, este último a partir de 1998. Com a Sudene, a economia industrial chegou às capitais nordestinas, em especial ao Recife e a Salvador.

A Sudene (Superintendência de Desenvolvimento do Nordeste), criada em 1959, pelo então presidente Juscelino Kubitschek, tem um papel fundamental no desenvolvimento da economia nordestina.

A partir da segunda metade dos anos 1970, no entanto, provavelmente de forma associada à menor participação nos incentivos fiscais da Sudene, a economia pernambucana iniciou um período de menor dinamismo relativo, crescendo em uma média inferior ao Nordeste.

Tal perda de ímpeto ampliou-se na primeira metade dos anos 1980. Observa-se certa recuperação do dinamismo relativo em Pernambuco, tendo a média de crescimento da década atingido 3,5% ao ano, enquanto a do Nordeste chegava aos 3,3%. Nos anos 1990, entretanto, a perda relativa de Pernambuco no contexto regional foi mantida com uma média de crescimento do PIB de 2,0% para este, e de 3,0% para o Nordeste. Essa perda de posição relativa da economia de Pernambuco no todo da Região motivou alguns analistas a buscar explicações, as quais se encontram resumidas neste material.

Em 2001, a Sudene foi extinta pelo então presidente FHC, e foi criada em seu lugar a ADENE a partir da Medida Provisória nº 2.146-1, Maio de 2001.

Essa decisão foi tomada sob a influência marcante da grande recessão que afetou o país a partir da década de 1980, tendo como causa remota os dois choques do petróleo ocorridos na década anterior, culminando com a cessação dos financiamentos externos e com a decretação da moratória em 1987. No rastro da recessão, veio o ressurgimento do modelo de neoliberalismo que havia sido abandonado após a grande depressão de 1929/1930, que deu origem às políticas de redução do tamanho e do poder de intervenção do Estado na economia, justificando a execução acelerada de amplo programa de privatização das empresas estatais e também, de modo complementar, a extinção das Superintendências de Desenvolvimento Macrorregional, que permaneciam como redutos das políticas desenvolvimentistas. No entanto, a criação da Adene, sem a mínima condição de levar adiante a política de desenvolvimento que havia sido iniciada com sucesso pela SUDENE, sofreu severa rejeição da sociedade nordestina, abrindo espaço para a discussão de propostas alternativas quanto à política de desenvolvimento regional.

Em 2007, a Lei Complementar nº 125, de 03 de Janeiro, recriou a Sudene como órgão de natureza autárquica especial, administrativa e financeiramente autônoma, integrante do Sistema de Planejamento e de Orçamento Federal, com sede na cidade de Recife, Estado de Pernambuco, e vinculada ao Ministério da Integração Nacional.

Nos últimos anos, alguns fenômenos vêm influenciando de forma marcante as atividades econômicas. Entre eles, verifica-se a globalização, associada com mudanças de paradigma tecnológico, o que, por sua vez, acarretou uma maior abertura das economias ditas periféricas e uma mudança acentuada no papel do Estado como indutor de atividades econômicas.

Taxa de Crescimento Anual do PIB de Pernambuco e do Brasil – 1996/2011

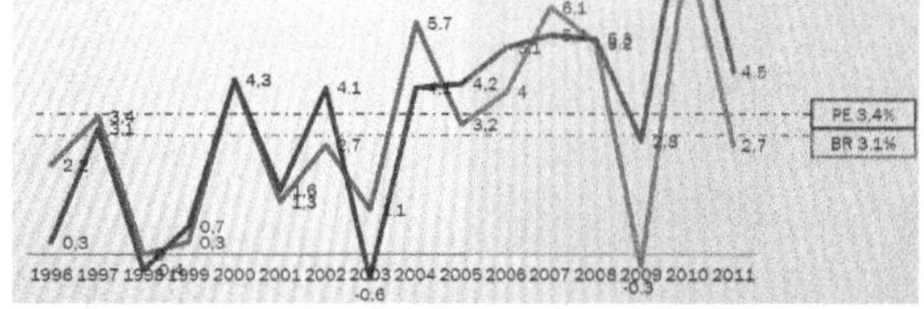

Fonte: Sérgio C. Buarque – Desafios de Pernambuco nas próximas décadas.

Depois de experimentar um período razoavelmente longo de atraso relativo, a economia de Pernambuco vem mostrando, mais recentemente, alguns indícios de recuperação do crescimento, apresentando uma performance relativa um pouco superior à média dos demais estados nordestinos. Tal desempenho parece estar associado a oportunidades criadas pela localização e pela atração de investimentos carreados pela existência de um distrito industrial portuário, o complexo Suape, Refinaria de Abreu e Lima. Cita-se também o aproveitamento de algumas vantagens relativas de espaços econômicos como o da fruticultura irrigada no Vale do São Francisco e do gesso na região do Araripe. Convém mencionar, ainda, o melhor desempenho de segmentos mais tradicionais, como o sucroalcooleiro, nos anos mais recentes.

5.4 Complexo Portuário de Suape

O Complexo Industrial Portuário de Suape é considerado um dos principais polos de investimentos do país. O Porto apresenta estrutura moderna, com profundidades entre 15,5m e 20,0m e grande potencial de expansão. Sua localização estratégica em relação às principais rotas marítimas de navegação o mantém conectado a mais de 160 portos em todos os continentes, com linhas diretas da Europa, América do Norte e África.

A localização de Pernambuco, no centro da região Nordeste, faz de Suape um núcleo concentrador e distribuidor de cargas. Além disso, o porto de Suape é vocacionado como um porto internacional concentrador de cargas (hub port) para toda a América do Sul.

Suape agrega uma multimodalidade de transportes, através de rodovias e ferrovias internas, aliadas a um porto de águas profundas com redes de abastecimento de água, energia elétrica, telecomunicações e gás natural, instaladas em todo o complexo.

O complexo Suape é hoje um dos principais trunfos da economia pernambucana, que poderá ajudar a transformar sua base produtiva de maneira mais sólida e competitiva.

Porto Concentrador de Cargas – Hub Port (Localização de Suape)

Fonte: www.senado.gov.br

A movimentação portuária cresce em ritmo acelerado e consolida Suape como um porto concentrador e distribuidor de cargas, um verdadeiro Centro Logístico, no Nordeste brasileiro. Em 2011, a movimentação de cargas ultrapassou os 10,4 milhões de toneladas e a de contêineres foi maior que 400 mil TEUs, o que representa um crescimento de 25% e 33%, respectivamente, em relação ao ano anterior.

Centro Logístico do Nordeste Brasileiro – Suape

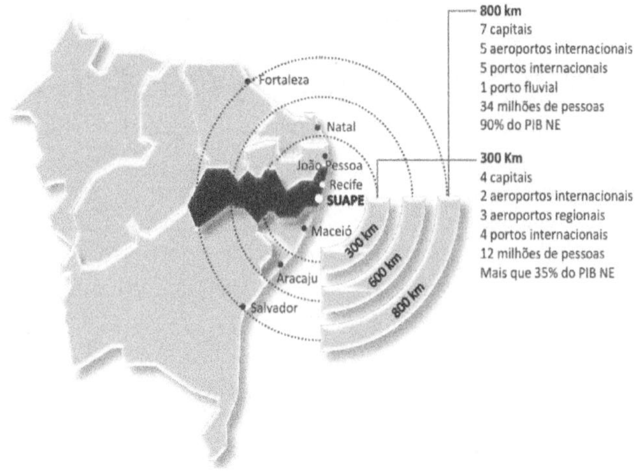

Fonte: www.senado.gov.br

A sua estrutura de porto-indústria oferece condições ideais para a instalação de empreendimentos nos mais diversos segmentos. Suape conta com uma infraestrutura terrestre própria, em permanente desenvolvimento e modernização, com ferrovias e rodovias. O porto interno recentemente ganhou novos berços e, além disso, o Complexo ainda conta com fornecimento de gás natural, energia elétrica, água bruta e água tratada.

O Complexo estrutura-se em uma área de 13.500 hectares, distribuída em zonas Portuária, Industrial, Administrativa e Serviços, de Preservação Ecológica e de Preservação Cultural.

O Estaleiro Atlântico Sul conta com capacidade de processamento de 160 mil toneladas de aço/ano, 1 milhão e 620 mil metros quadrados de terreno, área industrial coberta de 130 mil metros quadrados e um dique seco de 400 metros de extensão, 73 metros de largura e 12 metros de profundidade. O dique é servido por dois pórticos Goliaths de 1.500 toneladas/cada, dois guindastes de 50 toneladas/cada e dois de 35 toneladas/cada.

Ao ser implantado, o empreendimento abriu oportunidades de fornecimento para empresas já sediadas em Pernambuco, e as que foram instaladas, nas áreas de bens de capital e caldeiraria (vasos de pressão, tanques, permutadores de calor, estruturas metálicas, acessórios e tubulações), indústria de cortes de blanks, mobiliário, equipamentos e cutelaria, materiais sanitários, marmoraria, gases industriais, abrasivos etc.

O Estaleiro Atlântico Sul está situado no Complexo Industrial Portuário de Suape, município de Ipojuca, em Pernambuco, no Nordeste brasileiro. O complexo está conectado às principais rotas de navegação e a 160 portos em todos os continentes, além de ter posição privilegiada em relação a grandes regiões produtoras de petróleo e gás natural, como o Golfo do México e a Costa Ocidental do continente africano.

Desafios importantes devem ser superados para tal empreendimento. A construção naval é extremamente exigente em padrões de qualidade e segurança, que envolvem fornecedores de materiais, bens e serviços. Exige-se a certificação da embarcação, bem como dos componentes, e vistorias periódicas durante a construção. Para que a economia pernambucana habilite-se à integração com o estaleiro, há que se buscar, assim, a formação de joint ventures com fabricantes de fora para transferência de tecnologia, qualificação dos equipamentos junto às sociedades qualificadoras, a qualificação de mão de obra para fabricação, prestação de serviços e testes de provas de equipamentos e navios, além do desenvolvimento de equipamentos e serviços exclusivos para a indústria naval.

Para atender a esses requerimentos, faz-se necessária a articulação entre entidades públicas e privadas, bem como se exige muita determinação delas para viabilizar tais tarefas.

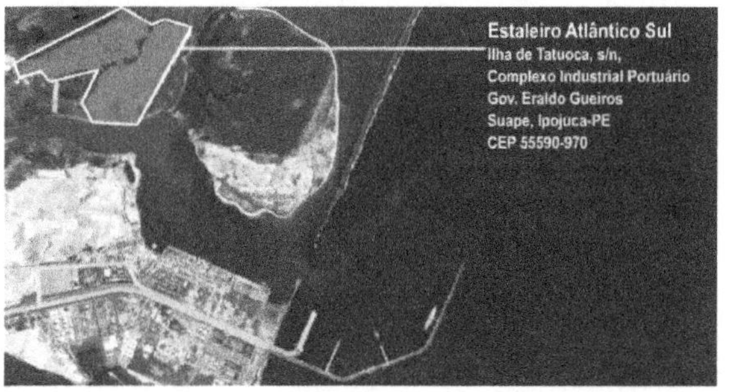

Fonte: http://www.estaleiroatlanticosul.com.br/

Fonte: www.pedesenvolvimento.com

Os trabalhadores do setor metalmecânico continuam sofrendo com o processo de desmobilização no Estaleiro Atlântico Sul (EAS). Informações do Sindicato dos Trabalhadores Metalúrgicos de Pernambuco (Sindimetal-PE) dão conta de que, em outubro de 2015, foram demitidos mais 200 funcionários.

Os desligamentos começaram em novembro de 2014, mas se intensificaram este ano. Só em 2015 foram registradas 2,3 mil demissões, restando 2,9 mil funcionários. A expectativa da diretoria do estaleiro para 2016 é manter o quadro atual de 2,5 mil trabalhadores.

Impactos de Suape

Constantemente apontado como um dos fatores para a maior incidência de ataques de tubarão no Recife, o Complexo Industrial e Portuário de Suape vem sendo questionado devido a seus impactos ambientais desde a década de 1970, quando começaram as discussões e construções no Litoral Sul.

Estudos apontam que, além de haver relação direta entre as obras e a mortandade dos peixes protegidos por lei, a atividade do Porto impacta e destrói territórios pesqueiros entre os municípios de Ipojuca e do Cabo de Santo Agostinho. A passagem dos rios Merepe e Ipojuca para o mar foi barrada com o aterro. Abriu-se "uma janela para o mar", de modo que ali não passa areia nem os fertilizantes necessários para alimentar a plataforma.

Em Suape, houve um grande impacto e, a cada ano, a tendência é aumentar essa perda, pois o ambiente natural vai sofrendo danos, principalmente em função da perda dos manguezais. Parte do recife de arenito de mais de oito quilômetros foi dinamitado e retirado para dar acesso dos navios ao porto. Outra preocupação dos pesquisadores está relacionada às dragagens, necessárias para a manutenção da profundidade da baía, que é rasa historicamente.

5.5 Fruticultura no Sertão

Nos últimos anos, tem-se verificado o crescimento de culturas irrigadas localizadas no Sertão do estado (Polo Petrolina/Juazeiro), como é o caso da uva e da manga, que, juntas, detêm cerca de 15% do valor bruto da produção agrícola. Isso mostra a dinamização da economia agrícola de Pernambu co. Tais culturas vêm apresentando comportamento dinâmico com direcionamento crescente para o mercado externo, principalmente para a União Europeia e para os Estados Unidos.

Segundo a Companhia de Desenvolvimento dos Vales do São Francisco e do Parnaíba (Codevasf), o polo de fruticultura irrigada no Sertão de Pernambuco colheu, em 2015, 577 mil toneladas de alimentos. No período, a atividade registrou faturamento de R$ 920 milhões, o que representou elevação de quase 17% na receita, em comparação a 2014. A região produz 90% das mangas e uvas consumidas no Brasil.

Fonte: Repórter Brasil. Disponível em: <http://reporterbrasil.org. br/2013/03/gua--mole-em-terra-dura-uma-pequena-revolucao-no-sertao-pernambucano/>.

5.6 Porto Digital

O Porto Digital, sociedade civil sem fins lucrativos, surgiu com o objetivo de dar maior visibilidade à economia digital de Pernambuco. Trata-se de um parque tecnológico urbano, que pretende ser de classe mundial e visa promover um ambiente de inovação para negócios das tecnologias da informação e comunicação no estado de Pernambuco. No Porto Digital, o setor de Tecnologia da Informação e Comunicação é a ferramenta de desenvolvimento econômico e social.

O Porto Digital é resultado do ambiente de inovação que se consolidou em Pernambuco nas últimas décadas. Em uma região atrativa para inovação, as instituições, as empresas, as universidades e os governos fomentaram mudanças econômicas e sociais que estão gerando riqueza, emprego e renda. Hoje Pernambuco se coloca no cenário mundial por seu capital humano.

A infraestrutura acadêmica de excelência em áreas específicas do conhecimento, como: tecnologia da informação e comunicação, química, física, matemática, engenharias, saúde, sociais, humanas e biológicas, faz de Pernambuco um destaque no cenário nacional. Atualmente, Pernambuco tem 105 Instituições de Ensino Superior (IES) credenciadas e autorizadas (MEC, 2009), dentre as quais se destacam:

> Universidade Federal de Pernambuco (UFPE);
> Universidade Federal Rural de Pernambuco (UFRPE);
> Universidade do Vale do São Francisco (UNIVASF);
> Universidade Estadual de Pernambuco (UPE);
> Universidade Católica de Pernambuco (UNICAP).
> Centros de Formação Profissional (9 IFPE, ETEPAM e outras 18 Escolas Técnicas Estaduais e mais 11 previstas)

→ Institutos de Pesquisa (ITEP e IPA);

> Sistema S;
> Porto Digital.

Fonte: www.ifpe.edu.br.

Há uma participação crescente do setor de TIC no PIB pernambucano. Enquanto a média nacional é de 0.8%, em Pernambuco, a participação chega a 1.8%, de acordo com dados do IBGE e do Condepe. Nesse contexto de produzir conhecimento localmente e exportar serviços de valor agregado para o mundo, surgiu o Porto Digital, em julho de 2000.

O Porto é um projeto de desenvolvimento econômico que agrega investimentos públicos, iniciativa privada e universidades, compondo um sistema local de inovação que tem, atualmente, 130 instituições entre empresas de TIC, serviços especializados e órgãos de fomento. Em quase quatro anos de operação, o Porto Digital transferiu para o Bairro do Recife Antigo 4.000 postos de trabalho em TI, atraindo 10 empresas de outras regiões do País e quatro multinacionais, abrigando, ainda, dois centros de tecnologia. Essa mão de obra merece destaque, pois 90% de seu contingente tem nível superior em diversas áreas de atuação, como desenvolvimento de softwares, geomática, gestão de trânsito, biometria, e-business etc.

5.7 Polo Farmacêutico – Hemobrás

A consolidação do polo farmacêutico de Pernambuco, em Goiana, às margens da BR-101, é um passo muito importante, com a futura implantação da unidade industrial da Hemobrás, que produzirá hemoderivados para suprimento do mercado interno.

O empreendimento, com recursos predominantemente do governo federal e aporte do governo estadual, ocupa uma área de 320 hectares, no município de Goiana, e desencadeou um processo de desenvolvimento socioeconômico dessa microrregião.

Abreu e Lima – Refinaria

Um dos projetos mais estruturantes previstos para instalação em Suape nos próximos anos é, sem dúvida, a Refinaria Abreu e Lima, em parceria a ser formada pela Petrobras com a PDVSA. Esse projeto tem escala mundial, com processamento previsto de 200.000 barris de petróleo por dia, voltado para a produção de nafta, diesel e GLP, aproveitando a oportunidade de processar óleo pesado proveniente do Brasil e da Venezuela.

O cronograma de implantação do projeto iniciou-se em outubro de 2006, e o projeto básico, em outubro de 2007. O detalhamento, a construção e a montagem ficaram prontos entre outubro de 2007 e dezembro de 2011, com o início de operações/obras em dezembro de 2011.

Por ser um projeto de grande vulto, está prevista a absorção de 10.000 empregados por ano ao longo da construção, bem como de 2.000 empregados na fase de operação. O contingente de equipamentos com oportunidades de fornecimento para a fase de construção da refinaria, em nível nacional, é bem amplo. Entre estes, podem ser citados reatores, torres de processo, permutadores, vasos de pressão, formas, compressores, bombas, motores, ventiladores. Entre os materiais em que há oportunidade de fornecimento, por parte de empresas pernambucanas, podem ser citados tubulação, acessórios de tubulação, válvulas, estruturas metálicas, movimentação de terras, concreto, ferro de estruturas, painéis elétricos, instrumentos de medição e controle, transformadores, cabos elétricos, além de edificações.

Uma refinaria de petróleo implica a abertura de oportunidades a inúmeras outras atividades de pequeno, médio e grande porte. Com isso, a economia de Pernambuco poderá se beneficiar consideravelmente com o fornecimento de bens e serviços do tipo vigilância, apoio administrativo, comunicação, lavanderia industrial, fornecimento de EPIs, uniformes e de extintores de incêndio, apoio de informática no caso das atividades de pequeno porte. O fornecimento de médio porte passa por: manutenção predial, locação de veículos e andaimes tubulares, manutenção de sistemas de ventilação e ar condicionado, pintura, limpeza, serviços de refratários e isolamento térmico, manutenção de motores elétricos, manutenção de sistemas digitais de controle, detalhamento e montagem de pequenos projetos de melhoria nas áreas de caldeiraria, tubulação, elétrica e instrumentação.

Com a possibilidade da instalação da Refinaria de Petróleo em Pernambuco, deve-se salientar que, em se tratando de um projeto estruturador, traz encadeamentos significativos, abrindo perspectivas para a cadeia do petróleo no estado. Nesse sentido, embora existam grupos de pesquisa trabalhando no tema, deve-se ter uma ação que anteceda a implantação do investimento, preparando mão de obra qualificada e infraestrutura de ensaios e de consolidação de equipes qualificadas. Este investimento aponta para a necessidade de reforçar a importância de ensaios técnicos, bem como reestruturar, no estado, grupos de pesquisa nas áreas de materiais e química.

Notícia Recente!

Retomada da obra da Refinaria Abreu e Lima é esperança de emprego

Petrobras terá R$ 756 milhões para investir este ano no empreendimento A Petrobras terá R$ 756 milhões para investir na Refinaria Abreu e Lima (RNEST) este ano. O valor está previsto no Orçamento Federal de 2016 e será utilizado para retomar as obras da primeira etapa do empreendimento, que foram suspensas em 2014 em função das investigações da operação Lava Jato. A expectativa é de que o reinício da construção reanime a economia de Pernambuco, com a geração de 2 mil empregos só na construção pesada. Apesar da boa notícia, o processo não será imediato porque a Petrobras terá que voltar a licitar a obra para só depois começarem as contratações do canteiro.

Fonte: JC Online. Disponível em: <http://jconline.ne10.uol.com.br/ canal/economia/ pernambuco/noticia/2016/01/05/retomada-da -obra-da-refinaria-abreu-e-lima--e-esperanca-de-emprego-215215. php>. Acesso em fev. de 2016.

Transnordestina

Ferrovia Transnordestina unirá as três pontas mortas do sistema ferroviário do Nordeste – Missão Velha/CE, Salgueiro/PE e Petrolina/PE –, alavancando, assim, o desenvolvimento econômico de diversos setores em sua área de abrangência, especialmente o polo gesseiro do Araripe e o polo agroindustrial de Petrolina e Juazeiro. Além disso, integrará o sistema hidroviário do São Francisco, o sistema rodoviário sertanejo e o sistema ferroviário já existente, tornando mais eficiente a logística do transporte de cargas. A Transnordestina terá 1.728 km de extensão e vai ligar os portos de Pecém, no Ceará –, e o de Suape, em Pernambuco, à cidade de Eliseu Martins, no Piauí.

Rota da Transnordestina

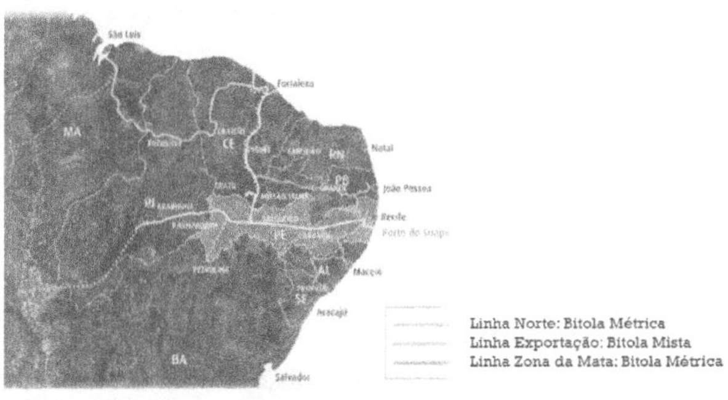

Trecho	Total (km)
Missão Velha (CE) - Salgueiro (PE)	96
Missão Velha (CE) - Pecém (CE)	527
Salgueiro (PE) - Suape (PE)	522
Salgueiro (PE) - Trindade (PE)	116
Trindade (PE) - Elizeu Martins (PI)	420
Total	**1.728**

Fonte: AD Diper (Agência de Desenvolvimento Econômico de Pernambuco).

O objetivo é facilitar e baratear o transporte de produtos agrícolas e minerais para a exportação como o gesso produzido no Sertão do Araripe pernambucano. A implantação da ferrovia deverá facilitar muito o escoamento da produção de gesso e de frutas do extremo oeste de Pernambuco, podendo também impactar favoravelmente sobre a instalação usinas de biodiesel e sobre a reativação da avicultura, suinocultura e aquicultura.

Entre os benefícios socioeconômicos da ferrovia, destacamos:

- redução dos custos logísticos de exportação;
- aumento do valor das terras do cerrado nordestino;
- reorganização espacial da produção agrícola;
- atração de novos empreendimentos para a região;
- estímulo ao projeto nacional de biodiesel;
- desenvolvimento regional equilibrado no Nordeste,
- 500 mil novos empregos;
- melhoria do meio ambiente com o uso intensivo de um meio de transporte menos poluente, o trem.

6. A URBANIZAÇÃO EM PERNAMBUCO

Como todo o Brasil, Pernambuco vem sofrendo sensíveis transformações na sua estrutura demográfica, que se reflete tanto em sua composição etária, como na composição por setores de atividades dentro do estado, com uma acentuada terceirização das atividades, fruto do processo de urbanização.

Nos anos 1970, a distribuição da população situada por domicílio em Pernambuco passou a sofrer alterações, quando nesse período os dados evidenciavam uma prevalência pela primeira vez da população urbana sobre a população rural. Enquanto a população urbana chegava aos 54,5%, o espaço/população rural vinha perdendo força dentro do estado. Nos dias atuais, o grau de urbanização do estado de Pernambuco ultrapassa 80% de sua população.

A maior concentração urbana se verifica na mesorregião metropolitana do Recife. O êxodo rural responsável pelo crescimento das cidades é fruto de uma estrutura agrária marcada pela concentração de terras, que predomina em praticamente todo o estado de Pernambuco.

Dentre os centros urbanos, poucos são os que superam uma população de 10.000 habitantes. A grande maioria das cidades é formada por pequenos centros que funcionam mais como núcleos agrícolas onde grande parte da população que aí reside trabalha no campo e não em atividades urbanas.

Dentre as principais cidades pernambucanas, a mais importante é Recife, que soma à sua função administrativa outras inúmeras funções, constituindo-se numa verdadeira metrópole, cuja área de influência extrapola os limites do estado e da região Nordeste.

Além de Recife, destacam-se como principais cidades entre outras, Olinda, antiga capital, cidade histórica e centro de atração turística. Jaboatão dos Guararapes, Cabo de Santo Agostinho, Paulista, Igarassu e São Lourenço da Mata, centros industriais que se encontram conurbados à Recife.

Goiana, Nazaré da Mata, Timabúba e Carpina são cidades de destaque na mesorregião da Mata Pernambucana, ao norte de Recife. Caruaru é o grande centro comercial e turístico Agreste pernambucano, assim com Garanhuns e Taquaritinga do Norte.

A Feira de Caruaru, localizada no Agreste pernambucano, surgiu em uma fazenda situada em um dos caminhos do gado, entre o sertão e a zona canavieira, onde pousavam vaqueiros, tropeiros e mascates. A Feira é lugar de memória e de continuidade de saberes, fazeres, produtos e expressões artísticas tradicionais que continuam vivos no comércio de gado e dos produtos de couro, nos brinquedos reciclados, nas figuras de barro inventadas por Mestre Vitalino, nas redes de tear, nos utensílios de flandres, no cordel, nas gomas e farinhas de mandioca, nas ervas e raízes medicinais.

Artesanato do Mestre Vitalino.

6.1 Região Metropolitana do Recife no Cenário Nacional

O Brasil, de acordo com as estimativas do IBGE de 2015, divulgadas pelo Instituto Brasileiro de Geografia e Estatística (IBGE), apresenta uma população de 205.513.356 habitantes. A Região Nordeste concentra aproximadamente 30% desse contingente populacional, mantendo-se como a 2ª região mais populosa do Brasil, nas duas últimas décadas. O Estado de Pernambuco situa-se na 7ª posição entre os estados mais populosos, em 2010 e 2015, embora sua participação venha decrescendo no contexto da população brasileira, ao longo do século, passando na última década de 4,7% para 4,6%, com um contingente de 9.385.810 habitantes. A Região Metropolitana do Recife (RM Recife) é a 7ª região mais populosa entre as RMs brasileiras, com 3.926.317 habitantes que residem em mais de 1.250.000 domicílios, e que se concentra em aproximadamente 43% do total na metrópole Recife.

A RMR (Região Metropolitana do Recife) foi criada pela Lei Federal nº 14 de 1973; inicialmente formada por 9 municípios, hoje apresenta 14 integrantes e a Ilha de Fernando de Noronha: Jaboatão dos Guararapes, Paulista, Olinda, Igarassu, Abreu e Lima, Camaragibe, Cabo de Santo Agostinho, São Lourenço da Mata, Araçoiaba, Ilha de Itamaracá, Ipojuca, Moreno, Itapissuma e Recife.

Concentra 42% da população em 2,81% do território estadual (IBGE, 2010). Concentra também a maior parte do PIB estadual (65,1%) e, as mais expressivas dinâmicas urbanas. Desse total, 3.926.317 habitantes são residentes da zona urbana (51% da população urbana de PE) e 124.643 habitantes moram na zona rural (5,81 % da população rural do Estado). Com 218 km^2, a capital Recife representa 7,2% da área metropolitana e concentra 41,6 % dos habitantes dessa região.

6.2 Região Metropolitana do Recife

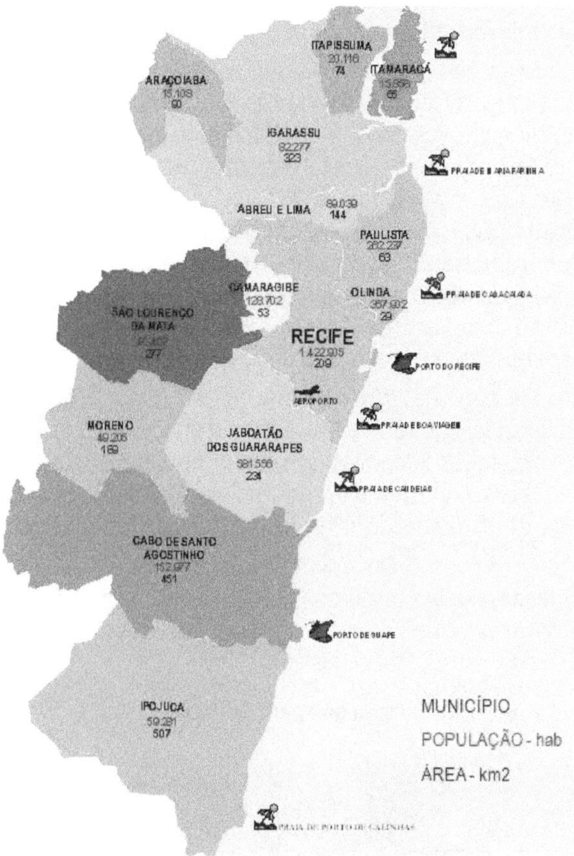

Fonte: OBSERVATÓRIO PERNAMBUCO. Sistema de Informações Geográficas dos Assentamentos Populares da Região Metropolitana do Recife. Recife, UFPE/ PPGEO-MDU/FASE-PE

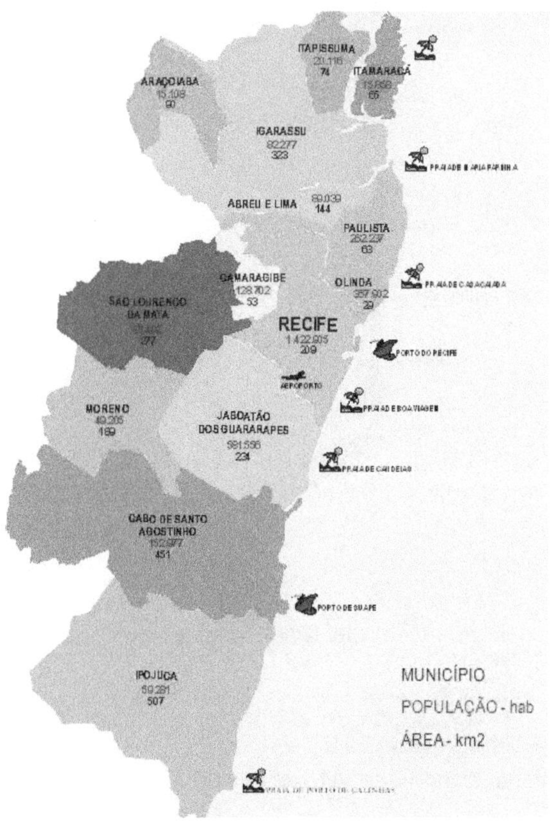

→ A RMR apresenta um modelo de ocupação espacial caracterizado por duas estruturas:

> Uma malha contínua que ultrapassa limites político--administrativos municipais, como, por exemplo, o processo de conurbação com Jaboatão dos Guararapes, Paulista e Olinda;

http://pedesenvolvimento.com/2014/06/07/

> A presença de núcleos urbanos isolados que apresentam pouca integração à sua dinâmica de fluxos, funções e relações socioeconômicas, como, por exemplo, o município de Moreno, ainda com pouca integração nessa região.

Município de Moreno, na RMR, apresentando pouca integração com a metrópole Recife. Fonte: http://acentelha-morenope.blogspot.com.br/2014_07_01_archive.html

Nas últimas décadas, a participação relativa da população do Recife na RMF diminuiu, apresentan do uma redução de 44 % (1991) para 42,6% (2000) e para 41,64% (2010). Por sua vez, a população do seu entorno cresceu 237.412 habitantes (IBGE, 2010). Os municípios de Jaboatão dos Guararapes (686.122 hab.), Olinda (389.494 hab.) e Paulista (322.730 hab.) são núcleos urbanos conurbados com o Recife (município-polo). Esses apresentam um nível muito alto de integração. Os demais municípios metropolitanos se caracterizam por diferenciados processos de integração que variam do alto ao médio. Destacam-se, do conjunto, os municípios de Abreu e Lima (99.602 hab.), Camaragibe (154.054 hab.) e Cabo de Santo Agostinho (200.546 hab.) por apresentarem um alto nível de integração com o Recife.

Jaboatão dos Guararapes é o 9º maior município do Nordeste brasileiro em número de habitantes, ficando à frente inclusive da capital de Sergipe, Aracajú, que tem 623.766 habitantes de acordo com os últimos dados do IBGE.

A metrópole do Recife constitui-se um espaço privilegiado da região Nordeste, tanto por sua localização em relação ao mercado mundial quanto pela sua centralidade em relação às demais metrópoles do Nordeste – Salvador e Fortaleza – das quais dista cerca de 800 km. Ela polariza a maior faixa contínua de altas densidades populacionais da região nordestina, que se dispõe ao longo do litoral, desde a cidade de Natal até a de Aracajú e nos interiores próximos, envolvendo uma rede de mais de 120 cidades, o que a distingue das demais metrópoles nordestinas, que se inserem em regiões, onde a população é mais dispersa e os centros urbanos são mais distantes uns dos outros, com exceção do entorno das respectivas regiões metropolitanas.

Área de influência de Recife

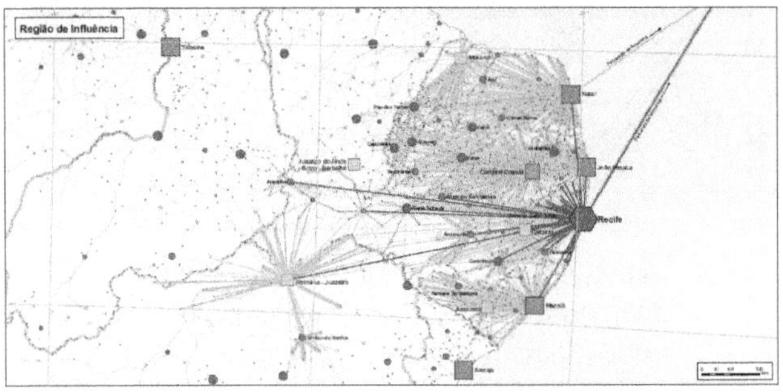

http://www.mma.gov.br/estruturas/PZEE/_arquivos/regic_28.pdf

Em estudos realizado/desenvolvido pelo Observatório das Metrópoles (Identificação dos Espaços Metropolitanos e Construção de Tipologias no ano de 2005), que considerou os indicadores selecionados entre os utilizados para a composição da hierarquia dos espaços urbanos, as aglomerações foram classificadas segundo o grau de concentração de atividades no polo. Entre as 15 regiões metropolitanas brasileiras, a do Recife foi considerada de nível 3, ao lado das metrópoles de Belo Horizonte, Porto Alegre, Brasília, Curitiba, Salvador e Fortaleza.

Esses espaços urbanos foram classificados conforme o nível de integração dos municípios em relação ao polo, considerando os seguintes indicadores:

> Evolução demográfica;

> Fluxos de deslocamentos pendulares;

> Densidade e características ocupacionais, por meio dos quais se delimitou a abrangência efetiva da aglomeração em cada unidade pesquisada.

A partir desses indicadores, a Região Metropolitana do Recife apresentou um nível médio de integração. Um dos principais símbolos dessa integração é o sistema metroviário do Recife. O Metrô do Recife é composto de vinte e nove estações, com linhas que somam 71 quilômetros de extensão (quando somada a extensão do sistema complementar por VLT 39,5km considerando apenas o Metrô), transportando cerca de 400 mil usuários por dia, sendo a maior parte da demanda concentrada na linha centro, embora a linha sul esteja com demanda crescente, resultado do aumento da quantidade de trens em funcionamento e inaugurações de novos terminais de ônibus integrados ao metrô.

O Metrô do Recife é formado por duas linhas distintas, a Linha Centro (Linha Centro 1 e a Linha Centro 2) e Linha Sul. Os trens da Linha Centro, que partem da Estação Recife, possuem dois destinos distintos: a estação de Camaragibe e a de Jaboatão.

Isso acontece devido ao fato de as linhas Centro 1 (Camaragibe) e Centro 2 (Jaboatão) compartilharem a mesma via e estações no trecho entre as estações Recife e Coqueiral, graças ao traçado da antiga ferrovia onde o metrô foi construído. Há várias linhas de ônibus interligadas ao Metrô, com 15 terminais de integração ônibus/metrô do S.E.I., localizados nas estações Recife e Joana Bezerra, nas linhas Centro e Sul; Afogados, Santa Luzia (em construção), Barro, Cavaleiro, Jaboatão, Rodoviária, Cosme e Damião e Camaragibe, na linha Centro; Largo da Paz, Aeroporto, Tancredo Neves, Prazeres (em construção) e Cajueiro Seco, na linha Sul.

Em março de 2007, o Governo Federal disponibilizou recursos que estão sendo utilizados na compra de novos equipamentos. Entre eles, novas composições para o trecho entre as estações Cajueiro Seco e Cabo da Linha Curado–Cajueiro Seco que foi remodelada e está recebendo novas composições do tipo VLT.

As composições que compõem as linhas Sul e Centro foram reformadas por um consórcio liderado pela Siemens Transportation Systems. A frota do Metrô do Recife está sendo ampliada em 15 TUEs (60 carros) fabricados pela CAF.

Mapa do Metrô de Recife

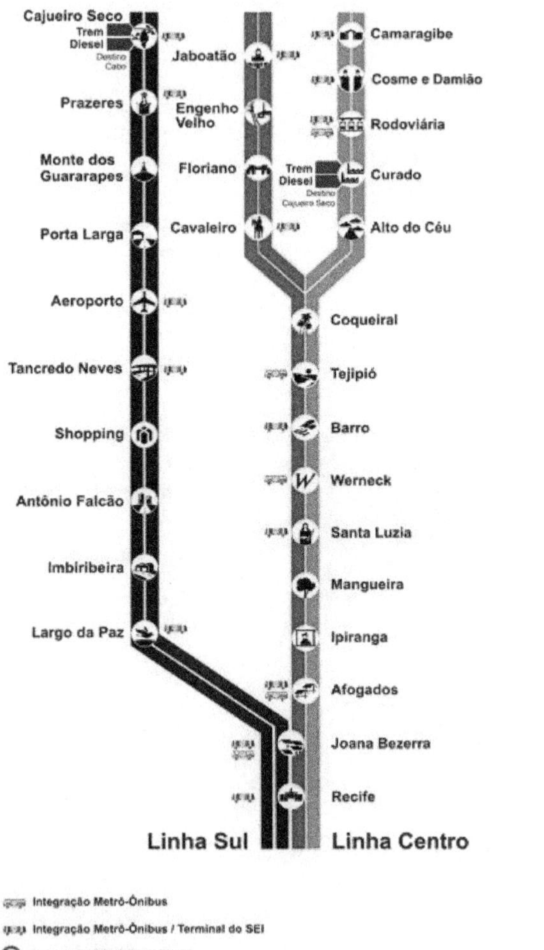

http://mapa-metro.com/pt/brasil/recife/recife-metro-mapa.htm

No estudo citado, foi ainda dimensionada a condição social dos espaços urbanos, pautando-se no Índice de Carência Habitacional e taxa de pobreza do município, cujos resultados foram confrontados com o Índice de Desenvolvimento Humano Municipal (IDH-M), revelando situações bastante distintas entre os municípios da RMR, que apresenta uma condição social ruim, ao lado da metrópole de Fortaleza.

O processo de ocupação da Região Metropolitana do Recife, iniciado pelo núcleo – Recife e Olinda – teve, historicamente, como principais condicionantes, a economia canavieira e seu ambiente físico natural, como o fato de Recife está localizada numa planície, a planície do Grande Recife.

Engenho de Nossa Senhora da Ajuda, fundado em 1535, Jerônimo de Albuquerque, primeiro engenho de açúcar em Pernambuco, nas proximidades de Olinda.

A partir da segunda metade do século XIX, a implantação de ferrovias estabeleceu a principal estrutura de comunicação dos engenhos com o centro comercial e portuário do Recife, que, induzido por estes eixos, irradia-se para norte.

Algumas características históricas marcam fortemente o processo de produção do espaço metropolitano recifense, entre elas destacamos:

> Os latifúndios, remanescentes dos antigos engenhos, situadas nos limites dos núcleos mais afastados;

> Elevada valorização imobiliária das áreas planas, secas e aterradas, que restringe o acesso das classes menos favorecidas as quais se submetem a ocupar os espaços alagados ou íngremes, e pouco valorizados;

> As desigualdades sociais.

A falta de ações específicas por parte do poder público, associadas aos efeitos da atual crise econômica que assola o país desde 2014, fez explodir a presença de comunidades sob palafitas na cidade do Recife. Um dos casos mais emblemáticos é o do Beco do Sururu, uma invasão localizada entre as pontes Paulo Guerra e Agamenon Magalhães, no bairro do Pina, Zona Sul do Recife.

A expansão populacional dos municípios metropolitanos do Recife reafirma a tendência centro-periferia que segue a tendência das outras áreas metropolitanas nacionais. Esse crescimento populacional provoca inúmeras alterações no meio natural, trazendo para o ambiente construído – seja nas áreas de planície, seja nas áreas de morros – a representação da desigualdade social. Em um processo marcado pela periferização/gentrificação[1], característico da expansão das grandes cidades brasileiras, a população pobre, também, se desloca na busca de condições de acesso à terra e à moradia: avança para as bordas da malha urbana e densifica o núcleo metropolitano, ocupando os terrenos que se situam às margens do mercado imobiliário.

Nas áreas onde se assentam as famílias mais pobres, registra-se possibilidade de acidentes, em decorrência da ocupação de áreas impróprias ou merecedoras de cuidados especiais – os alagados, as margens dos mangues, as encostas dos morros. Nas áreas assentadas pelas famílias de padrão socioeconômico médio e alto, a cidade se verticaliza.

Verticalização de áreas de moradia das classes média e alta do Recife. Fonte: www.observatoriodorecife.org.br

A dinâmica dos fluxos migratórios entre os municípios metropolitanos, vem sendo ampliada nas últimas décadas, o que mostra uma mudança no direcionamento dos fluxos populacionais, antes fundamentados na metrópole Recife e hoje deslocando-se para os municípios metropolitanos. Nos anos 80 do século passado, estudos mostram que cerca de 85% dos habitantes que migraram do Recife, deslocaram-se para Jaboatão dos Guararapes, Olinda e Paulista.

Uma das principais razões do fenômeno está ligada à política de habitação popular, empreendida através da Cohab-PE, bem como a urbanização e o adensamento das faixas de praia desses municípios.

Conjunto COHAB Maranguape 1 – Paulista (PE)

1 A palavra gentrificação (do inglês gentrification) pode ser entendida como o processo de mudança imobiliária, nos perfis residenciais e padrões culturais, seja de um bairro, região ou cidade. Esse processo envolve necessariamente a troca de um grupo por outro com maior poder aquisitivo em um determinado espaço e que passa a ser visto como mais qualificado que o outro, isso fortalece a segregação socioespacial.

A URBANIZAÇÃO EM PERNAMBUCO

Com um perfil eminentemente urbano, a região conta com população e atividades rurais pouco expressivas. O polo metropolitano, em crescente processo de terceirização, especializa-se como polo de serviços. Concentra o aparelho produtivo e decisório do estado, como também os principais centros administrativos do Nordeste – sedes de organismos federais, como Sudene, Chesf, Comando Militar e Justiça Federal e funciona como centro distribuidor de mercadorias. Concentra o maior número de indústrias de transformação do Estado de Pernambuco e tem, como um outro pilar de sua economia, a agroindústria voltada para o álcool e o açúcar e o cultivo de frutas e hortaliças.

7. O ESPAÇO RURAL DE PERNAMBUCO

7.1 Modernização e Conflitos

Nas últimas décadas, o Brasil transformou-se em um dos maiores produtores e fornecedores de alimentos e fibras para o mundo. A participação crescente no mercado mundial de produtos agrícolas é resultado de uma combinação de fatores, como o avanço das terras cultivadas sobre as áreas com cobertura vegetal natural, chamadas de fronteiras agrícolas, e os investimentos em tecnologia e pesquisa, o que gerou um aumento da produtividade. Em Pernambuco, o agronegócio é uma constante inclusive na região sertaneja, que desponta como uma fronteira agrícola na região.

Podemos dividir a área agrícola em dois tipos de lavoura: cultura permanente e cultura temporária. No primeiro caso, as culturas levam mais de um ano para produzir, já as lavouras temporárias são formadas por culturas com ciclo de vida curto, que precisam ser replantadas todos os anos.

Culturas Permanentes no Brasil (2014)

http://www.vermelho.org.br/noticia/115923-1

Culturas Temporárias no Brasil (2014)

Fonte: IBGE. Disponível em http://www.ibge.com.br; THÉRY,

Entre as lavouras temporárias que ocupam maior área plantada no Estado de Pernambuco, estão: a cana-de-açúcar, o feijão e o milho, nesta respectiva ordem. Os três juntos correspondem a aproximadamente 90% de toda área plantada de lavoura temporária do Estado. A cana-de-açúcar neste cenário é responsável por ocupar a maior parte, correspondendo a 35,9% da área plantada com lavoura temporária. No que se refere ao valor da produção, a cana-de-açúcar representa mais de 50% do valor total da produção das lavouras temporárias do estado.

Este cenário indica ainda a preponderância da cultura canavieira no estado de Pernambuco, em especial na Zona da Mata. Do mesmo modo, identifica-se ainda a permanência da concentração de terras nas mãos de poucos proprietários, como fica evidente através da análise do índice GINI.

O Índice de Gini é utilizado para avaliar as desigualdades sociais. O cálculo do índice para concentração de terra considera as faixas de tamanho da propriedade, com sua participação na área total. Segundo os últimos Censos Agropecuários do IBGE (1986, 1996 e 2006), o índice de Gini geral do Brasil para a concentração de terras tem aumentado significativamente, passando de 0,856 (1996) para 0,872 (2006).

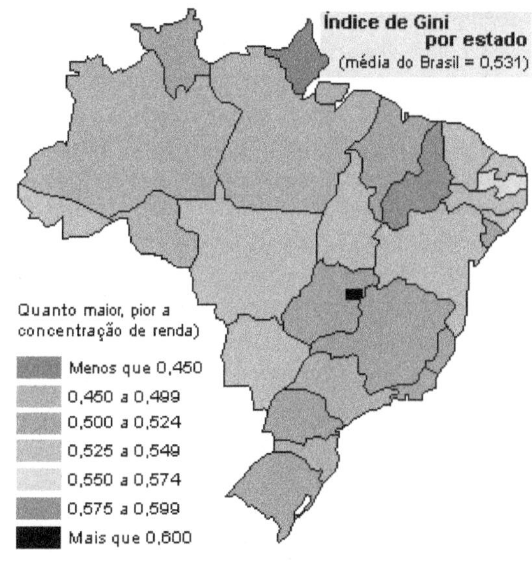

Dentro do contexto brasileiro, o Estado de Pernambuco tem, segundo o Atlas da Questão Agrária do Brasil o seu índice de GINI, referente ao ano de 2010, em 0,742, ou seja, dentro do padrão caracterizado como concentrado.

Distribuição Espacial de Concentração de Terras Pelo Índice de Gini – 2010 – Pernambuco

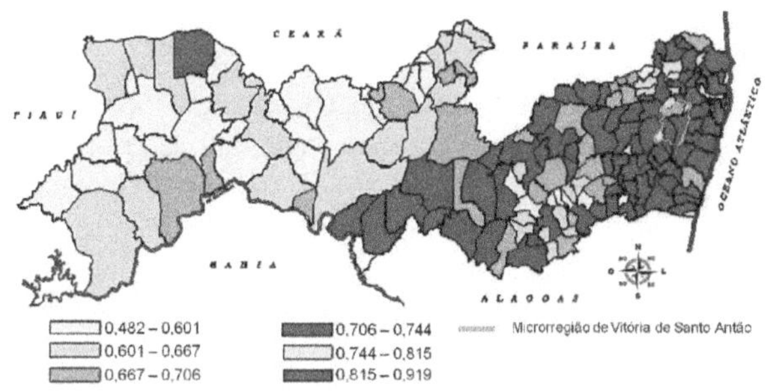

7.2 Estatuto da Terra e Classificação dos Imóveis Rurais

O Estatuto da Terra foi criado pela Lei 4.504, de 30 de novembro de 1964, sendo, portanto, uma obra do regime militar que acabava de ser instalado no país através do golpe militar de 31 de março de 1964.

Sua criação estará intimamente ligada ao clima de insatisfação reinante no meio rural brasileiro e ao temor do governo e da elite conservadora pela eclosão de uma revolução camponesa. Afinal, os espectros da Revolução Cubana (1959) e da implantação de reformas agrárias em vários países da América Latina (México, Bolívia, etc.) estavam presentes e bem vivos na memória dos governantes e das elites.

As lutas camponesas no Brasil começaram a se organizar desde a década de 1950, com o surgimento de organizações e ligas camponesas, de sindicatos rurais e com atuação da Igreja Católica e do Partido Comunista Brasileiro. O movimento em prol de maior justiça social no campo e da reforma agrária generalizou-se no meio rural do país e assumiu grandes proporções no início da década de 1960.

No entanto, esse movimento foi praticamente aniquilado pelo regime militar instalado em 1964. A criação do Estatuto da Terra e a promessa de uma reforma agrária foi a estratégia utilizada pelos governantes para apaziguar, os camponeses e tranquilizar os grandes proprietários de terra. As metas estabelecidas pelo Estatuto da Terra eram basicamente duas: a execução de uma reforma agrária e o desenvolvimento da agricultura. Três décadas depois, podemos constatar que a primeira meta ficou apenas no papel, enquanto a segunda recebeu grande atenção do governo, principalmente no que diz respeito ao desenvolvimento capitalista ou empresarial da agricultura.

Com o Estatuto da Terra (1964), surgiu o conceito de módulo rural: "é o modelo ou padrão que deve corresponder à propriedade familiar".

A concentração de terras na Zona da Mata pernambucana também está relacionada à produtividade destas terras, visto que esta é a região com os solos mais férteis e melhor infraestrutura de escoamento da produção.

A dimensão dos módulos fiscais na Zona da Mata pernambucana tem a sua extensão reduzida em relação às demais regiões do estado. Neste sentido, percebe-se que o preço da terra na Zona da Mata pernambucana é mais alto do que nas demais regiões em função das melhores condições do solo, e consequentemente das inúmeras atividades aí estabelecidas.

7.3 Módulo Rural Hectares

Com base nesse conceito, posteriormente, o Incra, Instituto Nacional de Colonização e Reforma Agrária, vinculado ao Ministério do Desenvolvimento Agrário, criou o conceito de módulo fiscal: "unidade de medida expressa em hectares, fixada para cada região, considerando vários fatores, como o tipo de exploração predominante no município e a renda obtida com a exploração predominante."

7.4 Tipos de Unidades de Produção

Os estabelecimentos rurais no Brasil podem ser divididos de acordo com a organização do processo de trabalho da unidade de produção. Assim, as unidades de agricultura familiar são aquelas nas quais os proprietários trabalham diretamente na terra, sem o uso de outra forma de mão de obra, além dos próprios membros da família. Por sua vez, as unidades de agricultura patronal são aquelas nas quais o trabalho contratado é superior ao familiar ou o comando da produção é exercido por quem trabalha diretamente na terra. Esses diferentes tipos de unidade de produção participam de forma desigual da produção da riqueza gerada na agropecuária brasileira. Enquanto a agricultura patronal gera 68% do PIB agrícola brasileiro, a agropecuária familiar é responsável por apenas 32%.

Apesar de cultivar uma área menor com lavouras e pastagens, a agricultura familiar é responsável pelo fornecimento de boa parte dos alimentos que estão nas mesas das famílias brasileiras, o que reafirma sua importância.

Em Pernambuco mais de 80% das propriedades rurais funcionam com base no controle e participação do trabalho dos membros da família, ou seja, com base na produção familiar. Essa estrutura social e de produção contempla o jovem como uma garantia de continuidade da pequena produção no campo.

"A agricultura familiar pernambucana representa mais de 83% dos estabelecimentos rurais do Estado, fortemente concentrada nas mesorregiões do Sertão e Agreste, sendo, também, a principal fonte de emprego rural. Excetuando-se algumas poucas áreas, notadamente as próximas a Petrolina e Itaparica, a agricultura utiliza tecnologias excessivamente tradicionais, além de sofrer com a escassez de chuvas, característica do semiárido nordestino. Ao lado dessa séria limitação, a agricultura familiar estadual enfrenta dificuldades relacionadas à insuficiência de terras para a manutenção de toda a família, ao baixo nível educacional da população, baixa renda, precariedade da distribuição de energia elétrica e de obras hídricas sustentáveis e à falta de acesso ao crédito e à assistência técnica e extensão rural" (PRONAF, 2005).

A agropecuária é uma importante atividade econômica de Pernambuco, embora apresente uma produtividade baixa, segundo dados do IBGE/CONDEPE, com cerca de 4,5% do PIB (Produto Interno Bruto de Pernambuco).

O Estado de Pernambuco que, por muitos anos, depende do agronegócio, principalmente da cana-de-açúcar, observa o surgimento de outros novos agronegócios que surgem no estado e também vêm aumentando a participação na composição do PIB ao agregar valor através de indústrias pertencentes às suas cadeias produtivas, como o setor de tecidos, couro, fruticultura irrigada, entre outros.

Distribuição Setorial do PIB (2006-2012) Pernambuco

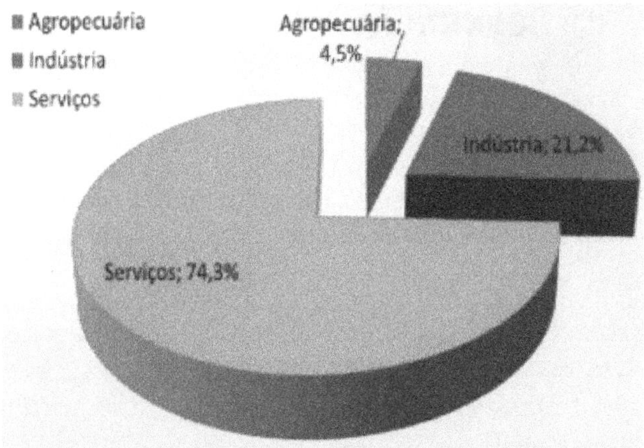

Fonte: IBGE/CONDEPE/FIDEM

7.5 Modernização da Agropecuária Pernambucana

As unidades produtivas modernas consomem grandes quantidades de insumos industrializados, como fertilizantes, máquinas e equipamentos. Além disso, estão cada vez mais especializadas na produção de seu segmento, repassando para terceiros o processamento, a comercialização, a distribuição e o transporte dos produtos. Nesse contexto, as modernas propriedades rurais passam a integrar cadeias produtivas extremamente complexas, que envolvem uma rede de estabelecimentos, como cooperativas, indústrias e centros de distribuição. Assim, a matéria-prima animal ou vegetal transforma-se em produtos de maior valor agregado, como ocorre com a produção do etanol da cana-de-açúcar.

A cana-de-açúcar é plantada na zona da mata de Pernambuco, na chamada zona canavieira há quase 5 séculos. A área cultivada tem cerca de 12 mil km2, fica situada próxima ao Oceano Atlântico, possui solos ricos para a agricultura, onde não há ameaças de secas e os rios são perenes. No início, os engenhos de açúcar devem ter sido movidos à tração humana, como as casas de farinha. Depois evoluíram para a tração animal (bois e éguas) e para os engenhos d`água. Só a partir do século XIX é que seriam introduzidos em Pernambuco os engenhos movidos a vapor e haveria uma revolução no comércio e indústria do açúcar, uma vez que na Europa, a beterraba passou a ser utilizada na produção de açúcar, oferecendo-se um produto de melhor qualidade ao mercado consumidor.

No território pernambucano, a cana-de-açúcar é cultivada na chamada Mesorregião da Mata, que compreende uma estreita faixa de terra paralela ao litoral, situada entre o rebordo oriental do Maciço da Borborema e o mar.

Nas últimas décadas do século XIX, alguns proprietários mais ricos e empreendedores melhora ram as condições técnicas dos seus engenhos, com a implantação de máquinas para a produção do açúcar cristal. Esses engenhos modernos seriam chamados de engenhos centrais e usinas. A partir de 1871, houve uma mudança gradual na agroindústria açucareira em Pernambuco, com a decadência dos antigos engenhos banguês (que produziam um açúcar de cor escura, mascavo) e sua substituição pelos engenhos centrais e usinas. Foram poucos os engenhos banguês que conseguiram sobreviver até a segunda metade do século XX.

A zona canavieira pernambucana já teve uma boa malha ferroviária, composta pelas ferrovias da antiga Great Western e pelos ramais construídos pelas usinas para o transporte da cana. No entanto, a partir da metade da década de 1960, as ferrovias ficaram abandonadas sendo substituídas pelas rodovias.

A primeira usina implantada em Pernambuco foi a de São Francisco da Várzea, cuja primeira moagem aconteceu em 1875. Pernambuco já chegou a ter mais de cem usinas. Atualmente, no entanto, existem apenas cerca de 38, algumas, inclusive, encontram-se paralisadas ou desativadas.

Pernambuco, no momento atual, enfrenta uma das maiores crises de sua história, devida a dois aspectos: o econômico e o natural. Como aspecto econômico, há

o fechamento sucessivo de usinas e destilarias que encerraram as suas atividades ou porque o grupo econômico que controla algumas delas não dispõe de capital e de crédito suficientes, ou porque, prevendo a crise, algumas usinas transferiram os seus investimentos para outros setores econômicos ou para a própria indústria açucareira em outros estados, notadamente, Goiás, Mato Grosso, Mato Grosso do Sul e Minas Gerais.

Quanto ao aspecto natural, o estado e o Nordeste se deparam com uma grande seca, que já se prolonga por vários anos.

O fato vem gerando consequências negativas, uma vez que o encerramento das atividades de uma usina provoca forte impacto sobre a população trabalhadora, tanto agrícola quanto industrial, levando ao desemprego, à miséria e à fome grande parte da população.

Em várias áreas, como na região da Mata meridional, o fechamento de usinas próximas umas das outras agravou consideravelmente as condições de vida da população, que passou a se concentrar nos centros urbanos.

A Usina Unaçúcar, localizada em Água Preta, Zona da Mata Sul de Pernambuco, fechou as portas em 2014. Por safra, ela moía 350 mil toneladas de cana-de-açúcar. Com o fechamento da usina, cerca de dois mil funcionários perderão o emprego. Já estão sendo criadas duas cooperativas de canavieiros nesta semana. A cooperativa da Mata Norte ficará responsável pela usina Cruangi, em Timbaúba. A cooperativa da Mata Sul administrará a usina Pumaty, localizada em Palmares. Ambas as cooperativas estão sendo formadas por antigos fornecedores de cana dessas usinas, bem como por outros produtores que residem próximo a elas. O Estado auxiliará os agricultores a cuidar das terras e do parque industrial dessas unidades. O processo de ocupação das áreas dos antigos engenhos e usinas vem se dando de forma diversificada e as vezes conflituosa, como ocorreu recentemente na usina Aliança, no município do mesmo nome. Trabalhadores rurais sem-terra, aliados a outros grupos e com o apoio da Pastoral da Terra, invadiram e depredaram as instalações industriais e a casa grande da usina, revoltados com a demora na efetivação da ação judiciária, informados de que se pretendia financiar proprietários e recuperar uma usina falida, em detrimento dos seus direitos.

Em geral, quando os novos proprietários são os antigos trabalhadores, vitoriosos nas questões trabalhistas, não têm havido conflitos, de vez que a Justiça do Trabalho delimita, na sentença proferida, a área de cada novo proprietário o qual passa a cultivar a terra ou a vende a terceiros. Muitas vezes, para ter acesso ao mercado, eles se organizam em cooperativas.

7.6 Fruticultura no Sertão Pernambucano

O agronegócio de frutas no Brasil revelou-se como a atividade econômica de maiores possibilidades de transformações socioeconômicas no Nordeste brasileiro a partir dos anos 1980. A expansão da fruticultura irrigada está ligada a um cenário favorável do comércio exterior para alimentos saudáveis, inclusive de frutas tropicais. Regiões como o Vale do Submédio do São Francisco em Pernambuco e na Bahia, entre outras, ganharam destaque por serem as experiências mais exitosas com produtos focados na demanda internacional.

O município de Petrolina concentra a maior parte da produção do Vale, porém novos espaços de outros municípios circunvizinhos com potencial para se justaporem também apresentam modernização e diversificação agrícola, como Lagoa Grande, Santa Maria da Boa Vista e Orocó.

Personagens do Campo

> Boia-fria: esta denominação decorre do fato de tais trabalhadores comerem fria a refeição que levam de casa, pois no local de trabalho não existem instalações para esquentar a comida. O nome correto do trabalhador diarista é volante ou assalariado temporário; ele reside normalmente nas cidades e trabalha no campo, em geral nas colheitas. Esse tipo de trabalhador teve crescimento numérico, devido à mecanização no cultivo de certos produtos, o que diminuiu a necessidade de mão de obra no cultivo, mas aumentou na época da colheita.

> Posseiro: indivíduo que se apossa de uma terra que não lhe pertence, geralmente plantando para o sustento familiar.

> Grileiro: indivíduo que falsifica títulos de propriedade, para vendê-los como se fossem autênticos, ou para explorar a terra alheia.

> Parceiros: pessoas que trabalham numa parte das terras de um proprietário, pagando a este com uma parcela da produção que obtêm, ficando com metade (meeiros) ou com a terça parte (terceiros).

> Arrendatários: pessoas que arrendam ou alugam a terra e pagam ao proprietário em dinheiro.

> Peões: surgiram na década de 1970, com as fronteiras agrícolas em direção ao norte. São contratados fora da Amazônia, em geral no Nordeste, pelos intermediários ("gatos"), que iludem esses trabalhadores e, por causa de dívida por alimentação nos armazéns dos latifúndios, são escravizados, sendo impedidos de deixar o serviço.

> Ocupante: Indivíduo que ocupa e produz na terra alheia.

7.7 A Constituição de 1988 e a Reforma Agrária

Utilizando o critério do módulo rural, a Constituição de 1988 estabeleceu novas especificações para a classificação e desapropriação de terras para efeito de Reforma Agrária, ainda fundamentado na 'função social da terra'. Teoricamente representa o fim da concentração fundiária brasileira e pernambucana, com redistribuição das terras, rompendo definitivamente com o passado colonial de exploração. Alguns intelectuais apontam que a primeira e, ao mesmo tempo, a última reforma foi no século XVI, com as capitanias hereditárias, que introduziu os latifúndios, os quais resistem até os dias atuais.

Em razão do poder político das oligarquias rurais, a reforma agrária começou a ser discutida após a Segunda Guerra Mundial, inicialmente, por meio de comissões, que fracassaram. Na década de 1960, surgiram as primeiras tentativas no governo de João Goulart, frustradas pelo golpe militar de 1964. Neste mesmo ano, surgiu o Instituto Nacional de Colonização e Reforma Agrária (Incra), com a responsabilidade de aplicar o Estatuto da Terra, o que provocou um aumento dos trabalhadores temporários, pois os fazendeiros não aceitaram as garantias trabalhistas do trabalhador do campo.

Francisco Julião (centro), líder das Ligas Camponesas, dirigindo reunião pela Reforma Agrária. Na direta Luis Carlos Prestes, dirigente do PCB.

Mais tarde, em 1985, foi criado o Ministério da Reforma Agrária, aplicando o Plano Nacional de Reforma Agrária (PNRA), do governo Sarney; e, em 1988, a reforma agrária foi inscrita na Constituição, deixando a cargo do Ministério da Agricultura a responsabilidade de promovê-la.

> ***Art. 184.*** *Compete à União desapropriar por interesse social, para fins de reforma agrária, o imóvel rural que não esteja cumprindo sua função social, mediante prévia e justa indenização em títulos da dívida agrária, com cláusula de preservação do valor real, resgatáveis no prazo de até vinte anos, a partir do segundo ano de sua emissão, e cuja utilização será prevista em lei.*
> ***§1º*** *As benfeitorias úteis e necessárias serão indenizadas em dinheiro.*

Art. 185. São insuscetíveis de desapropriação para fins de reforma agrária:

I. a pequena e média propriedade rural, assim definida em lei, desde que seu proprietário não possua outra.

II. a propriedade produtiva.

***Parágrafo Único.** A lei garantirá tratamento especial à propriedade produtiva e fixará normas para o cumprimento dos requisitos relativos a sua função social.*

***Art. 186.** A função social é cumprida quando a propriedade rural atende, simultaneamente, segundo critérios e graus de exigência estabelecidos em lei, aos seguintes requisitos;*

***I.** aproveitamento racional e adequado;*

***II.** utilização adequada dos recursos naturais disponíveis e preservação do meio ambiente;*

***III.** observância das disposições que regulam as relações de trabalho;*

***IV.** exploração que favoreça o bem-estar dos proprietários e dos trabalhadores;*

Portanto, a reforma é um processo no qual o governo desapropria terras não aproveitadas, cedendo-as para agricultores que desejem trabalhá-la. Mas, para obter sucesso, a reforma deve ser acompanhada por várias medidas, como: assistência técnica permanente, educação, financiamento de equipamentos, política de preços mínimos, infraestrutura de transporte, armazenagem, telefonia e eletrificação rural. Em vários casos, isto não acontece, explicando-se o abandono posterior das terras distribuídas. Como o governo é lento e burocratizado, surgem os conflitos rurais, marcados pela violência.

Em 1993, durante o governo do presidente Itamar Franco, a Lei nº 8629 reafirmou que a terra tem de cumprir uma função social. Foram definidos novos conceitos referentes às dimensões dos imóveis rurais. Com base no conceito de módulo rural foi utilizado o conceito de módulo fiscal.

Segundo o INCRA, vinculado ao Ministério do Desenvolvimento Agrário, entende-se por módulo fiscal a unidade de medida expressa em hectares, fixada para cada região, considerando os seguintes fatores:

> Tipo de exploração predominante no município;
> Renda obtida com a exploração predominante;
> Outras explorações existentes no município que, embora não sejam predominantes, são significativas em função da renda e da área utilizada;
> O conceito de propriedade familiar.O tamanho do módulo fiscal varia de acordo com a região, a depender de alguns fatores, como as características do clima de cada área ou região.

Porém, mesmo com as resoluções da Constituição de 1988, a reforma agrária no Brasil ocorreu em ritmo muito vagaroso. As desapropriações eram sempre contestadas na justiça pelos proprietários de terras, fazendo com que os processos se arrastem por vários anos e impedindo o assentamento familiar.

Essa situação foi amenizada a partir de 1996, com a aprovação, pelo Congresso Nacional, da Lei do Rito Sumário de Desapropriação, uma lei que garante mais agilidade ao processo de desapropriação de terras. Com o Rito Sumário, a posse das terras desapropriadas passou a ser imediata.

7.8 Conflitos no Campo e os Movimentos Sociais Rurais

A violência rural brasileira evidencia a necessidade de reformas, para corrigir graves distorções como a concentração fundiária, a prevalência da produção de gêneros para a exportação e a ganância dos grileiros, que contratam jagunços para invadir terras devolutas ou terras ocupadas por posseiros, expulsando-os. Até as reservas indígenas não escapam da violência, e também são vítimas do avanço do capital no campo.

A resistência à concentração de terras aumentou nas décadas de 1970 e 1980, surgindo, em 1984, o Movimento dos Trabalhadores Rurais Sem Terra (MST), entidade criada para se fazer uma reforma agrária rápida e justa. As invasões em terras improdutivas questionam a estrutura fundiária ultrapassada, mas também ocorrem invasões políticas em terras produtivas, deixando a questão polêmica. Por outro lado, os fazendeiros criaram a União Democrática Ruralista (UDR), cujo objetivo é defender o direito à propriedade privada, garantido pela Constituição. O resultado foi o aumento dos conflitos, associado ao governo omisso e incapaz de equacionar a questão agrária do país, evidenciada pelo próprio aumento dos conflitos.

7.9 Conflitos Agrários no Brasil

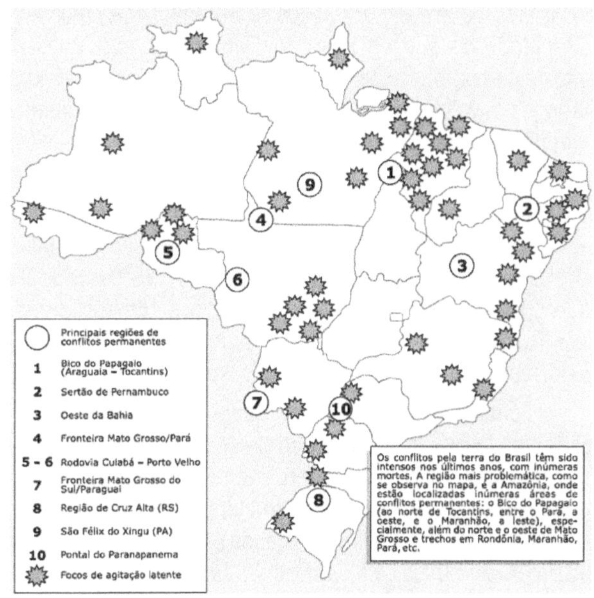

Os conflitos sociais no campo brasileiro decorrem de um histórico processo de espoliação e expropriação do campesinato. A extrema concentração fundiária demonstra o desprezo do grande capital para com o camponês e é representada pelo número reduzido de proprietários, concentrando imensa área e, por outro lado, um grande número de pequenos proprietários com terras insuficientes para o sustento de suas famílias.

Em suma, a modernização do campo foi desigual, conservadora e capitalista, mantendo a concentração de terras, com latifúndios improdutivos, provocando uma subordinação total do camponês ao grande capital. A razão dessa dependência é que no sistema capitalista a propriedade rural visa, em primeiro lugar, ao lucro e não à utilização produtiva da terra, podendo deixar a terra inexplorada, isto é, utilizá-la apenas como negócio de compra e venda.

8. MOVIMENTOS CULTURAIS DE PERNAMBUCO

Em Pernambuco, as relações sociais sempre foram marcadas por embates culturais desde o início do processo de ocupação do território. Os conflitos entre a cultura colonizadora católica — que chegou antes e hegemonizou a terra — e a cultura puritana protestante dos invasores holandeses foram o episódio mais explícito desses embates nas primeiras décadas.

Esse convívio, único no Brasil, abriu caminho para uma certa "pluralidade" cultural. Também com a forte contribuição das expressões culturais trazidas pelos escravos negros e pelo interesse pelas letras de fidalgos e burgueses. A identidade cultural pernambucana surgiu com vivências que marcam sua singularidade anterior graças ao início pioneiro da colonização. Na realidade afirmamos que o estado de Pernambuco é considerado multicultural pelas diversas manifestações culturais que se expressam no território pernambucano.

Pernambuco viu a elite do estado adotar aos poucos comportamentos similares de distanciamento do "povo". Comportamentos cuidadosamente medidos na formalização do andar, do comer, do falar e de quase todas as formas de ser em sociedade foram alegremente adotados. Isso mostra uma forte europeização das elites, que é um dos traços constitutivos mais marcantes de Pernambuco e que tem hoje que dividir o espaço com o sentimento de pernambucanidade. Nascido do interesse das elites pela "cultura do povo", esse sentimento também surgiu como imitação de um hábito dos "homens cultos" desde o final do século XVIII: descobrir o povo para entender a identidade nacional.

A riqueza cultural de hoje deve muito, no passado mais recente, ao movimento abolicionista, que trouxe para as ruas do Recife o embate de ideias e o questionamento da ordem social do século XIX. No Teatro de Santa Isabel, à época, tanto as disputas romântico-poéticas quanto os debates político-verbais serviam para formar novas opiniões e para abrir espaço para novas ideias.

Os poetas Manuel Bandeira e Joaquim Cardozo, o compositor Capiba, o maestro Nelson Ferreira, o jornalista Mário Melo e o historiador Oliveira Lima, só para citar alguns, são todos dessa fase. Viriam também, depois: Mauro Mota, João Cabral de Melo, Carlos Pena Filho e Ascenso Ferreira, na poesia. Vicente do Rego Monteiro, Cícero Dias, Lula Cardoso Ayres e Francisco Brennand, nas artes plásticas; Luiz Gonzaga, na música; e Ariano Suassuna (paraibano que adotou Pernambuco), no teatro.

No início do século XX, porém, o mais importante de todos no (re)conhecimento da identidade cultural foi Gilberto Freyre, pernambucano que foi para a Universidade de Columbia, em Nova York, obter o título de Mestre, mas elegeu o povo de sua terra como principal objeto de estudo. Sua grande qualidade foi dar atenção à singular formação social do trópico brasileiro, o que lhe permitiu uma arrojada produção acadêmica.

Livro Assombrações no Recife Velho, de autoria de Gilbeto Freyre, destacando o papel do escritor na valorização da cultural estadual.

As expressões da literatura popular em Pernambuco são muito variadas. Desde os romances tradicionais ibéricos, que ainda estão presente na cultura pernambucana em pleno século XXI até a cantoria de viola, outra manifestação muito difundida no estado, talvez a de maior representatividade, tendo como lugar de "origem" São José do Egito, a literatura apresenta um papel fundamental na cultural pernambucana.

Lourival Batista Patriota, também conhecido por Louro do Pajeú foi um repentista do Nordeste brasileiro. Considerado o rei do trocadilho, concluiu o curso ginasial em 1933, no Recife, de onde saiu para fazer cantorias. Foi um dos mais afamados poetas populares do nordeste brasileiro. Sempre viveu dessa arte de repentista e cantador. Apresentou-se, assim, em várias partes do Brasil.

Boto o "d" e boto o "e"
Boto o "c" e boto o "a"
Depois um acento agudo
Em vez de DECA, é decá!
Tiro o "d" e tiro o "e"
Seu Deca, venha até cá.

8.1 Movimento de Cultura Popular (MCP)

O Movimento de Cultura Popular (MCP) foi criado no dia 13 de maio de 1960, como uma instituição sem fins lucrativos, durante a primeira gestão de Miguel Arraes na Prefeitura do Recife. Sua sede funcionava no Sítio da Trindade, antigo Arraial do Bom Jesus, localizado no bairro recifense de Casa Amarela.

Suas atividades iniciais eram orientadas, fundamentalmente, para conscientizar as massas através da alfabetização e educação de base.

Era constituído por estudantes universitários, artistas e intelectuais e tinha como objetivo realizar uma ação comunitária de educação popular, a partir de uma pluralidade de perspectivas, com ênfase na cultura popular, além de formar uma consciência política e social nos trabalhadores, preparando-os para uma efetiva participação na vida política do País.

O Movimento de Cultura Popular administrativamente, era divido em três departamentos:

> Formação da Cultura (DFC);
> Documentação e Informação (DDI);
> Difusão da Cultura (DFC).

Dos três, o Departamento de Formação e Cultura foi, durante a existência do MCP, o mais atuante, cabendo-lhe, de acordo com o Estatuto (Art. 15): 1interpretar, desenvolver e sistematizar a cultura popular; 2 criar e difundir novos métodos e técnicas de educação popular; 3 – formar pessoal habilitado a transmitir a cultura ao povo.

Como uma das propostas básicas do MCP era a educação de adultos, em setembro de 1961, foram criadas escolas de rádio que visavam suprir esse segmento educacional bastante carente. Em 1962, professores e intelectuais organizaram uma cartilha intitulada Livro de leitura para adultos ou Cartilha do MCP para a alfabetização de adultos.

Apesar de enfrentar pressões e críticas de oposicionistas do governo Miguel Arraes, o MCP teve um grande desenvolvimento. No final de 1962, já contava com quase 20.000 alunos divididos em mais de seiscentas turmas. Participaram do MCP intelectuais e artistas conhecidos como Francisco Brennand, Ariano Suassuna, Hermilo Borba Filho, Abelardo da Hora, José Cláudio, Aloísio Falcão e Luiz Mendonça. Por causa do clima político existente na época, o MCP alcançou repercussão nacional, servindo de modelo para movimentos semelhantes criados em outros estados do Brasil. O Movimento de Cultura Popular do Recife foi extinto com o golpe militar, em março de 1964. Dois tanques de guerra foram estacionados no gramado da sua sede, no Sítio da Trindade. Toda a documentação do Movimento foi queimada, obras de artes destruídas e os profissionais envolvidos foram perseguidos e afastados dos seus cargos.

8.2 Musicalidade, Folguedos e Danças

Pernambuco, ao longo de sua história musical, vem contribuindo para a construção, preservação e difusão da memória cultural do nosso País. O estado destaca-se, dentre as outras regiões, pela mistura de sons, estilos, imagens e ritmos que enriquecem sua música, estimulando o aparecimento de novos compositores, novas orquestras e grupos diversos que, além de se incorporarem ao acervo musical e cultural da região, conseguem romper fronteiras e divulgar a música pernambucana em suas performances individuais mundo afora.

As formações instrumentais mais tradicionais do estado são as banda de pífano, que são integradas por dois ou quatro pífanos, uma zabumba, uma caixa e, vez por outra, triângulos e pandeiros.

Fonte: armorialbrasileiro.files.wordpress.com/2013/02/banda_de_pifanos

Essas bandam antecederam a formação dos chamados "conjuntos regionais" da era dourada do rádio, em que a sanfona substituiu o pífano.

O pífano, pífaro e/ou pife é um instrumento de influência indígena feito de taboca ou taquara (espécies de bambus) com sete orifícios, um para soprar e seis para dedilhar. Também é confeccionado em canos de PVC ou de metal. No Brasil, é no Nordeste onde se concentra a maior tradição das bandas de pífano. São verdadeiros patrimônios imateriais de musicalidade. Os pífanos artesanais, tantos os de bambu como os de PVC (cano de plástico), são confeccionados muitas vezes pelos próprios mestres pifeiros.

Outra marca importante e tradicional da música pernambucana são as bandas de rabeca. Os conjuntos de rabeca apresentam formações com caixas, vez por outra zabumbas, a bage (reco-reco) e pandeiros e triângulos.

8.3 Folguedos

O período do ano em que mais ocorrem os folguedos é o período natalino. Isso tem uma relação direta com a falta de chuva nesse período, pois permite a realização a céu aberto desse espetáculo artístico. O folguedo mais famoso do estado é o Pastoral Religioso, justamente pelo período natalino ser uma data importante para as religiões cristãs. Outros folguedos são ainda muito importantes, como o Cavalo-Marinho, o Bumba Meu Boi e o Reisado de Alagoas.

Esse festejo é um complexo que envolve "encenação teatral" (composta de diálogos entre as inúmeras figuras, divididas em humanas, animais e "fantásticas"), dança, música e uma história narrada durante a apresentação, que ocorre, vias de regra, durante a noite. Atualmente, em Pernambuco, há em média doze grupos ativos desse folguedo.

Folguedo do Cavalo Marinho

Fonte: photos1.blogger.com/blogger/7361/3455/1600/folcbrcavalo

Frevo

O frevo é um dos símbolos de Pernambuco que conquistou o mundo inteiro. Suas principais características são o ritmo acelerado e a dança acrobática. As canções podem ser instrumentais ou com letras que falam sobre costumes e tradições da região. Já a variedade de passos é infinita: a única regra é agitar a sombrinha colorida, ícone do ritmo, e se deixar encantar pela melodia. O frevo é o ritmo que domina o Carnaval.

Maracatú

O maracatu é uma dança folclórica de origem afro-brasileira, que surgiu na capital pernambucana no século XVIII. Há dois tipos de maracatus em Pernambuco: o rural, que é protagonizado pelos caboclos de lança — que chamam a atenção por causa das roupas e cabelos brilhosos, além do barulho característico dos chocalhos. Além deles, Catirina, Mateus, Catita, Reis e Rainhas completam o colorido espetáculo, também muito presente no carnaval pernambucano. Há também o nação, em que as alfaias, os xequerês, caixas e taróis marcam o ritmo do cortejo real. Uma bandeira ou um estandarte servem de abre-alas para o desfile, que prossegue com a presença das baianas, da corte e do Rei e da Rainha do maracatu, que dão rumo ao cortejo com coreografias específicas, inspira

Naná Vasconcelos

Juvenal de Holanda Vasconcelos nasceu no Recife, em 2 de agosto de 1944, onde faleceu no dia 9 de março de 2016. Eleito oito vezes o melhor percussionista do mundo pela revista americana Down Beat e ganhador de oito prêmios Grammy (brasileiro com mais prêmio Grammy), era considerado uma autoridade mundial em percussão. Em Nova Iorque fundou o grupo Codona, com Don Cherry e Collin Walcott. O trabalho de Naná sempre mostrou a amplitude de seu talento; nos anos 80, conseguiu retratar de maneira irretocável sua obra em uma disco intitulado Saudades, concerto de berimbau e orquestra.

Poucos artistas da música brasileira têm trajetória igual a Naná Vasconcelos, dos poucos artistas brasileiros que nos palcos do mundo quando não brilhou num papel de relevo é porque estava desempenhando o papel principal. Sua discografia é tão extensa quanto os projetos ligados à música nos quais ele esteve envolvido.

Luiz Gonzaga

Luiz Gonzaga é um mestre da música. Foi ele quem abriu as portas da música nordestina para o centro-sul do país. Estilizou e recriou a riqueza musical nordestina e popularizou gêneros regionais, como toada, aboio, xote, chamego e xaxado.

Na década de 1940, com o rádio como principal meio de difusão cultural do país, a música de Gonzaga virou um fenômeno em todo o Brasil. Sua obra é marcada pela inventividade, originalidade e qualidade do repertório. Luiz Gonzaga teve parceiros brilhantes, como Zé Dantas e Humberto Teixeira. A sua tão popular sanfona passou a ser um instrumento constante do repertório da música brasileira.

O conjunto da obra de Gonzaga influenciou artistas como Geraldo Vandré, Gilberto Gil, Dominguinhos, entre outros. Chegou a ser renegado pela elite cultural do país, mas logo ganhou reconhecimento e devidas homenagens pela sua contribuição à cultura brasileira. Tornou-se referência para todas as gerações de cantores, compositores e sanfoneiros que vieram depois dele. O rei do baião como ficou conhecido Luiz Gonzaga.

Mestre Vitalino

Vitalino Pereira dos Santos nasceu em Ribeira dos Campos, Caruaru, estado de Pernambuco em 1909, e viria a ser um dos maiores representantes da cultura pernambucana no planeta, sendo conhecido mundialmente pelo carinhoso nome de "Mestre Vitalino".

Além de ser artesão com estilo muito pessoal e marcante, Vitalino foi músico, sendo o tocador de pífano principal da banda Zabumba Vitalino, criada por ele na década de 1920, época de sua mudança para o povoado de Alto do Moura, próximo ao centro de Caruaru.

Os dons artísticos de Vitalino se manifestaram ainda na infância, período em que modelava em barro as figuras de pequenos animais, que eram comercializadas na feira de Caruaru.

Mestre Vitalino permaneceu desconhecido do grande público até fins da década de 1940, quando em 1947 o educador e artista plástico, seu amigo, Augusto Rodrigues lhe convidou para a Exposição de Cerâmica Popular Pernambucana, realizada na Cidade do Rio de Janeiro. A partir de então o artesão tornou-se conhecido nacionalmente, tendo sua fama crescido ainda mais com uma exposição de suas obras no MASP (Museu de Arte de São Paulo), em janeiro de 1949.

Após a sua morte, em janeiro de 1963, teve ainda mais reconhecido o seu talento, tendo mesmo sido tema de inspiração para os sambas-enredo da escola de samba carioca Império da Tijuca nos carnavais de 1977 e 2009.

Hoje as obras de Mestre Vitalino podem ser encontradas em diversos museus no Brasil e no mundo, destacando-se o Museu do Louvre, em Paris, França, na Casa do Pontal e Museu da Chácara do Céu, no Rio de Janeiro e como parte do Acervo Museológico da Universidade Federal de Pernambuco (UFPE), em Recife, além de outros lugares e entre colecionadores.

A obra de Vitalino se compõe de figuras de animais e regionais nordestinas. Destacam-se bois e jegues, além de personagens típicos da sua cultura, como cangaceiros, retirantes, padres, vaquejadas, Lampião e Maria Bonita, casórios, e outras representativas do povo e folclore nordestinos e da vida rural da região. Por ser analfabeto, Mestre Vitalino marcava suas peças, assinando-as com carimbo e só passou a identificá-las de próprio punho a partir de 1950. Dentre elas destacam-se Violeiro, Família Lavrando a terra, Caçador de Onça, Casal no Boi, Enterro na Rede, Cavalo-Marinho e Noivos a Cavalo.

O caçador de onça, obra de Mestre Vitalino.

Movimento Manguebeat

Trecho do Manifesto Caranguejos com cérebro

Por: Chico Science e Fred Zero Quatro

Mangue, o conceito

Estuário. Parte terminal de rio ou lagoa. Porção de rio com água salobra. Em suas margens se encontram os manguezais, comunidades de plantas tropicais ou subtropicais inundadas pelos movimentos das marés. Pela troca de matéria orgânica entre a água doce e a água salgada, os mangues estão entre os ecossistemas mais produtivos do mundo.

Estima-se que duas mil espécies de micro-organismos e animais vertebrados e invertebrados estejam associados à vegetação do mangue. Os estuários fornecem áreas de desova e criação para dois terços da produção anual de pescados do mundo inteiro. Pelo menos oitenta espécies comercialmente importantes dependem do alagadiço costeiro.

Não é por acaso que os mangues são considerados um elo básico da cadeia alimentar marinha. Apesar das muriçocas, mosquitos e mutucas, inimigos das dona de casa, para os cientistas são tidos como símbolos de fertilidade, diversidade e riqueza.

O movimento Manguebeat, surgido no início dos anos 90, teve repercussão nacional e internacional, abrindo caminhos para que outros criadores se lançassem e fossem reconhecidos e colocando Recife – a manguetown – no circuito da "rede mundial de circulação de conceitos pop", como afirmavam em seu manifesto.

O Manguebeat, de forma explícita e pública, assumiu-se enquanto movimento cultural. Seus criadores lançaram um manifesto – "Caranguejos com cérebro" – onde explicitavam seus objetivos e suas intenções; articularam, inicialmente, músicos organizados em bandas (Chico Science e Nação Zumbi, Fred 04 e Mundo Livre foram as primeiras e lideraram o movimento), produzindo um tipo de som que passaram a chamar de "mangue"; e, aos poucos, estenderam sua abrangência, passando a incorporar artistas plásticos, cineastas e estilistas que também concordavam com as bases propostas pelo manifesto e passaram a compartilhar a estética do mangue. Portanto, fica claro que é um movimento cultural, com as particularidades decorrentes do local e do tempo em que viviam – início da década de 1990, na cidade de Recife, Nordeste do Brasil.

Sendo um dos principais polos culturais nordestino, foi em Recife que surgiram, nos anos 1960, o Movimento Cultural Popular e a proposta educacional inovadora de Paulo Freire. O então governador Miguel Arraes criara as Praças de Cultura, espalhadas pelos subúrbios da capital, para interpretar, desenvolver e sistematizar a cultura popular.

Os dois principais articuladores do Manguebeat foram Chico Science e Fred 04, líderes respectivamente das bandas Nação Zumbi e Mundo Livre S.A. A cena artístico-cultural de Recife não passava por um bom momento. Esses dois elementos e mais um grupo de jovens resolveu encarar a proposta com seriedade e determinação, e assim foi forjando seu espaço, organizando-se e planejando as ações para dar visibilidade ao incipiente movimento.

Movimento Armorial e o Mestre Suassuna

A Arte Armorial Brasileira é aquela que tem como traço comum principal a ligação com o espírito mágico dos "folhetos" do Romanceiro Popular do Nordeste (Literatura de Cordel), com a Música de viola, rabeca ou pífano que acompanha seus "cantares", e com a Xilogravura que ilustra suas capas, assim como com o espírito e a forma das Artes e espetáculos populares com esse mesmo Romanceiro relacionados.

(Ariano Suassuna, Jornal da Semana, Recife, 20 maio 1975.)

O Movimento Armorial surgiu sob a inspiração e direção de Ariano Suassuna, com a colaboração de um grupo de artistas e escritores da região Nordeste do Brasil e o apoio da UFPE (Universidade Federal de Pernambuco). Teve início no âmbito universitário, mas ganhou apoio oficial da Prefeitura do Recife e da Secretaria de Educação do Estado de Pernambuco.

Foi lançado oficialmente, no Recife, no dia 18 de outubro de 1970, com a realização de um concerto e uma exposição de artes plásticas realizados no Pátio de São Pedro, no centro da cidade. Seu objetivo foi o de valorizar a cultura popular do Nordeste brasileiro, pretendendo realizar uma arte brasileira erudita a partir das raízes populares da cultura do País.

De acordo com Suassuna, sendo "armorial" o conjunto de insígnias, brasões, estandartes e bandeiras de um povo, a heráldica é uma arte muito mais popular do que qualquer coisa. Desse modo, o nome adotado significou o desejo de ligação com essas heráldicas raízes culturais brasileiras.

O Movimento tem interesse pela pintura, música, literatura, cerâmica, dança, escultura, tapeçaria, arquitetura, teatro, gravura e cinema. Uma grande importância é dada aos folhetos do romanceiro popular nordestino, a chamada literatura de cordel, por achar que neles se encontram a fonte de uma arte e uma literatura que expressa as aspirações e o espírito do povo brasileiro, além de reunir três formas de arte: as narrativas de sua poesia, a xilogravura, que ilustra suas capas e a música, através do canto dos seus versos, acompanhada por viola ou rabeca.

São também importantes para o Movimento Armorial, os espetáculos populares do Nordeste, encenados ao ar livre, com personagens míticas, cantos, roupagens principescas feitas a partir de farrapos, músicas, animais misteriosos como o boi e o cavalo-marinho do Bumba Meu Boi. O mamulengo ou teatro de bonecos nordestino também é uma fonte de inspiração para o Movimento, que procura além da dramaturgia, um modo brasileiro de encenação e representação.

Os principais nomes da cultura pernambucana. Além do próprio Ariano Suassuna, Francisco Brennand, Raimundo Carrero, Gilvan Samico, entre outros, além de grupos como o Balé Armorial do Nordeste, a Orquestra Armorial de Câmara, a Orquestra Romançal e o Quinteto Armorial.

→ Adeus ao Mestre Suassuna

"Cumpriu sua sentença. Encontrou-se com o único mal irremediável, aquilo que é a marca do nosso estranho destino sobre a terra, aquele fato sem explicação que iguala tudo o que é vivo num só rebanho de condenados, porque tudo o que é vivo, morre."

(Ariano Suassuna. O Auto da Compadecida)

Paraibano de nascimento e Pernambucano de Alma e Coração, Ariano Suassuna faleceu no dia 23 de julho de 2014, aos 87 anos, no Recife, deixando um enorme vazio na cultura nacional.

Dramaturgo, romancista, ensaísta e poeta, Ariano Vilar Suassuna foi autor de obras que alcançaram grande sucesso popular, como a peça Auto da Compadecida, uma das mais encenadas pelo teatro brasileiro e adaptada algumas vezes para a televisão e o cinema, Homens de barro, O Santo e a Porca, A Pedra do Reino e o Príncipe do Sangue do Vai e Volta, entre outros clássicos da literatura nacional.

Foi um dos grandes defensores das raízes culturais do Nordeste, idealizou o Movimento Armorial, cujo objetivo era criar uma arte erudita a partir de elementos da cultura nordestina. Também foi secretário de Cultura de Pernambuco (de 1994 a 1998).

Suassuna ocupava, desde 1990, a cadeira 32 da Academia Brasileira de Letras.

9. A QUESTÃO AMBIENTAL DE PERNAMBUCO

Muitos impactos ambientais nos biomas e ecossistemas brasileiros pernambucanos estão diretamente ligados à forma pela qual se deu a ocupação e a organização do território. A faixa litorânea foi a primeira a ser atingida, e as áreas de manguezais e vegetações de praia e dunas também foram muito afetadas.

Pernambuco tem um papel importante no combate às mudanças climáticas e na adaptação de seus efeitos no cenário nacional. Por um lado, é altamente vulnerável aos seus efeitos negativos, em especial nas áreas litorâneas de baixa declividade e em grande parte do Estado sujeita à desertificação, conforme apresentado no relatório pelo Painel Intergovernamental de Mudanças Climáticas da ONU, IPCC (5).

A expansão do sistema elétrico e energético no Brasil e em Pernambuco tem-se baseado no aumento da participação de fontes não renováveis de energia, e o estado de Pernambuco se apresenta com significativo potencial para o aumento de energias renováveis na geração de energia (biomassa, eólica, solar e pequenas centrais hidroelétricas), contribuindo com o fornecimento de matéria-prima para biocombustíveis, significando um potencial de melhoria de eficiência energética do seu parque industrial, evidenciando que Pernambuco possui forte potencial para contribuir com a manutenção/diminuição dos impactos antrópicos.

Pernambuco possui grande diversidade de ecossistemas, com aproximadamente 8 mil espécies de organismos catalogadas no Estado e, como muitos grupos ainda não foram estudados, estima-se que este número varie entre 24 mil e 90 mil. Tamanha diversidade biológica contrasta com os altos níveis de degradação dos ecossistemas, pois restavam apenas 1% de Mata Atlântica, incluindo mangue e restinga e cerca de 50% de Caatinga de acordo com o Atlas da Biodiversidade de Pernambuco do ano de 2002.

O Agreste e Sertão apresentam grande pressão antrópica sobre os recursos naturais, especialmente os recursos florestais. A ação do homem se processa com intensidade, resultando em áreas degradas pelo consumo da lenha. O Estado apresenta um déficit hídrico, e as águas tornam-se escassas, sendo um fator limitante à vida e ao desenvolvimento.

É evidente o passivo ambiental acumulado que incide sobre o Estado, e soma-se a este o fato de apresentar forte vulnerabilidade aos efeitos das alterações do clima.

O passivo ambiental representa os danos causados ao meio ambiente, representando, assim, a obrigação, a responsabilidade social da empresa com aspectos ambientais. Uma empresa tem passivo ambiental quando ela agride, de algum modo e/ou ação, o meio ambiente, e não dispõe de nenhum projeto de recuperação, aprovado oficialmente ou de sua própria decisão. Portanto, representa toda e qualquer obrigação de curto e longo prazo, destinadas única e exclusivamente a promover investimentos em prol de ações relacionadas à extinção ou amenização dos danos causados ao meio ambiente.

De acordo com os resultados das pesquisas globais, Pernambuco é um dos estados mais vulneráveis do Brasil aos efeitos das mudanças do clima.

E na área litorânea vem sendo intensificado o processo erosivo nas praias, com ameaça iminente ao patrimônio público e privado; a região do sertão e agreste padece do fenômeno das secas.

9.1 Problemas Ambientais Costeiros

O estado de Pernambuco apresenta umas das menores áreas costeiras do país, com 4.473 km², o que corresponde a 1% da zona costeira nacional.

A faixa costeira do Estado de Pernambuco apresenta uma sequência de sedimentos acumulados chamada Bacia Pernambuco/Paraíba, a norte do Lineamento Pernambuco, e na Bacia Cabo a sul do mesmo lineamento. Possui forma alongada e paralela à costa.

É formada pelos sedimentos holocênicos e pelos afloramentos da Formação Barreiras ou das formações cretáceas, sobre o embasamento que é constituído por rochas do cristalino da Província Borborema, de idade pré-cambriana, e vulcanitos da Formação Ipojuca.

Os primeiros registros sobre o problema de erosão no litoral de Pernambuco estão relacionados com a construção e ampliação do Porto do Recife que modificou as correntes litorâneas que atingem o município de Olinda.

Posteriormente, os aterros de mangues, verificados na foz do rio Beberibe (divisa dos municípios de Recife e Olinda), contribuíram para acelerar o processo erosivo já instalado na Praia dos Milagres. Nos anos 1950 foram construídos 2 quebra-mares semissubmersos e 3 espigões curtos nas praias dos Milagres, Carmo e Farol. No entanto, o problema não foi satisfatoriamente solucionado, ocasionando a transferência da erosão para as praias mais a norte, como Bairro Novo, Casa Caiada e Janga.

O crescimento desordenado da cidade do Recife deu-se em cinco direções, iniciando ao longo dos rios e na costa, sendo a última delas para sul. As praias de Candeias, Piedade e sul de Boa Viagem, que se encontravam estáveis, passaram, então, a apresentar problemas de erosão. Devido a esse problema, obras emergenciais para proteção dos imóveis foram realizadas sem grande sucesso.

A erosão marinha atinge atualmente cerca de 1/3 das praias no litoral pernambucano. Os fatores que contribuem decisivamente para este processo são vários. Em algumas praias, é produto direto das intervenções antrópicas seja por ocupação das áreas adjacentes a praia (impermeabilização dos cordões marinhos arenosos) e até das pós-praia, como é o caso particular da praia de Boa Viagem (zona metropolitana do Recife) e do litoral de Olinda e de Paulista, seja pela construção de estruturas rígidas artificiais de proteção contra o processo erosivo, muitas vezes implantadas sem conhecimento técnico.

Na Região Metropolitana do Recife, estes efeitos podem ser agravados pelo aumento médio do nível do mar, tendo em vista a alta densidade populacional do litoral 1053 hab/km2, sendo a segunda maior densidade demográfica entre as Regiões Metropolitanas Costeiras.

Outras praias apresentam instalação de processo erosivo devido a alterações no suprimento sedimentar da praia, em alguns casos por fatores predominantemente naturais, decorrentes da presença de correntes longitudinais divergentes a partir de um mesmo setor, formando duas células de deriva litorânea, como é o caso das praias de Serrambí, Tamandaré e Guadalupe.

Mapa de Trecho do Litoral de Pernambuco que Sofre com a Erosão Moderada e Intensa

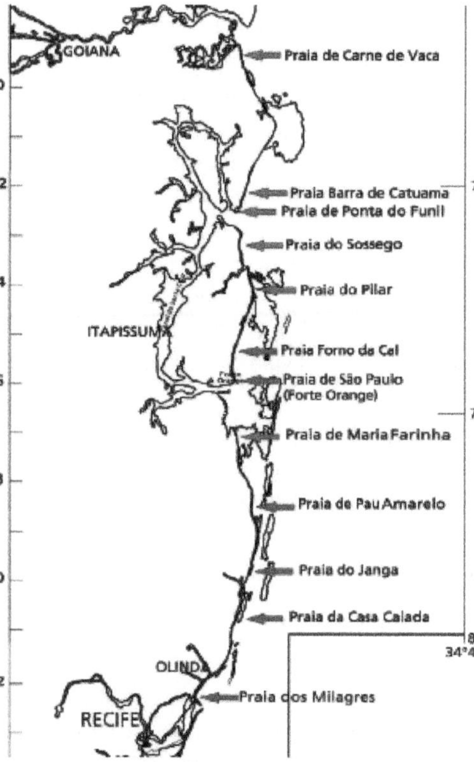

Fonte: Adaptado de MANSO, V.A.V. et al., 1995. Estudo da Erosão Marinha na Praia da Boa Viagem. Convênio EMLURB/ FADE/LGGM/UFPE: Relatório técnico. Recife. 106p.

9.2 Balneabilidade das Praias de Pernambuco

O desenvolvimento da prática turística e imobiliária no litoral pernambucano, com ênfase para o núcleo metropolitano, fez com que o litoral, que antigamente era ocupado basicamente por pescadores, se transformasse num dos principais centros urbanos litorâneos do país.

Esse crescimento demográfico trouxe inúmeros impactos ao meio ambiente, como a destruição dos manguezais decorrentes da especulação imobiliária e do peso demográfico exercido pelos banhistas nos períodos de lazer.

9.3 Desmatamento na Caatinga Pernambucana

A área do bioma Caatinga, segundo a delimitação do IBGE (2004), cobre 9,92% do território nacional. A estimativa da população do Semiárido em 2014 é de 23,8 milhões de habitantes, sendo a região semiárida mais populosa do mundo. A região conta com um rebanho de 31,2 milhões, sendo que 53% são bovinos. O superpastoreio é uma das principais causas da degradação da cobertura vegetal.

O desmatamento da caatinga contribui para acelerar a ação dos ventos e a ação das gotas de chuva sobre o solo exposto (efeito splash) em razão da ausência da camada protetora de vegetação. Com isso, o escoamento superficial passa a ser potencializado, o que provoca o aparecimento de pequenas ravinas, as quais poderão evoluir para sulcos e até mesmo para voçorocas no sertão pernambucano. A retirada da vegetação interfere ainda na recarga dos lençóis freáticos, pois a água, infiltrada em uma superfície desprovida de cobertura vegetal tem velocidade superior, atinge com mais força o solo com escassa ou nenhuma cobertura vegetal.

A Caatinga no Sertão do Pajeú perde dezenas de quilômetros todos os dias e ninguém faz nada. A extensão desmatada deixa um clima de desertificação assustador. Em relação à área, o desmate ocorre entre as cidades de Afogados da Ingazeira, Tabira, Solidão, Ingazeira, Guaracy, Tuparetama, São José do Egito, Serra Talhada, Sertânia, São José do Belmonte, e outras.

Distribuição da Derrubada do Bioma da Caatinga (2002-2008)

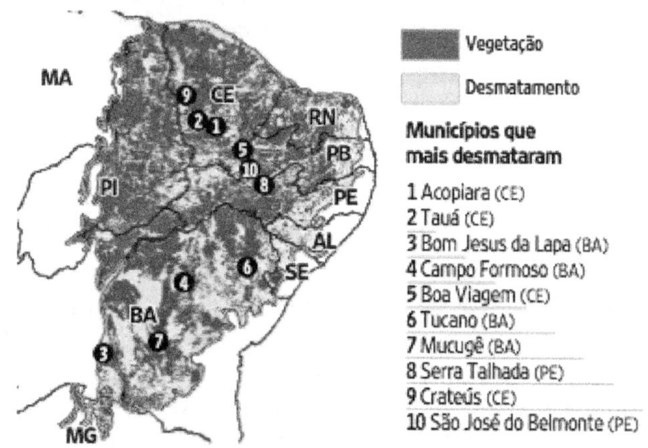

Fonte: http://marcosbau.com.br/geobrasil-2/biomas-brasileiros/

O desmatamento mais recente do bioma está ligado à exploração ilegal de madeira para produção de carvão. Além da ameaça do desmatamento, a Caatinga é um dos mais vulneráveis às mudanças climáticas, com áreas sob grave risco de desertificação.

Área Desmatada (2002-2008) por Estado Km²

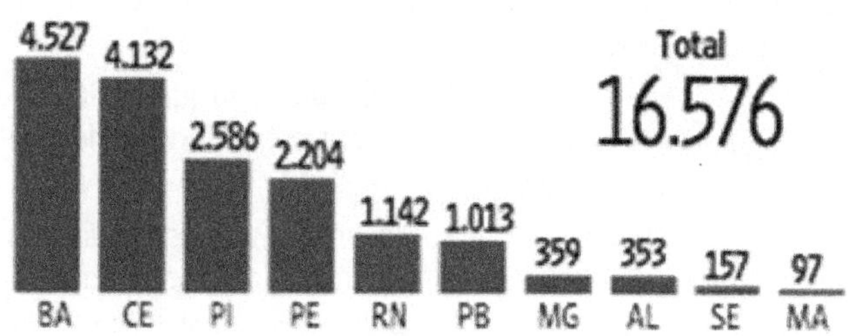

Fonte: http://marcosbau.com.br/geobrasil-2/biomas-brasileiros/

9.4 Desertificação

As áreas suscetíveis à desertificação, segundo a Convenção das Unidas para a o Combate à Desertificação, são aquelas de clima árido, semiáridos e subúmidos secos.

De acordo com o Programa de Ação Nacional para o Combate à Desertificação e Mitigação dos Efeitos da Seca, as áreas susceptíveis à desertificação correspondem a 90,68% da superfície do Estado de Pernambuco, distribuídos por 135 municípios, onde vivem, de acordo com o censo demográfico de 2010, 2.922.519 milhões de habitantes, conformando uma densidade demográfica de 38,34 hab/km2. Entre os impactos mais evidentes desse processo, destacamos os processos migratórios, que deslocarão as populações afetadas para os centros urbanos, sobrecarregando os serviços nesta região e agravando ainda mais a condição socioeconômica, além das questões naturais propriamente ditas.

Os danos relacionados à desertificação resultaram na exposição do solo e erosão, no empobrecimento da Caatinga e na degradação dos recursos hídricos. As temperaturas elevadas e o solo exposto também dificultam a sobrevivência da biota local.

Essa população sofre diretamente com esses danos. A desertificação de Cabrobó traz ameaças para a qualidade de vida da população, já que tal processo gera perda da fertilidade da terra.

Mapa da Desertificação em Pernambuco

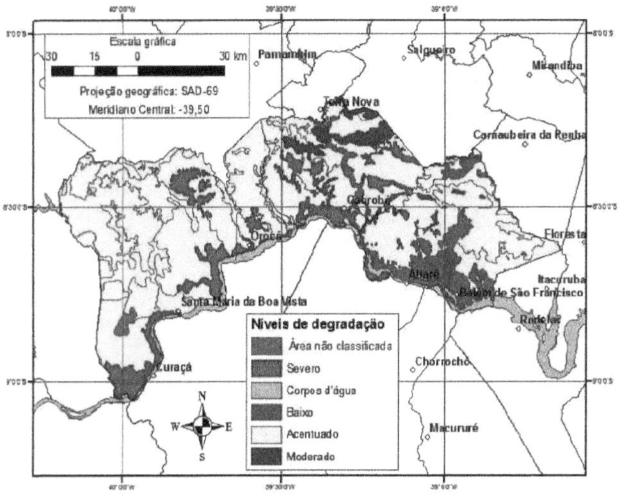

Fonte: www.cpatc.embrapa.br/labgeo/srgsr3/artigos_pdf/038_t.pdf

As áreas em processo de desertificação na região de Cabrobó estão assim distribuídas: 14,72% com grau de severo, 76,41% no nível acentuado, 2,57% no nível moderado e 6,30% no nível baixo, o que corresponde a 1.001,006 Km², 5.194,733 Km², 174,670 Km² e 428,356 Km² respectivamente.

Núcleo de Desertificação de Cabrobó

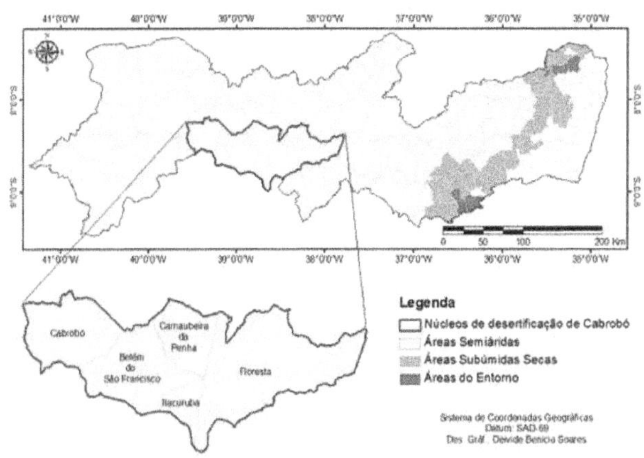

http://educacaopublica.cederj.edu.br/revista/artigos/desertifi-cacao

9.5 Poluição dos Recursos Hídricos Fluviais

A rede hidrográfica do Estado de Pernambuco é caracterizada por rios de pequena extensão, com exceção apenas do São Francisco, que serve de limite entre Pernambuco e Bahia, no trecho compreendido entre as proximidades da Barragem de Sobradinho e as vizinhanças da Barragem de Paulo Afonso.

Parte da rede hidrográfica escoa no sentido oeste-leste, desaguando no Atlântico, constituindo os chamados rios litorâneos. São assim considerados os rios Goiana, Capibaribe, Ipojuca, Sirinhaém, Una, Mundaú e outros de menor importância. A outra parte escoa no sentido norte-sul, desaguando no São Francisco, formando os chamados rios interiores, destacando-se o Ipanema, Moxotó, Pajeú, Terra Nova, Brígida, Garças e Pontal.

A maior parte desses rios tem sua bacia hidrográfica integralmente dentro do Estado – os rios estaduais; alguns têm partes de suas bacias em outros estados, podendo, assim, ser caracterizados como rios federais, a exemplo do Mundaú, Ipanema e Moxotó. Quanto às dimensões, algumas áreas de drenagem são muito pequenas, formadas por ramificações de tributários que drenam para outro estado, ou mesmo constituindo unidades hidrográficas completas, mas de rios de extensão inexpressiva. As maiores áreas de drenagem são pertencentes a tributários do São Francisco.

Do ponto de vista do regime hidrológico, em razão dos cursos d'água dependerem fundamentalmente da distribuição e da intensidade das chuvas, e sendo estas mais abundantes nas Mesorregiões Metropolitana do Recife e Mata Pernambucana, decrescendo no sentido leste-oeste, na direção das Mesorregiões do Agreste, Sertão e São Francisco Pernambucano, os rios interiores são geralmente intermitentes, permanecendo secos durante os períodos de estiagem, salvo pequenos tributários com bacias situadas em áreas de microclima. A qualidade das águas é um dos mais graves problemas que enfrenta o meio ambiente nos dias atuais, particularmente nos países em desenvolvimento. O Plano Estadual de Recursos Hídricos de Pernambuco realizou uma análise sobre a poluição hídrica no Estado, cujos resultados são aqui apresentados.

Em 1981, o Governo de Pernambuco classificou os cursos d'água estaduais segundo os parâmetros que deveriam possuir para atender às necessidades das comunidades, isto é, de acordo com os usos preponderantes que se pretendia dar aos mesmos.

A Companhia Pernambucana de Meio Ambiente (CPRH) iniciou um programa sistemático de monitoramento mensal nos rios litorâneos do Estado em 1986, baseando-se no enquadramento de 1981, para o qual definiu uma rede de amostragem para coleta de água e análise no laboratório da Empresa.

Nos locais onde os rios apresentam condições críticas de qualidade de água, são elaboradas coletas e análises específicas quanto ao teor de metais pesados, fenóis, agrotóxicos, etc., e mais recentemente, até mesmo testes de toxidade com indicadores biológicos vêm sendo feitos. Os principais agentes poluidores são os efluentes industriais e os esgotos domésticos.

A bacia do Rio Ipojuca abrange uma área de 3.435,34 km2, correspondendo a 3,49% da área do Estado. Estão inseridos nessa bacia um total de 25 municípios, dentre os quais, 14 possuem suas sedes inseridas na bacia (Arcoverde, Belo Jardim, Bezerros, Caruaru, Chã Grande, Escada, Gravatá, Ipojuca, Pombos, Poção, Primavera, Sanharó, São Caetano e Tacaimbó), e dez estão apenas parcialmente inseridos, Agrestina, Alagoinha, Altinho, Amaraji, Cachoeirinha, Pesqueira, Riacho das Almas, Sairé, São Bento do Una, Venturosa e Vitória de Santo Antão. Desses municípios, destacam-se Amaraji, Chã Grande, Escada e Primavera pertencentes à Mata Sul Pernambucana.

9.6 Enchentes Urbanas

No Estado de Pernambuco, os problemas de enchentes atingem fundamentalmente a região metropolitana, destacando-se as bacias dos rios Capibaribe, Beberibe, Jaboatão, Tejipió e Camaragibe, e algumas áreas urbanas da zona da Mata e Agreste. As enchentes de consequências mais graves ocorreram no baixo rio Capibaribe, atingindo as cidades de Recife e São Lourenço da Mata.

As enchentes urbanas têm constituído um dos importantes impactos sobre a sociedade. Esses impactos podem ocorrer devido à urbanização ou à inundação natural das várzeas ribeirinhas. Conhecidos os processos de formação das enchentes e suas consequências, é necessário planejar-se a ocupação do espaço urbano com uma infraestrutura e condições que evitem impactos econômico-sociais.

As inundações podem também ser provocadas por precipitações de elevada intensidade, que superam a capacidade de drenagem das áreas atingidas.

9.7 Políticas de Combate aos Problemas Ambientais em Pernambuco

Em 2008, foi criado um Comitê Estadual de Enfrentamento das Mudanças Climáticas (Decreto nº. 31.507/2008) e de seu Grupo Executivo, seguido do Fórum Estadual de Mudanças Climáticas (Decreto nº 33.015/2009). Ambos contam hoje com a participação de cientistas e pesquisadores de diversos centros internacionais, nacionais e estadual, voltados para o monitoramento do clima e seus efeitos em Pernambuco.

A partir desse Comitê, foram elaboradas as "Propostas Pernambucanas para o Enfrentamento às Mudanças Climáticas", documento com as principais metas de Pernambuco para o enfrentamento desses fenômenos e norteador para o desenvolvimento de ações no Estado de Pernambuco na missão de construir sua Política Estadual de Mudanças Climáticas. Para a elaboração dessas Propostas, foram consideradas três temáticas urgentes:

- Desertificação;
- Gestão Costeira;
- Urbanismo.

A Política Estadual de Enfrentamento às Mudanças Climáticas não é uma legislação exclusiva para juristas, mas sim para todos profissionais que, de algum modo, lidam com as questões ambientais. Ela se destina à sociedade, que almeja viver em um ambiente saudável e protegido, sem abrir mão do desenvolvimento econômico, desde que seja de forma sustentável. Pernambuco trilhou um caminho para estabelecer sua Política de Enfrentamento às Mudanças Climáticas.

Entre as principais medidas/ações dessa política destacamos:

- a abordagem articulada das questões ambientais locais, regionais, nacionais e globais;
- a precaução ambiental como orientadora das ações a serem adotadas;
- a mitigação das ações humanas que possam favorecer a aceleração das mudanças no clima;
- a publicabilidade sobre o tema através da informação transparente, científica e democrática;
- a abordagem do tema numa perspectiva cientifica com inter, multi e transdisciplinaridade.